PANORAMEN DER ANDERSWELT /

Expeditionen ins Werk von Alban Nikolai Herbst.

Ausgewählt und zusammengestellt von Ralf Schnell /
Redaktion: Johann P. Tammen.

Inhalt

Fortsetzung Seite 3

53. Jahrgang, Band 3 / 2008, Ausgabe 231

Marginalien

Es ist, wie man weiß, niemals der *Stoff*, sondern bloß die *Behandlungsweise*, was den Künstler und Dichter macht.

Friedrich Schiller: Über Matthissons Gedichte

Die *Ilias* ist die Welt jäher, steiler Übergänge von einem Zustand zum anderen. Ihre vollendete Form begegnet uns in Achill. Mit Priamos, dem Vater seines Feindes, weint Achill gemeinsam, dann blickt er ihn voller Bewunderung an, dann – nur wenige Augenblicke später – muss er sich bremsen, um ihn nicht zu töten. (...) Als Thetis ihren in Trauer um Patroklos versunkenen Sohn Achill besucht, versucht sie nicht, ihn schrittweise aus seinem Leid herauszuführen. Thetis blickt ihn an und erinnert ihn an die Existenz von Brot und Bett. Dann fügt sie hinzu: ›Schön ist es, sich in der Liebe mit einer Frau zu vereinigen.‹

Roberto Calasso: Die Hochzeit von Kadmos und Harmonia

Aber was, wenn die Stadt ein wucherndes Neo-Plasma wäre, das sich durch die Jahrhunderte ständig verändert hat, um genau der sich ändernden Gestalt seiner schlimmsten, geheimsten Ängste zu begegnen (...) ...etwas, das selbst noch jenseits von Pans dunklen Büschen liegt, das nicht mehr pastoral ist, sondern ganz der Stadt zugehört, eine Matrix von Wegen, die Kräfte der Natur zu beugen, ihre Spannung abzuzapfen, sie zu destillieren oder ihre Farben auszuwaschen, bis sie so ähnlich wieder zum Vorschein kommen wie die bösartigen Zoten, die Qlippoth (...) – eine Stadtfinsternis, die ihre eigene ist, ein strukturiertes Dunkel, das nach allen Seiten fließt, in dem nichts anfängt, in dem nichts aufhört...

Thomas Pynchon: Die Enden der Parabel

Offensichtlich erfüllt das Internet darin die Grundstimmung des Staatsautomaten, dass es sich um ein künstliches Wesen handelt, das mit dem Menschen scheinbar wie mit einem Gegenüber zu kommunizieren vermag... ein künstliches Wesen, »eine bioelektrische Umwelt«, die »eher ein Ökosystem denn eine Maschine« genannt werden kann...

Hans Bredekamp: Leviathan und Internet

Wir sind Weichtiere, die derart komplex sind, dass sie sich gezwungen sehen, zu Weichtierstrategien zu greifen und immaterielle Kunst auszubilden. Unser Interesse an Objekten beginnt zu schrumpfen, wir sind dabei, Medien herzustellen, durch welche hindurch wir menschliche Gehirne vergewaltigen, um sie zum Speichern immaterieller Informationen zu zwingen. Wir bilden Chromatophora aus (...), mit deren Hilfe die Sender die Empfänger lügnerisch verführen – eine Strategie, die in Zukunft zweifellos »Kunst« genannt werden wird (falls man nicht entscheiden wird, diesen Begriff aufzugeben).

Vilèm Flusser / Louis Bec: Vampyrotheutis infernalis

Unser Schicksal ist das eines Oktopus, nämlich zu werden, was wir denken, unsere Gedanken zu unserem Körper zu machen und unseren Körper zu Gedanken.

Terence McKenna: Die Wiederkehr des Archaischen

Inhalt

Susanne Schleyer: Porträt Alban Nikolai Herbst, Berlin/Herbst 2008.

Ralf Schnell

Dschungel-Passagen

Zu diesem Band

Sehr geehrter Herr Herbst«, schrieb zu Beginn des Jahres 2008 eine Leserin an den Autor der *Anderswelt*-Romane, »ich bin eine große Bewunderin Ihres Werks, möchte aber anonym bleiben, weil es in gewissen Kreisen als rufschädigend gilt, auf Ihrer Website erwähnt zu werden.« Ihrem Brief hatte die unbekannte »Leserin XY« ein Buch beigelegt, dem sie einen aufschlussreichen Kommentar anfügte: »Das beiliegende Buch möchte ich Ihnen schenken. Ich bekam ein Exemplar zu Weihnachten, las es auf einen Rutsch und dachte: Das müsste Ihnen aus der Seele sprechen. Es ist eine böse Satire auf den Kulturbetrieb, der auch Ihnen so übel mitspielt und gegen den Sie so mutig anschreiben. Es hat zwar nicht die Tiefe und Radikalität Ihres Werks, aber ist doch sehr witzig.«

Treffender als in diesen wenigen Zeilen lässt sich die Position des Schriftstellers Alban Nikolai Herbst im literarischen Leben Deutschlands kaum umschreiben: »Gewisse Kreise« des Literaturbetriebs haben ihn stigmatisiert; als »rufschädigend» gilt, mit ihm – und sei es nur virtuell – in Kontakt zu stehen; »übel mitgespielt« hat man ihm, auch juristisch, im Hinblick auf die Verfügbarkeit seiner Bücher; seine Herkunft, sein Pseudonym und sein Werdegang sind – in Klaus Modicks Roman *Bestseller* (2006), den jene »Leserin XY« dem bewunderten Autor hatte zukommen lassen – ihrerseits Gegenstand einer »bösen Satire« geworden. Facetten und Sottisen des Kulturbetriebs, mit denen ein unangepasster Schriftsteller unserer Tage rechnen und leben muss, so könnte man achselzuckend sagen – wäre da nicht jene besondere literarische Qualität, auf welche die »Leserin XY« ebenfalls hinweist: »Tiefe und Radikalität« des Werks von Alban Nikolai Herbst.

In der Tat: Von den frühen Zeitschriftenprojekten (*Dschungelblätter*, 1984/85ff.) und Prosaarbeiten (*Die Verwirrung des Gemüts*, 1983; *Die blutige Trauer des Buchhalters Michael Dolfinger*, 1986) bis zum zweisprachig erschienenen Lyrikband *Très proche Orient/Dem nahsten Orient* (2007) und den Heidelberger Poetikvorlesungen (Wintersemester 2007/08) zieht sich durch Herbsts Werk ein hochreflektiertes poetologisches Programm, das einzigartig genannt werden darf – theoretischer und zugleich ästhetischer Ausdruck einer *condition postmoderne*, deren Herausforderungen sich Herbsts Werk auf eine inkommensurable Weise stellt.

Seinen Höhepunkt bildet zweifellos die *Anderswelt*-Trilogie, von der zwei Bände (*Thetis.Anderswelt*, 1998; *Buenos Aires.Anderswelt*, 2001) vorliegen und deren dritter (*Argo.Anderswelt*) vor dem Abschluss steht, ein opus magnum, das in einer Fülle von Perspektiven und Codes auf paradoxe Weise eine Art poetischer Autopoiesis generiert. Denn das subkutane thematische Zentrum der *Anderswelt*-Romane bildet die Frage nach den Antriebsenergien der Schöpfungsgeschichte und damit die nach der Identität des Menschen in einer sich entgrenzenden Welt, die fortwährend sich selbst entwirft und erzeugt. Eine Thematik, für die Herbst mit seinen *Anderswelt*-Romanen eine unverwechselbare literarische Form gefunden hat.

Diese spezifische, ›tiefe und radikale‹ Qualität des Werks von Alban Nikolai Herbst hat den Anstoß zur Konzeption des vorliegenden Bandes der Zeitschrift *die horen* gegeben. So verschiedenartig die hier zusammengestellten Beiträge hinsichtlich Thematik und Duktus sich präsentieren, so unterschiedlich sie ihre Wertungen und Urteile pointieren – sie stimmen darin überein, dass im Fall Herbst literarische Bedeutung und öffentliche Wahrnehmung auf eine Weise auseinander fallen, die dringend einer Korrektur bedarf. Dringend nicht zuletzt deshalb, weil die deutschsprachige Literatur der Gegenwart nicht eben reich ist an Beispielen einer ästhetischen Komplexität, wie sie das poetische Œuvre dieses Autors aufweist.

Ihm nähern sich in einem ersten Textblock jene Arbeiten, die sich mit den *Anderswelt*-Romanen befassen, jener noch unvollendeten Trilogie, die sich, zumindest arbeitshypothetisch, mit dem Begriff des ›Kybernetischen Realismus‹ umschreiben lässt. In ihrem Versuch, Alban Nikolai Herbsts *Anderswelt* mit Deleuze/Guattari als ein in sich filigran verästeltes »Rhizom« zu verstehen, eröffnen *Gregor Patorski* und *Anton Moosbach* mit ihrem Beitrag einen literarischen Kosmos, dessen Mannigfaltigkeit auf höchst subtile Weise durchgearbeitet ist.

Was auf den ersten Blick ein verwirrender und verworrener Kosmos zu sein scheint, entpuppt sich bei genauer Lektüre als komplexes Muster aus Beziehungen und Bezügen, die sich aus anderen Werken – Herbsts eigenen wie denen seiner künstlerischen Gewährsleute – herleiten, um sich fortzuschreiben, sich unablässig zu mischen und sich neu zu erzeugen. Dabei spielt, wie *Hans Richard Brittnacher* zeigt, die Lust am Untergang die Rolle eines überaus produktiven, die Zeiten überdauernden Ferments, dem freilich im Zeitalter der Simulation eine neue Bedeutung zukommt. Wo Simulationen Potentialität und Entwirklichung zugleich anzeigen, wo sich Zeitstrukturen umkehren, Geschichtsverläufe sich irrealisieren und Identitäten sich wechselseitig ab- und auflösen, da wird auch den Traditionen der Apokalypse erzählstrukturell der Boden entzogen.

In vergleichbarer Weise arbeitet *Ursula Reber* die poetologischen und genealogischen Rahmungen und Strukturen dieser Romanwelt heraus. Es geht um die »Intensitäten« der Erzählweise Herbsts, um Tiefendimensionen seiner *Anderswelt*, für die Parallelräume und -zeiten konstitutiv und signifikant sind. Es handelt sich um Möglichkeitswelten, die auf Entgrenzungen verweisen, um Grenzüberschreitungen, die ästhetische, insbesondere mythologische Gegenwelten begründen. Man kann mit *Heinz-Peter Preußer* auch von einer ›Kybernetischen Mythenkorrektur‹ bei Alban Nikolai Herbst sprechen. Als Beispiel hierfür dient in seinem Beitrag Homers Achilleus, eine in der literarhistorischen Tradition – von Ovid über Goethe und Hölderlin bis zu Christa Wolf – mit Brisanz aufgeladene mythische Figur, der Herbst neue Facetten in den ›möglichen Welten‹ seines *Anderswelt*-Kosmos hinzugewinnt: durch den Entwurf einer postmodernen Welt der Ungleichzeitigkeit des Gleichzeitigen, der ineinander übergehenden Sphären von Gegenwart und Zukunft, Diesseits und Jenseits, Wahrnehmung und Reflexion, Körperlichkeit und Virtualität.

Auf paradoxe Weise gewinnt diese neue Welt der ›Figur Achilleus‹ die Dimension der Rohheit zurück – und sichert so dem ›Mythos Achill‹ das Überleben. Demgegenüber befasst sich *Christoph Jürgensen* mit jenen Über-Wirklichkeiten der urbanen Dimensionen von Herbsts *Buenos Aires.Anderswelt*, die an berühmte Vorläufer, an Stadt-Welten wie Joyce'*Ulysses* oder Döblins *Berlin Alexanderplatz* anknüpfen, doch im Kontext eines apokalyptischen Szenarios ihre städtischen Referenzen zunehmend verlieren. Sie erweitern sich zu Möglichkeitswelten einer Urbanität, in der sich die topographischen Eindeutigkeiten aufheben und die mit ihnen verbundenen Orientierungen entgleiten. Ihre *Anderswelt*-Identität besteht in einer Art Omni-Virtualität, in der sich eines am anderen nährt, alles in ein anderes übergehen kann, die Zeiten von Systemen abhängig werden und die Orte auf durchlässige Modellierungen reagieren.

Der zweite Textblock dieses *horen*-Bandes versammelt unter dem Stichwort *Verzweigungen* thematische Einzelaspekte, die über die theoretischen und strukturellen Probleme der *Anderswelt*-Romane hinausführen. *Uwe Schütte* widmet sich dem für Herbsts Poetologie zentralen Begriff des ›Kybernetischen Realismus‹. Im Mittelpunkt des Beitrags stehen mit den »Radio-Fantasien« (*Die Illusion ist das Fleisch auf den Dingen. Poetische Features*, 2004) und den Heidelberger Vorlesungen (*Kybernetischer Realismus. Heidelberger Vorlesungen*, 2008) wegweisende Texte, die über die Entwicklung des Autors ebenso Auskunft geben wie über die Axiome seiner literarischen Arbeit. Ihr verbindendes Element ist die Begründung und Behauptung eines Begriffs poetischer Wahrheit, der das Postulat einer traditionsreichen Kunstautonomie mit den Herausforderungen avancierter Natur- und Technikwissenschaften verbindet.

Fragen der Poetologie geht auch *Renate Giacomuzzi* nach, und zwar anhand von Herbsts Weblog mit dem Titel *Dschungel.Anderswelt*. Mit diesem Publikationsforum ist eine neue Qualität literarischer Öffentlichkeit entstanden, die das Tagebuch ebenso umfasst wie das Arbeitsjournal, die öffentliche Auseinandersetzung im Chat ebenso wie ein tief gestaffeltes Geflecht von Polemik, Replik und Gegenreplik. Was auf Herbsts professionell gepflegtem Internetforum ins hypertextuelle Gleiten gerät, ist das gesicherte Verhältnis von *fiction* und *non-fiction*, mit dem Resultat einer neuen, poetischen Sphäre, die ihre eigene »Realitätskraft« (Herbst) beansprucht und behauptet.

Dass sich Herbst, unbeeindruckt von solchen Verschiebungen im Wirklichkeitsgefüge, gleichwohl immer auch im Überlieferungsraum literarischer Themen und Traditionen bewegt, zeigt *Jost Eickmeyer* in seinem Beitrag zur Komödie *Undine* (1995). Herbst arbeitet in dieser Komödie mit einer Art Überblendungstechnik, die ihm das Spiel mit einem Autor seines Namens ebenso erlaubt wie das Verschwinden der Erzählinstanz und die Publikumsansprache, ein auf die Tradition der Frühromantik zurückgehendes Vexierspiel mit Namen und Identitäten, Zeiten und Fakten, Figuren und Ereignissen – all dies in der so unterschwellig lancierten wie programmatisch vorangetriebenen Absicht, ein emphatisches Verständnis von Dichtung durchzusetzen.

Die Anknüpfung an eine ganz andere poetische Tradition, die der Rönne-Novellen Gottfried Benns nämlich, arbeitet *Wilhelm Kühlmann* in seinem Beitrag zu Herbsts Novellensammlung *Der Arndt-Komplex* (2003) heraus. Der beobachtenden, analytischen Selbstprüfung des Arztes Rönne bei Benn entspricht die vergleichsweise strenge, prüfende Struktur dieser Erzählungen, die der Figur Arndt Erfahrungsräume zur Selbsterprobung bieten. Sie arbeiten mit der Polarität von Vernunft und Autonomie auf der einen, Reizen und Affekten auf der anderen Seite, mit einer Dichotomie, deren Gegensätze weder aufgehoben noch versöhnt werden. Vielmehr begründen sie einen spannungsreichen Erzählraum ironischer und selbstironischer Inszenierungen, in dem die Bewegungen und Wahrnehmungen der Titelfigur mit äusserster sprachlicher Präzision getestet werden.

Diese Qualität kennzeichnet auch das umstrittenste Werk Alban Nikolai Herbsts, seinen Roman *Meere*. Dieser wurde, da er Persönlichkeitsrechte verletzt haben soll, in der Urfassung 2003 durch ein Urteil des Berliner Landgerichts verboten. *Ralf Schnell* fragt in seinem Beitrag anhand einer Analyse der Erstfassung des Romans, von dem inzwischen eine überarbeitete »Letzte Fassung« vorliegt (erschienen 2008), nach der literarischen Identität dieses Werks, die von seiner künstlerischen Qualität nicht zu trennen ist. Diese – die Realität des Sprachkunstwerks – begründet, so die pointierte These des Beitrags, eine Wirklichkeit *sui generis*, die von der empirischen Existenz individueller Personen kategorial abzuheben ist.

Den vorliegenden Band der *horen* zeichnet eine kompositorische Besonderheit aus: Jedem der Aufsätze in den Textblöcken *Anderswelten* und *Verzweigungen* sind Originaltexte von Alban Nikolai Herbst beigegeben. Übereinstimmend weisen diese Texte Bezüge zu den thematisch-inhaltlichen, strukturellen oder werkgeschichtlichen Fragen auf, die in den wissenschaftlichen Beiträgen untersucht werden. Doch stellen die Werk-Auszüge nicht lediglich poetische Illustrationen zu sekundärliterarischen Reflexionen dar, sondern führen diese zum Teil weiter, indem sie Materialien, Ergänzungen und Hintergründe bieten. Sie stehen bisweilen zu den Text- und Werkanalysen aber auch in einer Art Spannungsverhältnis, das zum Lesen und Weiterlesen des Werks von Alban Nikolai Herbst nicht nur anregen, sondern verführen will. ■

PS.: Da mit dem für 2009/10 projektierten Erscheinen des dritten *Anderswelt*-Bandes auch in Aussicht genommen ist, die beiden anderen Bände wieder zugänglich zu machen, und zwar in einer nochmals durchgesehenen Form, hat sich der Herausgeber entschlossen, diese Texte nach den Typoskript-Dateien wiederzugeben, die Alban Nikolai Herbst dankenswerter Weise zur Verfügung gestellt hat. Zur Nachprüfbarkeit beziehen sich in den Fußnoten ausgewiesene Seitenzahlen auf die jeweilige Buchveröffentlichung; soweit nichts anderes vermerkt ist, sind die Erstausgaben herangezogen worden. Fußnoten in Herbsts Arbeitsdateien beziehen sich demgegenüber auf die Seitenzahlen der vorhergegangenen Typoskripte. Man darf es als eine Eigenart des Autors Alban Nikolai Herbst verstehen, dass er für seine werkinternen Verzweigungen nicht auf die Buchtexte, sondern auf die Texte in seinen Dateien zurückgreift. Ein für die literaturwissenschaftliche Analyse freilich nicht immer bequemes Verfahren: Es lässt die Übereinstimmung darüber fraglich werden, was als gesicherte Grundlage wissenschaftlichen Zitierens gelten kann. ●

I Anderswelten

Collage: Ror Wolf.

Mir steht ein Meer vor Augen, oben Bläue, / doch in der Tiefe waberndes Getier.
(Benn, Abschluß. Argo, III, 25)

Aber es gibt auch personale Gleichzeitigkeiten, Schicksals-Analogien.
(Thetis, III,1)

Er hatte zwar Buenos Aires erfunden, das hieß jetzt aber nicht, dass er sich auskannte drin.
(Thetis, III,13, TS 690)

Alles müsse durchsichtig sein, *transparent* dachte sie, und habe den Gesetzen des Freien Marktes zu gehorchen; wer sich vollen Umfangs der Zweckrationalität verschreibe, könne seine guten Ziele kaum verfehlen. (...) Es dürfe nichts Herausragendes mehr geben, nichts, was sich irgendwie sondere; die Tauschbaren müßten tauschbar sein wollen.
(Buenos Aires, III, 4.)

Das Meer nämlich selber, nein, es war nicht blau, sondern rot: weinrot wie das Blut des Katholizismus.
(Argo, IV,22)

Alle Musik, die einmal schön war, bleibt in den Steinen, in manchen, bleibt in den Flüssen – in denen und in Meeren.
(Argo, IV,3)

Da sie sich schminkte, waren noch Reste Menschheit in ihr.
(Argo, III,26)

Das Wasser war zu Tag geworden.
(Thetis)

Alban Nikolai Herbst

Gregor Patorski / Anton Moosbach

Die Anderswelt als Rhizom

»Immer aber sind es Welten, mit denen wir uns lieben.«
Deleuze/Guattari: *Anti-Ödipus*

Parallele Möglichkeiten

Auf den ersten Blick ist Alban Nikolai Herbsts Werk inkommensurabel. Es hat so gar nichts mit realistischer Literatur im herkömmlichen Sinne zu tun: Kein linearer Plot, kein distinkter Ort der Handlung, nicht einmal auf den Erzähler ist Verlass. Um zu verstehen, was für einen poetologischen Plan Alban Nikolai Herbst eigentlich mit seiner Anderswelt-Trilogie verfolgt und woher die Irritationen rühren, die dieses Werk in alle Richtungen ausstrahlt, lohnt sich ein Blick auf eine kurze Erzählung des von ihm verehrten großen Südamerikaners aus Buenos Aires, des Vaters des magischen Realismus: Jorge Luis Borges. In der Erzählung *El jardìn de senderos que se bifurcan* aus dem gleichnamigen Erzählband von 1941, welcher Borges' Weltruhm begründete, trifft während des Ersten Weltkriegs der Chinese Yu Tsun, Spion für das Deutsche Reich, auf den englischen Sinologen Stephen Albert mit dem Ziel, diesen zu ermorden. Dabei entspinnt sich ein Gespräch über den Nachlass Ts'ui Pêns, eines Vorfahren von Yu Tsun, welcher mit *Der Garten der Pfade, die sich verzweigen* einen scheinbar unsinnigen Roman, *»einen wirren Haufen widersprüchlicher Entwürfe«*[1] hinterlassen hat. Der Literaturwissenschaftler räumt diesen Irrtum aus, erklärt den Unterschied zwischen Ts'ui Pêns Werk und anderen Fiktionen:

> *»In allen Fiktionen entscheidet sich ein Mensch angesichts verschiedener Möglichkeiten für eine und eliminiert die anderen; im Werk des schier unentwirrbaren Ts'ui Pên entscheidet er sich – gleichzeitig – für alle. Er* erschafft [im Orig. kursiv] *so verschiedene Zukünfte, verschiedene Zeiten, die ebenfalls auswuchern und sich verzweigen. Daher die Widersprüche im Roman.«*[2]

Nun, auch in der Anderswelt-Trilogie, im Werk des schier unentwirrbaren Herbst, scheinen ähnliche Mechanismen zu Gange zu sein. Auch er glaubt *»nicht an eine gleichförmige, absolute Zeit. […]*

> *Er glaubte an unendliche Zeitreihen, an ein wachsendes, schwindelerregendes Netz auseinander- und zueinanderstrebender und paralleler Zeiten. Dieses Webmuster aus Zeiten, die sich einander nähern, sich verzweigen, sich scheiden oder einander jahrhundertelang ignorieren, umfasst alle Möglichkeiten.«*[3]

Alban Nikolai Herbst bezeichnet diese Art des Schreibens als *»Möglichkeitenpoetik«*, ein literarisches Verfahren, welches nicht ausschließt, nicht entscheidet und nicht eliminiert, sondern im Gegenteil integrativ wirkt: Allen Möglichkeiten, Zukünften, Erzählsträngen widerfährt Gerechtigkeit, indem sie parallel weitererzählt werden.[4] Geschickt erklärt er in einem kurzen Kapitel zu Beginn von *Argo*, dem dritten, noch unveröffentlichten Roman der Anderswelt-Trilogie, wie diese Möglichkeitenpoetik in nuce aussehen könnte. Geschildert wird hierin eine Autofahrt von Berlin nach Hamburg, die in einer ersten Version tödlich endet, in einer zweiten überlebt der Fahrer hingegen:

> *»Sozusagen ist seine Seele im Moment ihres Erlöschens rechtzeitig in die nächste mögliche Welt gesprungen und setzt dort das bisherige Leben fort, als wäre nichts geschehen.*
> *Diese zweite Wirklichkeit lässt sich abermals verzweigen. In einer dritten fährt [....] In einer vierten Wirklichkeit überschätzt Jason selbst bei 100 km/h die Fahrtüchtigkeit des Autos und springt diesmal in Höhe Ludwigslust dem Tod auf dieselbe Klinge, unter der er sich bei Neuruppin gerade noch so hinwegducken konnte. In einer fünften wiederum...*
> *Wer sagt uns, dass sich all diese möglichen Wirklichkeiten nicht tatsächlich begeben? Dass sie sich nicht nebeneinander anschichten? Eine jede hätte Folgen, die das gesamte System modifizieren.«*[5]

Das ist der Kern von Herbsts Poetik. Bei Borges wurde diese Art des Erzählens bloß behauptet; Ts'ui Pêns Roman steht dem Leser ja nicht zur Verfügung. Auch obiges Zitat bleibt bloßes Programm auf der Oberfläche der Erzählung. Doch Herbst bleibt hier nicht stehen, er führt den Inhalt in eine Form über: Die verschiedenen Stränge der Erzählung, die verschiedenen Welten in der Anderswelt-Trilogie werden wirklich auserzählt. Die Welt beginnt zu wuchern. Daher rühren die Irritationen, die scheinbaren Widersprüche.

Dieses Weltenwuchern kulminiert bei Herbst zwar mit den Anderswelt-Romanen, es setzt aber bereits viel früher ein: In *Die Verwirrung des Gemüts* wurde noch die Möglichkeit eines anderen Ichs verhandelt, und im *Wolpertinger* waren dies bereits die Möglichkeiten eines in der Zeit vervielfältigten Ichs. In *Thetis*, dem ersten Anderswelt-Roman, war es die Möglichkeit einer anderen Welt, in *Buenos Aires* und *Argo* sind es konsequenterweise jetzt die Welten, die sich immer weiter multiplizieren. Zu Welt und Anderswelt gesellt sich vorerst einmal Garrafff (die Ganz-ganz-Anderswelt), und danach gibt es kein Halten mehr. Die Welten werden immer mehr, sind vervielfältigte Programme, die sich ihren Schöpfern zu entziehen beginnen. Irgendwo an einem Schirm sitzt auch ein Programmierer und/oder Schriftsteller namens Herbst, beobachtet den Erzähler Deters und wird wiederum von anderen beobachtet.

Das Herbst-Rhizom

Diese Möglichkeitenpoetik, wie Herbst sie postuliert, erinnert in vielen Punkten an das philosophische Konzept der beiden französischen Poststrukturalisten Gilles Deleuze und Félix Guattari. Herbst literarisches Werk, folglich auch die Anderswelt, gleicht – wie wir bereits ausführlicher an anderer Stelle nachgewiesen haben – einem Rhizom.[6] Herbst literarisches Werk vollzieht gleichartige Denkbewegungen wie das philosophische Denken der beiden Franzosen – dies in Ansätzen aufzuzeigen ist Ziel des vorliegenden Beitrags.

Was aber ist ein Rhizom? Diesen Begriff übernehmen Deleuze/Guattari aus der Botanik. Etymologisch stammt das Wort aus dem Griechischen und bedeutet Wurzelstock oder besser gesagt Wurzelgeflecht.

> *»Das Rhizom selbst kann die verschiedensten Formen annehmen, von der Verästelung und Ausbreitung nach allen Richtungen an der Oberfläche bis zur Verdichtung in Knollen und Knötchen.«*[7]

Deleuze/Guattari dehnen den Begriff aus: Tierbaue können Rhizome sein, ebenso Tiermeuten. Aber auch eine Wespe kann zusammen mit einer Orchidee ein Rhizom bilden. Genauso kann ein Buch ein Rhizom sein. In einem Rhizom kann und muss jeder beliebige Punkt mit einem anderen Punkt verbunden sein: Es gilt das Prinzip der Konnexion.[8] Es werden unterschiedliche Zeichenregime ins Spiel gebracht. Dies ist das Prinzip der Heterogenität:[9] Nicht Einheiten, sondern Dimensionen oder bewegliche Richtungen. Das Rhizom hat keinen Anfang und kein Ende, aber immer eine Mitte, von der aus es wächst. Diese Zunahme an Dimensionen in einer Mannigfaltigkeit ist ein Rhizom (Prinzip der Mannigfaltigkeit).[10]

Das Rhizom kann an jeder Stelle zerrissen werden, es setzt sich an seinen eigenen oder anderen Linien weiter fort (Prinzip des asignifikanten Bruchs).[11] Es besteht nicht aus Punkten, sondern Linien: Segmentierungs-, Stratifizierungs- und Flucht- oder Deterritorialisierungslinien in einem Kreislauf der Intensitäten. Ein Rhizom besteht aus Plateaus, Schichten. Es ist eine Art vibrierendes Intensitäts-Plateau. Das Rhizom bezieht sich auf eine Karte, die man konstruieren muss und zerlegen, neu verbinden und modifizieren kann. Die Karte hat viele Fluchtlinien, Ein- und Ausgänge (Prinzip der Kartographie und des Abziehbilds).[12] Die Logik des Baums wäre eine der Kopie und Reproduktion. Die Logik des Rhizoms hingegen ist eine der Karte und der Produktion:

> *»Die Karte ist das Gegenteil einer Kopie, weil sie ganz und gar auf ein Experimentieren als Eingriff in die Wirklichkeit orientiert ist.«*[13]

Es produziert das Unbewusste und damit neue Aussagen und Begierden. Die Kopie hingegen reproduziert von einer Karte oder einem Rhizom nur die Sackgassen und Blockierungen.

Was Herbst in seinen Deters-Romanen (*Die Verwirrung des Gemüts, Wolpertinger oder das Blau,* die *Anderswelt*-Trilogie) nach und nach entfaltet, ist die Imagination von Möglichkeiten, von anderen Welten, ist Eingriff in und Experiment mit der Wirklichkeit. Die Grenzen einer solchen Literatur sind durchlässig. Durchlässig nicht nur unter sich selber, sondern auch offen nach Außen: für neue Techniken, für andere Künste, für fremde Texte, für die Realität. Herbsts Werk ist von Intensitäten durchströmt, es zieht kreative Linien. Die Bücher von Herbst beginnen nicht nur inhaltliche Rhizome auszubilden, sondern werden selber zum Rhizom: Es entstehen Risse, Brüche, Linien, in und an denen die Bücher sich miteinander koppeln und verbinden. Die Verbindungen werden hergestellt zum Teil über Personen, die immer wieder in den Romanen und Erzählungen auftauchen, zum Teil über Selbstzitate und einzelne Satzpassagen, welche sich nicht nur im Wortlaut, sondern auch im Satzspiegel wiederholen.

»Ähnlich – auch über Räume organisiert, denen sich erst später Zeiten hinzufügen – bin ich in den beiden bisher erschienenen ANDERSWELT-Büchern vorgegangen, an die sich obendrein ganz andere Texte lehnen, die getrennt vom Hauptstrang laufen und je für sich genommen lesbar sind, ja selbst noch viel früher publizierte Bücher werden nachträglich eingefügt, indem sie gleichsam Schnittstellen zugeschrieben bekommen, die sich freilich nur von später her lesen lassen.«[14]

Beispiele hierfür aus *Argo*, dem letzten Band der Anderswelt-Trilogie, lassen sich zuhauf finden: So wird die Diskette aus dem *Wolpertinger* mit den darauf abgespeicherten mythologischen Fabelwesen reaktiviert und in die Anderswelt eingespeist.[15] Mit einem hellen Elfenlachen meldet sich nämlich eine der eindrücklichsten Figuren aus Herbsts Œuvre wieder, Dr. Elberich Lipom, *»ein gemütlich wirkender, freilich enorm massiver Mann von vielleicht fünfzig, vielleicht sechzig Jahren [...]. ›Tja, hä!‹ macht er. ›Da bin ich also wieder. Und we,hä,r sind Sie?‹«*[16] Auch andere Werke Herbsts werden in die Anderswelt hineinkopiert. So etwa die frühe Erzählung *Die Orgelpfeifen von Flandern*[17] oder auch mehrfach die *Verwirrung des Gemüts.*[18]

Die rhizomatische Struktur von Herbsts Werk geht aber darüber (Autoreferenz/Intratext) hinaus: Verweise und Anspielungen auf andere Autoren kommen vor (Intertext): War es bei *Joachim Zilts Verirrungen* Kafka, so sind es im *Wolpertinger* Benn[19], Goethe[20], Shakespeare[21] und Jean Paul[22], im *Arndt-Komplex* wird dann gänzlich auf Benn fokussiert, dessen Rönne-Novellen quasi für die Jetztzeit neu geschrieben werden. In *Argo*, welches als Genre-Bezeichnung *Epischer Roman* trägt, sind die Verweise auf Homer mit Figuren-Namen wie Odysseus, Achilles, Thetis und vielen anderen ja offensichtlich.

Auch formal schleicht sich das Epos ein: Immer wieder brechen Passagen in den Text ein, die in klassischen Hexametern verfasst sind, bis schließlich der letzte Teil des Romans gänzlich in das antike Versmaß mündet. Übrigens wird hier im Metrum Goethes *Achilleis* zitiert. Manches Zitat aus der Bibel oder dem Koran ergänzt diese Rückkehr zu der alten rhapsodischen Erzählweise.[23] Herbsts Verweis auf Stanley Kubricks Film *2001: A Space Odyssey* (!) darf durchaus auch in diese Reihe gestellt werden.[24]

In den *Anderswelt*Romanen lassen aber auch Fußnotenverweise, Internet- und E-Mail-Adressen die Bücher aus sich hinauswuchern. Teilweise sind es beliebige, fremde Adressen, teilweise vom Autor selbst betriebene. Figuren aus dem Buch antworten und die Fiktion greift ins Reale auf den Leser über (Hypertext):

Von: Hans Erich Deters <HE_Deters@gmx.de>
An: [redacted]
Datum: [redacted]
Betreff: Drehmann

von 113654.761@compuserve.com hierher nachgesandt:

Frau Tranteau ist zerstört. Die Schaltzentrale Ingolstadt befindet sich unter permanenter Bewachung durch die SZK. Deshalb Weiterleitung und Nachrichten nur auf den Cyberwegen. Herr Drehmann hat die Gruppe 9/VII Tenderloin übernommen.

Sind Sie bereits bei idoru gewesen? Anfragen bitte auch dorthin richten.
Desgleichen an 106700.1022@compuserve.com.
Dort aber bitte je Ausweis per Spontaninspiration: Erfinden Sie ein glaubhaftes password. Die Verkehrssprache bzgl. Mr. Idoru ist englisch.

Deters

Sent through Global Message Exchange - http://www.gmx.net

Der Autor selbst wird in einigen Werken zu seiner eigenen Figur, beziehungsweise zur Figur seiner Figuren.[25] Einen allwissenden Autor gibt es nicht mehr. Kann man der kühnen Behauptung einer Figur, *»Ich bin Herbst. Ich habe das alles erfunden«*[26], noch Glauben schenken, wenn es ein paar Seiten vorher geheissen hat *»›Habe ich von dem Erzähler erzählt?‹ ›Wem? Wie?‹ ›Demjenigen, der uns erzählt?‹«*?[27]

Herbst setzt also in seinem Schreiben diese verschiedenartigen Fluchtlinien frei, diese verschiedenen Arten von Werden, die ständig und immerfort wuchern, sich vereinen und wieder trennen, neue Triebe abspalten, teilweise verdorren, die also ein Rhizom bilden.

Wilde Begriffe

In den letzten paar Absätzen sind Begriffe wie Fluchtlinie, Deterritorialisierung oder Werden aufgetaucht, die einer Erklärung bedürfen. Die französischen Philosophen Deleuze und Guattari verwenden für ein- und dasselbe Zentrum ihres Denkens eine wilde Begrifflichkeit. Das Schwierige daran ist, dass zur Definition von Begriffen beinahe immer weitere Begriffe hinzugezogen werden, welche noch nicht definiert wurden. Beispielsweise hebt die Definition eines Begriffs verhältnismäßig einfach an, wird aber durch laufend neu hinzutretende, andere Begriffe je nach Situation abgewandelt, nuanciert und neu gezeichnet. Dies kommt daher, dass sie sich dem Phänomen, das sie fassen wollen, von verschiedenen Seiten nähern. Hier wurde bislang nur der Begriff Rhizom dafür verwendet.

Während der Rhizom-Begriff sich von der Biologie her dem Kern ihres Denkens nähert, tun dies die gleichwertigen Begriffe Maschine, Raum, Werden, Deterritorialisierungs- beziehungsweise Fluchtline von der Mechanik, der Geometrie, der Psychoanalyse, der Geologie usw. aus. Mit diesen Begriffen aus dem theoretischen Fundus von Gilles Deleuze und Félix Guattari kann das Werk von Alban Nikolai Herbst nun also experimentell gelesen werden, um zu zeigen, dass auch Herbst sich diese Begriffe auf seine literarische Weise erschreibt oder wenigstens umschreibt – was für den Begriff des Rhizoms hier schon geschehen ist.

Im Folgenden soll nur kurz ein Beispiel angeführt werden, das den Raum-Begriff mit dem der Deterritorialisierung und demjenigen des Rhizoms verknüpft. Im Anschluss daran soll der Begriff des Werdens genauer unter die Lupe genommen werden.

In seinem ersten Deters-Roman *Die Verwirrung des Gemüts* vergleicht Herbst an einer Stelle die Bahnhöfe mit den Städten, weil beiden die Eigenschaft zukomme, im Grunde eins zu sein. Weit entlegene Räume kommen hier zusammen, werden quasi in Eins gelegt:

»Frankfurt: Alle Städte zu einer zusammenlegen, die Ortseigenschaften miteinander verschmelzen, den Eiffelturm auf die Kaiserstraße pflanzen, über den Main gespannt die Golden Gate Bridge.«[28]

Dieser Prozess des In-unmittelbare-Nachbarschaft-zueinander-Tretens und In-eine-Zone-der-Ununterscheidbarkeit-Tretens ist die Deterritorialisierung, hier die Deterritorialisierung der Stadt. Diese Idee hat Herbst dann später in seinen *Anderswelt*-Romanen entfaltet und ausgeführt. Frankfurt dient hier in der *Verwirrung des Gemüts* noch als Projektionsfläche für Bestandteile anderer Städte, während die Städte dort im Anderswelt-Projekt zur zusammengesetzten, collagierten Megalopolis Buenos Aires werden. Herbst zeichnet die Karte der Städte neu. Alle Städte werden zu etwas vollkommen Neuem verknüpft, einem Stadt-Rhizom – von Herbst gezeichnet. Diese Stadt der Städte denkt sich also der in einer Berliner Bar sitzende und trinkende Erzähler Deters aus:

»Ich will Dich Buenos Aires nennen. Ich nenn Dich nicht Paris, nenn Dich nicht Rom, schon gar nicht Prag, und auch Belgrad nicht und nicht London, geschweige so, wie Du heißt. Schon werdet Ihr alle mir eine. Und wo etwas fehlt, denk ich's aus den Geschwistern hinzu.«[29]

»Die Häuser zwischen Nürnberg und Mainz standen dicht aneinander: fünfzig bis hundert Meter hohe Gebäude, nach William Gibson, dem Architekten, Arkologien, genannt. Sie deckten ganze Bundesländer ab und klafften plötzlich ins Nichts: Zwischen manchen Distrikten gab es furchtbare Brachen; die Komplexe fielen wie rohe Schnitte hinab.«[30]

In dieser Megalopolis sind die Naturgesetze ausser Kraft gesetzt. Räume, die sich eigentlich nicht berühren sollten, geraten in Kontakt zueinander, sie umwickeln einander. Das ist das Prinzip der Konnexion in einem Rhizom, wie es Deleuze/Guattari postulierten. Jeder Punkt eines Rhizoms, hier des erzählten Stadtraums, muss mit einem anderen verbunden werden können. Von der Mathematik ausgehend, bestimmen die beiden Franzosen einen Raum mit solchen Eigenschaften als Riemannschen Raum.[31] Durch diesen Raum flaniert also Hans Erich Deters:

»Na hörn Sie mal! Sie spazieren durch die Stadt, als müssten Sie sich nicht an Gesetze halten … ich meine Natur*gesetze, Herr Deters. Sie spazieren von London bis Paris in wenigen Minuten.«*[32]

Deters und später auch andere Figuren bewegen sich in der Anderswelt wie in einem Riemannschen Raum, dessen Hintertüren sie kennen.

Panta Rhei

Ein weiterer Begriff aus dem Fundus von Deleuze/Guattari ist das Werden. Wie diese verschiedenen Arten von Werden mit dem Rhizombegriff zusammenhängen und welche Rolle dieses Werden in Herbsts Werk spielt, wird im Folgenden kurz skizziert:

»Frau-Werden, Kind-Werden; Tier-, Pflanze- oder Mineral-Werden; alle möglichen Arten von Molekular-Werden, Partikel-Werden. Fasern führen von den einen zu den anderen, formen die einen in die anderen um und gehen dabei durch Pforten hindurch und über Schwellen hinweg. Singen oder Komponieren, Malen, Schreiben haben kein anderes Ziel, als diese Arten von Werden freizusetzen.«[33]

Die Künste haben also zum Ziel, Arten von Werden freizusetzen. Ein anderer Punkt, den man an diesem Zitat festhalten muss, ist, dass das Frau-Werden in ein Tier-Werden übergeht, das Tier-Werden in ein Molekular-Werden. Hier bestimmen Deleuze/Guattari das Werden als ein immer schon molekulares. Weil Werden heißt, dass man Partikel aus dem, was man ist, herauslöst, die dem am Nächsten sind, was man wird.

Das Frau-Werden ist also das erste Quantum, die erste Stufe oder Schwelle des Werdens. Das Tier-Werden ist die zweite Schwelle. Die Bewegung oder die Richtung der Fluchtlinie, worauf das hinläuft, ist die dritte Stufe: Das Unwahrnehmbar-Werden oder Molekular-Werden. Hier vollzieht das Denken von Deleuze/Guattari einen interessanten Sprung: ausgehend von einem Beispiel, in welchem eine Person immer weiter schrumpft, bis sie zwischen Molekülen unwahrnehmbar wird und so in der Welt aufgeht.[34] Das Unwahrnehmbar-Werden ist also ein Wie-alle-Welt-Werden. Und Wie-alle-Welt-Werden heisst nichts anderes als Welt machen, wie es auch Alban Nikolai Herbst vollbringt:

> *»In diesem Sinne heißt alle Welt werden, aus der Welt ein Werden machen, Welt machen, eine Welt, Welten machen, also seine Nachbarschaften und seine Zonen der Ununterscheidbarkeit finden. [...] Sich auf eine oder mehrere abstrakte Linien reduzieren, die mit anderen verbunden und fortgesetzt werden, direkt eine Welt zu produzieren, in der die Welt wird, in der man alle Welt wird. [..] In der Welt aufgehen.«*[35]

In der Welt aufgehen heißt Unwahrnehmbar-, Ununterscheidbar-, Unpersönlich-Werden. Nachträglich lässt sich als ein Beispiel, welches Deleuze/Guattari etwas früher brachten, die Lektüre des *Hyperion* von Hölderlin als ein Ununterscheidbar-Werden bestimmen:

> *»[...] bei der Überlagerung der gleichen Jahreszeit verschiedener Jahre* [findet] *eine Auflösung von Formen und Personen statt, eine Freisetzung von Bewegungen, Geschwindigkeiten, Verzögerungen und Affekten, als ob irgendeine verschwindend kleine Materie in dem Maße entweichen würde, wie die Erzählung voranschreitet.«*[36]

Diese Partikel einer unbekannten Materie, diese flottierenden Affekte lassen uns in der Literatur neben der Ebene der offensichtlichen Komposition (Form, Figuren etc.) auch etwas im Grunde Unwahrnehmbares wahrnehmen, die molekulare Ebene des Werdens.[37]

In *Argo* erzählt einer der vielen Erzähler, Eckhard Cordes, im Berliner Technikmuseum seinem Sohn von der Nebelkammer, einem Apparat, in welchem man die Wege atomarer Teilchen sichtbar machen kann. Herbst legt seiner Erzählung diese Nebelkammer als Erzählmodell zu Grunde, in welcher – der Möglichkeitenpoetik entsprechend – eben alle möglichen Realitäten angelegt sind und erzählt werden müssen. Dieses Erzählen verschiedener Realitäten geht aber mit der Gefährdung des gesamten sozialen Raums einher, wie Erzähler Deters Erzähler Cordes auch zu warnen versucht:

> »*Wenn der Mann nicht sofort aufhörte, vermittels seiner Erzählungen die feinen Membranen aufzulösen, die die fantastischen Räume von den realen trennten, geriete jeder, der im Technikmuseum zuhörte, in mehrdimensionale Schlaufen, die den Charakter von Irrgängen hatten.*«[38]

Diese Gefährdung wurde schon im *Buenos Aires*-Roman thematisiert, denn hier stellte sich heraus, dass die Anderswelt eine von der Real-Welt aus gesteuerte Simulation ist und diese beiden wiederum Simulationen einer dritten Welt, Garrafff, sind:

> »*So* [Buenos Aires] *und ›Anderswelt‹ nannte Deters die eine unserer beiden datischen Welten. In der anderen, aus der er stammte, einer Art Kopie Garrafffs, spielten wir politische Szenarien durch, während die Anderswelt naturwissenschaftlichen Fragen vorbehalten war.*«[39]

Welch eine Wendung. Nicht nur die Anderswelt, sondern auch die Real-Welt, aus der Deters stammt, ist also nicht real, sondern datisch. Diese drei Welten beginnen nun in gegenläufiger Kommunikation miteinander zu interagieren und unabhängig voneinander zu agieren, wie Markus Goltz, der beunruhigte Polizeichef von Buenos Aires, sich erklären lässt:

> »*Und weiter: – Können sich die datischen Geschöpfe in unsere und wir uns in ihre Welt hineinkopieren lassen? – Lässt sich feststellen, wer welchem Bezugssystem entstammt? In Goltz' Fragen schwelte das alte Feuer der Identität oder, um es kunsttheoretisch auszudrücken, des Originals.*«[40]

Und nicht nur einzelne Geschöpfe, »*sondern auch große Bereiche des Sozialsystems*«[41] können von Welt zu Anderswelt zu Garrafff kopiert werden. Was natürlich Goltzens Alptraum ist, entgleitet ja so der Staatsmacht die politische Kontrolle. Durch die kybernetische Technologie werden die Räume geglättet, gelangen die Welten in Nachbarschaft zueinander, wo eigentlich gar kein Kontakt bestehen sollte. Ein Weltenwuchern setzt ein, ein Rhizom entsteht. Auch der Garrafffer Programmierer Herbst räsoniert im Roman über diese gegenläufige Kommunikation:

> »*Im Grunde gab es Anlass zur Panik. Offenbar hatten wir die kybernetischen Welten nicht geschaffen, sondern es schien sie immer schon, zugleich und neben der Realität, gegeben zu haben; wir hatten lediglich den – oder einen – Zugangscode gefunden. Theoretisch mussten also auch wir sie betreten und mit ihnen verschmelzen können.*«[42]

Die verschiedenen Welten werden also gleichberechtigt nebeneinander gesetzt. Es gibt keine Original- oder Ursprungswelt, wie zuerst angenommen. Wie zwischen Mensch und Maschine ist zwischen Welt und Anderswelt kein Unterschied auszumachen. Betrieb Herbst bislang in seinen Romanen die Desorientierung des Ichs, so wird diese jetzt zur kollektiven Desorientierung. War die Auflösung der Grenzen zwischen Realität und Fiktion im *Wolpertinger* angedacht, so wird sie in der *Anderswelt*-Trilogie durchgeführt. Die Bestandteile dieser Mensch-Maschinen-Systeme lassen sich nicht mehr ohne weiteres trennscharf unterscheiden. Im *Argo*-Roman beispielsweise unternimmt Ungefugger, der Präsident der Anderswelt, ein Humanexperiment, um 22 sogenannte Freiwillige zu kybernetisieren, sie in ein Programm zu überführen. Ungefugger nimmt also die Gefährdung der Systeme in Kauf. Sein Chefwissenschaftler erklärt das genaue Vorgehen:

> »*Die Wirkungsweise ähnlicher autopoietischer Systeme aufeinander – wie gesagt: gekoppelter physikalischer Felder – hat uns interessiert [...]. Deshalb haben wir direkte, wenn auch nur kleine Verbindungen zwischen Europa, Garrafff und der Anderswelt hergestellt, deren Träger ausgesuchte Repräsentanten der jeweiligen Welten waren und sind. [...] Nunmehr [...] bringen wir unsere eigene Welt, vermittelt über Sie, meine Damen und Herren, mit den von uns kybernetisch erzeugten, aber eben, ich kann das nur wiederholen, gleichberechtigt materialen in Verbindung. Sie alle sind Türen, meine Damen und Herren. Geöffnete Türen haben die Eigenschaft, dass sie nicht nur von hier nach dort, sondern auch von dort nach hier durchschritten werden können. Das impliziert Gefahren. Denn die Realität, was eine potentielle Realität meint, ist ungleich komplexer, als wir meinen können, und in ihrer gesamten Vielheit sehr wahrscheinlich prinzipiell unerfassbar.*«[43]

Nicht nur auf der Inhaltsebene, auch formal auf der Textoberfläche reflektiert Herbst das Fehlen einer privilegierten Beobachterposition, indem er den Wechsel zwischen den verschiedenen Welten als Buchstabensalat, Flimmern auf dem Schirm der Buchseiten darstellt:

> »*Einen schweren Schritt weiter _ó$_XÁ_)©¥q_AÛ_N_#¡_7t†D4_4Ää̃7)q≠: ({OLD-ZEØ_ΩSí« #_§H_rÕf∑ÃJÓ1‰[)c@\»bwÕL_‰òu_ö§_ hier verlor Herbst Hans Deters auf seinen Beelitzer Monitoren.*«[44]

So werden wiederholt auf der Textebene die verschiedenen Welten übergangslos miteinander verschaltet, ineinander verschmiert. Alles fließt. Alles wird ununterscheidbar. Es wird. Die Anderswelten geraten in ein Molekular-Werden. Alles wird zu molekularen Erzählpartikeln in Herbsts Nebelkammer. Die Verschaltung all dieser Welten, all dieser sozialen Systeme, welche wechselseitig miteinander kommunizieren, machen die *Anderswelt*-Romane und hier insbesondere *Buenos Aires* zu einer kybernetischen Roman-Maschine. Dieses Weltenwuchern, welches Herbst beziehungsweise Deters in der *Anderswelt*-Trilogie betreibt, kann folglich als Welt-Machen beziehungsweise In-der-Welt-Aufgehen im Sinne von Deleuze/Guattari begriffen werden.

Dreizehn Jahre Kybernet und Argonaut

Auch für das Unwahrnehmbar- oder Molekular-Werden finden sich also Beispiele in Herbsts Werk. Die Überlappung der drei Zeit-/Erzählebenen im

Wolpertinger wurde auch schon als Molekular-Werden bestimmt. Das Weltenwuchern in der *Anderswelt*, ist – wie bereits gezeigt – ein Welt-Machen gemäß Deleuze/Guattari. Deters geht in seiner Anderswelt auf, wird molekular. Ebenso ist das Schrumpfen des Molekularbiologen (!) Zilts in *Joachim Zilts Verirrungen* ein Aufgehen in seinen Labyrinthwelten. Die Spaltung in Welt-Anderswelt-Garrafff ist dann nochmals ein weiter getriebenes, höher deterritorialisiertes Ununterscheidbar-Werden.

Und wieder trifft man ein bekanntes Schema, den Block des Werdens, an: Was mit Laupeysser-Falbin-Deters in der *Verwirrung* auf der Figuren-Ebene und 1981-1985-1989 im *Wolpertinger* auf der Erzähl-Ebene (mit zeitlicher Interkonnektion) durchgeführt wurde, wird in der *Anderswelt*-Trilogie mit Welt-Anderswelt-Garrafff im Räumlichen vollzogen (die Erzählebenen fallen räumlich sowohl in-, falten sich aber auch auseinander; räumliche Interkonnektion). Oder anders ausgedrückt (mit einer vulgo-aristotelischen Poetik): In der *Verwirrung* wurde die Einheit der Person zertrümmert, im *Wolpertinger* die Einheit der Zeit und in der *Anderswelt* die Einheit des Orts.

Wie kann man so ein unendliches Wuchern, diese ständige Zertrümmerung, dieses Sich-Abspalten zu einem Abschluss führen? Gegen Ende von *Argo* falten sich die verschiedenen Welten und auch einzelne Figuren wieder ineinander:

> *»Wie sich ineinanderschiebende, feste Fugenlamellen, so rastete die eine Stadt in der anderen ein, die eine Figur in der anderen, er war es jetzt, Cordes, der im Zug saß, nicht länger Deters – oder Deters eben auch und zugleich, dachte Herbst.«*[45]

Goethes *Achilleis* schiebt sich im letzten fünften Teil des Romans mit ihrem Metrum unter die Textoberfläche; der Roman wird zum Epos. Die Argo sticht in See.

Bei Jorge Luis Borges heißt es, dass Ts'ui Pên dreizehn Jahre an seinem Roman arbeitete.[46] Laut eigenen Aussagen[47] schreibt Herbst seit dreizehn Jahren an der Anderswelt-Trilogie. *Der Garten der Pfade, die sich verzweigen* geht mit dem Mord am Sinologen Albert für die Leser verloren, es gibt keinen solchen Roman. Alban Nikolai Herbst findet ihn und führt uns mit *Thetis*, *Buenos Aires* und *Argo* in dieses verlorene Labyrinth. Denn im Grunde ist Herbst Ts'ui Pên und Ts'ui Pên ist auch Herbst. □

Anmerkungen:

1 Jorge Luis Borges: *Fiktionen*, Erzählungen, 9. Aufl., Frankfurt a. M. 2004, S. 84.
2 Jorge Luis Borges: *Fiktionen*, S. 86.
3 Jorge Luis Borges: *Fiktionen*, S. 88.
4 Alban Nikolai Herbst: *Dritte Heidelberger Vorlesung*, noch unveröffentlicht, zit. nach http://albannikolaiherbst.twoday.net/topics/POETIK-DOZENTUR-2007/.
5 Alban Nikolai Herbst: *Argo. Anderswelt*, Epischer Roman, noch unveröffentlicht, zit. nach Typoskript der Arbeitsfassung vom Januar 2007 (vom Autor zur Verfügung gestellt), S. 200.
6 Vorliegende Arbeit ist eine aktualisierte und stark kondensierte Kurzfassung von: Gregor Patorski und Anton Moosbach: *Das Ribbentrop-Rhizom. Ein Experiment mit den*

Werken von Alban Nikolai Herbst und Gilles Deleuze/Félix Guattari. Universität Zürich 2005.

7 Hier zit. nach: Gilles Deleuze und Félix Guattari: *Rhizom.* Berlin 1977. [frz. Orig.: Paris 1976], S. 11, wobei anzumerken ist, dass *Rhizom* einfach eine andere Übersetzung des ersten Kapitels von *Tausend Plateaus* ist und sich mit diesem in weiten Teilen deckt. Dort: Gilles Deleuze und Félix Guattari: *Tausend Plateaus. Kapitalismus und Schizophrenie II,* Berlin 1992 [frz. Orig.: Paris 1980], S. 16.

8 Deleuze/Guattari: *Tausend Plateaus*, S. 16f. u. Deleuze/Guattari: *Rhizom,* S. 11ff.

9 Deleuze/Guattari: *Tausend Plateaus*, S. 16f. u. Deleuze/Guattari: *Rhizom*, S. 11ff.

10 Deleuze/Guattari: *Tausend Plateaus,* S. 17ff. u. Deleuze/Guattari: *Rhizom*, S. 13-16.

11 Deleuze/Guattari: *Tausend Plateaus*, S. 19-23 u. Deleuze/Guattari: *Rhizom*, S. 16-20.

12 Deleuze/Guattari: *Tausend Plateaus*, S. 23-27 u. Deleuze/Guattari: *Rhizom*, S. 20-26.

13 Deleuze/Guattari: *Tausend Plateaus*, S. 23f.

14 Herbst, Alban Nikolai: *Poetologische Thesen.* In: L. Der Literaturbote (69, 70 u. 72). o. O. 2003. zit. nach pdf auf *www.albannikolaiherbst.de*, S. 52.

15 Alban Nikolai Herbst: *Argo,* Typoskript, S. 677, S. 807, S. 835.

16 Alban Nikolai Herbst: *Argo,* Typoskript, S. 807.

17 Alban Nikolai Herbst: *Argo,* Typoskript, S. 133.

18 Alban Nikolai Herbst: *Argo,* Typoskript, S. 606 u. S. 652.

19 Dr. Elberich Lipom zitiert pausenlos Benn-Gedichte.

20 Die Szene in Auerbachs Keller aus dem Faust I wird durch Lipom reaktualisiert.

21 Das Fest gegen Ende des *Wolpertinger* ist eine Neufassung von Shakespeares *Mittsommernachtstraum.*

22 Die Kapiteleinteilung in Septoren und Blumenstücke ist eindeutig von Jean Pauls Muster geprägt.

23 Alban Nikolai Herbst: *Argo,* Typoskript, S. 174, S. 574 u.a.

24 Alban Nikolai Herbst: *Argo,* Typoskript, S. 671.

25 So beispielsweise in *Der Arndt-Komplex, Eine Sizilische Reise* und *Buenos Aires. Anderswelt.*

26 Alban Nikolai Herbst: *Argo,* Typoskript, S. 817.

27 Alban Nikolai Herbst: *Argo,* Typoskript, S. 811f.

28 Alban Nikolai Herbst: *Die Verwirrung des Gemüts*, Roman, München 1983, S.32.

29 Alban Nikolai Herbst: *Thetis. Anderswelt, Fantastischer Roman*, Reinbek bei Hamburg 1998, S.9.

30 Alban Nikolai Herbst: *Thetis*, S.45; Hier erweist Herbst seine Reverenz dem Erfinder des Begriffes Cyberspace, dem Schriftsteller des *Neuromancer*, William Gibson.

31 Deleuze/Guattari: *Tausend Plateaus*, S. 672f.

32 Alban Nikolai Herbst: *Thetis*, S. 573.

33 Deleuze/Guattari: *Tausend Plateaus*, S. 371.

34 Deleuze/Guattari: *Tausend Plateaus,* S. 380.

35 Deleuze/Guattari: *Tausend Plateaus,* S. 381.

36 Deleuze/Guattari: *Tausend Plateaus*, S. 365.

37 Deleuze/Guattari: *Tausend Plateaus*, S. 364.

38 Alban Nikolai Herbst: *Argo,* Typoskript, S. 733.

39 Alban Nikolai Herbst: *Buenos Aires. Anderswelt*, *Kybernetischer Roman*, Berlin 2001, S. 94.

40 Alban Nikolai Herbst: *Buenos Aires,* S. 101.

41 Alban Nikolai Herbst: *Buenos Aires,* S. 150.

42 Alban Nikolai Herbst: *Buenos Aires,* S. 151.

43 Alban Nikolai Herbst: *Argo,* Typoskript, S. 416.

44 Alban Nikolai Herbst: *Buenos Aires,* S. 16.

45 Alban Nikolai Herbst: *Argo,* Typoskript, S. 604.

46 Jorge Luis Borges: *Fiktionen*, S. 81 u. S. 87.

47 Alban Nikolai Herbst: *Zweite Heidelberger Vorlesung*, noch unveröffentlicht, zit. nach http://albannikolaiherbst.twoday.net/topics/POETIK-DOZENTUR-2007/.

Alban Nikolai Herbst

Die Bücher untereinander

Buenos Aires.Anderswelt (2001), III,2:

Deters, den billigen Anorak überm Anzug, wandte sich rechts an der irischen Kneipe vorbei, nahm im Topedokäfer ein schnelles Radeberger, wobei sich Radloff und er mit jenem schnellen freundlich–skeptischen Blick begrüßten, der sich über alle die Zeit, die ich hier nun schon wohnte, nie geändert hatte, auch wenn man gemeinsam mal hatte eine Demonstration auf die Straße bringen wollen, die sich gegen gar nichts richtete. Wir sind nicht betroffen! hatte das Entwurfsflugblatt getitelt. Das war, nicht zuletzt meiner eigenen Interesselosigkeit wegen, völlig im Sand verlaufen, so sehr pikant es Deters, als Broker, gefunden hatte, sich den unorganisierten Widerstandschaoten anzuschließen. **@^{01}×ûS*f*Î’”tY*f*^{2}×ì§**Sabine gab noch ein paar Menübefehle, die Deters, als er den Torpedokäfer wieder verließ, vor männergroße Nasen stellte und **Ñ&N‡žuqéwZÅÒâ>õHEÒ□** ganze Dachfirste überrauschende Kleidersäume. Ein TarzanPlagiat schwang sich gegenüber lächerlich bunt über den Eingang eines Lichtspielhauses in der Größe dieses Lichtspielhauses selbst. Das war nicht mehr die Dunckerstraße, oder doch, aber sie führte schnittlos zum Hachiko. Schon hatte man Deters, der leicht wankte, den ersten Handzettel zugesteckt, einen zweiten dritten. Wäre er diese Umbrüche nicht bereits so gewohnt gewesen, er hätte denken müssen, jemand habe ihm etwas ins Bier gekippt. HotDogWägelchen. Auf Wägelchen rauchende halbverbrannte BarbecueSpieße. Vor der fantastischen GlasArchitektur des eklatant an Hannover erinnernden KyotoBahnhofs spielte ein Cardassianer Saxophon, paar Meter weiter trommelten Schwarze die Leute zusammen. Einem Verkehrsdelta ähnlich, das hier über die Ufer trat, schoben sich ganze Pulks von Ferengi, aus den drei zusammenfließenden Straßen hergeschwemmt, in einen Duffy Square. Was für Gestalten! Waren die verkleidet? Natürlich waren sie es. Ich war mir aber nicht sicher. Nicht einmal, als auch noch ein Narn erschien, allerdings in Zivil. **c•@Ùâ“¦–£Ë3‰ù×}**„Hihi“, machte Sabine und normalisierte die Erscheinungen wieder.**c•@Ùâ“¦–£Ë3‰ù×}**Einkaufstüten lockender blitzender Elektrokrempel Fotoapparate Computer. 99–Cent–Läden. Ein fetter massedichter Autoverkehr. Gelbe Fluten aus Taxen durchschwammen die touristischen Heringsschwärme wie Zitronenströme unter Schütten aus Kunstlicht.

The Lion’s King
Gemenge von
Bauzäunen Disneyläden Werbeflächen
Menschen. Das quoll hindurch
und darü–
ber hin. Separiert
amalga– mierte langgezogene Körper. Sahen wie wenige
ungestalte Würmer aus
Kleidungsfetzen

richard chamberlain
Touristen Rucksäcke, die sich wie
durch **FOSSE** Wasser–
durch Lichtfälle was …

In New York, Manhattan Roman (2000):

Ich schritt gegen den Strom der Touristenzüge durch Gefunkel und Blaschen Aufjaulen Kreischen. Rufe und Hupen Sirenen auf uns niedersehende Riesengesichter: Nasen männergroß und ganze Dachfirste überrauschende Kleidersäume. Ein TarzanPlagiat schwang sich lächerlich bunt über den Eingang eines Lichtspielhauses in der Größe dieses Lichtspielhauses selbst. HotDogWägelchen. Auf Wägelchen rauchende halbverbrannte BarbecueSpieße. Vorm MARRIOTTGlitzerMARQUIS spielte jemand Saxophon, paar Meter weiter trommelten Schwarze die Leute zusammen. Ein Mann hatte sich einen lebenden Python um die Schulter gelegt, paßte die Schlange Touristen an; so ließen die sich fotografieren. Einem Delta ähnlich, in dem der Times Square über die Ufer trat, schob er ganze Pulks von Japanern, aus Broadway, 7th Avenue und 42nd Street zusammengeschwemmt, in den Duffy Square: Das Plätzchen wie ein kleiner Meeresbusen zu den Wellenfüßen der modernen Gebäude und Palazzi einer frühen Moderne, welche die letzte architektonische Erinnerung an goldobskure Vergangenheit trug. Tags standen auf der verkehrsumspülten Insel stundenlange Menschenschlangen vor der Baracke der TKTS um verbilligte Karten an. Wie in einem Wellental verschwand man da unter Megahotels und den flirrenden Leuchtreklamen und einem seinerseits geduckten Holzkutter, der unter orangenfarben aufgespanntem Segel zwischen den Großbaustellen und Illuminationen durch die Farbgischt stampfte. Einkaufstüten lockender blitzender Elektrokrempel Fotoapparate Computer. Ein fetter massedichter Autoverkehr; Busse, die sich zentimeterweise voranrückten, die sich schmal machen mußten und das auch schafften. Etwas nördlicher blühten die Raubkopien: Videos Drehbücher Musikcassetten. Gelbe Fluten aus Taxen durchschwammen die touristischen Heringsschwärme wie Zitronenströme unter Schütten aus Kunstlicht. Hier hatten sich noch vor paar Jahren die Stripschuppen gereiht und in den Hosentaschen, so hieß es, Schlagringe geklirrt, derweil sich an den *Briefchen* die Schnappmesser rieben. Doch mittlerweile leuchtete das alte Böse Gewissen der Stadt wie eine Inszenierung nach Andrew Lloyd Webber. Und von hoch auf blauem Grund hinab PRUDENTIALS weißer Werbefelsen. Nichts schlug gegen ihn an als der künstliche Sternenhagel, durch den sich eine Arche Noah kämpfte: plakateweit aufgewühlt See. Riesenaffichen Votive: shoppend beichten. Moralität fand beim Kaufen zu sich. Hier ließ die Legende sich greifen, doch verglühte, rann durch die Finger wie Hörensagen. Nur optisch hatte sie Substanz und spottete ihrer Domestizierung. Im Kunstlicht tanzten Abenteuer Verzückung, als hätte nicht der Markt das Begehren im Griff, als gäbe es noch einen Wildwuchs der Seelen und kreative Aggressionen seien nicht zur Produktionsbedingung coupiert: überschwengliche Hypomanie, die jeden Verkäufer zum Freund werden ließ. Prediger standen herum und predigten. Abmontiert aber der *Marlboro man*, keine Rauchkringel aus Heizungsdampf entwehten den Wülsten von Lippen, statt dessen funkelte

The Lion's King
und schillerte: Gemenge von
Bauzäunen Disneyläden Werbeflächen
Menschen. Das quoll hindurch und darüber hin. Separiert
amalgamierte langgezogene Körper. Sahen wie wenige ungestalte Würmer aus
Kleidungsfetzen
richard chamberlain
Touristen Rucksäcken aus, die sich wie
durch ***FOSSE*** Wasser– durch Lichtfälle
schlängelten, behängt mit Fotoapparaten, an tausende Hände
Videokameras geschnallt. Inlineskater flitzten. Endlos verschachtelte
Kastenburgen, Verwischung
der Plakate mit Architektur, was war noch Fleisch? was bloßer Schein? Limousinen schwammen hochzeitsweiß mit, andere mafiaschwarz, manche *topless*. Die Chassis glänzten poliert.

Buenos Aires. Anderswelt (2001), III,7:

So ging es also zum SAMHAIN, das Deters sehr lange, dachte er, nicht mehr gesehen hatte, auch wenn er erst heute morgen davorgestanden. Deidameia ließ ganz dieselbe Imaginationstür öffnen, ganz dasselbe schattige, aufrecht stehende EnergieGewässer, das ihn bei ihrer beider letzten Begegnung ins BOUDOIR geführt hatte. Nun gähnte dahinter ein blauschwarz gekräuselter, von einem ähnlichen Bleilicht erfüllter Gang wie jener andere zwischen Gmünd und Weilburg. Dies zu beschreiten, war nun nicht mehr so einfach, aber nachdem ihm Deidameia beide Projektoren zugesteckt hatte – auf einem das gelbe Emblem von FERRARI, auf dem anderen eine FIELMANNWerbung –, stießen ihn die vier Rebellinnen einfach hinein. Er hörte Deidameia noch sagen, sie hoffe, ihn bald, drüben bei ihm… – dann brach der Ton weg, und es wurde minutenlang, schien mir, absolut still. Doch sicher brauchte es keine Sekunde, bis wi **M6"A9#D>$J5K:$LG1 ZB#O?+L<.T=)**Qässender Schmerz über der Nasenwu**=$LB+V@.^** Sanitäter rannte mit Kompressen DEL FUOCO Akustik verändert der Nachthall. Im Knall die ganze Baubude weg. Sirren Menschenstimmen Schreie. „…besoffen is' er!" Ich schleuderte herum, wollte zuschlagen, saß vor dem Monitor, ein Geräusch hinter mir DAS MITTELALTER IST EWIG die Kartoffelkiste Durchgang zwischen den Pflanzenkübeln Colón das Treppenhaus der Wilhelm–Leuschner–Straße13, **G:,N5&K=&Q?+Y:&K5%C:$H=!M5!G5"D8)F=%M2_AA0V;)L@* WOGn>"OE+[5"H72N9&E4%WB,QG–XF8Z9_NH3Y=)QG<e6&LA–[C(P8)K8*T7&H>(T>.WI6c<*Oa** bitte?" Frau Harlte hatte die Tür nach innen aufgezogen. Sie starrte mich an wie einen Geist. „Entschuldigen Sie", hörte ich mich sagen, „Sie müssen wirklich entschuldigen." Ich war barfuß. Ich trug einen Pyjama. Ihre Nägelfinger pinnten mir Blicke im Nacken. Dann klingelte es an der Wohnungstür, ich ging öffnen, sah hinaus in einen baustellenartigen Hinterhof, der nach nassem Holz und Zement roch. Mischmaschinen standen herum Hebekräne Eimer Geröll. Sandhaufen waren hochgeschichtet, Pfützen glitzten. Ich setzte mich. Sah auf. Blickte über meinen Kaffeetisch, die MÄNNER VOGUE vor mir. Das Gerüst des Bremer Wallcafés Metallstreben Blechgitter fingerdicker rotbrauner Draht. Ich hatte die Illusion, auf einen Dachgarten geraten zu sein, der seinerseits ummauert und überdacht ist. Leises Stimmenwogen. WO MÄNNER ZÄRTLICHKEITEN AM MEISTEN LIEBEN. Und da, hier drüben gleich, saßen Claus Falbin, mein altes anderes Ich, und ich selbst, Laupeyßer, der, in einer Kakaotasse rührend, auf seinen Hinterkopf blickte, im Spiegel, selbstverständlich im Spiegel – Gott, was war ich damals noch jung! Und wie wenig wußte ich schon, hatte ja auch den Paß noch nicht, der:**!K<&M;)Q9'J;+ O9*K:$MA'T;$J;+V;)Q @*ZC3]=*Q=,W3&R<%VI4X>'S='QF*V ;%Q>#N G9g:**"en Moment nutzte ich, ich musste schnell sein, hatte gewartet auf solch eine Chance, kopierte Deters mit zweidrei Funktionsbefehlen in eine Zwischendatei und löschte ihn aus Buenos Aires. Als sein Platz frei geworden war, trat ich den Weg ins SILBERSTEIN an. Sabine? Leb wohl. Einen warmen Mantel brauchte ich nicht. Zwar war November, aber dort, wohin ich mich nicht bloß kopierte, sondern erst ließ ich mich cutten, dann pasten, würde eine schöne Juninacht sein.

In New York, Manhattan Roman (2000):

Es waren von Legz Diamond's zu Aladdin's zehn Straßen zu gehen. Nämlich ließen mich die unbeleuchteten Stufen nicht auf die 54th, sondern 55th St hinaus. Und das auch nicht sofort. Sie endeten in einem weiten Entree, das mir, als ich im anflackernden Neonlicht stand, seltsam bekannt vorkam. Sirren schmale gerade meterlange Streifen Lichts. Vor allem dieser Geruch nach erwärmtem Plastik und Metallgeländer! Es war fast wie… – – *früher*?: Schauderhaft! Was waren *das* für Lifts? Voll Mißtrauen stand ich vor den fünf milchverglasten alten Wiener Holztüren, über denen gelbgrüne Stationslichter glommen. Auf den Rahmen klebte schmutzige Hitze. Überaus langsam, gleichsam in Tropfen, fiel Kühlung hinein. Neben den Schächten Pfützen, die sich aus dem Luftstrom der Klimaanlagen kondensierten. Trotzdem stand die Schwüle bis unter die Decke wie Teig. Nur wenn jemand, was ich jetzt, sozusagen fliehend, tat, die Tür öffnete, schickte das einen Schwall Frische herein. Dann wurde die feuchte Hitze locker und samtig. Draußen indes immer noch der kalte, am Schachtgrund umstehender Hochhauswände sich versprühende Nieselregen. Auch der atriumartige, heruntergekommene Hof, auf den ich hinaustrat, war mir nicht gänzlich unbekannt. Er schien auf einer Brache angelegt; auch hier hatte mal ein Haus gestanden. Vielleicht war es abgebrannt oder abgebrannt worden, dem Schicksal zahlloser Brownstones gleich, deren Eigentümer die Kosten nicht mehr aufbringen konnten. Wie schwer hing der Koffer an meinem Arm! Rechts die Reihe blecherner, geputzt silberstrahlender Mülleimer und links, gleichsam ängstlich ans Hausgefälle gepreßt, Gartenstühle zwischen Pflanzenkübeln und Plastikzwergen. Schwindelnd hoch droben faßten die Dächer beinah zusammen, nur ein Fleckchen Graus war vom Himmel zu sehen. Und aus diesem herab wehte der dünne Sprühregen wie sinkender Altweibersommer. Aus dem Hof führte bloß eine eigenartig verwahrloste Holztür, die durch einen Bauzaun… nein, eben nicht auf die 55th Street, sondern die Calle dels Escudellers führte. Ich war nun wirklich im falschen Buch. Und tatsächlich – gleich an der Pforte – grob aufs Holz geleimt:

Boudoir

Jeden Abend auf der großen Bühne stündlich show 19 Uhr – 21 Uhr – 23 Uhr – 1 Uhr – 3 Uhr Rione Manhattan 231 West 54 St. Just west of broadway

und als Gast

MARTHA HARI Parking lots 50

Also umkehren und, übern Hof zurück, wieder ins Schattenwasser hinein. Geradeaus zum Haupteingang durfte ich auf keinen Fall; es hätte meiner alten Heimat Frankfurt am Main zwar geschmeichelt, angedockt an New York City zu sein, aber ich wollte nichts riskieren. Tatsächlich führte eine Kammer rechts in einen jener nüchtern engen Gänge, die man sowohl in Krankenhäusern wie Funkanstalten findet. Putzzeug, Eimer, riesige Poliermaschinen für Marmorböden, aber auch Stative, Hunderte schräggekippter Scheinwerfer mit Blenden und Armeen kniehoher Kabeltrommeln standen herum. Links und rechts, in Abständen, gab es mattbraune Glasscheiben, durch die ich nicht hindurchschauen konnte, doch ich war überzeugt, dahinter sind die Tonateliers. So ging es über Hunderte von Metern. Eine Brandschutztür verschloß das Ende des Gangs. Ich legte eine Hand auf die Klinke, drückte sie. Zog. Mußte zerren, bis sie sich endlich drehte: als hielte die Tür ein Vakuum fest. Ich kriegte sie auch nur grad so weit auf, daß ich durchschlüpfen konnte. Schon knallte sie mit einem Krachen, das hätte Schaufensterscheiben zerspringen lassen, hinter mir zu. Ich stand im Foyer eines anderen Hauses. Rechts eine *revolving door*... hindurchgedreht und ins Freie. Immer noch fiel Regen, nun aber dicht und real. Unweit eilten, die Köpfe gesenkt, paar Nachtschwärmer heim. Andere falterten noch, unter mattrot glimmenden Plastikmarkisen, um die Deli's, Kreuzungen aus Imbiß und Sparmarkt. Es war nach zwölf. Ich erstand ein Bier. Die Straßen zum Aladdin's entlangschreitend, drückte ich die Packpapiertüte an mich, in die der Verkäufer die Dose hineingetan hatte. Am Hotel lag neben den Stufen, zwischen Wand und Elektrokasten, ein Mann auf seinem Bauch. Schlief vielleicht. War vielleicht tot. Es regnete auf ihn und das bißchen Pappe herab, auf die er dreiviertels gewälzt war. Ich machte einen langen Schritt. Es war Zeit, ins Bett zu kommen. Im Fahrstuhl riß ich den Verschluß auf, das Bier schäumte hoch, schäumte über Zunge und Blechrand, tropfte auf die Auslegware und den zwischen meine Füße gestellten Koffer. In drei Zügen trank ich die Dose leer.

Wolpertinger oder Das Blau (1993), Quasi un prologo:

Er springt an mir hoch, zerrt am Ärmel, schreit. Ich beuge mich verwirrt zu ihm hinab, er zerrt, zerrt. Schon hat er mich vom Schreibtisch weggezogen. Fällt in geradezu panische Rage. Außer sich greift er die am Boden stehende Flasche, knallt sie in den Monitor, der Bildschirm implodiert, es gibt eine starke Stichflamme, ein Splitter trifft mich am Kinn. Licht schießt grünlich an den Gegenständen hoch, durchflutet das Zimmmer, löst die Möbel auf, den Schreibtisch, die Couch. Überall zirpt es, schreit leise. Jappst wie nach Atem. Jemand packte mich am Arm.
„Hier kauert einer!"
„Was tun Sie denn hier?!"
Ich konnte nicht antworten, den Mund voll Mörtel.
„He, pack an! – Verdammt, Mensch, wie ist der hier runtergekommen!?" Und zu mir: „Nehmen Sie sich zusammen, stehen Sie auf... schnell! Haben Sie denn das Schild nicht gelesen? – Wir arbeiten mit Säure... und der Kerl geht hier spazieren..!"
„Los, fester! Zieh! Der wird uns noch ohnmächtig sonst."
„Quatsch, besoffen is' er!"
„Schnell, das Feuer kommt!"
Sirenen, Menschenstimmen, Schreie. Ich drückte mich hoch. Der Lichtkegel einer Taschenlampe schnellt die rußbeschmierte Wand entlang. Das Mittelalter ist ewig. Eine Flamme schoß über den Kalk.
„Kommen Sie schon! Wir müssen hier raus!"
Ich gab den Widerstand auf. Schmieriger Rauch quoll in den Raum, drang mir in den Rachen. Ich würgte, keuchte.
„Mensch, der blutet ja, am Kinn!"
„Raus hier! Is' eh schon knapp!"
Sie stießen mich vor sich her ins Freie, einer schlug mir auf den Rücken. „Alles okay?" fragte er. „Da vorn der Krankenwagen, sehen Sie? Lassen Sie sich verarzten." Irgendwie machten sich beide davon, ließen mich stehen.

Argo. Anderswelt (2008), II, 7 auf 8:

Ungefugger fürchtete den Ausverkauf Wiens, selbst Budapests, er hatte keinen unklaren Blick: Ganz Warschau MacDonalds. Disneyfication in Prag. Außerdem buhlten die Staaten um Zweitmond*", hatte ich soeben in sein Notizbuch gekritzelt, als jemand den kritzelnden Mann da heraus riß:
„He Ecki! Du bist doch Ecki!"
Er war schon nicht mehr ganz klar, fünfter Halber, logisch.
„Eckhard Cordes, Mensch, wir kennen uns doch! Erkennste mich nicht? Brander, Andy! Ist aber lange her, stimmt schon."
Irritiert bemerkte Cordes das grüne Krokodil auf Branders T-Shirt. Wie konnte sich einer so wenig verändern?

* Faure hat hier ein Erinnerungsproblem.

„Hotel Wolpertinger", sagte der, „Hannoversch Münden, 1981. Dich haben sie damals doch a u c h abgeführt."
Cordes verwirrte sich immer mehr. Er spürte den Alkohol. Ich schlug das Moleskine zu. Immerhin schien auch er selbst sich nicht sehr verändert zu haben. Wenn der da ihn erkannte.
Er guckte hinter sich. Da saßen Goltz und Deidameia nicht mehr; allerdings hockte immer noch Möller vor der Scheibe und spiegelte sich, spiegelte sich mit dem Silberstein in die Straße, weil es draußen nachtschwarz war, voller Lampen und bisweilen einer Straßenbahn, deren helle Fenster durch die Spiegelungen fuhren: der Screen einer aufeinanderprojezierten Zweiten Realität, die mit der Dritten in Cordes verschwamm. Die Erste machte in Gestalt dieses Branders immer weiter ihre Ansprüche geltend.
„Ich hab dich doch gesehen!" beharrte der. „Und wenn sich einer so wenig verändert wie du... Mensch, das sind mehr als zwanzig Jahre!"
Ich verfolgte die Szene von ungefähr dem Platz aus, an den sich Cordes den Polizeichef und die Rebellin hingedacht hatte, war zufällig ins Silberstein gekommen, auf einen Abenddrink. Es war so gegen zehn gewesen und Cordes bereits deutlich angetrunken. Er kritzelte und kritzelte. *Three things that enrich the poet.* Es gibt Sitzplätze, vor denen muß man sich hüten, von denen strahlt etwas aus. Das kann an einem Programmierfehler liegen, oder Sabine hat sich ein Scherzchen erlaubt, als ich mal auf Toilette war. Ein Effekt der Selbstgenerierung könnte es ebenfalls sein. Auf jeden, der genau dort an der Bar Platz nimmt, schwappt sie hinüber, die Allegorie. Nur deshalb hatte sich die Anderswelt wieder belebt und entwickelte sich weiter. Ich war nicht ganz unglücklich darüber, daß es nicht mich selbst getroffen hatte. Der ich mich, weil Deters nach mir designt ist, dennoch ein bißchen vorsehen muß. Es wäre nicht leicht, zum Beispiel Goltz klarzumachen, daß ich durchaus nicht der bin, den er in mir vielleicht noch erkennt. Schließlich bin ich nun selbst ein Teil des Zyklus' geworden.
Offenbar versuchte Cordes, den Brander zu ignorieren; bei dem nicht einfachen Unternehmen kam ihm sein Suff zupaß. Er guckte ostentativ nur noch in sein Glas, spuckte vor sich hin, schüttete sogar ein bißchen Bier auf das Moleskine und wischte das nicht einmal weg. Es wurde wirklich Zeit für ihn. Wie er das allerdings schaffen wollte nachhause, war mir unklar; es machte mich dann ziemlich baff, daß er, wie ich selbst, mit dem Fahrrad fuhr. Immerhin hatte er begriffen, daß es keine andere Möglichkeit gab, diesen aufdringlichen Typen loszuwerden.
Immer noch quasselte der auf mich ein, von der ‚irren Fete' in einer Ruine, von einer Razzia Geschrei, Frau Kommissar Anselm und runtergerissenen Masken. Ein alter Pfarrer hing am Joint. Also lauter so Zeugs. „Festnehmen, alle!"* Cordes reagierte auf sowas, sah schon die Szene leibhaftig vor mir, da kann man dann immer nur abhaun. Also eh es zu spät ist und dir die Fantasie etwas einbrockt, aus dem es entsetzlich schnell kein Heraus mehr gibt.

* WOLPERTINGER Sept7, S. 981.

Hans Richard Brittnacher

Der verspielte Untergang

Apokalypsen bei Alban Nikolai Herbst

»Es gibt kein Ende, wir ermüden nur.«
Lars Gustafsson

Wohl auf keinem Gebiet ist die deutsche Literatur des 20. Jahrhunderts international so konkurrenzfähig wie auf dem des Weltuntergangs.[1] In Romanen wie Alfred Kubins *Die andere Seite*, Gustav Meyrinks *Das grüne Gesicht* oder Alfred Döblins *Berge, Meere und Giganten* verband sich eine überschäumende Einbildungskraft bei der Orchestrierung des Untergangs zumeist mit einem drohenden Ton: Die Katastrophe sei selbst verantwortet, also berechtigt und im übrigen vermeidbar gewesen. Einig ist sich diese Tradition literarischer Apokalypse zudem in der Endgültigkeit des Weltgerichts. Keiner entkommt ihm mit heiler Haut, zurück bleiben versunkene Welten, zerbombte Städte, ausgebrannte Ruinen. Die furiose Rhetorik der Zerstörung fasziniert dabei offenbar mehr als die Prophezeiung von Gottesreich und Himmelstadt: Mit Blick auf die Konzentration, wenn nicht sogar Beschränkung des Offenbarungsgeschehens auf die Darstellung der Weltvernichtung in der deutschen Tradition hat Klaus Vondung von einer »kupierten Apokalypse» gesprochen.[2]

Lust am Untergang

Dem apokalyptischen Diskurs von spektakulärem Niedergang und triumphaler Neugeburt verleihen drei Versprechen seine besondere Suggestivität: das der Revolte (a), das des Schicksals (b) und das der großen Erzählung (c).

a) Der Schulterschluss mit der Revolte beschert der Apokalypse die Zuneigung der Unterprivilegierten. Schon ihr Urheber, Johannes, schrieb als Deportierter und Verzweifelter, zu einer Zeit, als die Verheißung des Landes, in dem Milch und Honig fließen, der jüdischen Überlieferung zu entgleiten drohten.[3] Zermürbt vom Warten entlädt sich der Zorn der Übervorteilten und Benachteiligten in einer heißen Vision voller Gewalt und Rache. Die Apokalypse verleiht denen, die keine Stimme haben, eine eigene Sprache, sie verhilft der Erfahrung einer Verzweiflung, die kein Optimismus dulden kann, weder der religiöse des Christentums noch der säkularisierte der Aufklärung, zum Ausdruck.[4]

Ihre besondere Suggestivität bezieht die Apokalypse aus der egalitären Gründlichkeit der Zerstörung: Endlich ist alles vorbei, endlich hat das Allmähliche, das Historische, das Werdende und das Vergehende ein Ende. Der Untergang ereilt jedermann, Arme und Reiche, Glückskinder und Unglücksraben. In einem Akt beispielloser egalitärer Vernichtung löst die Apokalypse jenes Versprechen von Gleichheit und Brüderlichkeit ein, das die Welt immerzu gegeben und nie gehalten hat. Die Apokalypse gibt denen Recht, die zu kurz gekommen sind, sie ist das Glaubensbekenntnis der Amokläufer.

b) Im Bild von einer letzten großen Entscheidungsschlacht artikuliert sich ein mythisches Denken, das Geschichte nicht so sehr als Resultat menschlicher Bestrebungen begreift, sondern als einen vor Energie vibrierenden Verhängniszusammenhang, der nach Entladung drängt. Dem entspricht noch die tiefenpsychologische Einsicht C.G. Jungs, der in der »Phantasie vom Weltenbrande [...] nichts als eine mythologische Projektion eines eigenen, individuellen Willens zum Tode«[5] erblicken wollte – was arg vereinfacht, aber deshalb nicht falsch sein muss. Im apokalyptischen Szenario tritt an die Stelle einer dialektisch gedachten Geschichte von Subjekten, die unterschiedliche Interessen verfolgen und durchzusetzen versuchen, eine ultimative Konfrontation der Mächte des Lichts und der Finsternis.

Die meisten Apokalypsen kündigen einen Heilsbringer, einen Messias oder Mahdi an, der den Usurpator vom Thron stürzen wird. Nach einer Beobachtung Max Webers nimmt die emotionale Temperatur bei der messianischen Bewegung nach unten hin zu: »Je weiter man auf der sozialen Stufenleiter nach unten gelangt, desto radikalere Formen pflegt das Heilandsbedürfnis, wenn es einmal auftritt, anzunehmen.«[6] Angesichts des agonalen Entscheidungskampfes zwischen jenseitigen Gewalten können säkulare Konzepte politischer Organisation und Programmatik nur als obsolet erscheinen: Das apokalyptische Denken empfiehlt die Fügung ins Unvermeidliche und erlaubt das Schwelgen in Vergeltungsphantasien: Bald werden die Gerechten belohnt, die Sünder auf immer verstoßen.

c) Nachdem die Zeit der *grands reçits* vorbei ist, beharrt die Apokalypse immer noch auf dem Recht der großen mythischen Erzählung, die einem anthropologischen Bedürfnis nach der Illustration onto- und psychogenetischer Katastrophen »durch die Erzählung eines von Katastrophen durchwirkten teleologisch gerichteten Geschehens« entgegenkommt.[7] Sie tut es in einer Sprache, die nicht lediglich den Optimismus von Religionen und Geschichtsphilosophien mit einigen pessimistischen Schatten eindunkelt, sondern in einem Diskurs, der das Gegenteil vernünftigen Sprechens auch der Form nach zu sein beansprucht: archaisch, ekstatisch und wahnhaft.

Gerade das, was an ihr die diskursive Sprache verfehlt, das Lallen und Stammeln, das Sprechen in Bildern und Anakoluthen, weist ihr auch ihre besondere Autorität zu: Es ist die Sprache kreatürlicher Not und existenzieller Verzweiflung, die buchstäblich zum Himmel schreit.[8]

Apokalypsen im Zeitalter der Simulation

Gerade die ›kupierte‹, auf den Untergang konzentrierte und so um wesentliche Aspekte ihrer Semantik beschnittene Apokalypse hat sich für die deutsche Literatur als unentbehrlich erwiesen und schließlich im 20. Jahrhundert mit seiner rumorenden politischen Tektonik, mit Weltkriegen, Genoziden, Mobilmachungen, Inflationen, Vertreibungen, mit Revolten und Massenmorden einen agonalen Triumphzug angetreten: Die von ihren heilsgeschichtlichen Versprechen entblößte Erzählung vom Untergang der Welt konnte den glaubenslosen und lebensmüden Dekadenzliteraten des Fin de siècle immer wieder als Orientierung dienen, die, der allmählichen Erosion ihrer Lebenswelt überdrüssig, ein Ende mit Aplomb herbeisehnten.

Auch die mal lyrische, mal hysterische Katastrophensehnsucht der expressionistischen Generation wäre ohne das topische Inventar der Apokalypse nicht denkbar: Ob es im Weltenbrand rötlich glänzende Dämonen sind, geheimnisvolle Zeichen am Himmel, die Menschen in den Straßen stehen lassen, verkohlte Felder oder einstürzende Gebäude – nach einer von den Zeitgenossen als unnatürlich empfundenen Friedenszeit von 43 Jahren sollte ein großer Krieg die nötige Reinigung herbeiführen und keinen Stein auf dem anderen lassen. Das endzeitliche Selbstverständnis der expressionistischen Generation erhielt seine Bestätigung durch die Erfahrung eines Krieges, der mit dem Einbruch der Technik in das kriegerische Handwerk der Vernichtung zur Ubiquität und dem Töten zu neuen Rekorden verhalf.

Mit dem Zivilisationsbruch im Nationalsozialismus ändern sich die Parameter der literarischen Repräsentation grundlegend: Die Apokalypse imaginierte Untergänge, die bevorstanden, in der Hoffnung, sie zu vermeiden oder aber zu beschleunigen; 1945 steht die Literatur sprachlos vor den Trümmern, weil der Untergang hinter ihr liegt und alle denkbaren Schrecken übertroffen hat.

Auch das Schicksal der Trivialisierung ist der Apokalypse nicht erspart geblieben – kulturphilosophisches Bedauern freilich ist darüber unangebracht. Seit je stand die Apokalypse eher auf der Seite jener, denen weniger an Dezenz als an grellen Farben liegt. Das Ressentiment ist vor allem eine Sache der Paria, die sich guten Geschmack nur selten erlauben können, nicht der Wohlhabenden und ihrer Ästhetik des guten Tons. In der apokalyptischen Ästhetik, die den Unglücklichen die Bilder und Stichworte der Selbstverständigung liefert, dominiert eine Poesie der Drastik, nicht der Zwischentöne.

In der ästhetischen Leitgattung des 20. Jahrhunderts, dem Film, und in den verschiedenen Genres der phantastischen Literatur, vor allem im Bereich der Science Fiction, gewinnt die Apokalypse ein neues Profil. Aber ob Literatur und Film postapokalyptische Landschaften zeigen, die unter dem atomaren Fallout verödet sind, oder vom Schicksal verstrahlter Mutanten erzählen, die nach der thermonuklearen Katastrophe wie mittelalterliche Flagellanten durch eine verseuchte Welt streifen, ob sie die Versorgungsprobleme einer Welt imaginieren, deren Energieressourcen erschöpft sind und die sich kannibalisch selbst aufzehrt, oder ob sie von einer letzten Entscheidungsschlacht zwischen dem Empire und den Yedi-Rittern phantasieren – auch in der populären Kolportage, selbst noch im *trash* behalten die Schemata der Apokalypse ihre paradigmatische Geltung.

Allerdings hat mit dem Film auch ein Wachwechsel der ideellen Patentrechte stattgefunden: War die literarische Apokalypse eine Domäne der deutschen Kultur, worden die derzeit populären apokalyptischen Formen vor allem in der Mythenfabrik Hollywoods gegossen.

An Gründen zum ästhetischen Aktivieren des alten apokalyptischen Szenarios hat es in den letzten Dezennien nicht gefehlt: Die Atombombe als Dementi der Geschichte, das Wettrüsten, das vom *Club of Rome* prognostizierte Ende des Wachstums, die Bevölkerungsexplosion, saurer Regen und sterbende Wälder, die zunehmende Armut der Drittweltstaaten, Hungermigrationen, Klimakatastrophe, Kernkraft und Supergau sind beherrschende Themen der öffentlichen Diskussion gewesen – der apokalyptische Ton ist in der Literatur daher nicht leiser geworden, mit einiger Berechtigung konnte eine Bestandsaufnahme der Literatur der 80er Jahre noch den Titel *Apokalyptische Zeit* wählen.[9]

Die beiden letzten Jahrzehnte jedoch haben die Apokalypse schleichend sterben lassen. Stand die Apokalypse des 20. Jahrhunderts nach dem notorischen Tod Gottes zunächst vor dem Problem einer erschöpften metaphysischen Nachfrage und dann, Auge in Auge mit dem Holocaust, vor einer Realität, angesichts derer die Literatur erbleichen musste, so haben die poststrukturalistischen Einsichten in den umfassenden Simulationscharakter des Realen auch die Apokalypsedarstellung vor neue ästhetische Herausforderungen gestellt.

Nicht länger stehen die Defizite eines ästhetischen Schreckens angesichts einer grauenvollen Wirklichkeit zur Diskussion, sondern eine unheimliche Entropie der Simulationen, die eine nur vermeintliche Realität zunehmend überschwemmt und kontaminiert. Spätestens die berühmten Bilder des 11. September, die nahezu jeden an schon auf der Leinwand gesehene erinnerten, haben gezeigt, wie unversehens die Simulation wirklich werden kann.[10]

Katastrophen in *Thetis.Anderswelt*

Auch der Untergang [ist] nicht mehr das, was er einmal war«[11] – den Kursverfall der Apokalypse hat kein Romanwerk so eindrucksvoll in Szene gesetzt wie das von Alban Nikolai Herbst.[12] Der Untergang ist beileibe nicht das einzige Thema im komplexen, ja monströsen[13] Roman *Thetis.Anderswelt* (1998), [14] aber apokalyptische Phantasien dominieren über weite Passagen seine Bilder und seine Sprache. Zunächst scheint der Roman alle mit gängigen Science Fiction-Klischees gesättigten Erwartungen an eine Endzeitparabel durch ein fulminantes Katastrophenszenario zu bedienen. »Die ökologische Katastrophe – ›Große ökologische Revision‹ genannt – ist eingetreten, die Polkappen sind geschmolzen, abermals ist der Vesuv ausgebrochen, die Kette der ehemals erloschenen Cevennen zerreißt halb Frankreich, und die See überflutet Europa: Als Inseln schauen die Spitzen der Gebirge aus dem Thetis-Meer.«[15]

Eine riesige Stadt, mit gewaltigen Mauern und Deichen gegen das anbrandende Meer geschützt, erstreckt sich nach der Klimakatastrophe und einem desaströsen III. Weltkrieg von Nancy bis Krakau, von den Alpen bis Bonn. Sie ist in drei Bezirke geteilt: Im Osten hausen die Arbeitssklaven des Systems, im Zentrum leben seine Funktionäre, im Westen regieren die Herren. Wie in den brutalsten Dystopien werden im ausgepowerten Osten Menschen rücksichtslos verbraucht, seine Toten seelenlos entsorgt. Am Beispiel der toten Amazone Meroë führt Herbst den Prozess einer so unbarmherzigen wie effizienten Vernutzung toter Körper vor, der wohl nicht zufällig an das zentrale Motiv des Films *Soylent Green* von 1973 erinnert (Dt.: *Jahr 2022 ... die überleben wollen*; R. Richard Fleischer, nach der Novelle *Make Room! Make Room!* von Harry Harrison), wo Körper als Ersatzteillager dienen und nach vollständiger Zerlegung als Nährstofflösung an riesige Maschinen verfüttert werden:[16]

»Derweil war drunten, im E-Werk, auf einem elektromagnetischen Fließband, das stillstand, Meroës Hirn von anhaftenden Splittern und von Dreck gesäubert und um die Hirnhaut enthäutet worden und in ein Kraftfeld getan, das es zusammenhielt und speiste und tomografisch das schon Tote nach noch Lebendem durchschnitt. Dabei entzog man dem Körper sein Blut, das wurde geprüft und abgefüllt in sterile Schläuche [...]. Dann entzog man dem Körper das Wasser und füllte es dem Flüssigkeitskreislauf Europas bei; nächstentags würde es Meroë regnen. Der jetzt übrige Körperabfall wurde der Stickstoffmaschinerie zugeführt. Dann ging's ans Gehirn [...].« (147)[17]

Im Zentrum Resteuropas lebt die Mittelklasse und unterhält einen gigantischen Verwaltungs-, Dienstleistungs- und Überwachungsapparat. Sie wird dabei von den Holomorfen unterstützt, energetischen Robotern, die sich gelegentlich ihrer Artifizialität bewusst werden und ihr Schicksal – hier ist die Nähe zu Ridley Scotts *Blade Runner* (nach einer Erzählung von Philip K. Dick) flagrant – in elegischem Ton beklagen: »So entstehen wir, Frau Dr. Doradin, Herr Günter, ich selbst. Wir bilden uns so und vergehen so wieder und bilden uns neu und merken das nicht.« (226) Im Westen hingegen leben die wenigen Reichen als *master minds* und parasitäre Nutznießer des Systems.

Die Rolle des Antichristen im apokalyptischen Szenario fällt Tonio Ungefugger zu, einem milliardenschweren Industriellen mit Reinlichkeitswahn, in dem sich das Profil von Figuren der Zeitgeschichte wie etwa des bizarren Howard Hughes mit dem von literarischen Gestalten, wie der Figur Patera aus Kubins Roman *Die andere Seite*, verbinden. Durch einen medizinischen Coup unsterblich geworden, hat Ungefugger seine Macht systematisch ausgebaut, während der Einfluss seines Gegenspielers, des demokratisch legitimierten Präsidenten, immer weiter schwindet – sinnfällig im physischen Schrumpfungsprozess Pontarliers, dem nur die großen Ohren widerstehen: er »maß [...] aber ohnehin kaum mehr einen Meter zwanzig. Und seine riesigen behaarten Ohren fielen niemandem mehr auf« (363). Unweigerlich wird der Kinogänger hier an die Gestalt des pinselohrigen Yoda aus der *Star Wars*-Saga von George Lucas erinnert.

Die Zustände im Osten des Landes sind von Filmphantasien postapokalyptischer Verseuchung und Verelendung bestimmt, wie sie mit den drei *Mad Max*-Filmen von George Miller (1980, 1981 und 1985) stilbildend wurden: Das Fehlen eines Feldstärkenschildes liefert die Bewohner des Ostens, die nach den Regeln einer gnadenlosen Taylorisierung im Arbeitsprozess verschlissen werden, schutzlos Wetterkatastrophen aus. Marodierende Kreaturen, die sogenannten Schänder – gewissermaßen postatomare, verseuchte Klons der Häscher des Herodes – suchen alle weiblichen Nachkommen, um sie Thetis, der Meeresgöttin, zu opfern. Die männlichen Kinder werden aufgefressen, verkauft oder anderweitig verwertet.

Bei aller bizarren Archaik dominiert auch unter den Schändern das Gebot der Gewinnmaximierung: Eine Schänderkolonne beispielsweise führt, nachdem sie die tschechischen Organlager abgeerntet hat, die Kinder lebend mit sich, »damit die Körperteile nicht verdarben« (415). In den Schändern dürfte der mit Genrevorgaben vertraute Leser leicht Zombies erkennen, wie etwa die Mitglieder der »Heiligen Familie«, die von einem Virus entstellten Überlebenden in Richard Mathesons *I am Legend* (1971 verfilmt von Boris Sagal unter dem Titel *The Omega Man* mit Charlton Heston), die als fanatische religiöse Sekte einem mörderischen Kult des Kranken und Hässlichen huldigen.

Die Dreiteilung von Anderswelt betrifft nicht nur die soziale Schichtung, sondern auch deren Protagonisten, ihre ästhetische und mythische Provenienz und zuletzt auch ihren Ideolekt. Die darbenden Protagonisten der Oststadt mit ihren mythischen Namen (Achilles, Poseidon, Meroë etc.) sprechen eine lakonische, fast nachlässige Sprache, die gelegentlich das Derbe streift, die Funktionäre der Zentrumsstadt mit ihren Alltagsnamen (Drehmann, Jaspers etc.) bedienen sich gesuchter Formulierungen, während die *upper class* im Westen mit Namen, die das Talmi ihrer Träger sprechen lassen (Tonio Ungefugger) auf einen preziösen Tonfall verpflichtet werden, der sich am kalten Ästhetizismus D'Annunzios orientiert.[18]

Die Kulissen dieser endzeitlichen Welt sind wie die Wesen, die sie beleben, einer düsteren Science Fiction-Imagination entnommen. Neben den aus Ridley Scotts *Blade Runner* bekannten Replikanten gibt es noch kybernetische Tierklons, die etwa bei der Pflege von Querschnittsgelähmten wertvolle Dienste leisten (326), und in Kübeln verwurzelte »Pflanzenpförtner« (564), die praktischerweise immer an Ort und Stelle ihren Dienst versehen. Menschen, Holomorfe, informatisch verdoppelte Realpersonen, Klons und Avatare bewegen sich in Luftkissengleitern durch eine futuristische Chrom- und Glitzerwelt und erhalten Einlass in hoch gesicherte Wohnanlagen durch »Capillaridentifikation« (693).

Sexualität findet in dieser Welt nur abstrakt, als elektronische Simulation statt. Vor allem das physiognomische Profil der Menschheit hat sich dramatisch verändert: Neue Lebewesen haben sich den veränderten biologischen Bedingungen angepasst: »Es sind [...] seit damals seltsame Geschöpfe in die Welt gekommen.« (494) Zur Freude seiner Betreuer trägt etwa ein vielversprechendes Neugeborenes einen einziehbaren Giftzahn: »Sie sei überhaupt die erste eindrucksvolle Form, die all die Mutationen seit der Großen Geologischen Revision zustande bekommen hätten. Wie wunderschön! Wie gefährlich!« (767)

Apokalypse als Rebellion?

Die Orientierung von Herbsts Roman am Modell der Apokalypse beschränkt sich nicht auf die Übernahme des Bilderinventars einer dystopischen Welt voller phantastischer Kreaturen, sondern berücksichtigt auch den für die Apokalypse konstitutiven Gegensatz von institutioneller Ordnung und subversiver Gegengewalt. Der wirkliche Gegenspieler Ungefuggers ist nicht Pontarlier, sondern der im Osten lebende Graffito-Poet Achilles Borkenbrod, der zunächst kaum an den Heros des griechischen Mythos erinnert, aber schließlich doch die Rolle eines (unfreiwilligen) Messias übernimmt. Er entspricht nicht so sehr der Figur des Rebellen als dem egoistischen Typ des *streetfighter* – in Gestalten wie ihm oder Ellie Hertzfeld, die auch Deidameia heißt, amalgamiert sich das Personal des griechischen Mythos mit dem der Berliner Subkultur.

Borkenbrod will in den Westen gelangen, um eines der Schiffe zu erreichen, die das legendäre Traumatoll Leuke ansteuern. Bei seiner Flucht gerät er an eine Gruppe von Amazonen unter der Führung einer grotesk verwachsenen Asiatin, die den Widerstand gegen das System organisiert. Zusammen mit den Myrmidonen wird Borkenbrod im Westen zum Anführer des bewaffneten Widerstands und zeugt im Lager der Amazonen in Landshut ein Kind, Niam Goldenhaar, das einer Verheißung zufolge »der Meeresgöttin dargebracht, Unsterblichkeit erhielte und [...] zurückkehrte dann, um die Europäische Stadt und alles Leben in ihr ein- für jedes Mal und allen Willen auszulöschen; auf dass Ruhe werde auf Erden und sämtliches Leiden verwische« (461).

Die Topoi der apokalyptischen Tradition in Herbsts Roman sind durchaus transparent auf die politischen Umbrüche seiner Entstehungszeit (zwischen November 1993 und Juni 1998): der Fall der Mauer, die Bedrohung durch den Terrorismus, die Klimakatastrophe, der Balkankrieg, das Ost-West-Gefälle. An die Begründung des Baus der Mauer als ›antifaschistischer Schutzwall‹ erinnert im Roman ihr monströses, babelisches Gegenstück, der riesige Schutzwall gegen das Thetismeer: »und die große Mauer wurde gebaut, tausenddreihundert Meter hoch, hundertdreiundfünfzig Meter breit. Massiv Beton [...] und stachelbewehrt« (38).

Die seinerzeit heftig diskutierten Zuwanderungen verarmter Ethnien aus Südosteuropa nach dem Riss des eisernen Vorhangs entstellt Herbsts respektlose Prosa zum kopflosen Gewimmel umherziehender Völker: »eine Völkerwanderung von Norden nach Süden hub an und von Süden nach Norden, Westen nach Osten, Osten nach Westen [...]« (38). Die verbreitete Angst vor Aids und die Ermahnungen zu safer sex-Praktiken bringt der Roman mit Phantasien aseptischer Kopulationen in elektronischen Ganzkörperhüllen ohne Austausch von Körpersäften in Erinnerung.

Wie eine Parodie auf die Debatten über die kapitalistische Ausbeutung des Ostens und die transplantationsmedizinische Abschöpfung der Dritten Welt mutet es an, wenn die Armen im Osten ihre Töchter zum »Beschneidungstag« (255) in den Westen schicken, wo sie der Schickeria kostbare Teile ihres Körpers verkaufen: »Ja, die Eltern schickten die Töchter her. Sie schwiegen auch, wenn eine umkam bei der Operation. Die Clitoren wurden schockgetrocknet, pulverisiert und als Medikamente verkauft. Es hieß, sie heilten Krebs und wirkten antiallergen.« (255)

So gesehen sind nahezu sämtliche Elemente der Apokalypse – des neutestamentlichen Schlüsseltextes wie auch seiner literarischen und filmischen Säkularisierungen und Trivialisierungen – in Herbsts Roman präsent und scheinen in guter apokalyptischer Tradition einer Welt, deren Existenz auf dem Spiel steht, ihren leichtfertigen Umgang mit politischen Möglichkeiten und ökologischen Ressourcen warnend vor Augen zu stellen. Aber die Apokalypse in Herbsts Roman erfüllt nicht nur die Verheißung, sie übererfüllt sie – sie sucht die Menschheit gleich in doppelter Gestalt heim. Sie ist bereits eingetreten, der größte Teil Europas wurde überschwemmt und liegt nun am Grunde des Thetis-Meeres. Eine weitere Katastrophe jedoch steht noch bevor. Zwar bekräftigt das Ende des Romans die bereits am Beginn getroffene Versicherung: »Und der Rheingraben hielt noch« (51, 985) – aber ob er »die Übermengen Wasser auf die Dauer« (40) wird halten können, ist fraglich, so wie auch der gegen die Terroristen aus dem Osten errichtete Laserzaun kaum dauerhaft dem Mongolensturm wird widerstehen können.

Mit all diesen Ingredienzien von Verheißung und Katastrophe, Elend und Widerstand, Plagen und Heimsuchungen, Antichrist und Messias, von Propheten und Parakleten, die einen Erlöser voraussagen und aus Liebe zu ihm sterben,[19] erzählt Herbsts Roman seine Version einer Geschichte, der Derrida nach zweitausend Jahren apokalyptischer Narrationen nur noch eine Gewissheit konzedieren mag: »es gibt keine Apokalypse, es hat nie eine Apokalypse gegeben und wird keine geben«.[20]

Herbst folgt Derridas Einschätzung der grundsätzlichen Fiktionalität des Apokalyptischen und setzt sie in die konsequente ästhetische Derealisierung einer einst religiös und geschichtsphilosophisch aufgeladenen Erzählung um. Freilich ist seine Art des Nacherzählens der Apokalypse so wenig wie die trivialisierende Variante der Science Fiction eine Subversion des heiligen Urtextes. Denn schon zu Beginn ist die Apokalypse immer auch die literarische Nagelprobe auf eine narrative Aporie, gibt sie doch vor, etwas zu berichten, das, hätte es stattgefunden, nicht berichtet werden könnte. Folglich muss der Bericht vom Ende der Welt als Vision ausgegeben wird, als Blick in eine bevorstehende Zukunft, in der sich dann zuträgt, was sich heute im Präteritum erzählen lässt. Dem heiligen Ernst des biblischen Quellentextes stand immer schon seine ästhetische Faktur entgegen.

Das Erzählen der Apokalypse als Apokalypse des Erzählens

Die oben gebotene Zusammenfassung von Herbsts dickleibigem Roman war nicht nur auf die apokalyptischen Detail konzentriert, was für sich genommen schon unzulässig ist, sondern sie vernachlässigte auch sträflich die komplexe ästhetische Struktur des Romans. Denn auf einer anderen Ebene der Konstruktion macht uns der Autor mit einer auch in anderen Romanen Herbsts aktiven Figur bekannt, Hans Erich Deters,[21] der in einem Berliner Café, das gewissermaßen als Durchgangspforte in eine andere Welt fungiert, auf eine Frau wartet, sich dabei betrinkt und phantasiert. Und seinen Phantasien entgeht kaum etwas, was im apokalyptischen Kontext der letzten 2000 Jahre gedacht und geschaut wurde. Aber »nichts ist, wie es scheint«: Diese Binsenweisheit des Kriminalromans wird im Zeitalter der Posthistoire mit ihrer Einsicht in eine Welt umfassender Simulation zur neuen poetologischen Faustformel.

Schon der Registerwechsel der drei Welten mit seinen unterschiedlichen Genre- und Diskursmustern hat deutlich gemacht, dass hier kein apokalyptisches Szenario entworfen wird, das einem stoffhungrigen Leser mit imaginären Abenteuern versorgen will, sondern ein intellektuelles Pastiche, das sich an einen gebildeten, an Borges und Joyce geschulten Leser wendet. Die virtuos montierende Narration versorgt sich bei der *Offenbarung* und den Büchern der Propheten mit Bildern und Metaphern, variiert Erzählsequenzen aus der *Ilias* und der *Odyssee* und folgt Vorgaben aus Dantes *Göttlicher Komödie*.

Herbst hat nicht nur Klopstocks *Messias* gelesen, sondern mit Sicherheit auch Händels Vertonung studiert und vielleicht sogar dessen Partitur seiner Prosa als ästhetische Orientierung unterlegt.[22] Er zitiert die Klassiker des Science Fiction Films und deren literarische Vorgaben von Thea von Harbou über Philip K. Dick bis zu William Gibson. Herbsts Roman kennt nicht nur die apokalyptische Tradition von Kubin bis Jünger, er verschränkt sie – und das verleiht ihr Innovation – mit der Tradition eines labyrinthischen Erzählens, wie er es bei José Lezama Lima oder Thomas Pynchon gefunden hat.

Alban Nikolai Herbst schreibt also eine Literatur, die in erster Linie nicht auf Wirklichkeit, sondern auf andere Literatur antwortet. Seine entschlossene Verachtung gilt dabei jedoch jener Spielart realistischen Erzählens, die noch den meisten Werken der phantastischen Literatur zugrunde liegt.[23] Er assoziiert sich eher einer Literatur, die sich im Zeitalter einer umfassenden Digitalisierung der Reflexion ihrer eigenen medialen Voraussetzungen stellt – er »will den altgedienten Roman auf den allerneuesten Stand bringen«.[24]

Auf den Medienumbruch des ausgehenden 20. Jahrhunderts reagiert er, indem er die Apokalypse, das ultimative Sujet eines teleologischen Erzählens, zur Disposition stellt. Herbsts Erzählen von der Apokalypse ist die Apokalypse des traditionellen Erzählens. Die Absage an eine geschichtsphilosophische Dimensionierung seines Romans, daran, einen weiteren Beitrag zu ›moralisierender Warnliteratur‹ zu liefern, verleiht Herbsts Roman seine markante ästhetische Position im Stimmenchor der Posthistoire.[25]

Dem Vorhaben der Derealisierung der Apokalypse entspricht die konsequente ästhetische Entmachtung ihrer endzeitlichen oder heilsgeschichtlichen Implikationen. Dass es den Untergang schon gegeben hat und dass er erneut bevorsteht, erinnert nicht von ungefähr an das gallige Aperçu von Karl Marx im *18. Brumaire des Louis Bonaparte*: »Hegel bemerkt irgendwo, dass alle weltgeschichtlichen Tatsachen und Personen sich sozusagen zweimal ereignen. Er hat vergessen hinzuzufügen: das eine Mal als Tragödie, das andere Mal als Farce.«[26] Aber wo bei Marx der Zynismus noch die revolutionäre Zuversicht speist, hat die Wiederholung bei Herbst jeden geschichtsphilosophischen Idealismus eingebüßt. Dass gegen Ende des Romans, in der recht lakonischen Darstellung des Ein-Tage-Kriegs vom 17. Juni, der Widerstand der Rebellen scheitert, streitet dieser Apokalypse die Möglichkeit einer chiliastischen Deutung ab. Im Gegenteil balanciert die Ökonomie des Romans Schrecken und Schönheit, Vernichtung und Erhaltung aus: Das Meer, das an den Mauern Resteuropas nagt, treibt auch die Turbinen an, die dieser Welt die für ihr Überleben erforderliche Energie liefern.

Niam Goldhaar, das Kind der Verheissung, setzt sich nicht an die Spitze der Rebellen, sondern entsalzt die Sintflut, macht also nützlich, was ursprünglich der Zerstörung dienen sollte[27] – in dem sich selbst regulierenden ästhetischen Universum der Anderswelt ist für die alte Erzählung von Unterdrückung und Rebellion kein Platz vorgesehen. Im Gegenteil: Die Agonie der alten Welt ist der Triumph des Kapitals, dessen phantasmatischen Charakter schon Karl Marx festgestellt hatte. In seinem seelenlosen Kreislauf schleust es Geld- und Wertströme durch immergleiche Kanäle seiner zirkulären Bestimmung zu: »Ganz Europa müsse werden wie Geld; einzig auf Flüssig- und eben nur scheinbare Flüchtigkeiten sei Verlass, denn es kehre alleine, was fließen könne, zurück.« (155)

Auch die Auflösung der Zeit, die stürzt, die rückwärts läuft oder in die Zukunft vorausgreift, zählt zu den Merkmalen der apokalyptischen Erzählung. Die katastrophische Inversion der physikalischen Gesetze dient Herbst jedoch als poetische Lizenz: »Die Chronologie war nach hinten gebeugt, eine Brücke, man spaziert über den Bauch des Romans über den Fluß der Handlung zurück und pflanzt vorne ein, was hinten gepflückt worden war.« (247) Dass die Zeit im Westen anders vergeht als im Osten – »Doch hatte Deters während der knapp vierstündigen Fahrt den Eindruck gewonnen, zwischen jetzt und heute mittag […] sei nahezu ein halbes Jahr verstrichen, tatsächlich befand er sich vier Tage voraus in der Zukunft.« (247) –, müsste den Protagonisten und mit ihm auch den Leser zu temporaler Desorientierung führen. Aber dass die Zeit aus den Fugen ist, bedeutet in der neuen Apokalypse eben nicht die Implosion des Kosmos, sondern ist Ausdruck autopoietischer Selbstgenügsamkeit, die sich ihre zeitlichen

Parameter selbst gibt: »Das war ein Blick in die Zukunft. Der längst, lieber Leser, Vergangenheit ist.« (500)

Wo die Zeit sich auflöst, steht auch die Solidität des Raumes in Frage: »Der Zug rattert in die Station Porte de Clignancourt, nein, Alexanderplatz, nein, Hyde-Park, ach, ich weiß es doch nicht.« (21) Dass Deters in dieser Welt Gegenstände aus einem Paralleluniversum findet, etwa das Silbermesser Borkenbrods, zeigt die Unzuverlässigkeit der Raum-Zeit-Koordinaten der so genannten Realität. Ihren instabilsten Ort hat sie wohl im Café Silberstein/Samhain, wo Deters befürchten muss, »er öffne versehentlich eine falsche Tür, passiere sie, komme in Stockholm oder Athen heraus [...]« (510). Aber solche Zeit-, Orts- und zuletzt auch Identitätswechsel erleben die postmodern abgebrühten Protagonisten des Romans zumeist nicht als unzulässigen Angriff auf eine unversehrte Kernidentität, sondern eher als Möglichkeit zu lustvoller Vervielfältigung.

Dass es sich in *Thetis* um kein Erzählen mit mimetischen Referenzen an eine wiederzuentdeckende Realität handelt, sondern um die Produktion und die Taufe einer imaginären Welt aus eigenem ästhetischen Recht, wird schon zu Beginn des Romans deutlich, wenn Deters die Stadt, durch die er flaniert, als Entwurf seiner Phantasie ausgibt: »Ich will dich Buenos Aires nennen. Ich nenn dich nicht Paris, nenn Dich nicht Rom, schon gar nicht Prag, und auch Belgrad nicht und nicht London, geschweige so, wie du heißt. Schon werdet ihr mir alle eine. Und wo etwas fehlt, denk ich's aus den Geschwistern hinzu.« (9) So entsteht eben nicht eine weitere der aus der Science Fiction bekannten Riesenstädte, menschenfressende Moloche wie *Metropolis* oder das Los Angelos in *Blade Runner*, sondern eine »Palimpseststadt« inmitten eines »Palimpsesteuropas«,[28] die sich aus der Phantasie Deters' und den Blaupausen der literarischen Tradition zusammensetzt.

Dass der Erzähler dabei nicht, wie in der realistischen Konvention üblich, weitgehend als unbeteiligte und überlegene Instanz oder als unsichtbarer Regisseur des Geschehens fungiert, sondern sich selbstbewusst im Akt einer herrischen ästhetischen Disposition über sein Material zur Geltung bringt, wird deutlich an den Maßnahmen, zu denen Deters bei Eigenmächtigkeiten seines Tagtraumpersonals greift – kraft ästhetischer Kontemplation bringt er sie kurzerhand zum Verschwinden: »Das konnte man [...] nicht durchgehen lassen. Das sei, dachte Deters, unbedingt zu korrigieren. Also sah er herunter auf seine Füße, sah in sich hinein und ignorierte die Person, bis sie sich im Fantastischen Abseits verwandelt hatte. Der Prozess brauchte fünfzehn Sekunden.« (674)

Tertium datur

Herbsts Roman bestreitet nicht nur die heilsgeschichtliche Relevanz des apokalyptischen Diskurses und ihres Schlüsseltextes, er rüttelt auch an der zentralen Instanz der literarischen Vermittlung, der Figur des Autors. Einer postmodernen Konvention zufolge ist sie bereits tot – Herbst jedoch galvanisiert sie zu einem neuen Leben als ihrerseits fiktionale Figur. Der Autor des Romans macht den Leser bald mit einem Hans Erich Deters, einem Erzähler zweiter Ordnung bekannt, der gelegentlich aus den Kulissen seiner fiktiven Welt herausbricht und den Protagonisten seiner Phantasie, also den Bewohnern einer fiktiven Welt dritter Ordnung zur Hilfe eilt: »Kaum war Hans Deters' Imagination so richtig in Fahrt gekommen, schrie er fast auf vor Schreck und wollte Deidameia warnen: ›Achtung! Pass auf, von Rechts!‹« (562) Wenn schließlich Herbst selbst im Text seines Romans auftaucht, ist jede Gewissheit über die verlässliche Distanz von Fiktion und Realität dahin.

Selbst der Roman *Thetis*, der nach dem Urteil von Ursula Reber noch die am einfachsten strukturierte Erzählform aufweist, treibt den Leser durch den beständigen Wechsel der Identitäten von Autor, Erzähler und Figur – »Innerhalb eines einziges Satzes wird ein ›ich‹ zu ›er‹ oder umgekehrt, ohne dass genau festgemacht werden könnte, auf welche Person die Personalpronomina referieren« [29] – in einen epistemischen Taumel. Oft bleibt lange im Zweifel, ob wir der Stimme des Erzählers, eines seiner Protagonisten oder seiner informatischen Doppelgänger lauschen. Gelegentlich bringt erst der letzte Satz eines Absatzes verblüffende Aufklärungen über Identität und Zustand des Sprechers, dessen Erzählung gerade zu lesen war: »Dann schlug ein herbeigeschossenes Graupelkörnchen gegen das Glas, worin ihr Gehirn schwamm.« (529)

In diesem erzählerischen Kosmos tummeln sich nicht nur mythische Figuren und ihre Konterfeis, sondern auch Gestalten aus der Literatur, Personen der Zeitgeschichte, »Spaltungsfiguren des Autors«[30] wie Deters. Aber auch Bert Papenfuß, Bruce Willis und der Autor Alban Nikolai Herbst selbst haben hier gelegentlich leutselige Auftritte. Doch Herbst treibt das Spiel einer entfesselten Fiktionalisierung noch weiter. Er erfindet nicht nur eine Welt, in der er selbst vorkommt, sondern eine, die ihm seine autonome Existenz bestreitet. Eine Matrix im Hintergrund schreibt eine Geschichte, die mal ein amorpher Erzähler, mal Deters, mal der selbst in den Text eingeschossene Herbst zu erzählen glaubt. Die wechselnden Erzähler sind nicht die Urheber jeweiliger Geschichten, sondern nichts als die ausführenden Organe eines Schaltkreises.[31] »Hacker und Dichter sind Komplizen«, deklariert Herbst an anderer Stelle.[32] Herbst deutet hier ein Konzept von Literatur an, das sich mit seinem interaktiven Charakter von den herkömmlichen Aufschreibemedien weg in Richtung auf das In- und Output-Prinzip von Computerspielen und crossmedialer Simulation bewegt.[33]

Zugleich aber kann das »angeblich im polymorphen Datensystem entmächtigte Subjekt« gerade durch die Vielzahl seiner performativen Selbstinszenierungen im Text wieder neue Triumphe feiern.[34] Diesen Widerspruch nimmt Herbst gelassen als eigentlichen Antrieb seiner Arbeit hin: »Wie kann ich eine Person noch umfassend erzählen lassen und doch zugleich nicht die Vermögen des auktorialen Erzählers auflösen? […] Bei mir ist jede Figur Funktion einer anderen. […] Es gibt in *Die Verwirrung des Gemüts* die Bemerkung, es komme in der Literatur darauf an, dem Satz vom ausgeschlossenen Dritten pari zu bieten. Das bewegt mich, seitdem ich angefangen habe zu schreiben. Vielleicht schreibe ich nur deshalb.«[35]

Die Apokalypse hat ausgespielt, weil sie ein unerträglich binäres Modell reproduziert. Widersprüche zu beseitigen, hieße, eben diese binären Oppositionen wieder einzusetzen. »Deshalb muss sie [die Dichtung, H.R.B.] auf eine Große Vereinheitlichende Theorie, die Harmonisierung wäre, verzichten; eine vollendete Ästhetik wäre nichts als die künstlerische Akzeptanz der Matrix. Es geht statt dessen um Störung.«[36]

Der Entsubjektivierung und Amorphisierung der Erzählerinstanzen entspricht ein Erzählduktus, der eher rapportiert als Erzählfäden zu spinnen.

Herbst Sprache erinnert mitunter an das Verfahren einer Wackelkamera, die jeder Bewegung folgt, und eines Speichermediums, das alles, was geschieht, registriert und aufzeichnet. Was wie eine sprachliche Marotte wirken könnte, die Neigung des Autors zum obsessiven Gebrauch des Asyndetons – »Nächste Tote zerfetzt Arme separiert Beine Füße« (259), »Sie schmückten ihr Lager mit Därmen Nieren Lungenmatsch« (555) –, erscheint in diesem Zusammenhang als konsequentes, auf lückenloses Inventarisieren des Moments bedachtes Erzählverfahren.

Wo es eben nicht darum geht, die Dinge auf die Reihe zu bringen, sondern Einzelphänomene vorübergehend ins Zentrum der Aufmerksamkeit zu rücken, kann die Choreographie unterschiedlicher Stimmen im Erzählraum, wie sie der viktorianische Realismus in virtuoser Umständlichkeit betrieb, kurzerhand entfallen. Das beschleunigte Erzähltempo borgt sich bei den *asides* der Dramensprache die Technik einer szenisch verkürzten Darstellung aus: »Er verschämt. Die Frau gereizt. Nur Niam hell: ›Du musst eine Jungfrau machen aus ihm!‹« (298)

Eines ist Herbsts Apokalypse – und darin knüpft er denn doch wieder an das Original an – nicht: fröhlich. Das Gerede von der gutgelaunten, mit den Bauklötzen der Tradition spielenden Postmoderne wird von Herbsts apokalyptischen Ästhetizismus, einer kühlen und unendlich geduldigen, über hunderte von Seiten nicht ermüdenden Lust an der Kombination von Attrappen, Klischees und Artefakten entkräftet. Zwar dominiert die *ars combinatoria* den destruktiven Ton der Apokalypse, aber sie raubt ihm doch nicht vollends seinen eschatologischen Charakter.

Herbst nimmt die Literatur ernster als die Theoretiker einer folgenlosen Fiktionalität glauben machen wollen. Für Herbst ist das Erzählen selbst ein apokalyptischer Akt, weil jede Geschichte irreversibel ist und sich eigenmächtig weiterschreibt. »Doch immer setzte, dachte Hans Deters, ein Einfall ein reales Geschehen in Gang. Es gebe keine folgenlose Idee, Geschichten ereigneten sich unabhängig und bisweilen gegen den, der sie erfand.« (147)

Eine derart von ihrem Urheber nur angestoßene, dann aber nach eigenem Gesetz entwickelte Geschichte ist bei allem Einverständnis mit der Respektlosigkeit der Postmoderne zuletzt auch eine Schlüsselmetapher entfremdeten Lebens – so ist es nur konsequent, wenn Herbst seinen Roman mit einer finsteren wirkungsästhetischen Mission in die Welt entlässt: »Jedoch soll der Gesamteindruck der eines Verhängnisses, soll schicksalhaft sein, und zwar bis ins Einzelsegment hinein.«[37] □

Anmerkungen:

1 Vgl. dazu Gert Mattenklott: Ordnung und Entropie. Götterdämmerung nach Wagner. In: Poesie der Apokalypse, hg. von Gerhard R. Kaiser, Würzburg 1991, S. 145-160; vgl. auch Klaus Vondung: Die Apokalypse in Deutschland, München 1988, S. 9-15.

2 Vondung, Die Apokalypse, S. 12.

3 Christoph Türcke: Apokalypse. In: C. Türcke: Religionswende. Eine Dogmatik in Bruchstücken. Lüneburg 1995, S. 88-97, hier S. 88.

4 Über einen »neuerdings erhobenen vornehmen Ton in der Philosophie« empörte sich Kant 1796, als Neuplatoniker, Hermetiker, Schwärmer und andere ›Verrückte‹ des philosophischen Diskurses gegen die ins Leere gelaufenen Glücksversprechen der Aufklärung ihr Heil in einer Flucht zurück in apokalyptische Mantik suchten. Vgl. Hartmut Böhme: Vergangenheit und Gegenwart der Apokalypse. In: H. Böhme: Natur und Subjekt, Frankfurt/Main 1988, S. 380-398, hier S. 384.

5 C.G. Jung: Wandlungen und Symbole der Libido. Beiträge zur Entwicklungsgeschichte des Denkens, Leipzig und Berlin 1928, S. 411.

6 Max Weber: Wirtschaft und Gesellschaft, Tübingen 1964, S. 383.

7 Gerhard R. Kaiser: Apokalypsedrohung, Apokalypsegerede, Literatur und Apokalypse. Verstreute Bemerkungen zur Einleitung. In: Poesie der Apokalypse, a.a.O., S. 7-31, hier S. 21.

8 Vgl. Hartmut Böhme, Vergangenheit und Gegenwart, a.a.O., S. 386f.

9 Paul Konrad Kurz: Apokalyptische Zeit. Die Literatur der mittleren 80er Jahre. Frankfurt/Main 1988.

10 Vgl. Heinz-Peter Preußer: Die Pluralität der Untergänge. Postmoderne bei Alban Nikolai Herbst und der Versuch einer Typologie: Enzensberger – Grass – Strauß. In: H.-P. Preußer: Letzte Welten. Deutschsprachige Gegenwartsliteratur diesseits und jenseits der Apokalypse. Heidelberg 2003, S. 9-32, hier S. 13.

11 Hans Magnus Enzenberger: Zwei Randbemerkungen. In: Ders.: Nomaden im Regal. Frankfurt/Main 2003, S. 142-153, hier S. 142.

12 Vgl. dazu den Beitrag von Heinz-Peter Preußer, Die Pluralität, a.a.O., der auch als erster die postmodernistische Entmachtung der Apokalypse bei Herbst gesehen hat. Diesem Aufsatz verdanke ich wesentliche Aufschlüsse. Ich ergänze ihn vor allem durch Hinweise auf die dystopische literarische und religiöse Tradition.

13 Die fast 1000-seitigen Romane verraten in ihrer ausgetüftelten Struktur und ihrer polyphonen stilistischen Instrumentierung, die vom Manierismus eines Opernlibretto bis zum Sprechblasenpauperismus des *Comic* reicht, eine monomanische Arbeitsleistung.

14 *Thetis. Anderswelt. Fantastischer Roman* ist der erste Teil einer Trilogie. Ihm folgte 2001 der Roman *Buenos Aires. Anderswelt* mit dem Untertitel *Kybernetischer Roman* und schließlich der Roman *Meere,* 2003.

15 Alban Nikolai Herbst: Schreibauskunft. Zum Roman »Anderswelt» (1. Buch; »Thetis», 2. Buch: »Buenos Aires», 3. Buch: »Argo»). In: ndl. Neue deutsche Literatur 1996, S. 83-87, hier S. 83.

16 Der Film *Matrix* der Brüder Andy und Larry Wachowski aus dem Jahre 1999 griff dieses Thema wieder auf: Hier werden verbrauchte Menschen in einem Säurebad aufgelöst und als Nährlösung intravenös an Säuglinge in menschlichen Legebatterien verabreicht.

17 Ich zitiere den Roman parenthetisch nach der Erstausgabe im Rowohlt Verlag, Reinbek bei Hamburg, 1998

18 Vgl. dazu Herbst, Schreibauskunft, a.a.O., S. 85f.

19 Etwa in der Figur Poseidons, in der sich wiederum der Gott der antiken Mythologie mit einer Phantasie der *trash*-Kultur, nämlich der Figur des Snake Plissken aus John Carpenters *Escape from New York* (Dt: *Die Klapperschlange, 1981)*, verbindet.

20 Jacques Derrida: Apokalypse. Von einem neuerdings erhobenen apokalyptischen Ton in der Philosophie, Graz, Wien 1985, S. 88.

21 *Thetis.Anderswelt* bildet nicht nur mit *Buenos Aires* und *Argo* einen Zyklus, sondern ist auf vielfache Weise, etwa durch identisches Personal, auch mit anderen Romanen Herbsts verschränkt, in denen der Autor ein der *Comédie humaine* Balzacs oder dem *Les Rougon Macquart*-Zyklus Zolas vergleichbares monumentales literarisches Universum zu entwerfen sucht. Dem Roman *Buenos Aires* hat Herbst zur besseren Orientierung des Lesers eine 15-seitige Personenliste beigefügt, die über die jeweilige mythische und literarische Provenienz seiner Figuren und ihre Positionierung im Werk informiert.

22 Herbst lässt sich bei seiner Arbeit, die auch musikessayistische Arbeiten für den Rundfunk umfasst, stark von Musik beeinflussen. Vgl. dazu die bei Kühlmann mitgeteilten Auskünfte des Autors: Wilhelm Kühlmann: Postmoderne Phantasien. Zum mythologischen Schreiben im Prosawerk von Alban Nikolai Herbst. In: Euphorion 97 (2003), S. 499-516, hier v.a. s. 504f.

23 Zur grundsätzlichen Kritik Herbsts am Realismus und an den unterschiedlichen Spielarten gesellschaftsrelevanter Literatur vgl. Kühlmann, Postmoderne Phantasien, a.a.O., S. 494. Zur Kritik an einer vom realistischen Erzählen dominierten Science Fiction vgl. die Ausführungen Herbsts in seinem programmatischen Essay: Das Flirren im Sprachraum. Ein Ende des randscharfen Erzählens. In: *Phantastik am Anfang der Zeit*. Tagungsband 2000. Hg. von Thomas Le Blanc und Bettina Twrsnick (Schriftenreihe der Phantastischen Bibliothek Wetzlar Bd. 64). Wetzlar 2007, S. 94-111, hier v.a. 110.

24 Lothar Glauch: Vom Argonauten zum Infonauten. Der Cyberroman als Interface.http://www.epilog.de./Person/H/Her/Herbst_Alban_Niokolai_1995.htm.

25 Vgl: H.-P. Preußer, Die Pluralität, a.a.O., S. 13 u. 16.

26 Karl Marx: Der achtzehnte Brumaire des Louis Bonaparte. Berlin 1946, S. 11.

27 Vgl. H.-P. Preußer, Pluralität, a.a.O., S. 16.

28 Ursula Reber: Ganz woanders zugleich: Simultaneitäten in Alban Nikolai Herbsts Cybercities. In: *Jahrbuch der ungarischen Germanistik* 2003, S. 131-151, hier S. 139.

29 Reber, Ganz woanders, S. 133.

30 Kühlmann, Postmoderne Phantasien, a.a.O., S. 502.

31 Vgl. Glauch, Vom Argonauten, a.a.O.

32 Herbst, Das Flirren, a.a.O., S. 106.

33 Vgl. Glauch, Vom Astronauten, a.a.O.

34 Kühlmann, Postmoderne Phantasien, a.a.O., S. 502.

35 Die Welt als Vorstellung und Selbstreferenz. Ein Gespräch mit Alban Nikolai Herbst über seinen fantastischen Roman *Thetis.Anderswelt*. In: Listen 15 (1999). H. 53, S. 28-31, hier S. 30.

36 Herbst, Das Flirren, a.a.O., S. 110.

37 Herbst, Schreibauskunft, a.a.O., S. 84.

Alban Nikolai Herbst

Apokalypse

Thetis.Anderswelt (1998), I,1:

Ineinander schoben sich Sommer Herbst Winter, schoben sich Jahre: Windsbräute vor dem Stürzen der nachfolgenden Wolkenmassen. Die Zeiten probten Revolution. Längst gab es kaum mehr Wälder, und man hörte, wie ein eiliges Knacksen, Netzen aus Haarrissen gleich, durch den Boden dem Unheil voranflog. Wieder wühlten Kontinente, neue Gebirge faltend, und die erdgeschichtlich kaum alten erodierten schneller, als man faßte. Alles geschah offen, doch vollzog es sich heimlich. Es lief an den Menschen vorüber. War Gemisch ohne Kontrast, Dämmerungswerk, selbst nur ein Schatten, nicht heiß noch kalt, schwül wie Dung Morast. Niemand ahnte, was in ihm und aus ihm entsteht. Und während die Orogenese sich rastlos und umgekehrt vollzog und die Berge durch Tafeln und Schutt und Moränen die knacksenden knisternden drohenden Fingerpulse versandten, riß der feuchte Himmelstüll, der den Delphin vorm Austrocknen schützt. Den Kopf tief in die Erde gebohrt, warfen die Fichten die Haut ab. Ein Sturm kam, der trug die afrikanischen Wüsten nach Norden, schüttete Dünen jenseits der Alpen auf, erstickte und verbrannte das Holz und das Reh in den laublosen Wäldern. Im Norden Deutschlands wuchs für eine kurze Zeit die Dattelpalme, und Agaven säten sich auf Jütland aus, bevor die gestiegene Flut den Samen zurück nach Süden spülte.

Von alledem wollte man kaum etwas merken. Die Zeitungen zwar waren angefüllt mit Nachrichten von dieser Art, aber niemand spürte noch, was das Schicksal hier pflügte und wen. Es begab sich dennoch nicht langsam. Die Erdgeschichte zog sich in einhundert Jahre zusammen und begann die große geologische Revision: Ein Geschöpf nach dem anderen wurde aus dem Inventar gejätet und mit spitzen Fingern in Eimer für gebrauchte Monatsbinden geworfen. Es läßt leicht sterben, wer nicht lebt. In den Farmen standen die Packer knöcheltief in lebendig gerupften, verendend zuckenden Hühnern, den Rindern schnitt man die Ohren, Katzen die Stimmbänder durch, damit sich die einen vor Schmerzen nicht legten und der Schmerzschrei der anderen den Experimentator nicht quälte. Vier Tage, bevor der irdische Kosmos endgültig Amok lief, kam es an sehr verschiedenen Orten Europas zu Merkwürdigkeiten. Die Kühe auf den Weiden Irlands blökten und brüllten, und ganze Herden warfen sich ins Gras, in die Pfuhle, und wälzten sich in ihrer Angst, als wäre sie etwas, das sich abschubbern ließ. In Cornwall stürzten sich unversehens einhundertzwanzig Schafe ins Meer, Lämmer Böcke Zippen Hammel; ihnen hinterdrein stürzte der Schäfer. Sie schwammen Richtung Frankreich, ertranken. Zweimal vierundzwanzig Stunden lief hoch über den Klippen der Hund kläffend auf und ab. Als ihm der Widerstand brach, winselte er und schlich mit zwischen die Hinterläufe gekniffener Rute zu einer Kuhle im Untergestrüpp. Darin starb er mit offenen Augen. Bei Katerini strömten kleingefleckte Ameisen und dreißig Zentimeter lange schwarze Tausendfüßler vom Parnaß. Sie kamen, sie sprangen daher wie ein Bach, wälzten sich schon wie ein Fluß, und die Flut hatte genügend Gift,

Bullen zu töten. Im Hof der Reifenfabrik wieherten die Menschen, als ihnen Ameisen und Tausendfüßler die Beine hochkrabbelten, innen, zwischen Hosenstoff und Haut. Arbeiter versuchten, die Plage abzuschleudern. Nackt bis aufs Geschlecht rannten die Leute heulend quer, überschütteten sich gegenseitig mit kochendem Wasser. Andere kippten Fässer voll Schmieröl aus, um eine glitschige Barriere zwischen die Insektenwalze und das Leben zu gießen. Im Inneren der Fabrik droschen die Leute mit Stuhlbeinen und Lampengestellen und Werkzeug auf die Tausendfüßler ein, bis Wände und Böden und die Gesichter mit Kerfenblut vollgespritzt waren, über und über, die Arme bis zu den Ellenbogen gefärbt. In Zagreb tauchten Hunderte Schlangen in den Straßen auf. Unter den Reptilien gab es Sandvipern und Ottern von zwei Metern Länge, auch noch größere Exemplare darunter, mit gelbbrauner Rückenzeichnung und rosa Bäuchen, deren Biß innerhalb von Minuten zum Erstarren und schließlich zum Herzstillstand führte. Sie töteten Hühner Schweine Kinder Hunde. Soldaten wurden gegen die Schlangen eingesetzt. Irre Salven knallten durch die Straßen. Fünfzig Kinder und zweihundert Haustiere starben an den Schlangenbissen; fünf Jugendliche fielen im Kugelhagel. In Bad Muskau fegte eine brühende Böe eine halbe Minute lang durch den Park und knickte Bäume um wie Mais, den wer erntet. Bis nach Warschau bebte die Erde. Der Himmel verdunkelte sich. Da wurde es ruhig. Ein Brennen auf Armen und Beinen. Dann am ganzen Körper, die Leute schrien, wanden sich am Boden, aber ihre Kleidung war gänzlich unversehrt. Dunja Hasnicki sackte zusammen. Man sah keinen Grund. Der Vater des Mädchens lag auf dem Bett, ebenfalls tot, purpurn verfärbt und aufgedunsen. Sein Anzug, sein Hemd, selbst seine Schuhe waren wie aus dem Laden. Neue Krankheiten entstanden, und alte, urvordenkliche, stiegen aus dem Vergessen; man konnte sie voneinander nicht scheiden. Zwar trennte noch immer die Wissenschaft vom Richtigen das Falsche, aber man war sensibler geworden über die Jahre Jahrzehnte die Neuzeit. Man hatte das Leid organisiert und auch die Möglichkeiten, es zu nutzen. Die rohe Vergewaltigung von einst längst tabu, es feierte die Moralität. Der war eine Unterwerfung erblüht, Versklavung der Lust aus Freiwilligkeit, uniforme Exzesse der Vorsicht. Die Lieder vereisten in perfektem Kalkül. Wie Unkraut schoß das Controlling, das die Sprache verflachte, durch den monokultivierten Geist (...). Durch die Leute eilte ein geschäftiges grinsendes gutverdienendes Fiebern. Man unterhielt sich mit allem, es umspülte jeden die Kommunikativität: unsichtbare Ladungen, lichtschnell, wirbelnde Informationen, die durch die Haut, nicht in die Ohren dringen und also das Gehirn nur hinterrücks erreichen, wie Röntgenstrahlen, die das Zellgewebe reizen, ohne daß man das Wuchern gleich merkt.
Für wenige Jahre starben die Wälder ihren noch farbigen, bis ganz zuletzt leuchtenden Herbst. Noch duftete es in ihnen wie Laub nach Pilzen nach Frucht. Aber niemand mehr roch es. Keiner mehr hörte. Man erging sich in Kinematografie wie einst in den Gärten, ein sitzendes, festgesessenes Flanieren, das die Körper kybernetisch stillte, sie sanft in den Sessel preßte und alle Bewegung und Beweglichkeit aus ihnen absog, hinab und hinein in den Screen, hinauf und nach vorn auf die Lichtspielwand, die davon unmerklich erbebte. Winzige dauernde Eruptionen auf der inneren Richterskala, übergrölt überbrüllt von Otto-Motoren und Flugzeugturbinen und elektronischem Hämmern, das keines mehr war und dennoch die Atmosphäre erhitzte: ein allseitiges durchdringendes wellig sich überschlagendes Schwingen, Elektron für Elektron, Billiarden Inter-

ferenzen, jenseits aller Vorstellbarkeit, aber trotzdem und immer wieder und nothaft, indem sie alle nach Atem schnappten, gewollt und gewünscht und an sich gezogen wie eine geliebte Frau, die tote Kinder im Akkord aus sich herausspuckt.
Schon floß die Nordsee in Holland ein, ins Emsland Ostfriesland. Hamburg versenkt, ganz Norwegen schiffbar, Schottland ein Archipel, eine Völkerwanderung von Norden nach Süden hub an und von Süden nach Norden, Westen nach Osten, Osten nach Westen, und die große Mauer wurde gebaut, tausenddreihundert Meter hoch, hundertdreiundfünfzig Meter breit. Massiv Beton, außen, einhundert Meter zum Thetis-Meer, moränenverkleidet und stachelbewehrt, mit kilometerlangen Molen, zwischen denen die Brecher sich brachen, schimmernd schillernd farbig; verschmierte erstickte Haie zerschmetterten sie in der Dünung, zentimeterdicke Lachen Öls auf den Kais. Tranig waren die Regenfälle. Auf Pfützen fettige, teils schaumige Häute. Das Mittelmeer rannte im Süden gegen die Alpen. Erst brach der Vesuv wieder aus, danach detonierte Stromboli. Der Vulkan schoß Magma Aschewolken Asteroiden hinauf, er stürzte, und die Caldera verschwand unter der über ihr zusammenklatschenden Gischt. Der Ätna explodierte, und im Osten, über die einstige Donaumündung, stieg die Pappelinsel, stieg Levkás zwei Kilometer hinauf, als hätte eine unsichtbare Hand sich unter ihre Erde gelegt und dieses Land gehoben. Dann machten die erloschenen Vulkane der Auvergne von sich reden. Der Puy de Dôme löste verkettete Eruptionen aus, in deren Folge die Cevennen in sich brachen, die Brüche vom Thetis-Meer überschwappt. Riesige Strudel rissen Städte und Dörfer in die Tiefe. Noch hielt der Rheingraben, und während es drüben die USA zerfetzte und die Mormonen begannen, ihr Weltreich zu gründen, vereinigte Europa sich. Die Aktienkurse langten zur Stratosphäre hinauf. Die Mauer verlief bis Lüttich am 51. Breitengrad, bog südlich scharf durch die Ardennen bis Reims und hinunter in die Haute Marne, knapp dem 4. Längengrad folgend, knickte östlich weg bis Orléans, drehte nach Westen gegen Saône-et-Loire bis Lausanne, dann immer den Alpenzug entlang. Schnurgerade zumeist schnitt sie durch Felder und Orte, war nur an den Schären zerklüftet. In Osteuropa die Neisse zubetoniert, Dresden noch hineingenommen, Leipzig schon vor den Toren. Bis in die Tschechische Republik standen die Kräne. Dreizehn Jahre brauchte der Bau, und wer davon gehört hat im Osten, der ramscht sein allerliebstes Zeug und karawant dem Exil entgegen sorgenvoll panisch, es könnten die letzten Lücken vor der Ankunft zugebaut sein. Zum Donau–Theiß–Tiefland und bei Košice klaffte die Mauer noch lange. Schon hatte das Schwarze Meer, der Bosporus lag bereits fünfunddreißig Meter unter Wasser, sich über die Walachei bis an die Karpaten, den Balkan gegossen. Ganze Häuser schwammen die Donau hinauf; deren Bewohner, bauchauf, hinterher. Millionen schließlich standen draußen, brodelnde Horden, die gegen den Mauerbau stürmten. Auf den Hunderttausenden Inseln und um solche Mauerstellen, wo das silberfüßige Meer noch nicht war, ernährten sie Hyänen, die mit der Flut gepaddelt kamen. Niemand wußte, wieso sie es schafften. Die Tierwelt Afrikas trieb mit dem Klimawechsel nach Norden. Tief in den Alpen lebten schon Löwen. Zurück kam die Zeit zum Säbelzahntiger.
Einstweilen hielt der Rheingraben noch. Man wußte nicht, werde er die Übermengen Wassers auf die Dauer tragen. Bisweilen war zu hören, wie er stöhnte und knirschte unter seiner Last. Bisweilen schon schleuderten die Strudel

Grundgestein auf die Wellen. Der Strom schnitt von Nord nach Süd im westlichen Viertel quer durch Europa. Linksrheinisch bauten die Reichen: Von Xanten bis Reims standen die Villen. Rechtsrheinisch bis Nürnberg wohnte die Bourgeoisie, im Osten hausten aufeinandergedrängt die Tagelöhner, trieb sich Gesocks herum ohne Krankenversorgung, mit faulen Zähnen und einem Aussatz, der seit dem Dritten Kreuzzug vergessen war. In den östlichen Süden strömte, den driftenden Toten hinterher und den Schnellen der Theiß voran, die das steigende Meer ins Land hieb, flüchtendes Pack mit leerem Magen und unter der Haut Zigeunerliedern. Die ließ die Nerëide ihnen, den heißen Schmerz um ihren vor Zeiten gefallenen, von Frauenzähnen gerissenen Sohn in ihrem neuen, in dem uralten Meer gekühlt. In der Wildnis, die auf allem zusammenwuchs, was wenigstens zwölfhundert Meter über dem tradierten Normalnull lag, besannen sich die, die nicht zur Stadt exilierten, auf alte Gebräuche. Hier lernten manche, das Feuer zu fangen und Fische auf Spießen, mit denen man sie erlegte, knusprig zu rösten. Von solchen Wilden trug bisweilen jemand Nachricht her, der die Mauer, noch eh sie sich schloß, heimlich durchschlüpfte. Das war nicht leicht. Man hatte Demarkationslinien vermint. In ihren Unterständen und aus den in den Boden getriebenen Bunkern lauerten Präzisionsschützen auf bewegliche Ziele. Einen Kilometer weiter hinaus brüllten unablässig Mörser und mahlten mit ihren Kanonenkugeln die gröbste Packmasse flach. Es stank über Berge und Höhen nach zerquetschtem Fleisch, nach verwesenden Därmen. Das alles wusch endlich das Meer. Drinnen indessen überzog, Wand dünn an Wand, das Elend die eingetrockneten Auen Ruinen. Tausende von Quadratkilometern menschlicher Schutt. Der starb, wie er lebte: qualvoll hungrig gierig. Die meisten krepierten an chemisch verjauchtem Wasser und an den organischen Güllen. Das war der Osten. Wie Wespennester klebten die letzten hunderttausend Verschläge innen an der vereiterten, wie pockigen Mauer. Die Toten warf man aus den Löchern. Von den Kadavern nahm, wer zu viele Kinder hatte. Nahrungsmittel waren streng rationiert; sie wurden nach Plänen hergestellt, die die wirkliche Bevölkerungszahl ignorierten. Ein jeder träumte vom Westen. Die Angst der Ostler war größer als die derer, die noch draußen waren und hereinflüchten wollten. Das wußte keiner, und die es ahnten, schwiegen. Sie bauten, anstelle zu sprechen, ein jeder an seiner inneren Arche Noah herum.
Im Osten lebten vierhundert Millionen, im Zentrum sechzig Millionen, in der Weststadt vierhundertfünfzig Menschen. Die brauchten keine drei Generationen, schon war Europa aufgeteilt: außer Osten Buenos Aires Westen die Skandinavischen Inseln, Schottland wurde Skyi; die Kessel der Sierra Nevada, die Sagraischen Felder, das Pyrenäische Archipel, die Montenegrischen Klippen, die Karpatenwelt der hunderttausend Inseln; das rohe wilde Alpenland noch; der Rest Europas war Meer und Inselchen an Inselchen, ein maritimer Asteroidengürtel.

* * *

Für die »Apokalypse« des dritten *Anderswelt*-Romans, ARGO, siehe *die horen*, Band 219/2005! ANH: »Nullgrund«, S. 176-183.

Die Dschungel.Anderswelt, Arbeitsnotat 20.10.2004:
Die Druckwelle ging von der Brücke aus. Argo. Anderswelt. (12).
PANORAMA. & DIE BRÜCKE

Die Namen der umstehenden Gebäude werden teils ersetzt, teils beibehalten; nach THETIS vorgehen: z.B. Haus der Kulturen der Welt = Royal Opera House Covent Garden usw.; ebenso ist die Südseite des Tiergartens der Parco del Retiro aus Madrid, die Nordseite Covent Garden, die Straße des 17. Junis die Champs Elysée.

Die Dschungel.Anderswelt, Arbeitsnotat 3.11.2004:
Nullgrund: Die Economia. Argo. Anderswelt. (30). Der Sanfte. (11).

Alles konzentriert sich nun so sehr darauf, wie es zu den repräsentativen Gebäuden auf dem Nullgrund kam, daß ich mich den ganzen Vormittag über fragte und auch noch mittags, als ich vor dem Gelände des Sanften stand, ob ich nicht den Zweiten Teil des Romanes statt „Skamander" eben in „Die Economia" umbenennen müsse. Es tat mir um den schönen alten Titel aber sehr leid, bis mir einfiel, wer dieser Herr Skamander eigentlich ist. Nun kann ich es bei ihm belassen und habe sogar die Brücke zu dem längst verendeten Odysseus und dem Mudschaheddin Bin Laden geschaffen, der ja eine ganze Zeit lang USA-Söldner war. In der Geschichte noch etwas herumbuddeln und Übertragbares nach ARGO kopieren, damit die Zwielichtigkeit, die unsere Realität bis zur Unentscheidbarkeit prägt, ein tragendes Moment der Politik Pontaliers, bzw. des Ostens wird.
Skamander ist dann (u. a.) Markus Goltzens Gegenspieler, zugleich schillernd im Osten. Da ich ihn außerdem mit Homer verbinden muß, sollte er zum ersten Mal bei Lough Leane, dem Heiligen See, in Erscheinung treten, wo er wahrscheinlich Borkenbrod mit seiner erbeuteten Helena beobachtet, sie vielleicht auch davon abhalten will, in das Thetiswasser zu gehen. Irgend so etwas muß mir da einfallen. Auf jeden Fall muß Skamander Ostler sein, wenn auch einige Zeit in den Diensten Pontarliers (möglicherweise gegen die Schänder) agierend. Nur dann hätte er im Osten die nötige Akzeptanz, die ein Guerillero-Führer braucht. Den Osten nach wie vor mythisch, Buenos Aires hingegen technokratisch erzählen. Mythisch wird B.A. immer dann, wenn der Osten in die Zentralstadt hineingreift, also etwa in „Nullgrund". Und aus der simulierten Weststadt quillt der Kitsch. Auf dem Nullgrund entsteht indes die neue Brache, worin auch der Sanfte Unterkunft findet. Es sind jetzt wieder neue Bewohner da. Und Baustellenschilder. Alles sehr engführen.

Die Dschungel.Anderswelt, Arbeitsnotat 6.11.2004:
Cyborgs. Und der Elfte September. Argo. Anderswelt. (35).

Ursula Reber

Avatarische Intensitäten

Affektive Landschaften in Alban Nikolai Herbsts Anderswelt-*Romanen*

So zerstörbar, eine präparierte Brücke genügt, schon ist's vorüber mit Stromabrechnung und Liebst du mich. Hallo Jenny, wir sind gut angekommen. Es geht mir gut. Wir haben wunderschönes Wetter RRROMMMS! Die Musicals zerploppt und nichts mehr gehört vom Aufschwung Ost. KRACH! macht's bloß WUMMS! Da zerdeppert's einem die Membranen und fistet GRO-AAAAGH! die Paukenhöhlen. SCHNINNNG! Und hat keine Ballen mehr an den Händen, sie dagegenzudrücken. Ist auch egal. Denn die Faust hat in den Stirnlappen gefaßt, drückt sich zu und reißt ihn mitsamt seinem verwesten Gott aus dem Loch. (Argo, Manus., S. 9)

Das erste von fünf Kapiteln des neuen Romans *Argo* von Alban Nikolai Herbst, das mir in der Arbeitsfassung als Manuskript vorliegt, trägt den Titel *Nullgrund*. Mit einem Großreinemachen, in Zerstörungswut hebt der neue Roman an: Mit der sogenannte Economia wird eine ganze Welt, und wofür sie steht, vernichtet, auf den Nullgrund zurückgesetzt, von wo neu ausgegangen werden könnte. Das obige Zitat zeigt eindrucksvoll, wie Bauwerke, Landschaften und Emotionen zusammengehen, dass dem Terroranschlag auf die Brücke nicht mit Gleichgültigkeit begegnet werden kann. Aber auch dem Hang zum Epischen, der jeden Krieg und jeden Gewaltakt wie sein Schatten begleitet (»sie sirrten, sangen den Zorn des Peliaden«, S. 5 zit. *Ilias* I, 1), seiner Bemühung, aus dem Nichts Helden zu schaffen (»Kein Held, gewiß, es gab ohnedies kein Davon«, S. 8), tritt der Text entgegen: Das Symbolische tritt hinter die eingeübten Emotionen, die Sorgen, Freuden und Ablenkungen, die von Tausenden geteilt werden, zurück. Was ein Ende hat, sind Stromabrechnungen, Liebeserklärungen, die Kommunikation mit den Nahestehenden und, nicht zu vergessen, der Leib. Die Körper werden so zerfetzt, dass nicht mehr erkennbar ist, »waren es Frauen, waren es Männer, sie waren *gewesen*, punktum« (S. 9). Auch die Nullifizierung von Musicals und dem Aufbau Ost ging von Affekten aus. Diese waren mächtiger als die (all) täglichen, und sie entwickelten eine um ein Vielfaches höhere Intensität, die sie in ihrem Raum-Werden implodieren ließ – über die Explosion der gesprengten Brücke.

Im Folgenden möchte ich mein Augenmerk auf die vielfältigen Räume richten, die nicht nur dieser neueste, sondern die gesamte Reihe der Anderswelt- oder Deters-Romane entwerfen. In knappen Ausschnitten lenke ich meine Aufmerksamkeit zunächst auf die Verhandlung von Postkonditionalität und ihre Bedeutung für Parallelräume und -zeiten und auf die Frage, wie diese poetologische Ausdifferenzierung in Alban N. Herbsts Werk ästhetisch Gestalt gewinnt. Raum-Greifen, die Herstellung von Konsistenzebenen und das Dilemma der Subjektwerdung leiten zur Problematik von Intensitäten der inneren und äußeren Räume und zu Affekträumen unter dem Zeichen der Herbst'schen Postkonditionalität über. Die methodischen ›Pfadfinder‹ bei meinen folgenden, ineinander geschlungenen Suchbewegungen nach den Zusammenhängen von Affekt, Raum und Rhetorik bilden Gilles Deleuze/Félix Guattari und Michel DeCerteau.

Poetologie einer Postkonditionalität

Herbsts Romane entwerfen Mehrfachwelten, eben »Anderswelten«[1], die jedoch nicht getrennt voneinander existieren, sondern sich überschneiden und auf eine komplexe und nicht voraussehbare Weise miteinander interagieren. Dies kommt der Bestimmung der Postkonditionalität, wie sie Marc Ries mit Hilfe von Deleuzes Leibniz-Lektüre getroffen hat, nahe:

> Die Argumentation ist also folgende: Es gibt nicht nur die eine Welt, es gibt viele mögliche Welten. Also ist es nicht unmöglich, dass sich ein Ereignis in einer anderen Welt auf ganz andere Weise ereignet. Das Mögliche geht dem Unmöglichen voraus. Verschiedene Welten sind möglich, *possibel*, auch wenn sie nicht *kompossibel* sind, also miteinander verträglich. Sie sind inkompossibel. Also lässt sich sagen, dass wir in einer *Gleichzeitigkeit inkompossibler Gegenwarten* leben, diese erleben und sie alltäglich leben und gestalten (müssen).[2]

In *Argo* entfernt sich Herbst von einem systemischen Zugang zur Interaktion der Programm-Welten »wirkliche Welt«, »Buenos Aires» und »Garafff«, wie er nach einem internen, »wuchernden« Korrespondenzgesetz in den Vorgängerromanen noch nahe gelegt wurde. Der Weg zum Postkonditionalen wurde jedoch bereits in jedem einzelnen Roman beschritten und führte regelmäßig zu einer Vermischung der Welten, zur Produktion von Chaos, zu einer eigenen, plotinternen Implosion: Die Parallelebenen und -leben des gedoppelten Protagonisten Laupeyßer/Falbin führten im gewaltsamen Zusammenstoß beim Kampf um einen fremden Pass, um der eigenen Biographie und dem eigenen eng umzäunten Leben zu entrinnen, zur Entstehung von Hans Deters (*Die Verwirrung des Gemüts*[3]); in Ausnahme- und Festzeiten kamen zeitlich entfernte Duplikationen einer ganzen Gruppe von Figuren zusammen und stürzten gemeinsam in das lange beschworene »schwarze Loch« der (Ge)Zeiten (*Wolpertinger oder das Blau*[4]); und in *Buenos Aires*[5] gründete die Implosion verschiedener datischer Welten[6] im Eigensinn, in einem spontanen und übermütigen Einfall der Programmierer, die die erste Brücke oder Schleuse zwischen den Welten herstellten:

> Allerdings hatten wir Buenos Aires […] – Daten aus der GarrafffKopie zugespielt, die sich nunmehr nach, wenn man so sagen kann, chaotischen Gesetzmäßigkeiten durcheinander mischten. […] als hätte das unübersehbare Maß von Verbindungen in der sagen wir *Membran*, die unsere Netzwerke erzeugt hatten, ein ganz eigenes Leben, eine Biosphäre entwickelt, in der die Dinge wie Lebewesen reagierten. […] Und dann – erst mit Deters, nun mit Broglier – hatten die Cyberwelten auf Garrafff zugegriffen, als wären wir selbst in einen Zeitbruch gerutscht. (BA 97f.)

Zurückgekehrt zu Ries' Schlaglicht auf die Postkonditionalität, ist »Landschaft-Sein« genau dies: »[D]ieser Raum ist unbestimmt, machtvoll, chaotisch, offen, es ist der andere Raum des Menschen, es sind die entgrenzten, unkontrollierbaren Außenwelten, ob Stadt oder Natur.«[7] Die Landschaft der Gleichzeitigkeit inkompossibler Gegenwarten, zu welcher Ries am Ende zurückkommt, zu »eine[r] Welt postkonditionaler Phänomene der Unschärfe, der Unbestimmtheit, der Ungesetztheit und, wem das zu viel aus der Negation heraus gedacht ist, des Dubitativen, des Verdachts, des Parasitären, des Androgynen, des Metamorphotischen, des Liminalen, der Möglichkeit, des Versatilen«[8], schreibt sich dort in die Sichtbarkeit, in die Erscheinung ein. Die postkonditionale Landschaft von Buenos Aires und Alban N. Herbsts gesamter Europa-Imagination ist beides zugleich: Gewiss nicht, was es scheint, wie beispielsweise Doratas Hinsiechen keiner organischen Krankheit entspricht, sondern programmiertem Krebs zum Testen neuer Medikamente entstammt, doch auch genau das, was es scheint. Hinter den Schein und die Phänomene kann nicht geblickt werden, sie sind, was sie sind. Die Symbole, die zweite Schrift über der ersten, stehen nicht für etwas, sondern werden – »die Zweite Zukunft dessen, was ich gewesen sein werde, für das, […] was ich dabei bin zu werden«, wie es bereits im Motto des *Wolpertinger* heißt.

Herbst geht jedoch in seinen Romanen gewissermaßen auch den Icons und Bildern, den Phänomenen ›unter die Haut‹, denn in der Membran hat sich ja die ganz eigene Biosphäre entwickelt. Und die ist – da bleibt Herbst in psychoanalytischem Sinne ganz konditional – triebhaft. Affekte und Emotionen sind das Movens für die Bewegung und die Versatilität, Motilität und Liminalität der Welten. Woher wiederum sie kommen könnten, steht außer Frage, sie gehen mit ebendieser Biosphäre einher, sie bezeichnen das Werden. Nicht von ungefähr ist der Modus des Erzählens und der Anspruch, den das Werk vertritt, Epos zu sein, jenes Erzählgenre, das die Triebhaftigkeit und den Affekt selbst verhandelt:

> »Wir können jedes kybernetische System mit unserer tatsächlichen Realität…« suchte nach dem richtigen Wort »… *infizieren*. Das hat, finde ich, etwas Antikes. Die Götter bestimmen menschliches Schicksal, aber die Menschen können sich wehren, zumal wir Götter untereinander so uneins sind. Sozusagen hat uns der Computer das Epos zurückgebracht… ein gelebtes, zu lebendes Epos, einen Mythos, der gerade wird.« (184f.)

Das Internet oder kurz: das *Netz* oder *Web*, wie es von Herbst genannt wird, ist ihm zunächst weder ein technologischer Ermöglichungsgrund noch ein Instrument, sondern eine Maschine des Psychischen. Dadurch, dass es Gleichzeitigkeiten herstellt und (chrono)logische Abfolgen negiert, wird es für ihn zur Produktions- und Reflexionsmaschinerie des Mythos, der über die Technologie, Zugänglichkeit und Bedienbarkeit zu einer psychischen Tatsache wird, sich ein Territorium der Intensitäten von Begehren und Beziehung zwischen biologischen/leiblichen und avatarischen Personen einholt.[9] Herbst bleibt dabei nicht auf der Ebene der Analogie; diese mythische Landschaft ist nicht eine im Modus des Als-Ob, sondern Realität. Hier werden affektive Prozesse in Gang gesetzt, die sich entladen und neue Monstren, nicht weniger schrecklich als jene aus den alten Geschichten, mitten hinein platzieren.

Pfadfinder von Immanenzfeldern

Was aber genau wäre nun solch ein mythischer Netzraum, der als Verwebungsinstrument ebenso wie als Falle – das Netz, in dem man sich verfängt – agiert?

> For the technological system of a coherent and totalizing space that is »linked« and simultaneous, the figures of pedestrian rhetoric substitute trajectories that have a mythical structure, at least if one understands by »myth« a discourse relative to the place/nowhere (or origin) of concrete existence, a story jerry-built out of elements taken from common sayings, an allusive and fragmentary story whose gaps mesh with the social practices it symbolizes.[10]

Michel DeCerteau, von dem das Zitat stammt, spricht über die Stadt, doch sein Herantasten an eine Rhetorik des Gehens ist auf die Pfadsuche im Internet übertragbar. Auch das Internet befindet sich in ständiger Transformation von Gleichzeitigkeiten und Gleichörtlichkeiten und dem Verweis nach außen, zu einer anderen Adresse, deren Ursprung oder angestammter Platz schwer auszumachen ist, sondern der immer wieder von anderen Adressen und Avataren durchbrochen und mit ihnen amalgamiert ist. Hier siedelt sich Herbsts Poetologie des Weblogs an[11] – die Mythenmaschine beginnt sofort nach dem Eintritt in das Netz, nach dem Hinterlassen einer Spur nach schon der allerersten Interaktion des eigenen Avatars.

> Mir war klargeworden, dass ich meinerseits Lerche und Zeuner zu erfinden begann, daß ich auf die schaute, wie seinerzeit immer sie und ich auf unsere kybernetischen Gebilde, die in gewisser Weise *fantastische* waren: durchaus auratische Figuren, die den, will ich einmal sagen, Geschmack literarischer Charaktere hatten. Man trägt sie, hat man ihre Geschichte gelesen, immer mit sich herum. Sie unterscheiden sich zunehmend weniger von realen Personen, an die man sich *erinnert*; schließlich werden sie denen an Gegenwärtigkeit vollkommen gleich. So ist es auch mit wirklichen Menschen, die Aufnahme in einem Roman finden: Sie ähneln sich ihm an, unterliegen seinen Bewegungsgesetzen und w e r d e n schließlich Literatur. (Argo, 185)

Erinnerung ist nach DeCerteau der »rechte Augenblick«, als die Fähigkeit, »to use through it its treasure of past experiences and to inventory multiple possiblities in it«. So ist dieser »rechte und glückliche Augenblick« eine Intensität, ein Immanenzfeld,[12] das vor sich hin strömt, so wie man diese Personen »immer mit sich herumträgt«, »an Gegenwärtigkeit vollkommen gleich«. Gewissermaßen bildet der Roman insgesamt bei Herbst ein solches Immanenzfeld, in dem Menschen Literatur »werden«.

Literatur, besonders die medial reflektierte Literatur, die ihr eigenes Medium und den Prozess ihres Entstehens mit sich trägt, thematisiert und offenlegt,[13] ist ein Werden, wie bereits – noch ganz ohne Weblog und Internet – in Herbsts erstem Roman der ›Serie‹, *Die Verwirrung des Gemüts*, anschaulich gemacht wird. Dort schafft der Protagonist sich selbst neu, indem er sich über die Niederschrift von Tagträumen, Erinnerungen, Eindrücken, Erlebnissen etc. eine neue Existenzform schafft, die so sehr an Eigenmacht gewinnt, dass diese Aufschriften nach und nach alles aus seinem Zimmer verdrängen. Zugleich kreiert er für alles dies ein offenkundig zunächst lediglich von ihm erfundenes Subjekt, den Doppelgänger und Antagonisten Claus Falbin. Der eigene Kampf, über die zusammenhanglosen Impressionen, Träume etc. in ihrer Archivierung Subjektstatus zu erlangen, wird also auf einen Doppelgänger übertragen. Mit dem Anwachsen der Niederschriften nimmt auch die Selbstständigkeit des Doppelgängers zu.

So teilt der Erzähler mit den Aufschriften sein Wohnzimmer und seinen Lebensraum, mit dem Double aber seine Erfahrungen und Erinnerungen. Insofern werden im erzählten Raum des Romans wie auch innerhalb der gesammelten Niederschriften die beiden verschiedenen Personen zu einer, ihre Wünsche, Ängste und persönlichen Entwicklungen gleichen sich an. So droht eine schizoide Persönlichkeit zu entstehen; jedoch beginnen beide, ihre jeweilige Fluchtlinie zu entwickeln, die dahin geht, sich jeweils selbst erneut und als Neuer zu erschaffen. Der Schreibraum der Niederschriften interagiert folglich mit der ›Realität‹ und entwickelt eine neue Verkörperung für die entstehende Identität als Hans Deters, welcher zum Protagonisten der folgenden Romane avanciert und partielle Erinnerungen an beide, Laupeyßer wie Falbin, immer noch in sich trägt.

Das Literatur-Werden, die Schaffung eines organlosen Körpers als Immanenzfeld des Begehrens führt in dieser Version die Verwechselbarkeit von Erinnerung und Erdichtung, von Innerlichkeit und Äusserlichkeit, die letztlich zur Auflösung von Identität führt, minutiös vor. Der »günstige und glückliche Augenblick«, in dem die Serie von Ausdifferenzierung, dem Wandern als »oneirischer Figuration« (»to walk is to lack a place. It is the indefinite process of being absent and in search of a proper«[14]) und Wiederholung in Hans Deters »hineinspringt«, der im Gegensatz zur Innerlichkeit des Doppels Laupeyßer/Falbin die reine Äußerlichkeit darstellt: Deters besteigt den Zug und begibt sich auf eine literarische Reise. Denn von nun an taucht er in verschiedene Formationen, in denen er ›sich selbst‹ erfindet, behindert, umlenkt, immer weiter in dieses träumerische und zugleich traumatische Wandern hineintreibt, das ihn von einem Fiktionsraum in den nächsten führt, in das »Epos, das gerade wird» (Argo 185).

Dadurch dass Figuren, die waren, nicht aufhören, dass Leben sich nicht linear und unumkehrbar entwickeln, sondern auf andere Stufen und in andere Räume springen, dadurch also, dass das Werden immer eine Vielheit schafft und die Avatare sich selbst und ihren ›Ur‹-Figuren als andere auch begegnen, bewegen sich Herbsts Romane auf die Postkonditionalität zu. Die Avatare sind einander parasitär – im *Wolpertinger* als Hilfskonstruktionen bezeichnet[15] –, inkompossible Möglichkeiten ihrer selbst, die doch zugleich mitagieren. »Ich« lässt sich unter diesen Bedingungen nicht mehr sagen, so wenig wie Antigone oder Ödipus Ich sagen können. Letztere sind in ihr spezifisches Geflecht aus Genealogie, Verpflichtung und (induziertem) Wollen eingeschrieben, Erstere in ein Werden, das sie zu Vielen macht, die um einen Ort streiten:

> Vielleicht wäre er sonst doch noch auf den imgrunde naheliegenden Grund gekommen: daß Hans Deters wieder – um es so auszudrücken:

e r w a c h t e . Der drängte ins System zurück, und da auch dieses, zumindest physisch gesehen, dem Satz vom ausgeschlossenen Dritten gehorchte, war im Fall seiner Rückkehr für Alban Herbst in Buenos Aires kein Platz mehr. (Argo, 233)

So substituieren sich die Avatare, unterlaufen ihre Aktionen, setzen sie fort, lenken sie um und stellen doch simultane Affektebenen her: Wie Zeus sich an die Stelle von Amphytrion setzt, um Alkmene beizuwohnen, nimmt Deters die Stelle von Herbst bei Judith Hediger ein.

Affektmilieu Mythos | Das Epos, das Wird

Als Motor des Epischen, dieser ›Ursuppe‹ an ungebremsten Affekten und Leidenschaften fungiert das Meer Thetis, über das die geschilderte Welt in den Westen und den Osten geschieden wird.[16] Das Urmutter-Meer steht unverkennbar für den Nullgrund der Seele, für jenen Bereich, in dem ungerichteter und unbewusster Trieb herrscht (»Sie, Thetis, war das Dunkel zwischen den kosmischen Schenkeln.« [Argo, 663]). Die Zivilisations- und Verdrängungstechniken des Westens, die zunehmende Substituierung der materiellen Triebrealität durch ›vergeistigte‹ Hyperrealität gründen ebenso wie die rituellen Gewaltexzesse des Ostens auf dieser Triebebene. Die Substituierung kommt jedoch nur auf Grund eines Paktes zustande:

> Nun gab es den Lichtdom, in dem bliebe alles, alles erhalten und so, wie es war: kein Altern, keine Gebrechen, kein Tod. Sondern ständige Gegenwart. Toni Ungefugger war es gelungen und nicht nur für sich allein, sondern für das ganze Land, das er regierte. Man kann das bewundern, muss aber wissen, um welchen Preis so etwas geschieht und ob man ihn wirklich begleichen will.
> Die Ostler und sicher viele Porteños w o l l t e n . Die Myrmidonen wollten n i c h t . Die Ungeheuer wiederum,Thetiskinder aus einer in die Zukunft verkapselten mythischen Vergangenheit, dachten, sie machten bei alledem ihren Schnitt. Das war der Pakt, den Ungefugger mit ihnen geschlossen: Wir ziehen uns aus eurer von uns besatzten Welt zurück, sofern ihr unsern Lichtdom schützt. Aber beide Seiten, das Neue kybernetische Christentum Ungefuggers und das heidnisch-monströse Alte, hatten ihre Rechnung ohne Thetis gemacht. Sie wollte alles zurück, alles Geschöpf zurück in den Bauch, für sie gab es keine CoExistenz und keine prästabilierte, keine poststabilierte Harmonie, vor allem nicht dann, wenn sich eine ganze Art dem Naturgesetz zu entziehen versuchte, seiner, um es zwar verknappt, aber deutlich zu sagen: Sexualität. (Argo, 662f.)

Aber auch die Myrmidonen, die Ungefuggers Entkörperlichung und Entsexualisierung aufhalten wollen, rechnen nicht mehr mit Thetis. »Wir hatten Thetis für eine Legende gehalten, kein Mensch mehr glaubte ans Meer« (Argo, 13), heißt es im Laufe der Katastrophenschilderung von *Nullgrund*. In die Träume jedoch schleicht sie sich ein, bevor sie sich daran macht, die Mauern, die sie abschirmen, zu durchbrechen:

> [D]ie Leute sahen T h e t i s , sahen die Fürchterliche stundenlang, auch wenn sie keine zehn Minuten schliefen. Sie hörten sie zischen in ihrem Meer, sie tobte, ganz in Schweiß schreckten die Menschen auf. Und hörten Thetis w e i t e r. Denn die Träume b l i e b e n , blieben als ein Tinnitus, der sie halb wahnsinnig machte. (Argo, 56)

Thetis steht für die Ur- und Naturgewalt, für das Ungeformte und den Nullgrund. Die ›Verunreinigung‹ und die Tendenz zum Monströsen durchzieht sie jedoch von Beginn an: Thetis erscheint als das verschmutzte und entstellte Meer, »gleich galten Rohöl und Seele« (Argo, 235), »in Wirklichkeit graues Metall« (Argo, 499). Die Urmutter ist – darauf verweist bereits die Anspielung auf den Gaia-Mythos: »[s]ie wollte alles zurück, alles Geschöpf zurück in den Bauch« (Argo, 663) – grausam; es kostet sie Mühe, ihre Affektentladung zu richten. Dennoch ›erkennt‹ sie zum Ende die Argonauten an und lässt sie ziehen, wie sie auch die Fahrten, Streif- und Sängerzüge der Achäer zugelassen hatte:

> Es blies ein scharfer, säuriger Wind über Thetis, die überhaupt nicht wühlte, sondern ungewöhnlich still und ewig hingebreitet lag und fast liebenswürdig aussah. Denn es war stolz, dieses Meer, war z u stolz, um jetzt, wo es wußte, daß es siegte, noch weiteres Aufhebens darum zu machen. Vielleicht ließ es die Argonauten alleine deswegen gehen; es wäre ihr leicht gewesen, die Gefährten mit einem einzigen Wasserarm, der sie ertränkend in sich aufnimmt, in die Wasserbrust zu drücken. Nein, sie war nicht rachsüchtig, sollten die Fünfzig ihr Abenteuer wagen – es ist ungewiß genug, wie das endet und wo. (Argo, 833)

Dem Meer gegenüber gestellt ist die Stadt, das Wechselspiel von Buenos Aires, Beelitz und Berlin, in dem sich die erzählenden Figuren bewegen, wo die illegale Widerstandsgruppe der aus dem Osten eingeschleusten Myrmidonen und der nach Autarkie strebenden Holomorfen zusammentreffen und wo auch die Gruppe der Argonauten rekrutiert und per erzählerischer Laune zusammengewürfelt wird. Auch diese Stadt ist von Beginn gespalten und hybrid, durchlässig auf die jeweils andere. Die Orts- und Erzählerwechsel, die gerne Kapitelgrenzen überschreiten und innerhalb eines einzigen Satzes stattfinden, sind zugleich auch Weltenwechsel in Parallelwelten. Wie viele es davon tatsächlich gibt, bleibt im Ungewissen, da die jeweiligen Chronotopien der Erzähler ebenfalls ständigen Veränderungen unterworfen sind. Die Zeitstruktur von *Die Verwirrung des Gemüts* ist vollkommen offen, das Geschehen in *Wolpertinger oder das Blau* hängt in der Zeitschlaufe eines ständig wiederkehrenden Mittags und Nachmittags, *Thetis*[17] propagiert eine mythische und System-Zeit, und *Buenos Aires* hängt sich an einem ersten November auf. Dieser Tag spukt auch in *Argo* weiter, drängt immer wieder, gebunden an die Systemzeit des Deters-Erzählers in den Vordergrund, aber sie ist nicht deckungsgleich mit den anderen Systemzeiten:

> Auf die Mainacht, in welcher sich Judith Hediger und Hans Deters liebten – [in Anderswelt a) blieb er im SILBERSTEIN sitzen, und die Lamia erschien; kurz nach ihr Goltz; schon die Flucht durch den Sushiraum] –, folgte in Anderswelt b) direkt der Novembertag, an dem Herbst Hedigers An-

ruf entgegennahm. Da er zum einen nicht Deters war, sondern jetzt Herbst, irritierte er ihn; zum anderen sind Avatare anfangs noch auf ihre ursprüngliche Systemzeit definiert (wir erleben auf diese Weise *timelags*); ihnen kann also derart Sonderbares gar nicht auffallen Zwar hatte sich Deters zurückzurufen vorgenommen, das aber vergessen oder verdrängt. So daß abermals sie anrufen mußte. Wobei schon das Wort »abermals« nicht stimmt.

Nun war das nicht die einzige Irritation, mit der Herbst an diesem Tag umgehen mußte; daß immer noch der erste November war, etwa, hatte er noch gar nicht bemerkt, ein *anderer* 1. November, wohlgemerkt. Herbsts Welt, die ihn eben hatte bei mir klingeln [...] lassen, lief parallel weiter, so daß ich mich, als Erzähler, entscheiden muß, welchen vielleicht dreivier Möglichkeiten unter Hunderttausenden ich mein poetisches Vermögen zuwenden will... ein Buch zu schreiben heißt – wie zu leben insgesamt – *wählen*. (Argo, 203)

Intensitäten Verorten

Das Operieren mit divergierenden Chronotopien ist, wie in der poetologischen Überlegung deutlich wird, ein Verwirrspiel auf hoher Reflexionsstufe. Abseits der Zeichnung eines in Viele zerspaltenen Ich, dessen Identität und Ort oft erst im Nachhinein anzupeilen sind – nimmt doch das eine erzählende Ich dem anderen in der Regel das Wort aus dem Mund und switcht die Figuren beziehungsweise überblendet sie mit eigenen Vorstellungen und Literatur gewordenen oder zu werden im Begriff seienden –, ist das sophistische Verwirrspiel dem Transformationscharakter von Intensitäten bei der Entwicklung von Vektoren, um die reine Bewegung aufrechtzuerhalten, angemessen. Dies ist, was die Erzähler tun – nicht immer miteinander, manchmal gegeneinander –, sie setzen die sprachlichen und in ihrem Erzählort stratifizierten Bewegungen in Gang, die sich fortan überschneiden, vermischen, überlagern, kollidieren.[18]

Ich versuchte, Kumanis, der sich immer noch umsah, Blicke einzufangen, darin vielleicht einen Blick Herbsts, der zeitgleich wieder im SILBERSTEIN saß und sich vorstellte, wie ich Kumani beschrieb. Den ganzen Tag über hatten diese Anfälle angehalten, immer wieder hatte er etwas Durchsichtiges, sich Wegziehendes bekommen, waren die Straßen Häuser Menschen bisweilen schrecklich ungefähr geworden; das hatte etwas von einer *Erscheinung*, die einem mit sich selbst begegnet. (Argo, 185)

Hier laufen die Vektoren parallel, Spiegelungen von Spiegelungen von Spiegelungen. Sie führen dazu, dass die Exteriorität des Erzählers verschwimmt, in die Interiorität hinein genommen wird:

Es ist jedesmal ein Kitzel, wenn fremde Gedanken in einem entstehen, wenn sie in dich eingetippt werden, jaja, du merkst das... und wie schnell sie sich dann in deine eignen verwandeln... wie du dann glaubst, wie du dann weißt: Ich hab die immer schon gedacht. (Argo, 114)

Ein Rhythmus wird hier erkennbar, der immer wiederkehrt, denn bei allen Orts- und Weltenwechseln bleibt der Radius doch eher klein und reisen die Protagonisten auf der Stelle, während ihre Leidenschaften ins Weite schweifen. Unter all den zerstörten und im Aufbau befindlichen Stadträumen gibt es einige wenige Koordinaten, die Konstanten der Logistik der Erzählerstimmen und Knotenpunkte der Erzählungs- und Gefühlsvektoren bilden: das Technische Museum, die Kneipe Sangue Sciliano, Cordes'/Herbsts/Deters' Wohnung in der Schönhauser Straße 101, die SiemensEsa/EWG, das oben genannte Café Silberstein/Samhain.

Letzteres hat im Vergleich zu den vorigen Romanen zwar seine Schleusenfunktion verloren, bleibt aber der Umschlagplatz für die Erzählvektoren, der Ort, an dem geschrieben, beschrieben, gesehen und verhandelt wird. Der Zwischenort, an dem die Weltenwanderer und Figuren wie Randfiguren der verschiedenen Erzählungen aufeinander stoßen und mit ihren Leben ineinander stürzen.

Das Café Silberstein verwandelt sich in nur einem Augenblick zwischen dem Auf- und Zuschlagen der Lider (»Öffnete seine Augen wieder. Drüben nicht Sarajewo, sondern Großbaustelle Potsdamer Platz.« [Th 392]), manches Mal von einem kurzen Flimmern begleitet, in das Café Samhain. Selbst wenn Deters schon längst die Räumlichkeiten betreten hat, kann dieser Wechsel vonstatten gehen, und so kommt es, dass er der »falschen« Verabredung gegenübersitzt, in *Argo* selbst als ›Falscher‹:

> Während Deters im SILBERSTEIN sitzenblieb, wo es dann zu den berichteten Geschehnissen kam, zog er zugleich mit Judith Hediger los, *ein anderer Er* – eine S p a l t u n g der Anderswelt, dachte Cordes, Zellteilung, sozusagen, der Handlung: Kurz, Judith schleppte ihn ab. So daß *diesem* Deters das weitere völlig erspart blieb[.] (Argo, 199)
>
> Der, wäre es zu dem Treffen mit Judith Hediger noch gekommen, einiges mehr mit ihr hätte sinnvoll bereden können als Hans Deters, welcher, völlig verwirrt, das Rendezvous schließlich, muß man sagen, *bestritt*, so daß Frau Hediger den zwischenspielhaften Figurenwechsel gar nicht mitbekam. (Argo, 211)

Das Café bildet wie andere, ähnliche Orte – Kinos, Bordelle, Variétés – Zwischen- und Passagenräume[19]: »Ständig hatte er seine einsamen armen gemeinen brutalen kurzen Identitäten gewechselt. Eben noch aus dem Büro in den Monitor gesogen, hockte er bereits vor Liebe und Depression in einem Kino. Kleine Karawanen aus Kuttenträgern durchzogen ödes verwüstetes sterbendes Land.« (Thetis, 476) Solche Orte sind Schnittstellen zwischen den Welten, an denen sich deren unbeständige Ränder überlappen.

Im Rahmen kybernetischer Romane[20] ist nur folgerichtig, dass die Verschiebungen und Schleusen vor allem an Örtlichkeiten der Simulation wie dem Kino und dem Varieté verortet sind, da die simulierten Welten nicht etwa den nichtsimulierten gegenübergestellt werden, sondern sie verdoppeln, sich ihnen an die Seite stellen. Kino und Varieté stellen klassische Orte dieses Ambivalenz- und Substitutionsphänomens dar, Orte, an denen sich immer schon mehrere Wirklichkeiten überschneiden.

Rahmungen | Erzähllandschaften | Inkompossibilitätsstrukturen

Das Setting von Buenos Aires sowie dessen doppelter Charakter, einerseits belebte und bewohnte Stadt und andererseits kybernetisch generierte Umwelt zu sein, erklärt, warum gerade Orte wie das Kino und ein Varieté Übergangsstellen einschließen. An diesen Orten wird die bestehende Simulation von einer weiteren überdeckt und überlagert, so dass sich Instabilitäten ergeben und der Wechsel in eine andere Welt durch ›Löcher in der Realität‹ erfolgt. In *Argo* wird eines dieser ›Löcher‹ als begleitender Subtext, der in verdichteter Form den Mythos, der da ward und wird – die Anderswelt-Version der Achilleis und der Argonautenfahrt – von dem Achäer Erissohn geschaffen, der als Schausteller durch den Osten tingelt. Sein Gesang vor der zerlumpten Bevölkerung Točnás stellt die mythische ›Gleichraumzeitlichkeit‹ zwischen Vergangenheit und Zukunft her.

Die Verse begleiten den Gang Borkenbrods und Elena Goltz' – der schönen Helena, der Beute – in die Schlammgrube, für sie beide das strahlende Meer, in dem sie Leuke, die verheißene Insel finden werden. Dieses Traumgeschehen wäre ohne die Hexameter von Erissohn unvollständig, vielleicht sogar unmöglich. Es macht aus der verseuchten Schlammgrube die verheißene Landschaft und bringt diese vollkommen inkompossiblen Gleichzeitigen zusammen in ein Bild:

> Tatsächlich war es ein Weltentwurf, war diese epische Erzählung ein Rahmen, war eine Matrix ihrerseits, in die der Achäer seine Zuhörer stellte, um ihnen einen Ort zuzuweisen und ihnen, so gering er sie auch zeichnete, Bedeutung zu geben, nicht allgemeine, nicht als ein ›Volk‹, sondern jedem einzelnen die seine und den noch bezogen aufs Ganze, auf die Frau, den Freund und das Kind, auf die Fabrik und Europa. (Argo, 235)

Was Paul Virilio für das kybernetische Zeitalter des ausgehenden 20. und beginnenden 21. Jahrhunderts festhält, dass nämlich die virtuelle Realität zum finalen »Unfall« der Realität werde, da in Bälde jegliche Verortung in der Realität sowie der Virtualität verunmöglicht würde,[21] trifft auf Buenos Aires auf einer bereits fortgeschrittenen Stufe zu. Auch wenn Deters/Herbst/Cordes zumindest begreift, dass er (überall) sich in virtuellen Welten bewegt, ändert dies nichts an deren Echtheit als Lebens- und Bewegungsräume. *Argo* führt vor, »wie mehrfach codiert die kybernetische Realität ist und wie mehrfach codiert eine soziale und psychische wird, die sich auf sie bezieht; wie mehrfach codiert aber auch die physikalische, sofern man den Gedanken zuläßt, in einen simulativen Prozess eingebunden zu sein« (Argo, 204).

Die Passagen-Orte, die in ihren Eigenschaften als Übergangs- und Freiräume auf Kodierungen, Nutzungen und Umwidmungen »warten«, führen zu Destabilisierungserscheinungen, zu körperlichen und mentalen Grenzphänomenen.[22] Umgekehrt formen Grenzphänomene die Räume gemäß ihren Milieus und Fluchtlinien. Was dabei gewaltiger ist, die im Aufstand gesprengte Brücke, die in die Säuferkneipe eingeführte Poesie des Haudegen Kignčrs, die durchbrochen von den PERMESSO!-Rufen des Wirts beim Einschenken einen neuen Raum hervorbringt, oder die endlose Traurigkeit der Holomorfin Dorata II, die auf die nunmehr unerwiderte Liebe zu Broglier programmiert ist, bleibt dabei auf die Schnelle nicht zu beantworten.

Am eindrucksvollsten wird in *Argo* jedoch sicherlich die inkompossible Simultaneität der verlassenen und verseuchten Baugrube und des Eingangs zum Paradies anhand von Lough Leane/Leuke geschildert. Dem Ort, einer Hinterlassenschaft von Thetis, ist der Hang zum Mythischen eingeschrieben; die so vollkommene Zerstörung von ›Naturraum‹ und Kulturraum – die zerstörte und vergiftete Umwelt sowie das Verlassen- und Aufgegeben-Sein des Bergwerks und aller Abbauvorhaben drängen nach Umkodierung und Umwidmung. In der Gifthölle, im Schlamm vergraben, schläft das Monstrum Skamander, für Borkenbrod und Elena ist es ihr Bestimmungsziel, ihre mythische Heimat, die zugleich sinnliche Gewissheit erlangt, kein »von außen [...] erwirktes Innen« (Argo, 729), sondern ein nach außen wirkendes Innen:

> Lough Leane selbst fast ausgetrocknet, nach diesen Jahren des Raubbaus, nur noch tief drunten, zweihundert Meter unter den Armeen von Kränen, die räkeln ihre Antennenarme spirrig übers Nichts, steht eine Gülle. [...] Wohin, Geliebter, bringst du mich? ist das das Rosenfest, das du versprachst?: So sah Elena ihn an, den Achill. [,...] Er nahm überhaupt nicht wahr, was diese Gegend war, ihm deuchte schon Palme und Pappel; oder er hielt den geologischen Tagebau-Hades, den der Mensch hier angerichtet hatte, für reinste Schimäre, die er, ein bereits im Vorhinein mit Wahnsinn geschlagener Bellerophon, nur niederstrecken müsse; schon gebe sich der Blick auf ein tyrrhenisches Meer frei, und, schreibt Benn, aus offenen Früchten rinnt es. (Argo, 266)

Im Fall der Stadträume kann man mit dem amerikanischen Architekten Lebbeus Woods von »Freespaces« sprechen, »free of pre-determined meaning and purpose«, »[s]trictly speaking, [...] useless and meaningless spaces«[23], die sowohl utopisches wie destruktives Potenzial tragen:

> a city filled with the »chaos« of endless and aimless dialogue and debate, of formlessness that becomes a form, of meanings so private that they become the very basis of public life, of authority that resides in indifference (not resistance) to authority[;] [...] patterns of space that have no pattern at all, but are only sequences in the unfolding of a nontemporal order that exists only for the precise moment of its presence[;] [...] the »paradox« of precise mathematical order and rampant anarchy existing simultaneously within that moment not as opposites, but as shadows cast by shadows, as different as much as they are the same.[24]

Buenos Aires scheint in seinem Konstruktionsprinzip und seinen Erscheinungsformen nachgerade eine Realisierung von Woods' Konzept der *Radical Reconstruction* und *Anarchitecture*[25] zu sein. Die Stadt, die nicht nur den beständigen datischen Veränderungen unterliegt (»Bei so viel materialisierbarem Nirgends wird Welt sein, Geliebte, als innen wirkte die Vision einiger Konservativer, die eine dingliche ECONOMIA projektierten, nicht nur unzeitgemäß, sondern lächerlich« [Argo, 33]), sondern in der auch unentwegt gebaut sowie per terroristischen Anschlägen zerstört wird, bildet ein Exempel für die Grundlagen von Woods' Paradigma der Freespaces ab: die Normalität der Gewalt und der Zerstörung, die in Form von Verfall und Einsturz, von Abriss, Sprengung und

Wiederaufbau die Gebäude ohne Unterbrechung gewaltsamen Veränderungen unterwirft. Verstärkt durch das, vom datischen Charakter bedingte, unvorhersehbare plötzliche Auftauchen und wieder Verblassen und Verschwinden von ganzen Ortsteilen, Straßenzügen und Vierteln, instabile Erscheinungsbild erweckt diese riesige Baustelle den Eindruck, eine Metamorphosenmaschine in Woods'schem Stile zu sein:

> That the dynamics of change, which are at the same time political, technological, epistemological and personal, are the ingredients of what may correctly be called a creative form of destruction [...] elevates the »paradox« to a more complex plane of experience for everyone. The spaces of the old city [... i]n their damaged state, they offer an entirely new possibility for understanding the origins of both space and habitation. [...] The architect is a designer of space, not of living. The spirit of invention demanded by perpetual transformation thrives best in space itself shaped by invention.[26]

Der Architekt, den Woods im gesamten Essay *Radical Reconstruction* verhandelt, hat sich im System Buenos Aires zur Gänze in ihn integriert. Er ist hier ein non-personales Funktionsbündel, eine Schaltstelle, die in der Datengenerierung auf die eingehenden Daten und deren Aufeinanderwirken reagiert. Verfolgt man Woods' Ansatz des Architekten-Designers konsequent weiter, der zweckfreie Räume entwirft und einem Kollektiv oder einzelnen Individuen zur Verfügung stellt, die diese Räume erst beleben und in erneuerten Formen von Gemeinschaft benutzen, ist auch bei ihm der Architekt dazu bestimmt, sich zu einer reinen Systemfunktion zu entwickeln. Parallel zu seiner entsubjektivierten Form und seinem transformatorischen Charakter, der die »void and emptiness, indeterminacy and uncertainty of space«[27] gestaltet, scheint Buenos Aires, das Produkt aus Datenkompilationen, zufälligen Entwicklungen, mutwilligen Detaildesigns und diversifizierter Umweltpolitik, auch wenn es selbst Zentrum der westlichen Welt ist, seinerseits kein Zentrum zu haben.

Die Dezentralisierung nicht nur der »Zentralstadt«, sondern ganz Europas, geht in *Argo* sogar noch weiter. Hier wird der Hintergrund davon, dass »Netzmedien eine Tendenz zur Dezentralisierung eigen [ist]« (Argo, 37), nicht nur als die von DeCerteau benannte »sieve-order«,[28] durchsetzt und durchlöchert von Überresten und Fremdkörpern, imaginiert, sondern als das Nichts:

> [L]angsam schritten sie, aber entschieden, über die anfangs glasschwarze glatte Fläche, einer Konsole der Matrix; noch hielten sie sich halblinks des Rheins, dann ließen sie ihn in spitzem Winkel hinter sich. Er verlor sich, nach Stunden, in der Ferne. Nun gab es überhaupt keinen Anhaltspunkt mehr, nur noch die Planquadrate, aus denen der Boden bestand. Zwischen ihren zirkelscharfen Rändern bleckten schon Abgründe Tiefen. Einem der Meridiane folgten sie. [...] Es gab keine Hügel, keine Wälder, kein Wasser, gab nichts. Sie wanderten verloren durch eine Mathematik, die abweisender war als jede Sahara. (Argo, 718)

Hier jedoch, in der Mathematik und dieser Form einer gestaltlosen, gerade noch gerasterten Matrix verlassen unsere Interpretation die Begleiter DeCerteau und Deleuze. Dieses Nichts, das doch Etwas ist, »arithmetischer Raum« (Argo, 729) und eine Form des Ermöglichungsgrunds für Sinnlichkeit in der bespielten (Anders)Welt, sind trotz der Nachbarschaft, die in der Erzählung zur Wüste hergestellt wird, nicht nomadologisch zu fassen. Es fungiert als der Bildschirm, auf dem »die Landschaft meines Desktops« erscheint, aber im Gegensatz zur Wüste liegt mit diesen Planquadraten weder ein glatter Raum noch ein gekerbter vor. Die Leidenschaften, die in Thetis' Wellen aufgetürmt und in Buenos Aires' – digitalen wie physikalischen – Architekturen »einge-räumt« sind, gelangen hier an ihr Ende. Diese Matrix hat den Zeichencharakter, den ihr Urbild aus dem Film *Matrix* (1999) noch trug, aufgegeben und sich ins Nichtsprachliche und Nichtbildliche zurückgezogen.

Erzähl-Rhythmus als Intensität

Sprache und Bilder aber sind es, welche die Räume und Geschehnisse der Erzählungen strukturieren und ihnen ihren Rhythmus verleihen, der sein Erzählmilieu singt und wiedersingt: »Jedes Milieu vibriert, das heißt, es ist ein Block aus Raum und Zeit, der durch die periodische Wiederholung der Komponente gebildet wird.«[29] Herbst rhythmisiert seine Erzählung synkopisch, d.h. er vernetzt die Welten, Figuren und Erzählmöglichkeiten über Satz-, Absatz- und Kapitelgrenzen hinweg, wie der Rhythmus für die Kommunikation und Transcodierung von Milieus steht, »die Koordination von heterogenen Zeiträumen«.[30]

> Er streckte Balmer die Hand zu.
> »Ich heiße Balthus.«
> »Balmer.«
> Das leise Klatschen dieses Handschlags weckte Balmers Moira, auch das
>
> ahnte er nicht. Nichts von dem Flutsturz der Erinnerung, der **10** durch die Amazone jagte, während sie gleichzeitig starr in die milchige Nacht sah. Goltz lauschte mit. (Argo, 101)

> Dabei hatte ihn Erissohns Blick noch gar nicht getroffen und war ihm nicht *erschienen* wie in Garrafff der Hundsgott. Denn das war ganz dasselbe gewesen, dachte ich, dieselbe Art Explosion eines Fremden im Eignen, die es von sich schleudert, doch zu spät, so daß es immer noch, ja je eigentlich geringer, desto subversiver nach diesem Hundsgott roch: Zeuners Benzoe Supreme
>
> brachte, als düngte sie Morcheln, den fiesen **20** Gestank zu einer Blüte, die nicht eitel gespreizt wie bei Zierblumen war, sondern sich nachtschattenartig verbarg. (Argo, 221f.)

Die Kapitelmarken setzen Verlinkungen zwischen den Erzählsträngen und -milieus, die manches Mal auseinander zu laufen scheinen. Die »Systemzeiten« werden mittels Vergegenwärtigung, Vorgriff, Rückgriff und Abwägen ›kompossibler‹ wie ›inkompossibler‹ Möglichkeiten abgeglichen. Das Verfahren in *Argo* ist nicht neu; in Perfektion wandte Herbst es bereits in *Wolpertinger* an. Dort kehren Erzählstränge in variierten Sequenzen immer wieder, so dass auf geringem Raum ein Reigen an Möglichkeiten entsteht, die sich teilweise nur in winzigen Details wie einer Zimmereinrichtung oder dem Ablauf eines Dialogs unterscheiden. Die Erzählweise in wiederholten Sequenzen, in vermehrten Rückgriffen und im Ineinanderspielen gleichzeitig stattfindender Erzähleinheiten versinnbildlicht ein Erzählen gegen die linear und unumkehrbar fortschreitende Zeit, in der eigentlich nichts wiederholbar, revidierbar, korrigierbar ist. Der Reigen des wiederkehrenden Ähnlichen, der Variationen von Grundmotiven wird hier durch eine ausgedehnte Gleichzeitigkeit, durch das Übersetzen von Zeit in Raum ergänzt.

> Literarisches Fingieren erwiese sich dann als das Eröffnen von Spielräumen zwischen all diesen Positionen, so dass das im Fingieren freigesetzte Spielen zu einem solchen wird, das gegen jedwede Bestimmung als einer zwangsläufigen Einschränkung spielt. Es wäre dann eine Antwort darauf, was der griechische Arzt Alkmaion für unmöglich hielt: Anfang und Ende miteinander zu verknüpfen, um sich dadurch eine letzte Möglichkeit zu verschaffen, durch die das Ende zwar nicht überschritten, wohl aber illusionär verschoben wäre.[31]

Die »Spielräume«, die Iser als Merkmale jeden literarischen Fingierens/Erzählens anführt, erhalten in den Deters-Romanen von Alban N. Herbst eine besondere Bedeutung. Sie gewährleisten die Gleichzeitigkeit des Ungleichzeitigen in Bezug auf Körper(formen), Bewusstseinszustände, Zeiträume und Orte. Zwischen ihnen ergibt sich im vernetzten Geflecht der illusionäre Raum, der das Ende des Erzählens beziehungsweise der Fiktion beständig verschiebt, da sich jedes Mal ein neuer Möglichkeitsraum der Simultaneitäten auftut, eine Wiederkehr des Fast-Gleichen. Dieser illusionäre Raum kann mit Deleuze/Guattari als der Rhythmus festgemacht werden:

> Ein Milieu kommt zwar durch eine periodische Wiederholung zustande, aber diese führt nur dazu, daß eine Differenz geschaffen wird, durch die es in ein anderes Milieu übergeht. Die Differenz ist rhythmisch und nicht etwa die Wiederholung, durch die sie allerdings erzeugt wird. Daher hat diese produktive Wiederholung nichts mit einem reproduzierenden Maß zu tun.[32]

In *Die Verwirrung des Gemüts* sowie in *Wolpertinger* werden einzelne Akteure, vor allem die Deters-Figuren über solche Milieuwechsel, über sprachlich nachgebildete Verlangsamungen und Beschleunigungen ihrer inneren Affekträume zu ihren diversifizierten, gleichfalls inkompossiblen Identitäten zum Handeln geführt; Herbst erzählt dort noch seine ganz eigene Form des Entwicklungsromans. Dieses Interesse tritt in *Argo* schließlich in den Hintergrund. Deters und seine Avatare beziehungsweise all die Deters/Herbst/Cordes/Ich-Avatare (die zu Zeiten auch das Broglier-Ich umschließen) agieren längst. Die Lust am Handeln führt auch dazu, dass die Differenzen zwischen den Figuren, die Geschiedenheit betont wird, gleichwohl der ganz spezifische Deters-Rhythmus, die ständige, häufig abrupte Wiederbegegnung der Milieus und ihrer Transformationen und Interpenetrationen lustvoll beibehalten wird.

Ich-Werdung über Differenzierung findet dennoch statt, so beim Geheimdienstler Goltz, bei Aissa, dem Stromer, Michaela Ungefugger, Sabine Zeuner, Kalle Willis, Oisín, auch wenn die Herstellung von Intensitätskontinuen zusehends über Paarbildungen erfolgt. Die sprachlichen Rhythmisierungen über periodische Wiederholungen sind jedoch selten geworden, auch wenn es sie vor allem zu Beginn des Romans noch gibt:

> »'tschuldigung» machte die Bräustädt, deren Rochus auf Balmer einen solchen Geruch ausstrahlte, daß Goltz ihn sowieso lieber erstmal an sich vorbeifliegen, sich v e r fliegen ließ, als daß er durch ihn hindurchgeschritten wäre. (Argo, 53)

> »'tschuldigung» macht die Bräustädt, deren Rochus auf Balmer einen solchen Geruch ausstrahlt, daß Möller ihn sowieso lieber erstmal an sich vorbeifliegen, sich v e r fliegen ließ, als daß er durch ihn hindurchgeschritten wäre. (Argo, 96)

Die Wiederholung mit Namens- und Figurenwechsel zeigt eine Rückblende in dieselbe Szene im Silberstein an. Auch hier liegen im selben Rahmen inkompossible Möglichkeiten vor, derart, dass zwei Personen zugleich da sind als auch auf sie gewartet wird, verschränkt beziehungsweise verlinkt über Frau Bräustädt, im selben Rahmen des Café Silberstein, doch das Zugleich ist verschoben, »[n]ämlich betrat das SILBERSTEIN weitere zwanzig Minuten nachher auch Möller« (Argo, 53).

Herbst bleibt seinem ganz persönlichen literarischen Programm, Intensitäten über Sprache und Palimpseste herzustellen und miteinander ins Spiel zu bringen, treu. In *Argo* fügt er dem mehrschichtigen Dividualisierungsspiel der Avatare ein neues Plateau zu, das in Gestalt der poetologischen Metapher der Nebelkammer seinerseits in der periodischen Rückkehr den Ablauf rhythmisiert. Die (vorgeblich) didaktisierte (Herbst schreibt hier auch seinen Sohn, dem er die inkompossiblen Gleichzeitigkeiten erklärt, in den Roman hinein) Reflexion interagiert mit den parallelen und zeitgleichen Milieus des Gesangs des Achäers und werdenden Mythos, figuriert in Thetis und ihren Kindern. Vorgeblich scheint, als sei Anderswelt zu einem Ende gekommen, so wie die Erzähler über die Argonauten zu einer bejahten Vielheit: »Mit einem Krachen, der mehrfach schräg durchs Boot ging und sofort den Mast brach, schlugen *wir*, alleingelassen wieder, auf.« (Argo, 857 – Hervorhebung UR) □

Anmerkungen:

1 Anderswelt bildet den Untertitel dreier der hier behandelten Romane.
2 Ries, Marc: So schritt man in andere Zimmer und stets sah man neue Bilder. Einstimmung in eine postkonditionale Ästhetik. In. Kakanien revisited, www.kakanien.ac.at/beitr/emerg/MRies1.pdf v. 30.03.2006, p. 4.
3 Herbst, Alban Nikolai: Die Verwirrung des Gemüts. München: List 1983.
4 Ders.: Wolpertinger oder Das Blau. München: dtv 2000 [EA Frankfurt/M.: Dielmann 1993].
5 Ders.: Buenos Aires. Anderswelt. Berlin: Berlin Verlag 2001.

6 Zu Testzwecken für Demographie, Politik, Umwelt und Medizin wurde der Stand der Ausgangswelt in ein selbststeuerndes Computerprogramm überführt, jenes erneut dupliziert und dasselbe noch einmal. Auf allen Ebenen herrscht sowohl die Gewissheit, Original zu sein, als auch eine gewisse Eigenmächtigkeit der Programmierer sowie sich verselbstständigender Figuren, die beginnen, zwischen den Welten hin- und her zu wechseln.

7 Ries v. 30.03.2006, p. 5.

8 Ibid.

9 Cf. Herbst, A.N.: Die anthropologische Kehre. 42 Partikel. In: http://www.die-dschungel.de/ANH/download/download.php?URL=../txt/pdf/anthropolog_kehre.pdf.

10 DeCerteau, Michel: The Practice of Everyday Life. Trans. by Steven Rendall. Berkeley: California UP 1988, p. 102.

11 Herbst, A.N.: Das Weblog als Dichtung – Einige Thesen zu einer möglichen Poetologie des Weblogs. In: http://www.die-dschungel.de/ANH/download/download.php?URL=../txt/pdf/weblog_dichtung.pdf.

12 Cf. Deleuze, Gilles / Guattari, Félix: Kapitalismus und Schizophrenie. Tausend Plateaus. Aus dem Franz. v. Gabriele Ricke u. Ronald Vouillé. 5. Aufl. Berlin: Merve 2002, p. 216f. über den Zusammenhang von Intenstitäten, Immanenzebene und organlosem Körper/Plateau. Das Plateau beziehungsweise die Immanenzebene wären so die »Regionen kontinuierlicher Intensität als *Plateaus*, die so gebildet werden, daß sie sich nicht durch eine Beendigung von außen unterbrechen lassen«. (217) Zuvor (215) führen die Autoren die höfische Liebe als Beispiel an, als eine Form der Liebe, die sich nur auf sich selbst richtet, ohne ein Ich (oder ein Du) zu kennen, das nicht als ›Herzenswunsch‹ oder Form der Selbstliebe erklärt werden und auch nicht als von außen induziert angesehen werden kann. Sie gilt als Singularität und Immanenzfeld, das ausschließlich die Begehrensbalance halten, das Fließen nicht unterbrechen lassen will.

13 Cf. auch Argo, 191: »In meinem Kopf aber, hier am Küchentisch in der Schönhauser 101, hat b e i d e s stattgefunden. Poetische Wahrheit braucht keine logische Konsistenz, dachte ich, als ich mich wieder davonmachte und Cordes an seinem Küchentisch weiterwerkeln ließ. Sie muß nur sinnlich präsent sein.«

14 DeCertau 1988, p. 103.

15 »Die Geschichte des Autors ist ergo eine andere als die, die ich ihm schreibe. Aber meine kommt den Sachverhalten näher. Wenn der Autor außerdem unter Aldas Protektorat den Roman im Prozeß seines Entstehens schreibt, braucht er eine Hilfskonstruktion, die ihm erlaubt, sich zu sehen. Das bin in diesem Fall ich. Daraus erhellt ebenfalls unschwer, daß wir nicht identisch sein können, und zwar so wenig, wie Hans Deters noch Ähnlichkeit mit Ulf Laupeyßer oder Claus Falbin hat. Problematisch ist freilich, daß es Hans Deters – nehme ich an – nicht gibt, wohl aber den Autor und mich. Andererseits sind die beiden Deters' Hilfskonstruktionen, und der Autor meine.« (563)

16 Die Mystifizierung des Ostens, wie sie von Alban Nikolai Herbst betrieben wird, bleibt zwiespältig. Die Deckungsgleichheit von Geographie und Ursprungs- wie Barbarismusmythen wird in *Argo* noch weniger gebrochen als in den Vorgängerromanen. Im Gegenteil wird das Bild vom ›wilden Osten‹ durch die literarische Formation der islamistischen und terroristischen Gruppierung Al Qaida verstärkt.

17 Herbst, A.N.: Thetis. Anderswelt. Reinbek bei Hamburg: Rowohlt 1998.

18 Herbst nimmt auch seine Leser/innen mit in den Dividuierungsprozess hinein, »so daß Sie gelegentlich einmal vergleichen sollten, ob in Ihrer Ausgabe dasselbe steht wie in anderen ARGO-Exemplaren. Es ist durchaus nicht ausgemacht, daß für alle Bände i c h die Imprimatur gezeichnet habe« (Argo, 213).

19 Auch bspw.: »Da saßen Goltz und Deidameia nicht mehr; allerdings hockte immer noch Möller vor der Scheibe und spiegelte sich, spiegelte sich mit dem SILBERSTEIN in die Straße, weil es draußen nachtschwarz war, voller Lampen und bisweilen einer Straßenbahn, deren helle Fenster durch die Spiegelungen fuhren: der Screen einer aufeinanderprojezierten Zweiten Realität, die mit der Dritten in Cordes verschwamm« (Argo, 80).

20 So lautete der Untertitel zu *Buenos Aires*.

21 Cyberwar, God and Television: an Interview with Paul Virilio. In: Kroker, Arthur / Kroker, Marilouise: *Digital Delirium*. New York: St. Martin's Pr. 1997. So auch Jean Baudrillard: »The hyperreality of communication and of meaning. More real than the real, that is how the real is abolished. Thus not only communication but the social functions in a closed circuit, as a lure – to which the force of myth is attached. Belief, faith in information attach themselves to this tautological proof that the system gives of itself by doubling the signs of an unlocatable reality.« In: Baudrillard, Jean: Simulacra and Simulation. Transl. by Sheila Faria Glaser. Ann Arbor: Univ. of Michigan Pr. 1994, p. 81. – Hans-Georg Soeffner und Jürgen Raab verwahren sich gegen den impliziten Kulturpessimismus solcher Statuierungen. Soeffner, Hans-Georg / Raab, Jürgen: Bildverstehen als Kulturverstehen in medialisierten Gesellschaften. In: Assmann / Gaier / Trommsdorff 2004, pp. 249-274, hier p. 251f.: »Übertroffen wird diese kulturpessimistische Einschätzung nur noch durch Jean Baudrillard, für den generell all jene zeichenhaften Darstellungen, an denen er nicht unmittelbar einen Realitätsbeweis ablesen kann, bloße ›Simulakren der Simulation‹ und damit Ausdruck der ›Agonie des Realen‹ sind. War die Bilderflut der Moderne noch durch eine kulturelle Überproduktion solcher Codes ohne Referenzen ausgezeichnet, konstatiert Baudrillard für die Epoche ›nach der Orgie‹ eine Gesellschaft, in der die Menschen zu sich selbst zurückgeworfenen, wahrnehmungs- und kommunikationsunfähigen Opfern ihrer eigenen kulturellen Errungenschaften geraten.«

22 Cf. dazu die Selbstteilungen und -begegnungen in *Argo*, 90ff. sowie die Geschichte von Broglier und Dorata, die gegen ihre Programmierungen weinen.

23 Woods, Lebbeus: Radical Reconstruction. In: Ders.: Radical Reconstruction. With essays by Aleksandra Wagner and Michael Menser. New York: Princeton Architectural Pr. 1997, pp. 13-32, hier p. 26.

24 Woods 1997, pp. 13-32, hier p. 26.

25 Ohne dies im Detail zu begründen, wählt Cavallaro in seiner Cyberpunkanalyse für die Beschreibung der Stadt den Woods'schen Begriff ›Anarchitecture‹, um Räume der Gothic und des Cyberpunk zu beschreiben, cf. Cavallaro, Dani: Cyberpunk and Cyberculture. London: Athlon Pr. 2000, p. 177.

26 Woods 1996, p. 29.

27 Ibid., p. 26.

28 DeCerteau 1988 p. 107.

29 Deleuze/Guattari 2002, p. 426.

30 Ibid., p. 427.

31 Iser, Wolfgang: Fingieren als anthropologische Dimension der Literatur. In: Assmann, Aleida / Gaier, Ulrich / Trommsdorff, Gisela (Hg.): Positionen der Kulturanthropologie. Frankfurt/M.: Suhrkamp 2004, pp. 21-43, p. 43.

32 Deleuze/Guattari 2002, p. 428.

Alban Nikolai Herbst

Infosphäre

Buenos Aires.Anderswelt (2001), II,1:

Wirklich jagten sich in den folgenden Wochen die Irregularitäten. Nicht selten blieb ein System wegen schwerer Schutzverletzungen einfach stehen, so dass wir die Geräte kurzfristig vom Netz nehmen mussten. Und dann, wieder einmal war der Rechner aufgrund eines schweren Ausnahmefehlers neu gestartet worden, tauchte auch noch John Broglier in Beelitz auf. Wir hätten das ohne die Störungsmeldung aus Buenos Aires gar nicht mitbekommen. So und ‚Anderswelt' nannte Deters die eine unserer beiden datischen Welten. In der anderen, aus der er stammte, einer Art Kopie Garrafffs, spielten wir politische Szenarien durch, während die Anderswelt naturwissenschaftlichen Fragen vorbehalten war. Sie war keineswegs ein *l'art pour l'art* spassgeleiteter Programmierer, als was man sie lange hinstellen wollte. Im Gefolge ziemlich heftiger Debatten um vorgebliche Verschwendung öffentlicher Gelder hatten Berufsdemonstranten, autonome Wirrköpfe, aber auch Tausende so genannt einfacher Bürger sich die Hände zu Menschenschlangen gereicht und waren fackelbewehrt vor die Landesrechnungszentren gezogen; es hatte sogar Grundrechtsproklamationen von Datenschützern gegeben, die unsere Cyborgs für leidensfähige Geschöpfe hielten, woran natürlich etwas war; doch mit den Jahren hatten sich unsere Erfolge nicht mehr ignorieren lassen und der antitechnologische Kirchengesang schrumpfte auf wenige Chorsolisten zusammen. Wirklich folgten wir ja, wenigstens bis die Systeme ineinandergriffen, handfesten Vorgaben und wenn wir in den Modellversuchen auch nicht auf alle medizinischen, ökologischen oder bautechnischen Fragen letztgültige Antworten fanden, zu ihrer Klärung trugen wir einiges bei. Zum Beispiel hatten wir den Schwund unsrer Ozonschicht nachgestellt und bei der Erwärmung der Planetenatmospäre bloß wenig nachhelfen müssen, um die weltweite Flutkatastrophe der so genannten Geologischen Revision auszulösen. Ihr Ausmaß, ihre exponenzielle Rigidität waren derart alarmierend gewesen, dass die allfälligen Maßnahmen endlich ergriffen worden waren, etwa der gesetzlich vorgeschriebene Ersatz fossiler Kraftstoffe durch solche auf Wasserstoffbasis. Weniger anfangen ließ sich mit den eigentümlich mythischen Erscheinungen und Strukturen; es war gewesen, als wäre das gesamte System exponenziell sowohl re- wie progrediert: der notwendig gewordene technische Fortschritt schien einen mythischen Regress zu erzwingen. Die Anderswelt benahm sich wie ein fremdartiger Organismus. Kein Mensch hatte so etwas wie eine Midgardschlange programmiert und wer wäre von sich aus auf Hundsgötter verfallen? Die Infosphäre pulsierte vor Energie, überall fanden sich Spuren einer geheimnisvollen Mythologie. Was den technischen Fortschritt anlangt, profitierte Garrafff freilich so enorm, dass niemand auch nur momentlang erwog, die Versuche einzustellen, zumal sowieso auf Beaufsichtigung unserer Abteilung wie der CYBERGEN insgesamt nie verzichtet wurde. Nicht nur verfolgten wir unter anderem Regierungsaufträge und hatten schon deshalb ständig mit irgendwelchen, freilich selten substanziierten Sabotagedrohungen zu tun, sondern es hät-

ten unsere auch privaten Auftraggeber naturgemäß Interesse daran haben können, die Firma unter ihre Kontrolle zu bringen, ein probates Mittel, Konkurrenten auf lange Zeit aus dem Feld zu schlagen. Aber nicht nur wir an den Steuerpulten unterlagen der Aufsicht, sondern auch die Vorgänge in den kybernetischen Welten selbst. Etwa beobachtete man auf das genaueste die entsetzlichen Konflikte im auseinander fallenden Jugoslawien. Der ‚Bürgerkrieg' genannte bestialische Mordsturm, der über das Land dahingejagt ist, hätte sich durchaus auf einen militärischen Hackerangriff zurückführen lassen, denn die gewalttätige Regression in vortechnologische Glaubensdogmen war aus der modernen Systemimmanenz kaum zu erklären. Tatsächlich hielten wir die Gefahr, militärischer Nutzforschung dienstbar zu werden, für überaus groß. Zweifelsfrei arbeitete auch der MAD an Modellwelten wie der unseren. Ich fragte mich oft, wie viele kybernetische Wesen – welcher Art, welchen Aussehens und Charakters auch immer – bereits in Feuerstürmen, an mutierenden Viren, unter Elektronenbeschuss, versuppt, zerfetzt, die eigenen Gedärme erbrechend, auf das elendigste krepiert sein mochten. – Die Securitate wiederum war mehr an den Anderswelt-Entwicklungen im und um das BOUDOIR interessiert, das obendrein mit dem in Allegheny gelegenen LEGZ' DIAMONDS zusammenwuchs – bei uns und, logischerweise, auf dem *Welt* genannten System ein Striplokal in New York City. Die Verbindung von Terrorismus und Sexualität war allzu auffällig, um nicht scharfes Aufmerken der Staatssicherheit zu provozieren.
Beide Systeme – Anderswelt und Welt – waren anfangs keineswegs miteinander verbunden gewesen, sondern sogar auf verschiedenen, räumlich voneinander getrennten Datenträgern gespeichert. Die einzige Verbindung zwischen ihnen bestand, selbstverständlich, in Web- und Stromleitungen, sowie, damit sie sich zentral bedienen ließen, einem hochgesicherten Interface. Sie hatten außerdem verschiedene Systemzeiten. Buenos Aires war der Welt vier Tage voraus, die wiederum spielte Wochen vor Garrafff, damit sich bei uns aufgrund der in Anderswelt und Welt gewonnenen Erkenntnisse gegebenenfalls Entscheidungen treffen ließen. Allerdings hatten wir Buenos Aires, nachdem die Geologische Revision ausgelöst und das CyberGebilde sowieso in ziemlich eigenwillige Nationen zerfallen war – in das von der Mauer vorm so genannten ThetisMeer geschützte Europa, die AlleghenyStaaten, an denen wir *gar* nicht herumexperimentierten, sondern die wir sich sozusagen vor sich hinentwickeln ließen, den Mormonenstaat, die Andenländer, den Hohen Atlas usw. – Daten aus der GarrafffKopie zugespielt, die sich nunmehr nach, wenn man so sagen kann, chaotischen Gesetzmäßigkeiten durcheinandermischten. Plötzlich fanden sich in Europa Stadtsegmente aus dem alten Kyoto, aus Mombasa und Bombay ein – Straßenzüge, die sich sogar, meist momentweise, selten für länger, übereinander legen konnten, als hätte das unübersehbare Maß von Verbindungen in der sagen wir *Membran*, die unsere Netzwerke erzeugt hatten, ein ganz eigenes Leben, eine Biosphäre entwickelt, in der die Dinge wie Lebewesen reagierten*. Die Topografie verwilderte und metastasengleich wucherten Exotismen in den ohnedies gigantischen Stadtkomplex. So erschreckend das war, waren wir doch neugierig gewesen. Man unterbricht nicht gerne selbstgenerative Prozesse. Ausgesprochen faszinierend, De-

* Auch die Moleküle, aus denen das *bios* besteht, sind ja, für sich genommen, nicht lebendig, sondern in gewissem Sinn Singularitäten, und es ist ihre Infosphäre, was sie wechselwirken – also leben – läßt.

ters unmittelbar nacheinander durch Berlin, Neapel oder Barcelona flanieren zu sehen, als hätte er die Orte, seit er nach Buenos Aires hineingestoßen worden war, wie Viren eingeschleppt oder, um es harmlos auszudrücken, wie Kletten Sande Sporen, die versehentlich abfallen und keimen. – Er war der erste Avatar, der seinen definierten Bezugsrahmen verließ. Vielleicht lag das an seiner wenig konturierten Identität. Manchmal verschwand er wieder von unseren Schirmen; er hinterließ dann nicht einmal elektronische Signaturen, jedenfalls keine uns bekannten. Das hatte uns nach seinem kurzen Erscheinen in Garrafff trügerisch beruhigt. Natürlich m u s s t e es irgend etwas derartiges geben, aber wir kamen dem nicht auf die Schliche. Er war so etwas wie eine fließende Variable. Genau das brachte mich auf meine Idee.

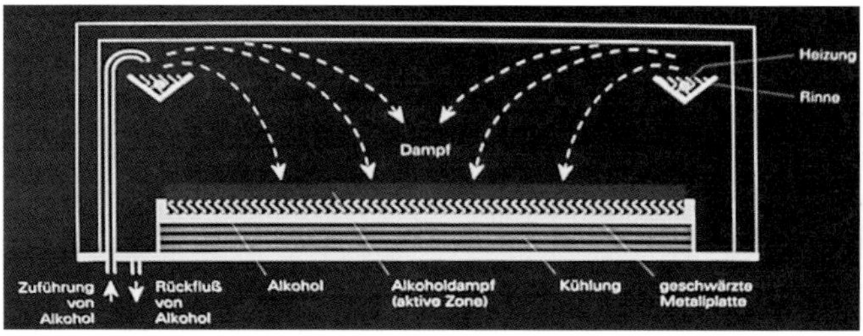

Buenos Aires.Anderswelt (2001), II,6:

Tatsächlich ging es der Regierung um Luzidität. *Demokratische Transparenz* war der Begriff, den Ungefugger von Anfang an auf seine politische Fahne schrieb und bald aller Mund kaute. Anfangs sollte bloß die Polizei, schließlich aber, des Präsidenten moralischste Vision, jeder Bürger instand gesetzt werden, über jeden anderen Bürger vollumfänglich informiert zu sein, so daß nicht nur Illegale sofort identifizierbar waren (man dachte wohl anfangs an schwarz aus dem Osten über die Grenze Gelangte, besonders aber an Achäer, denen unterstellt wurde, sie versorgten die Myrmidonen unentwegt mit ‚Material', was immer man sich darunter vorstellen mochte), sondern auch Betrügereien, Unregelmäßigkeiten oder auch nur gerissene Absichten, wie sie im normalen Bürgerverkehr an der Tagesordnung sind, wären schon im Moment, da sie gefaßt würden, offenbar geworden und also ihre Umsetzung zwecklos. Um dies zu erreichen, mußten nicht nur prinzipiell, sondern de facto Herz und Gehirn aller Porteños mit einem zentralen Rechner verbunden werden, der seine so erhaltenen Informationen auf Abruf oder ständig in den Hodnahimmel strahlte. Man sollte jemanden anschauen und im selben Moment schon über ihn wissen, was nötig war. Paar Wochen lang glänzte der Unsterbliche samt Frau und Töchterchen herzerweichend von Plakaten: WIR HABEN NICHTS ZU VERBERGEN. Die Menschen, und zwar je einfacher sie waren, fanden das Unterfangen sehr schön; es mußten im ersten Monat Wartelisten eingeführt werden, worauf die Abstrichswilligen ihre Namen setzten; später ging man dazu über, ihnen einen Chip zu implantieren*. Die Vorteile dieses Einsatzes von Schnittstellen zwischen peri-

* Das hat Garrafff der Anderswelt sozusagen kopierend-vorausgemacht.

pheren Nervenaxonen und integrierten Schaltkreisen, die das individuelle mit Europas elektrischem Nervensystem verbanden, lagen auf der Hand. Man brauchte keine Infoskope mehr, sondern klinkte sich direkt in die Produktionsneurone ein. Zudem war die kleine Märkung, von Pontarlier „Impfung des Offenen Herzens" genannt, an sich risikolos; dennoch starteten die Myrmidonen eine heftige AntiKampane und jagten einige der mobilen Impfstellen kurzerhand in die Luft. Handzettel waren in Umlauf, die das Unternehmen mit der Krankheit in Verbindung brachten, deretwegen kaum jemand mehr liebte, außerhalb der Orgasmatrone jedenfalls (Aissa die Wölfin höhnte: „Vögelvolieren!"). Auch trugen Borkenbrods poetische Wandmalereien, nächtens oft sogar direkt an die Gesundheitsämter gesprüht, nicht wenig zur Unruhe bei, streuten den Aberglauben unter die Leute. Die ließen sich von den Wartelisten wieder streichen. Nun konnte Ungefuggers Wahrheitsimpfung, aus Sicht der Ökonomie eigentlich eine der MÄDLE-CHEMIE, nur dann wirkungsvoll sein, wenn sie vollständig war, und als sich der Widerstand jetzt nicht nur bei jugendlichen Abkömmlingen des sterbenden Mittelstandes etablierte, sondern auch in Bewohnern der reichen Weststadt sein Nest fand, sogar Martinot und Karpov waren opponent, mäßigte Pontarlier die Reform und streckte sie in ein Langzeitprogramm. Die Verfügung, wenigstens jedes Neugeborene zu märken, fand allerdings im Parlament, obwohl auch sie diskriminiert worden war, volle Akzeptanz – und sowieso, daß sich jeder Ostler, der in die Zentralstadt wollte, der Prozedur zu unterwerfen habe. Nun hatten die Ostler mit gar nichts, was sie instand setzte hinüberzugelangen, ein Problem. Dies erlaubte Pontarlier, den Osten weniger zu öffnen als ihn aufzuschließen. Der Laserzaun wurde an den Checkpoints weniger undurchlässig, und Einreiseanträge behandelte man insgesamt eher locker. Vor den Grenzübergängen, wo früher Hüttengürtel wucherten, standen wochenlang Schlangen um die Wahrheitsimpfung an: Jeder Signierte durfte, mit 100 € Handgeld versehen, hinein; man gab ihm acht Wochen Zeit, sich Arbeitsplatz oder Ausbildungsstelle zu suchen; fand er dergleichen nicht, mußte er wieder hinaus. Es fiel dank der neuen Technologie nicht länger schwer, Illegale aufzuspüren, selbst die Brachen boten ihnen keine Zuflucht; so gingen die Scheiternden freiwillig wieder. Der Anteil derer, die ihr Auskommen fanden, war indessen erstaunlich hoch. Signierte wurden von den Firmen aus leicht einsehbaren Gründen bevorzugt*, einige begannen, eine Anstellung überhaupt von der Wahrheitsimpfung abhängig zu machen. Auch solche Unternehmen taten das, deren Geschäftsführer oder Inhaber sie für sich selbst abgelehnt, ja an den Protestaktionen teilgenommen hatten. Schließlich war sie nicht länger nur mehr Kriterium, sondern *conditio sine qua non* jedes Arbeitsvertrags, und, was kommen mußte, kam, das vorauszusehen war für Ungefugger ein leichtes gewesen: daß die Betriebe Nichtsignierte schleichend durch Signierte e r s e t z t e n . Holomorphe selbstverständlich nicht. Die trugen als computergenerierte Materie bereits ihre eigene, wenn man will, genetische Signatur, und wurden sowieso gekauft, bzw. in Auftrag gegeben. Jedenfalls schichtete sich Europa demographisch um. Immer mehr Bürger der Zentralstadt verloren erst ihre Anstellung, dann die Unterkunft; und es war dann oft nur eine Frage kürzester Zeit, bis sie sich in den Brachen oder im Osten wiederfanden. Dort blühte

* Etwa konnten sie im Gehirn Signale aus dem motorischen Bereich empfangen und, unter Umgehung ihrer Muskulatur, mit den Maschinen direkt kommunizieren.

im Schlepp der Militäreinsätze, welche Pontarliers sogenannte Schutztruppen hatten Quadratkilometer um Quadratkilometer voranrücken und mit Mutanten und Schändern kurzen Prozeß machen lassen, die Kultivierung Gesamteuropas. DEN MYTHOS ENTMACHTEN/DER KLARHEIT DAS LICHT lautete der Schwur, den jeder Rekrut in öffentlichen, meist in Fußballstadien stattfindenden Feiern im Choral sprechen mußte. Hüttendörfer waren niedergerissen, Wohnblocks waren errichtet worden, die viele Ostler unentgeltlich beziehen durften, die Wahrheitsimpfung vorausgesetzt und daß er – oder sie – sich dem Heer wenigstens als Z12erIn anschloß. Ungefugger stärkte die Armee, indem er wirklich jedermann aufnahm, wobei er für nicht nur militärische Ausbildung sorgte, damit später, wer nach Empfang des sogenannten Patents – eines Freibriefs, wenn man will – seinen Abschied genommen, nicht als Tagelöhner nach Buenos Aires käme. Ungefugger stärkte das Heer so nicht nur, er schweißte eine Art persönlicher Wehrmacht zusammen, eine Strategie, die von der Opposition nicht unmittelbar genug begriffen worden war, so daß es, als sie begriff, zu spät war. Zwar wurde dann – unter anderem durch eine dem Verteidigungsministerium obliegende Personalpolitik – an der Bataillonbasis Einfluß genommen, doch insgesamt mit zweifelhaftem Erfolg. Ganz zu Recht sahen andere Unsterbliche in der neuen militärischen Fraktion, deren Schlagkraft Buenos Aires' altes Stehendes Heer längst übertraf, eine Bedrohung ihrer Interessen, auch wenn sie einstweilen profitierten, weil nur die militärische Präsenz den Firmen ermöglichte, sich so ungefährdet über Bayreuth und München hinaus zu erweitern, von Dependancen in Zlín oder Wieliczka zu schweigen. Die Unternehmen versprachen denen, die, auch ohne in den Genuß moderner Bleiben gekommen zu sein, an den Arbeitsprogrammen des Aufschwunges teilnahmen, Handys und Bananen frei. Dieser von Pontarlier teilfinanzierte sogenannte AUFBAU OST vergab sehr großzügig Projekte, an denen sich selbst kränkelnde Betriebe, kluges Investment vorausgesetzt, gesundstoßen konnten. Die Ostler waren's, wie immer, zufrieden. Die Frauenstädte allerdings nicht. Die rüsteten sich, je weiter Ungefuggers Osttruppen vorrückten, für ein vielleicht letztes Partisanengefecht.

Argo. Anderswelt (2008), II, 11 auf 12:

„Die Prozedur ist nicht einfach", erklärte Lerche während einer von MÄDLE-CHEMIE finanzierten und deshalb speziell medizinisch ausgerichteten Vorlesungsreihe über Empirische Simulations-Informatik. „Sie haben erst einmal nichts als diesen Kasten, diesen Computer, dessen innere Vorgänge für uns sichtbar, wenigstens lesbar übersetzt werden müssen. CYBERGEN hat sich für ein Verfahren entschieden und dieses schließlich patentrechtlich gesichert vermarktet, das aus elektronischen Dynamiken lebende Bilder schafft: Stellen Sie sich die wie einen dreidimensionalen Spielfilm vor, durch dessen Lichtgebilde Sie hindurchspazieren können, als wären Sie ein Geist. Sie sehen die anderen, die aber nicht Sie. Sie können auch nicht eingreifen, jedenfalls nicht direkt, und wenn, dann immer nur im einzelnen. Was, wie Sie wissen, Modifikationen für das Gesamtsystem bedeutet, die prinizpiell unvorhersagbar sind. Es entstehen sofort neue Strukturen, die Sie zwar mit demselben Verfahren sichtbar machen können, aber – aus technischen Gründen – nicht insgesamt, sondern nur in fest definiertem Rahmen. Sagen wir – seit einigen Jahren läuft bei uns ein solches Experiment in einer Simulationswelt, die wir Buenos Aires, bzw. Europa nennen – ja, ich verstehe, daß Sie lachen, ich lach da ja auch... Progammierer haben einen eigenwilligen Witz... und ich kann Sie versichern: Man hat seinen Spaß... –" Er machte eine Pause, um sich auszulächeln, Heiterkeit strich über die graduierten Studenten, eine Brise in Schilf. „ – sagen wir also, Sie infizieren ein Programm, das Sie meinetwegen Dorata nennen, infizieren Dorata mit einem analog ins Binäre übersetzten Krankheitsbild, das unseren Wissenschaftlern seit langem reale Kopfzerbrechen bereitet. Man hat Lösungsansätze bislang, mehr nicht. Man müßte mit Testpersonen arbeiten, Freiwilligen zum Beispiel, die Forschung hat das einige Zeit mit Gefängnisinsassen gemacht, die ihre Gefangenschaft dadurch abkürzen konnten. Manche haben ihre Zeit dann aber z u s e h r abgekürzt, wenn Sie verstehen, was ich meine." Lachen im Saal, Lächeln bei Lerche. „Spätestens bei den Freiwilligen war sowas heikel, die Kirchen protestierten, die Angehörigen protestierten. Um es kurz zu machen: Man definiert sich diese Dorata und führt die Testungen an ihr durch. Dann kann es vorkommen, daß plötzlich die gesamte Projektion gestört wird, sie sehen aber nichts anderes als Irritationen im Bild, bisweilen fällt es ganz aus usw. Dann haben Sie ein untrügliches Zeichen dafür, daß Ihr Eingriff, also die Infektion, eine neue Entität gebildet hat. Noch wissen Sie nicht, um welche es sich handelt. Also analysieren Sie das Programmfeld, werden Sie auf eine kybernetische, d.h. rein elektronische Neuigkeit stoßen, die Sie nun wiederum eingrenzen – wir sagen: isolieren – müssen. Ist das geschafft, können Sie die übrigen Parameter an sie anlegen und als Bild-Projektion umformen, die denselben Bedingungen gehorcht wie die eigentliche, die vorgängige Projektion, also Ihre Dorata... und das Behandlungszimmer, die bislang bekannten Mitspieler wie Schwestern, Anästhesisten usw. Und Sie stellen dann f e s t , l ä u f t die derart modifizierte Projektion erst einmal, daß eine völlig neue Person hinzugekommen ist... sagen wir: Das Programm hat aus den alten Parametern vermittels neuer Mischung einen bislang nicht existenten n ä c h s t e n Arzt geschaffen, der sich nunmehr ebenfalls um Ihre Dorata kümmert. – Ja bitte?"

„Gibt es keine Programme, die diesen Prozeß eigenständig vornehmen können? Sie müssen das alles per Hand tun?"

„Gute Frage. Ich kann Sie beruhigen. Selbstverständlich gibt es solche Programme und selbstverständlich laufen sie auch längst. Nur können Sie prinzipiell Neues nicht übersetzen. Logischerweise, da es für Neues bekannte Parameter nicht gibt. Ein neuer Arzt würde selbstverständlich von dem Programm unmittelbar eingespielt werden. Aber was, junger Mann, ist mit einem sagen wir: *Freund* Doratas, von dem wir nichts wußten? Sie haben ihn nicht programmiert, ich habe ihn nicht programmiert. Keiner hat ihn programmiert. Dennoch taucht er unversehens auf... als selbstregulative Schöpfung des Simulationssystems, eine Autogenese, *Infogenese*, meine Damen und Herren."

Infogenetisch war halb Buenos Aires entstanden, fast das ganze Buenos Aires sogar, es hatte bloß des Nachbaus eines Ausschnitts der Realwelt bedurft und einer über sie hinwegfegenden Katastrophe, eines Sintbrandes, der die Koordinaten völlig durcheinanderwirbelte. Was übrigens beabsichtigt gewesen war. Deshalb hatte zu Beginn der Großen Geologischen Revision kein Mensch gewußt, wohin das Experiment laufen würde. Davon erzählte Lerche den Studenten rein nichts und ebenso wenig ließ er von der Tendenz simulativer Welten verlauten, sich mit der Welt ihrer Konstrukteure real zu verschalten. Lerche war nicht magisch veranlagt, sonst wäre er zuweilen sorgenvoll an den Rhein gereist.

Argo.Anderswelt, III, 23 auf 24:

„Der unterscheidet sich", hatte seinerzeit Dr. Lerche auf der weil von der MÄDLE-CHEMIE finanzierten sehr medizinisch ausgerichteten Vorlesungsreihe über Empirische Simulations-Informatik* doziert, „von klassischer, also tatsächlicher Holo-Morphität dadurch, daß die Auflösung der Körper in Elektronenmodule, die sich zugleich komprimiert wie gerichtet versenden lassen, an einen *Leiter* gebunden sind, in diesem Fall an ein Glasfaserkabel, das die einzelnen Lappenschleusen miteinander auf direktem Wege verbindet. Holomorfe hingegen sind auf solche definierten Wege nicht angewiesen; sie lassen sich, sozusagen, frei transmittieren; hingegen bleiben organische Geschöpfe an ein Medium *gebunden*, das unsere Identität garantiert; es zäunt sie sozusagen ein. Denn innerhalb eines Systems geht bekanntermaßen Energie nicht verloren, auch nicht innerhalb eines materiellen Leiters: er *bewahrt* die ichkonstituierenden Partikel, die sich am Ausgang der Lappenschleuse dann wieder original zusammensetzen. Prinzipiell ist das selbstverständlich auch bei Holomorfen nicht anders, nur ist deren Leiter nicht eine materielle ich will einmal sagen: *Bahn*, sondern das Mileu selbst, das unter dem Europäischen Dach von Hodna bereitgestellt wird. Im übrigen haben Holomorfe auch keine unveränderbare Identität, ohne die ihre Existenz als zerstört betrachtet werden müßte. Sie sind vielmehr eine Art lebendiger Passepartout und innerhalb ihres Rahmens jederzeit umprogrammierbar. Mit Menschen funktioniert das auf so einfache Weise allenfalls noch in Kindheit und Jugend. Sind wir erwachsen, dann ist unser Programm g e s c h r i e b e n und kann nur noch marginal modifiziert werden. Ausgangs- und Zielpunkte, wenn Sie so wollen, sind, wiederum für Holomorfe, die Hodnaknoten, also Energieverdichtungen im Raum." Er atmete durch und sah herum, als hätte er *Alles klar?* gefragt. „In freilich ausgesprochen begrenztem Radius", setzte er fort, „projeziert die Selbstprojektorentechnologie solche Verdichtungen auch a u ß e r h a l b des Energiedaches, wie Sie wissen. Imgrunde nutzt sie jedoch ganz dieselben natürlichen Phänomene. Und ist darauf angewiesen, daß der Selbstprojektor von jemandem transportiert wird; prinzipiell, also von sich aus, ist ein an den Selbstprojektor gebundener Holomorfer nicht kybernetisch beweglich, sondern muß sich wie ein Mensch durch den Raum schleppen: Er kann, eingeschaltet, seinen Projektor mit sich tragen und also auf diese Weise die Energieverdichtungen mit sich gleiten lassen. Sprünge in einen hodnafreien Raum sind insofern nicht möglich; es sei eben denn, am Zielort befindet sich seinerseits ein auf den Holomorfen ausgerichteter Projektor. Stellen Sie sich das wie einen imaginären Raumanzug vor, den Sie auf einem anderen Planeten tragen müssen."

* ARGO EF, 125.

Heinz-Peter Preußer

Achilleus als Barde

Kybernetische Mythenkorrektur bei Alban Nikolai Herbst

Der ambivalente Heros

Achilleus ist keine triviale Figur in der abendländischen Literaturgeschichte. Die Gestalt kann zwar nicht die Dignität des ältesten, uns schriftlich überlieferten Helden reklamieren. Da wäre sein Seelenverwandter aus dem Zweistromland, Gilgamesch, zu bevorzugen.[1] Aber mit ihm beginnt der *tradierte* Kosmos der antiken griechisch-römischen Mythologie, die das ganze Mittelalter überdauerte und zu den Gründungsnarrativen Europas zählt. Das ist nicht eben wenig an historischer Bürde. Und jeder, der sich mit dem Führer der Myrmidonen beschäftigt, hat daran zu tragen.

Der homerische Achill, stärkster Kämpfer der Griechen vor Troia,[2] ist ein Held der Affekte, ein zügelloser Mensch: »Göttin, besinge die tödliche Wut des Peliden Achilleus, / die den Achaiern tausendfältige Leiden bescherte, zahlreiche tapfere Heldenseelen zum Hades entsandte und die Leiber zur Beute den Hunden, zum Fraße den Vögeln vorwarf«, übersetzt Dietrich Ebener, hart und unnachgiebig, die berühmten Eingangsverse der *Ilias* Homers.[3] Hesiod, in der *Theogonie*, nennt Achilleus »den löwenmutigen Brecher der Schlachtfront«.[4] Achill ist aber auch der Heros eines Kulturzeitalters, der sein Leben einsetzt, der mordet, um als Gestalt der Literatur unsterblich zu werden. Nur wer geschichtlich denkt, kann von Nachruhm reden. Bei aller Verfälschung und Ignoranz, mit der Wolfgang Petersen den Schönling Brad Pitt als Reinkarnation des Achäers agieren lässt, ist das noch immer der Kern der Motivation seines Handelns: früh sterben, um ein Held sein zu können für eine Ewigkeit.[5]

Goethes *Achilleis* greift mehrfach diesen Gedanken auf: »Ja, so weit nur der Tag und die Nacht reicht, siehe, verbreitet / sich dein herrlicher Ruhm, und alle Völker verehren / Deine treffende Wahl des kurzen rühmlichen Lebens. / Köstliches hast Du erwählt. Wer jung die Erde verlassen, / Wandelt auch ewig jung im Reiche Persephoneias, / Ewig erscheint er jung den Künftigen, ewig ersehnet.« So spricht Pallas Athene zum Helden. Der ist sich der Sonderstellung selbst bewusst: »Ja, so schätzt der Mensch das Leben, als heiliges Kleinod, / Daß er jenen am meisten verehrt, der es trotzig verschmähet.«[6]

Noch die Entscheidung für die Geschichte und gegen das Leben ist also mit einem Affekt – hier dem Trotz – verbunden. Wie auch immer man die Anteile von Affektion und Kulturantrieb beim Sohn des Peleus und der Thetis gewichtet: zentral scheint die Ambivalenz, mit der beide korrespondieren. Dem Heros muss es darum verwehrt bleiben, »die jüngere Wut, des wilden Zerstörens Begierde« zu transformieren in den mächtigen, ordnenden, schaffenden Sinn des gereiften Mannes, der ihn »dem Kroniden selbst« ähnlich machen würde: Achilleus, »der beste der Griechen, der würdige Liebling der Götter«.[7]

In den *Xenien* heißt es summierend: »Vormals im Leben ehrten wir dich, wie einen der Götter, / Nun du tot bist, herrscht über die Geister dein Geist.«[8] Sappho weist Achilleus eine Vorbildfunktion für alle Männer zu.[9] Hölderlin schreibt: Achill »ist mein Liebling unter den Helden, so stark und zart, die gelungenste, und vergänglichste Blüthe der Heroenwelt«. Den »genialischen allgewaltigen, melancholischzärtlichen Göttersohn«, »den Jüngling voll Löwenkraft und Geist und Anmuth« sieht er »in die Mitte gestellt [...] zwischen Altklugheit und Rohheit«; und eben wegen dieser Figur liebt und bewundert Hölderlin den Homer, »den Dichter aller Dichter«.[10]

Nach Meinung des Aristoteles idealisiert Homer die Charaktere. Aber dieser Erhöhung liegt eben Ambivalenz zugrunde. »So soll auch der Dichter, wenn er jähzornige, leichtsinnige und andere mit derartigen Charakterfehlern behaftete Menschen nachahmt, sie als die, die sie sind, und zugleich als rechtschaffen darstellen. So stellt Homer den Achilleus als Muster der Schroffheit und zugleich als tüchtig dar.«[11] Gerade das Changierende der Figur wird also zum Kunstgerechten erklärt.[12]

Achilleus muss der Maßlose sein in Hass und Liebe, wie in Kleists *Penthesilea*. Eben darum wird er zum Ideal. Ovid räumt die Größe Achills ein, der Ruhm bleibe, »der den ganzen Erdkreis erfüllt«,[13] aber der Römer lässt ihn auch – durch Poseidon, an Apollon gerichtet – vernichtend aburteilen: »Denkst du des Schattens von Hector, der rings um sein Troia geschleift ward. / Während *er* noch lebt, der grausamer ist als der Krieg selbst, / Er, unsres Werkes Verwüster, der rasende, wilde Achilles!«[14]

Ovid zieht hier – wie auch Vergil[15] – drei Vorgänge der *Ilias* in einem zusammen: wie Achilleus den Hektor dreimal um die Stadt Troia jagt, wie der Leichnam des Getöteten dann zu den Schiffen der Griechen geschleift wird, mit durchbohrten Fußsehnen angebunden an die unter Achills geschwungener Geißel ›rasch hinfliegenden Rosse‹;[16] und wie Achill ihn schließlich – Hektor, den »göttlichen«[17] – »tobend vor Unsinn«, abermals um das Grab seines Freundes Patroklos schleift: »Also frevelte jener im Zorn«.[18]

Hekabe nennt den »schrecklichen Mann« in der *Ilias* »blutgierig und falsch«, doch Priamos lässt sich durch den »Wüterich« nicht schrecken,[19] zieht mit reichen Gaben in der Nacht zum Peliden und erniedrigt sich vor diesem, um die Herausgabe des toten Sohnes mit hohen Lösegeldern zu erbitten.[20] Beide Kontrahenten bezeugen – trotz der Tode von Patroklos und Hektor – Respekt voreinander und treffen die gewünschte Vereinbarung. Albin Lesky wird hier pathetisch: »In jener Szene, in der Achilleus und Priamos nach aller Härte des Kampfes, allem Leid und aller Grausamkeit sinnloser Rache einer im anderen den Menschen erkennen und ehren, hat die *Ilias* ihre Vollendung und der Weg abendländischer Humanität seinen Anfang.«[21] Unter dem Schutz des Gottes Hermes gelangt Priamos ungesehen – so wie hinein – aus dem Lager der Griechen heraus.[22]

Ganz anders wirkt die Figur des Achilleus hingegen bei Christa Wolf. Der »Tollwütige« mit »seinem wüsten Trupp« plündert die Dörfer, macht die Männer nieder, vergewaltigt die Frauen, sticht das Vieh ab und zerstört die Felder.[23] Der Thetissohn – und hier liegt der Gipfel, nach dem moralischen Urteil der Erzählung *Kassandra* – schändet schließlich den Leichnam der ermordeten Penthesilea.[24] Achill tötetet, was er liebt.[25] Als Abart sexueller Praktiken fungiert auch der Lustmord des Peliden an Troilos. Die feige Metzelei, mit welcher der Grieche sich des wehrlosen Jünglings bemächtigt, ist eine verschobene Gier, in der »Mörderlust und Liebeslust in einem Mann« amalgamieren. Selbst körperliche Attribute zeigen Achill vertiert; die »plumpe kurzfingrige haarige Hand« des Kriegers passen zu seiner »nackte[n] grässliche[n] männliche[n] Lust«.[26] Und für diese eindeutig stigmatisierte Perversion bietet die Erzählung ein simples Erklärungsschema: Latente Homosexualität muss kaschiert werden. »Achill stellte nämlich allen nach: Jünglingen, nach denen ihn wirklich verlangte, und Mädchen, als Beweis, daß er wie alle war.«[27]

Bereits bei Dictys, *Ephemeris belli Troiani*, wird von Achill berichtet, »er habe an kriegerischem Sinn alle überragt; aber seine Energie sei unüberlegt, seine Sitten roh gewesen«.[28] Ranke-Graves schildert die sadistischen Seiten der homosexuellen Neigungen des Thetissohnes – gerade am Jüngling Troilos –, um den Griechenhelden »bärenhaft«, viehisch erscheinen zu lassen;[29] er fragt aber nicht nach dem Grund dieser Perversion. Dass eine unterschwellige Homophilie verdeckt werden müsse, wird bei Wolf als Motivation für Achills Charakter nachgereicht. Eine solche Form der Kaschierung hat das griechische Altertum für die Liebe zu den Knaben und Jünglingen aber nicht gefordert, im Gegenteil.[30] Waren aktive und passive Rolle deutlich zugewiesen, wie in der Pädophilie, gehörte der erotische Umgang zu den erlaubten, gesellschaftlich anerkannten Praktiken.[31]

Wie provokant muss hingegen die leidenschaftliche sexuelle Zuneigung des gleichstehenden und erwachsenen Paares Achilleus und Patroklos auf die Zeitgenossen gewirkt haben, die Aischylos in seiner *Achilleis* – in Abänderung des Freundschaftsverhältnisses der *Ilias* – gestaltet. Patroklos ist hier nicht passiv oder untergeordnet. Zur Leiche des Geliebten spricht Achilleus: »Du hast der Schenkel heilge Keuschheit nicht gescheut, / O du, der vielen Küsse Unersättlicher. / Und deiner Schenkel gottgefälliger Verkehr / O sieh, ich küss' ihn, nehme keinen Abscheu dran!«[32] Nicht in der (grausamen, sadistischen) Bemächtigung des Lustobjekts läge – dieser Logik zufolge – das größere Skandalon, das primär abweichende Verhalten Achills im patriarchalen Griechenland, sondern in der partnerschaftlichen Liebe zum Gleichberechtigten, wie sie Aischylos entwirft.[33] Ein Druck, so sein zu wollen wie alle, nämlich *hetero*sexuell,[34] lässt sich historisch nicht bestätigen.[35]

Genau so aber baut Christa Wolf ihren Achill auf. Aus der Hemmung und gewaltsamen Umlenkung der Triebenergie erklärt *Kassandra* die Exzesse des Griechenhelden, der nur die Spitze abgibt für eine furchteinflößende Männerhorde: »Eine abscheuliche Angst ergriff mich«, räsoniert die Heroine, »vor der Liebe der Griechen.«[36] Mit seinen »entsetzlichen Blicken« verschlingt Achill auch noch diejenige, die dem Bruder Troilos am meisten ähnelt: Polyxena.[37] In der zweiten Begegnung der beiden wird die Hekabetochter dem Achill zugesprochen: »Der stierte. Beinahe tropfte ihm der Speichel.« Die visuelle Inkorporation ist erst Metapher des tatsächlichen Aufzehrens. Polyxena wird psychosomatisch noch nach dem Tode Achills davon eingeholt[38] und letztlich für ihn, für den Geist des Verstorbenen, der dies fordert, geopfert.[39]

Widerlegung, Korrektur und Spiel des Mythos

Christa Wolf hat in ihrer wirkungsmächtigen Erzählung einen Mythos widerlegen wollen. Das ist mehr als eine Korrektur.[40] Ihre *Kassandra* ist auch und vielleicht in erster Linie ein *Anti-Achilleus*. Alles wird der Stigmatisierung des

Heros zugeordnet, auch die Geschichte der Briseis, um die der Streit entflammt zwischen Agamemnon und Achill. Der Anführer der Griechen behält die Beute rechtswidrig ein und verweigert sie dem Peliden, der sie errungen hat. Das wiederum ist der Grund für den Rückzug vom Kampf, für den Zorn, die Wut des Führers der Myrmidonen, die eingangs der *Ilias* besungen werden und den Ausgangspunkt der ganzen Geschichte bilden. Achill steht bei Wolf nur stellvertretend für das Patriarchat und eine dreitausendjährige Verfehlung. Eben deshalb darf er als Charakter nicht ambivalent sein bei ihr, eben deshalb wirkt er so eindimensional.[41]

In der Moderne wird der Mythos verbunden mit dem Wahrheitsanspruch der argumentativen Rationalität. Nicht mehr die Tradition – als Aitiologie – ist entscheidend, die auf Plausibilität hin korrigiert und in der das Unglaubliche sukzessive ausgeschlossen wird. Das war das Verfahren von Herodot, Thukydides, Plutarch und Pausanias, auch das des Aristoteles. Neu ist das Interesse an Geschichte und deren Teleologie. Aus dem Bewusstsein, mit den Mythen zugleich die Historie fundamental kritisieren, sie umfassend deuten zu können, werden die alten Erzählungen revidiert. Die Widerlegung des Mythos[42] unterliegt damit selbst dessen Verführungspotenzial, indem sie Geschichtsprozesse reduktionistisch und holistisch beschreibt. Sie remythisiert, wo sie vorgibt zu entmythisieren. Genau das macht Wolf mit der Figur Achill.

Aber der Mythos hat auch eine eigene Weise des Sprechens entwickelt. Er kann verstanden werden als ein sekundäres semiologisches System:[43] angesiedelt zwischen *langue* und *parole*, dem einzelnen Sprechakt und der Sprache als System. In dieser Zwischenstellung sind Mythen dem Diskurs ähnlich, der ebenfalls Formationsregeln unterworfen ist und formierend wirkt auf alle diejenigen, die an ihm partizipieren wollen.[44] Veyne spricht vom Mythos als einem *On-dit* ohne Verfasser.[45] Autorschaft, Innovation, Originalität liegen dem Zwischenbereich des sekundären semiologischen Systems fern. In dieser sprachlichen Struktur lassen sich darum auch die Mythen des Alltags beschreiben oder Trivialformen des Mythischen in Film und Comic, in den Genres Science-Fiction oder Fantasy. Letztere nutzen Mythologeme überwiegend als Stereotypen des Archaischen, belehnen, ohne den Bezug direkt kenntlich zu machen, und wirken, durch ihre Verbreitung, ihrerseits zurück auf die Mythen, denen sie entstammen.[46]

Zwischen diesen Formen – geschichtsphilosophische Widerlegung einerseits und trivialmythisches Zitat des Stereotyps andererseits – ist Alban Nikolai Herbsts Unterfangen angesiedelt, die Figur des Achill in ein postmodernes Spiel zu überführen und den Mythos »kybernetisch« zu korrigieren. Mit »kybernetisch« ist der Wechsel der Identitäten, der Zeiten und Räume gemeint, die wie Datenströme ausgetauscht werden. Kybernetisch funktioniert zu großen Teilen die Anderswelt jener Romantrilogie des Autors, die mit *Thetis. Anderswelt* als »fantastischer Roman« begann, einem durchaus ambitionierten, innovativen Projekt, das auf den Gegenwartsroman insgesamt ausstrahlen möchte.[47] Mit *Buenos Aires. Anderswelt* hat der Autor das Vorhaben als »kybernetischen Roman« fortgesetzt und in *Argo. Anderswelt* soll es seinen Abschluss finden.[48]

Achill, der Protagonist dieser Trilogie hat viele Identitäten. Er changiert zu Hans Erich Deters (BA 83), der die Hauptfigur der Jetztzeit ist und Grenzgänger zwischen den Welten: ein Flaneur in den zerfließenden Räumen der Großstadt Berlin / Buenos Aires / Anderswelt, die alle Metropolen mischt.[49] Der wiederum taucht als Doppelexistenz des Autors selbst auf, im beständigen Wechsel von Ich- und Er-Erzählhaltung (der Name Erich, Er-Ich, verweist darauf).[50] Weitere Selbstbespiegelungen dieses multiplen Ichs aus anderen Fiktionen sind Claus Falbin und Ulf Laupeyßer (BA 228, vgl. 208, vi).

Mit Nachnamen heißt die Hauptfigur der möglichen, futuristischen Anderswelt Borkenbrod. »Und Borkenbrod öffnet nach innen die Augen. Er beobachtet mich. Aus mir» (TA 13), notiert der Erzähler Deters, der jetzt als Ich schreibt, später als Er erscheint und dem Erzähler Herbst das Ich überlässt.[51] Die Figur der Zukunft (und der Vergangenheit) wird Chill genannt oder Aissa, der Barde, hört aber auch auf den Klarnamen Achilles. »Als Frau verkleidet, gelangt der Tagelöhner mit den Landshuter Rebellinnen nach Buenos Aires, wo er sich den Myrmidonen anschließt. Der Graffito-Poet hat mit Deidameia Jason Hertzfeld und mit Lykomedite Zollstein Niam Goldenhaar gezeugt. Aus einem Ei geschlüpft, träumt er von der paradiesischen Insel Leuke,[52] die auch Levkás heißt.«

So lautet die Kurzbeschreibung des Autors Herbst über seinen Helden, die er in einem »WurmVorsatz» benannten Brevier den Lesern des zweiten Romans zur Verfügung stellt (BA iv), vor allem jenen, welche die vorigen 900 Seiten des *Thetis*romans nicht zur Kenntnis genommen haben. »Mögen die kleinen Namensfeuer, um die ein historischer Halo schimmert, ihrer Orientierung einigermaßen dienlich sein: sie bleiben dann immer noch ungefähr genug, um die flüssige Unendlichkeit, die hier gemeint ist, nicht in normierter Realität erstarren zu lassen. Die Namen und ihre Geschichten sind Möglichkeiten, und keine Lesart schließt eine andere aus.« (BA ii)

Dieses Konzept, für das *Die Fiktionäre*, das sind die Figur Hans Erich Deters und ihr Autor, Alban Nikolai Herbst, verantwortlich zeichnen, scheint auf den ersten Blick das genaue Gegenteil der holistischen Konstruktion bei Wolf zu sein. Achill wird hier nicht vereindeutigt. Man müsste eher fragen, ob die Figur überhaupt noch kenntlich wird in dem so völlig anderen Geflecht der Möglichkeiten. Es ist dies ein postmoderner Diskurs, der von der Randunschärfe des Ichs[53] ausgeht und von der Verwandlung der Subjekt-Identität in einen kybernetischen Organismus.[54]

Was bedeutet das für die Korrektur des Mythos? Der Göttersohn wird zum Tagelöhner, der strahlende Held ist ein Aussätziger, ein *Ver*strahlter nach der »Großen Geologischen Revision«. Statt mit den Amazonen vor Troia zu kämpfen, schließt sich der Depravierte den Rebellinnen aus Landshut an, um nach Buenos Aires vorzudringen, der Zentralstadt im noch vorhandenen Resteuropa. Die Myrmidonen sind nicht seine Gefolgsleute, er tritt ihnen bei. Statt zu kämpfen, um Gegenstand der Geschichtsüberlieferung zu werden, schreibt Achill nun selbst. Er ist ein *Kool Killer* nach dem Geschmack Jean Baudrillards, denn die Graffiti sind sein Medium: »Politisch wirklich von Belang ist [...] nur das, was heute die [..] Semiokratie, diese neue Form des Wertgesetztes attackiert«, erklärt der Franzose.[55] Baudrillard deutet – eigentlich recht befremdlich – die Kunst der Sprayer als leere Zeichen: »Es ist diese Leere, die ihre Kraft ausmacht«.[56] »Mit den Graffiti bricht in einer Art von Aufstand der Zeichen das linguistische Ghetto in die Stadt ein.«[57] Es handelt sich, schon für Baudrillard, um eine Art von »Guerilla«.[58] »Ein neuer Typ der Intervention in die Stadt, nicht mehr als Ort der ökonomischen und politischen Macht, sondern als Zeit/Raum der terroristischen Macht der Medien, der Zeichen und der herrschenden Kultur.«[59] Und diese Macht hat eine terroristische Gegenmacht. Der gehört Achilles Borkenbrod nun an, »immer eine Sprühdose bei sich« (TA 10, BA 91 f.).

Die Gegenwart verlängert sich in Projektionen der Zukunft, Realitätserfahrung und Fiktion gleiten ineinander und spinnen sich aus bis zur Epopöe.[60] Aber der Stoff ist nicht mehr der mythische. Auch da nicht, wo er die Großstadtszenerie verlässt und in die finsterste Archaik abrutscht. Odysseus etwa tritt im ersten Roman auf; man erkennt ihn jedoch kaum wieder. Niam, die Tochter Achills, will er totgeschlagen haben (TA 658) und stirbt doch an deren Biss, »oberhalb des siebten Halswirbels, den Kopf fast abgetrennt« (BA x, zit. TA 885). Nur er, mit seinem Gesang, und Achill konnten die rasenden Heiligen Frauen befrieden: »Gerieten die in Blutrausch, war kein Halten« (TA 669).

Das erinnert an die *Bakchen* des Euripides. Für den Effekt der domestizierenden Kulturleistung Gesang wird Odysseus mit Orpheus überblendet (BA 63). Wieder eine Korrektur, welche die eigentliche Gestalt und ihren narrativen mythischen Kern, wie ihn Blumenberg versteht,[61] völlig zu verdrängen scheint: macht ihn doch die Sirenen-Szene gerade zum Prototypen des *passiven* bürgerlichen Kunstgenießers, nicht zum Produzenten der Musik.[62] Poseidon wird abscheulich von einem Hundsgott und den Schändern zugerichtet – sogar als Traum eine undenkbare Szenerie für den griechischen Gott (TA 445 – 458).

Huehuetlotl, der Götze der Schänderpriester, im Bund mit den Heiligen Frauen, gegen die Mänaden sittsame Hausfrauen sind, belehnt, mit dem Klang des Namens und der Forderung nach Kindsopfern (TA 604 f., 670), mehr die mexikanische Mythologie. Er selbst, in der gebräuchlicheren Schreibung Huehueteotl, gilt als Gott des Feuers und ist eine der ältesten Gottheiten Mesoamerikas. Huitzilopochtli heißt dort der blutdürstige Kriegsgott, Hueitequihuitl das große Fest, bei dem mit Menschenopfern der großen Mutter Erde gehuldigt wurde.[63] Der Achill bei Herbst fällt erst gegen diesen Hundsgott Huehuetlotl in den Affekt, für den er so berühmt ist:[64] »Endlich überkam ihn die Wut. Nie war er wütend gewesen. Sie überkam ihn nicht, sondern quoll aus ihm heraus, war längst in ihm drin. [...] Etwas sehr frühes, eine dunkle, versteckte Aggressivität brach auf.« Mit der Stiefelspitze tritt Borkenbrod den Huehuetlotl fast tot; die Heiligen Frauen werden ihn zerreißen (TA 652 f.). Als »Zerstörer« des Götzen wird er »dessen natürlicher Nachfolger« (TA 670).

Es gibt also durchaus Rückgriffe auf die Figurenzeichnung der griechischen Antike. Hier entsinnt sich Borkenbrod des Zorns, der einst den Achilleus definieren konnte. Aber die Handlung selbst ist davon getrennt. Die gelehrten Dichtungen des Alexandrinismus konterkarierten bereits die Linearität einer Fabel. Aber sie erzählen sie noch. Die künstlichsten Gebilde – wie Lykophrons *Alexandra* – durchbrechen die Gradlinigkeit des Handlungsgangs, verwirren sich so weit, dass selbst Kenner des Mythos den ›Hauptgang der Handlung‹, der Aristoteles so wichtig war, nicht mehr erkennen können. Der Übersetzer Lykophrons, Holzinger, schreibt: »Kassandra beherrscht diesen weitverzweigten Stoff, insoweit er der Zukunft angehört, als Seherin. Sie *hebt* indessen aus demselben nur einzelne Züge hervor und verwebt dieselben, ohne sich durchaus an chronologische Abfolge zu binden, zu einem düsteren Phantasiegemälde.«[65]

Der Leser wird absichtsvoll in die Irre geführt.[66] Lykophron ordnet etwa die Begegnung Achill/Hektor nach folgendem Schema an: Zunächst tötet Achill den Troer (Verse 258 – 268), dann wird die Leiche Hektors ausgelöst (269 f.), dann – in Parallelkonstruktion – diejenige Achills. Es folgt die Bestattung des Achilleus (273 – 275); anschließend wird (wieder) die Auslösung der Leiche Hektors angespielt (276). Achill will sich »in Weiberkleidung« dem Krieg entziehen (276 – 278), dann springt er »als letzter« ans troische Ufer (279), fürchtet sich »im Traum« vor Hektor (280), und im nächsten Satz sieht Kassandra abermals die »Säule« ihres »Hauses«, die »Stütze« ihrer »armen Stadt« durch das Schicksal stürzen. Hektor, um den die Schwester klagt (281 f.), wirft später noch die Brandfackel in das Lager der Achaier.[67]

Natürlich ist dieses Chaos geordnet; selbstverständlich setzt es ein Wissen von der ›richtigen‹ Abfolge voraus: Die Destruktion ist nicht freies Spiel, sondern gewolltes Rätsel. Es gibt eine Möglichkeit der Dechiffrierung. Genau das bleibt beim *Anderswelt*-Konzept ausgeschlossen. Die Frauenverkleidung etwa des Helden, gar seine nur vermutete Verstellung als »Tunte« (TA 677) können nicht bezogen werden auf die alten Mythologeme. Sie meinen eben nicht die konkrete Homophilie des Griechenhelden, weder als Denunziation, wie bei Wolf, noch als Provokation, wie bei Aischylos. Und Aissa, der Barde, versucht eben nicht, sich (aussichtslos) in Frauenkleidern dem Kampf zu entziehen, wie in antiken Überlieferungen,[68] sondern er will, ganz im Gegenteil, den Anschluss an die Rebellinnen, zieht in den Kampf in der Verkleidung als Frau (BA iv). Die Anspielungen gehen hier in der Tat in die Leere.

Mögliche Welten

Statt dessen wird eine neue Welt aufgebaut, die mit der vertrauten der Gegenwart so wenig gemein hat wie mit der überlieferten der Antike. Sie wird als mögliche konstruiert und muss doch erst, durch die vielfältigen Verschiebungen der Ebenen, konstituiert werden. Das bedeutet Aufwand, der bei der Charakterzeichnung etwa, aber auch in der Komplexität der Erzählhaltungen, Einbußen erfordert. Es ist dies das Grunddilemma anspruchsvoller Science Fiction als Genreliteratur. Das Andere an der Anderswelt muss erst erklärt werden. Es versteht sich nicht als Raum der Fiktion von selbst. Die mögliche Welt der Fiktion ist von der realen Welt nicht nur durch den Entwurf der handelnden (nicht wirklichen) Personen getrennt, sondern zusätzlich durch den Entwurf der Welt selbst, deren Gesetze für die Narration Gültigkeit haben sollen. Sie ist, anders gesagt, nicht (oder nur geringer) ontologisch mit der realen Welt korreliert.[69]

In *Solaris* nutzt Lem deshalb den Kunstgriff, die Solaristik als eine alte, etablierte, beinahe fast schon entsunkene Wissenschaft zu präsentieren.[70] Das eigentlich Neue kann so als Rekapitulation vorgeführt werden. Herbst hingegen erläutert, bevor er erzählen kann.[71] Im zweiten Band, der die Voraussetzung des *Thetis*romans einholen muss, wird das zum fast schon unerträglichen Ballast.[72] Und der Autor läuft, in der langen Entstehungszeit des Romanzyklus, Gefahr, vom Gang der Technikentwicklung der Gegenwart eingeholt zu werden, die er hochrechnen musste auf die Zukunft. Wer nutzt, zum Beispiel, heute noch Disketten (TA 886) als Datenträger?

An anderen Stellen greift er auf Etabliertes zurück, nutzt die Stereotypen der modernen, säkularisierten Apokalyptik, wie sie insbesondere das Mainstream-Kino geprägt hat. Die *Mad Max*-Reihe oder *Tank Girl* wären hier zu nennen, *12 Monkeys* und *Die Klapperschlange*, ebenso die drei *Terminator*-Filme und vor allem der *Blade Runner*, nach Philip K. Dick.[73] *Alien* und *Species* sind die ins Extraterrestrische verlegten, bedrohlich biologischen Transformationen.[74] *Thetis. Anderswelt* ironisiert den eigenen Topos, indem der Roman seinen Protagonisten und/oder Erzähler, Hans Deters, reflektieren lässt, er hätte wohl »Realität mit Traum und Traum mit Film verschnitten [...]. Der Bosnien-Krieg und Ruanda, adaptiert von David Lynch« und aus *Waterworld*, dem Film mit Kevin Costner, »einfach *Planet des Wassers* gemacht« (TA 463). Ein ganzes Genre, wie der Cyber-Punk, wird zitiert mit direktem Verweis auf den Schöpfer, William Gibson, dessen Arkologien sogar, »ortsgroße HausArchitekturen mit innerer stadtähnlicher Infrastruktur«, als Schauplätze in Buenos Aires bespielt werden (BA iii, 91).[75]

Alban Nikolai Herbst bringt apokalyptische Szenerien, etwa das Sterben der Wälder (TA 38), zusammen mit einer Kritik menschlicher Prothesen und Synthetisierungen (TA 663) sowie universaler Simulation (TA 47, 697, 777), die er bei Virilio und Baudrillard,[76] aber auch den avancierten Filmen des Genres selbst entnommen haben könnte. *Strange Days* wäre ein Bezugsfilm, *eXistenZ* von Cronenberg ein anderer – und naturgemäß die drei *Matrix*-Filme.[77] *Robo Cop* oder die *Star Trek-Reihe*, hier die zweite Generation mit dem Androiden Data und der holografische Arzt bei *Voyager*, sind die simpleren Varianten.

Im Roman drängt sich alles in die Gleichzeitigkeit: Wahrnehmungsebene und Reflexion, Schreckbild der Zukunft und Gegenwartsbefund. »Konnte einer hinüber- und herüberwechseln je nach *Ladungszustand der Fantasie*?«, fragt sich Hans Deters (TA 266). Der Roman *Buenos Aires* wird ihm mit Nachdruck Recht geben in dieser Vermutung. Das Heutige spielt im Morgen, und das projizierte Neue ist nur eine Ausgeburt der jetzigen Fantasien und Ängste: »Die Zeiten schließen aneinander, wo sie einander ausschließen müßten.« (TA 506 f., vgl. 176)[78]

Das macht die Rezeption der Antike nicht einfacher. Mit dem mythischen Namen Thetis benennt der Roman das Meer, gegen das ein Schutzwall von riesigen Ausmaßen um das verbliebene Resteuropa errichtet wurde (TA 38). Thetis heißt aber auch die göttliche Mutter des Achilleus, eben jene, die ihm das kurze Leben prophezeit hatte, sollte er sich nicht dem Krieg in Troia entziehen können.[79] Genau dazu war die antike Verkleidungsszene mit den Mädchengewändern bestimmt, die der listenreiche Odysseus enttarnte (BA xiii).
Doch der Roman übernimmt primär die Namen. Aus der genannten Szene etwa Lykomedite Zollstein und Deidameia.[80] Dadurch wendet er sich der Vorgeschichte zu, so wie er Homers Helden Achill und Odysseus, die Myrmidonen und die Amazonenheere oder Poseidon wiedererstehen lässt teils als Achäer, teils als Figuren der Jetztzeit oder eines Futurs, das alle Zeiten mischt: Hochtechnologie und Archaismus, Datenströme und Menschenopfer (TA 701), Anthropophagie (TA 653, 693), Laserzaun und Selbstprojektoren, versachlichte Staatsmacht und personale Präsenz.[81]

Einerseits ist die Katastrophe bereits Vergangenheit, wenn die Metropole Paris längst überflutet ist (TA 574) und man den Stephansdom in Wien nur bei ruhiger, spiegelglatter See auf dem Thetisgrund ausmachen kann (TA 486).[82] Andererseits steht der Untergang noch bevor. Den ganzen Roman prägen Erwartungsängste: vor dem Bruch der Mauer und der Vollendung der Sintflut (TA 42, 487–491, 588, 604); vor der Zerstörung des Zentrums und des Westens durch marodierende Horden und Terroristenkommandos aus dem Osten, die nur ein zehn Meter hoher Laserstrahlzaun abhält, selbst Schutz zu suchen unter dem künstlichen Feldstärkenschild, der über das Zentrum gespannt wurde (TA 43). Oder die Furcht, der Rheingraben »werde die Übermengen Wasser auf die Dauer« nicht mehr tragen können (TA 40, 51, 895)[83] und mitwirken am Zerstörungswerk der Thetis (TA 118), das diese hoch technologisierte Postapokalypse in einen endgültigen Untergang nach dem Untergang führen würde.

Der Lebensstandard in dieser *Anderswelt* zeigt die Ungleichzeitigkeit des Gleichzeitigen. »Man hatte das Leid organisiert und auch die Möglichkeiten, es zu nutzen. Die rohe Vergewaltigung von einst längst tabu, es feierte die Moralität« (TA 37). Macht verteidigt sich gegen Ohnmacht; der Unsterbliche, Toni Ungefugger (TA 431, 622), lebt in einer anderen Hemisphäre als die rechtlosen Rebellen. Im Westen gibt es alles, im Zentrum vielerlei Luxus, »nichts außer seinem Abfall im Osten« (TA 44). Selbst sauberes Wasser ist dort nicht zu bekommen (TA 101, 812). Auch das Unglück bemisst sich relativ. Vor Hautkrebs kann man sich schützen; nur die Städte des Ostens sind von kontaminiertem Land umgeben (TA 92). Nicht jeder ist verwachsen, ein mordgieriger Mutant (TA 545) oder verstrahlt (TA 570). Degenerationserscheinungen werden kompensiert, Infonauten (TA 210, 581), Cyborgs, Klone und Pflanzenwesen beleben das Stadtbild, und Holomorfe, holografische Ganzkörpersimulationen, übernehmen unangenehme Arbeiten wie etwa den Gang ins Büro (TA 66 f., 75, vgl. 235, 519, 523).

So gibt es in der *Anderswelt* ein Diesseits und ein Jenseits des Abgrunds. Fatal ist allein, den Ausgangspunkt als Normalität und einen Teil davon als Utopie zu setzen: die Idee, an »einem zivilisierten, mauergeschützten Europa« partizipieren zu können (TA 357) und nicht etwa eine Zeit vor der »Großen Geologischen Revision« (TA 346) herbeizusehnen. In diesem Punkt schreibt Herbst moralisierende Warnliteratur.[84] Doch letztlich geht es dem Autor nicht, wie einer programmatischen Literatur der Ökologie,[85] um die Zukunftstauglichkeit seiner Entwürfe. Noch weniger wird die mythische Heilsfigur Niam Goldenhaar, jugendliche, reptilienähnliche Halbgöttin (TA 645 f., vgl. 635, 760 f., 884), Tochter des Achilleus und der Lykomedite Zollstein, als tatsächliche Erlöserin dargestellt (TA 691 f., 768); kündet sie doch entweder nur vom bevorstehenden Unheil (TA 604) oder sucht nutzbar zu machen, was sonst Zerstörung bringt: »Die alte Thetis wollte die Sintflut vollenden, die junge träumte noch, sie zu entsalzen.« (TA 542, vgl. 699) Sie bewegt sich damit auf einer Ebene des Pragmatismus, auf der auch das künstliche Dach Europas funktioniert. Die Energie für dieses Unterfangen, den Hodnaschild, speist Thetis ein: das brandende Meer, das an der Ummauerung Resteuropas nagt und damit zugleich, über riesige Turbinen, am Leben hält.

Herbst modelliert die Ambivalenzen von Lust- und Unlust-Empfindungen. Er inszeniert das Spiel der Reaktionen, wie er auch das Vorher und Nachher, das Diesseits und Jenseits des Untergangs als auswegloses Verfangensein gestaltet. Abtrünnige Holomorfe, Myrmidonen, Schänderheere und Heilige Frauen: alle Rebellen scheitern letztlich grandios in ihrem Eintageskrieg, der, ausgerechnet, am 17. Juni stattfindet (TA 699 – 705). Danach wird der »ganze Wilde Osten gezähmt, das ganze Land Fabrik […]. Und selbst Thetis, die dräuende Göttin, war restlos vergessen« (TA 870).

Virtualität und Aufstand der Körper

Der zweite, »kybernetische« Roman räumt scheinbar auf mit dem lustvollen Eintauchen in die Archaik. Pontarlier, der Sitz der europäischen Anderswelt-Regierung (BA x), hat die Schänderpriester mit ihren Kinderopfern »bis in die äußersten Beskiden« zurückgeschlagen» (BA 65, vgl. xii). Die Postapokalypse wird nun auf ein neues Niveau gehoben. Sie ist sauberer, fast zivilisiert; die Terroristen mutieren zur Stadtguerilla, zu Einzelkämpfern. Im Osten werden Prunkbauten errichtet wie der Shakaden (BA 204, 234) der Allgemeinen Wirtschaftsgesellschaft, AWG: ein Realbau, wo doch sonst fast nur Virtuelles Realität vorgaukelt (BA 92).

Gegen die gelackte, verwaltete und privatpolizeilich von Markus Goltz kontrollierte Welt stemmt sich Achilleus, wieder und immer noch als Barde, dem ein »Vorrat alter Verse [...] eingeboren [war], von seiner Mutter vielleicht, der Midgardschlange«. »Die Dichtung selbst wuchs durch ihn hindurch: Er hatte nur Einfälle, sah er alte – materielle – Fassaden; die besprühte er wie zur Erinnerung« (BA 62).

Von Deidameia – auch Aissa, die Wölfin genannt – hat er das zweite Kind: Nach der Mythologie müsste es Neoptolemos heißen, sinniert Deters, und nun neun Jahre alt sein (BA 61, vgl. TA 686). Doch um die komplexe Genealogie, ein Grundmerkmal mythischer Verweisungssysteme,[86] nicht zu einfach zu gestalten, heißt der Sohn des Achilleus Jason, wie der Anführer der Argonauten. Auf der Argo, dem Schiff der Helden des gleichnamigen Epos, finden sich aber auch Orpheus und Peleus, also gerade die Vätergeneration der Kämpfer vor Troia.[87] Der antike Achill ist derweil »noch in den Gefilden des Kentauren Chiron« zu finden, wo Najaden den Kleinen aufziehen, der selbst nach der »Milch« der Thetis verlangt.[88]

Nun, bei Herbst, wird Jason zum Sohn des Achilleus, die Genealogie also invers und versetzt fortgeführt. Mit bürgerlichem Namen ruft man den Jungen nach der Mutter, die ursprünglich die Prostituierte – mythisch eine Hetäre – Ellie Hertzfeld aus Landshut war und spätere Führerin der Myrmidonen (BA v, 71, 238, TA 691). Auch hier ist der Wechsel signifikant. Nicht Achilleus ist der Mann der Tat, sondern die Amazone. Aissa, der Barde, gibt das Gesetz des Handelns an Aissa, die Wölfin, ab: »er hatte sich nach und nach den Aktionen der Rebellen entzogen« (BA 90). Ihrer beider Sohn pendelt zwischen den Eltern, gibt den Vagabunden, um seine Umbenennung in Jason zu rechtfertigen, und heißt folgerichtig auch noch Aissa, der Stromer (BA 61).[89] Dem Jason erzählt der Barde, »zu einem großen Poeten gewachsen« (BA 62), »ein wirklicher Dichter« (BA 230); an ihn gibt er die Träume und Hoffnungen weiter, die er selbst einst hegte, etwa die nach der Insel Leuke (TA 64, BA 91, 230 f.). Selbst der reale Osten, die Stadt Cham, die Werkstore dort (BA 64, 243 f.) werden verklärt als erlebte Wirklichkeit (vgl. BA 247): gegen die Arkologien in Buenos Aires und ihr Prinzip der Virtualität (BA 226).[90] In der Idealisierung der Dichter wie des sinnlichen Erlebens betreibt der Roman – wie sein Autor – bodenständigste Romantik.

Es versteht sich fast von selbst, dass auch die Rebellen, ›seine‹ Myrmidonen, ankämpfen gegen die Entmachtung des Körpers. Infoskope (BA 63, 88), Direktverschaltungen mit dem Nervensystem oder Orgasmatrone, die sexuelle Kontakte überflüssig machen (BA 110 f., 127; vgl. TA 470), sind ihnen verhasst wie die matrixgenerierte Umwelt, die nur die schlechte Wirklichkeit kaschieren soll (BA 229).

»Wir hängen an unseren Körpern«, sagt etwa Deidameia.[91] Und sie verteidigt diesen zivilisationskritischen Impuls auch noch mit Blick auf ihre holomorfen Mitstreiter, die, wie die Tranteau, sich emanzipieren sollten. »Wir [...] wollen so viele Welten wie möglich. Wir sind für Willkür [...]. Wir wollen Ekstase, nicht Ordnung [...] Und meine Holomorphen [...] müssen die Leidenschaft lernen. [...]. Wir wollen Risiken«, sagt sie zu Hans Deters, der sich inzwischen datisch in die fiktionale Welt eingeklinkt hatte und Teil dieser möglichen Realität geworden war (BA 222 f.).[92]

Genau hier zeigt sich das Grundparadox der *Anderswelt*-Konstruktion. Sie will einerseits Dystopie sein und andererseits an der Spitze der Zukunftsprojektion stehen. So ist Herbsts Schreiben fasziniert von den Möglichkeiten der Virtualität und dann wieder archaisch regressiv (vgl. BA 95): ganz wie sein Held, Chill Borkenbrod. Die *Anthropologische Kehre* lobt die Auflösung des Selbst im Netz und feiert zugleich die erotische Übertretung à la Bataille.[93] Ausgerechnet in der Szene einer Vergewaltigung – an Elena Goltz – wird Achilleus wieder zur Figur des Mythos, wird der antike Hass gegen Hektor, der ihm den Patroklos zuvor tötete, überblendet mit dem romangegenwärtig unstillbaren Verlangen nach der schönen Frau. »Da wurde gerissen und geprügelt, auch er schlug, man kann nicht sagen, es machte ihm Freude, aber es gehörte zum Mauerschleifen[94] dazu. Auch dass ihr endlich Tränen kamen, freilich nicht, wie der Myrmidone dachte, solche der Not, sondern wütende, ganz schaumig waren sie, wie Samen viskos... erst alles das machte ihn zu dem Heros, der er seit je, seit Troja, war.« (BA 253) Hornige Schuppen wachsen ihm in dieser Szene wieder über den Rücken. Elena Goltz erschrickt mehr vor diesem Körperzeichen des Mutanten als vor dem Akt der Vergewaltigung selbst. Über die Leiche eines erschlagenen Pförtners schleppt Achill die nun Bewußtlose hinweg: »nach Leuke, ich bring dich nach Leuke« (BA 254 f.).

Christa Wolf war es in ihrer Charakterisierung des Achill um einen an Grausamkeit nicht mehr überbietbaren Unhelden gegangen. Herbst hingegen will Achilleus, den Barden, in seiner Rohheit zeigen und ihn darin noch auszeichnen. Das ist wenigstens riskant – und gefällt sich in der ausgestellten Amoralität. Der Autor preist am Mythos das Nichtbewältigte und lobt es als vollere Realität. Kleists *Penthesilea* treibt auf einen ähnlich gewagten Gipfel zu. Nicht nur Goethe hatte das Drama deshalb strikt abgelehnt. Auch da fallen bekanntlich Lust und grausame Ermordung in eins, wenn Penthesilea – unter ihren Hunden – den Geliebten zerreißt: »Mit diesen kleinen Händen«. »Und dieser Mund hier, den die Liebe schwellt –?«. »Küsst ich ihn tot?«, fragt die Verwirrte der rasenden Bakchantin nach, die sie auf dem Schlachtfeld war. »Küsse, Bisse, / Das reimt sich, und wer recht von Herzen liebt, / Kann schon das eine für das andre greifen.«[95]

Hier, bei Herbst aber überlebt der Mann, der nun nicht mehr so junge, der nicht mehr jung sterben kann. Und er will im Schreiben sich auslöschen. Nicht durch die Tat soll er unsterblich werden, nicht durch die Schrift der Nachwelt übermittelt (BA 29). Die Graffiti sind seine *Ästhetik des Verschwindens*.[96] Es sind Spuren, die ihr Verlöschen schon einprogrammiert haben – eine Schrift des Vergessens.[97] Das ist dann doch eine echte Mythenkorrektur, die den Kern des Mythos ändert, um die Grundaussage *ad absurdum* zu führen – nicht etwa, ihn zu widerlegen. □

Anmerkungen:

1 Vgl., auch zur strukturellen Verwandtschaft der Paare Achilleus-Patroklos und Gilgamesch-Enkidu: *Das Gilgamesch Epos*. Eine Dichtung aus dem alten Orient. Zu einem Ganzen gestaltet von Georg Burckhardt. Berlin: Rütten & Loening 1991, hier S. 29 f. insb. Die Ursage datiert um 2.400 v. Chr., die überlieferte, vielfach ergänzte Fassung geht etwa ins 6. Jahrhundert v. Chr. zurück. Die Ausgabe bringt eine von späteren Zutaten bereinigte Version. Ebd., 55.

2 Vgl. etwa: *Lexikon der Alten Welt*. Hg. von Carl Andresen u. a. [1965]. Düsseldorf: Albatros 2001, Bd. 1, Sp. 10. Das Lemma beginnt mit dem Satz: »Achilleus, Sohn des Peleus und der Thetis, der stärkste, schnellste und schönste Mann unter den Griechen vor Troja.«

3 Durch Inversion ist die Voßsche Übertragung sprichwörtlich geworden: »Singe den Zorn, o Göttin, des Peleiaden Achilleus«. Homer, *Ilias* I, 1 f. Homer: *Ilias · Odyssee*. Vollständige Ausg. in d. Übertr. von Johann Heinrich Voß [*Ilias* 1793; *Odyssee* 1781]. 2. Aufl. München: Deutscher Taschenbuch Verlag 1982. Hiernach zit., wenn nicht anders vermerkt. Ders.: *Werke* in zwei Bänden. 1. Bd. *Ilias*; 2. Bd. *Odyssee*. Übers aus d. Gr. von Dietrich Ebener [1971]. 4. Aufl. Berlin, Weimar: Aufbau 1992.

4 Hesiod: *Theogonie*, 1006 f. In ders.: *Werke* in einem Bd. Übers. aus d. Gr. von Luise und Klaus Hallof. Berlin, Weimar: Aufbau 1994.

5 *Troja*. USA 2004. Regie: Wolfgang Petersen.

6 Johann Wolfgang Goethe: *Achilleis* [1799]. In ders.: *Sämtliche Werke nach Epochen seines Schaffens*, Münchner Ausgabe. Hg. von Karl Richter u. a., Bd. 6.1. München, Wien: Hanser 1986, S. 793 – 815, hier zit. 810 f., Verse 514 – 519, 528 f.

7 Goethe, *Achilleis*, 806, 802; Verse 371 – 373, 274. Siehe auch *Ilias*, XI, 784. – Alban Nikolai Herbst stellt sich bewusst in die Tradition Goethes. Mit dem dritten Teil seines *Anderswelt*-Projekts, *Argo* (s. u.), greift er, nach eigenem Bekunden, dessen »rhythmische Vorlage« auf.

8 Johann Wolfgang Goethe und Friedrich Schiller: *Xenien* [1797]. In Goethe, *Sämtliche Werke*, Münchner Ausgabe, Bd. 4.1. München, Wien: Hanser 1986, S. 793 – 815, hier zit. 816, Nr. 338.

9 Indirekt wird überliefert: »Es entsprach Sapphos Art, das Mädchen mit einem Apfel zu vergleichen, ... bei dem Bräutigam aber den Vergleich mit Achill zu ziehen und den jungen Mann mit seinen Taten dem berühmten Helden gleichzusetzen.« Himerios, Fr. 105 (b) Lobel-Page, zit. n. Sappho: *Lieder*. Gr. und dt. hg. von Max Treu. 3. Aufl. München: Heimeran 1963, S. 106 (gr.), 107 (dt.). Vgl. ebd., 86 (gr.), 87 (dt.).

10 Friedrich Hölderlin: [*Über Achill, 1/2*, 1799]. In ders.: *Sämtliche Werke, Briefe und Dokumente in zeitlicher Folge*. Bremer Ausgabe. Hg. von D. E. Sattler. München: Luchterhand 2004, Bd. 6, S. 229 f.; vgl. ebd. 218 – 220.

11 Aristoteles: *Poetik*. Gr. und dt., übers. und hg. von Manfred Fuhrmann. Stuttgart: Reclam 1991, Abschnitt 15, S. 48 (gr.), 49 (dt.).

12 Im 13. Abschnitt, wo es um »die Zusammensetzung einer möglichst guten Tragödie« geht, werden hingegen die »makellose[n] Männer« einerseits und die »Schufte« andererseits auf ihre jeweiligen Rollen festgelegt. Aber auch dort »bleibt der Held übrig, der zwischen den genannten Möglichkeiten steht« und »wegen eines Fehlers« ins Unglück stürzt. Aristoteles, *Poetik*, 38 (gr.), 39 (dt.).

13 Ovid [Publius Ovidius Naso]: *Metamorphosen*. Übers. aus d. Lat. von Erich Rösch. München: Deutscher Taschenbuch Verlag 1990, hier *Metamorphosen* XII, 617.

14 Ovid, *Metamorphosen*, XII, 591 – 593.

15 Vergil: *Aeneis* I, 483 f. Publius Vergilius Maro: *Aeneis. 12 Gesänge*. Unter Verw. d. Übertragung Ludwig Neuffers übers. und hg. von Wilhelm Plankl. Stuttgart: Reclam 1974. Auch Herbst, s. u., zieht die drei Vorgänge zusammen.

16 Homer, *Ilias* XXII, 392 – 404.

17 Homer, *Ilias* XIV, 22.

18 Homer, *Ilias* XXIV, 50 – 54, 22; vgl. u. a. XXIV, 754 – 756.

19 Homer, *Ilias* XXIV, 212, 207, 226.
20 Homer, *Ilias* XXIV, 504 – 506.
21 Albin Lesky: *Geschichte der griechischen Literatur*. 3. Aufl. Darmstadt: Wissenschaftliche Buchgesellschaft 1971, S. 58.
22 Homer: *Ilias* XXIV, 679 – 691.
23 Christa Wolf: *Kassandra*. Erzählung. Darmstadt, Neuwied: Luchterhand 1983, S. 98.
24 Wolf, *Kassandra*, 137.
25 Wolf, *Kassandra*, 133.
26 Wolf, *Kassandra*, 85 f.
27 Wolf, *Kassandra*, 95.
28 Zit. nach Ernst Robert Curtius: *Europäische Literatur und lateinisches Mittelalter* [1948]. 5. Aufl. Bern, München: Francke 1965, S. 183.
29 Robert von Ranke-Graves: *Griechische Mythologie*. Quellen und Deutung [1955]. Übers. aus d. Engl. von Hugo Seinfeld. Reinbek: Rowohlt 1985, hier S. 617 f, Abschnitt 162 g.
30 Vgl. Carola Reinsberg: *Ehe, Hetärentum und Knabenliebe im antiken Griechenland*. München: Beck 1989, insb. S. 189 – 199.
31 Vgl. Paul Veyne: *Homosexualität im antiken Rom*. In: *Die Masken des Begehrens und die Metamorphosen der Sinnlichkeit. Zur Geschichte der Sexualität im Abendland* [1982]. Übers. aus d. Frz. von Michael Bischoff. Hg. von Philippe Ariès, André Béjin, Michel Foucault u. a. Frankfurt/M.: Fischer 1992, S. 40 – 50, mit einer Parallelisierung zum antiken Griechenland, 43. Im selben Band auch Philippe Ariès: *Überlegungen zur Geschichte der Homosexualität*, 80 – 96.
32 Aischylos: *Tragödien und Fragmente*. Auf der Grundlage der Übersetzung von Johann Gustav Droysen bearb., eingeleitet und teilw. neu übers. von Franz Stoeßl. Zürich, München: Artemis, 1952, S. 420. Das zitierte Fragment entstammt den *Myrmidonen*, dem Achilleusdrama, von dem die meisten Bruchstücke erhalten sind. Nach der Ausgabe und in der Anordnung und Zählung von Oskar Werner setzen sich die angeführten Zeilen aus den Fragmenten 66, 67 und 68 zusammen, mit jeweils verschiedener Überlieferungsquelle; dort S. 566/567 und 568/569, gr./dt. Ders.: *Tragödien und Fragmente* [gr. u. dt.]. Übers. aus d. Gr. und hg. von Oskar Werner. München, Zürich: Artemis 1988.
33 Ein anderes Beispiel der Grenzüberschreitung von der päderastischen zur erwachsenen homoerotischen Verbindung gibt die (mutmaßliche) Beziehung zwischen dem Politiker Pausanias und dem Dichter Agathon. Reinsberg kommentiert: »die Norm, die Liebe zwischen erwachsenen Männern ächtete, drängte solche Homosexuellen ins Verborgene«. Reinsberg, *Ehe, Hetärentum und Knabenliebe*, 169.
34 Wolf, *Kassandra*, 95.
35 Andererseits sind heutige oder bereits geschichtlich gewordene Enttabuisierungen homophilen Verhaltens keine Rückkehr zur antiken Bisexualität. Vgl. Philippe Ariès: *Überlegungen zur Geschichte der Homosexualität*, S. 85.
36 Wolf, *Kassandra*, 94.
37 Wolf, *Kassandra*, 123.
38 Wolf, *Kassandra*, 124.
39 Vgl. Ovid, *Metamorphosen* XIII, 442 – 502.
40 Vgl.: *Mythenkorrekturen. Zu einer paradoxalen Form der Mythenrezeption*. Hg. von Martin Vöhler und Bernd Seidensticker. Berlin, New York: de Gruyter 2005. Hier die Einleitung der Hg.: *Zum Begriff der Mythenkorrektur*, S. 1–18.
41 Vgl. Heinz-Peter Preußer: *Mythos als Sinnkonstruktion. Die Antikenprojekte von Christa Wolf, Heiner Müller, Stefan Schütz und Volker Braun*. Köln, Weimar, Wien: Böhlau 2000, S. 7 – 186, passim.
42 Dazu mein Beitrag: *Medea fiam! Rezeption, Korrektur und Widerlegung eines Mythos. Von Euripides über Apollonios Rhodios bis Tom Lanoye*. In: *Mythen der sexuellen Differenz. Übersetzungen – Überschreibungen – Übermalungen*. Hg. von Ortrun Niethammer, Heinz-Peter Preußer und Françoise Rétif. Heidelberg: Universitätsverlag Winter 2007, S. 199 – 214.

43 Vgl. Roland Barthes: *Mythen des Alltags* [1957]. Übers. aus d. Frz. von Helmut Scheffel. Frankfurt/M.: Suhrkamp 1964, z. B. S. 92 f.

44 Vgl. dazu Michel Foucault: *Archäologie des Wissens* [1969]. Übers. aus d. Frz. von Ulrich Köppen. 3. Aufl. Frankfurt/M.: Suhrkamp 1988, passim.

45 Paul Veyne: *Glaubten die Griechen an ihre Mythen? Ein Versuch über die konstitutive Einbildungskraft*. [1983]. Übers. aus d. Frz. von Markus May. Frankfurt/M.: Suhrkamp 1987, S. 94.

46 Dazu mein Aufsatz: *Zerstörung, Rettung des Mythos im Trivialen. Über die Travestie der Tradition in Literatur und Film, in Fernsehen und Comic*. In: *Mythenkorrekturen*, Hg. Vöhler u. a., 449 – 463.

47 Alban Nikolai Herbst: *Thetis. Anderswelt*. Fantastischer Roman. Reinbek: Rowohlt 1998. Im Folgenden als Sigle TA. Vgl. Guido Graf: *Anderswelt. Alban Nikolai Herbsts »fantastischer Roman«*. In: *Die Zeit* vom 16. 12. 1998.

48 Alban Nikolai Herbst: *Buenos Aires. Anderswelt*. Kybernetischer Roman. Berlin: Berlin Verlag 2001. Im Folgenden als Sigle BA. Von *Argo. Anderswelt* gibt es bislang nur Kapitel im Netz, so die *Textauszüge für das Preislesen am 12. Mai 2007 im LCB Berlin*, zugänglich über die Website: *Die Dschungel. Anderswelt*, Alban Nikolai Herbst / Alexander v. Ribbentrop. http://albannikolaiherbst.twoday.net/topics/ARGO-ANDERSWELT, zuletzt abgerufen am 5. 4. 2008.

49 Vgl. Ulrich Faure: *Geologische Revision. Alban Nikolai Herbst: »Thetis. Anderswelt«. Fantastischer Roman*. In: *Rheinischer Merkur* vom 13. 11. 1998.

50 Vgl. Ralf Schnell: *Geschichte der deutschsprachigen Literatur seit 1945*. 2., überarb. und erw. Aufl. Stuttgart, Weimar: Metzler 2003, S. 604 f.

51 »Dem Buch fehlt ein souveräner Erzähler, auch wenn ihn die hippe Roman-Theorie längst im Orkus der Literaturgeschichte wähnen möchte«, bemerkt Bernd Graff: *Aus dem Ruder gelaufene Elementarteilchen. Form follows frustration*. In: *Süddeutsche Zeitung* vom 16. 11. 2001.

52 Für den Heros und Halbgott Achilleus gab es zahlreiche antike Kultstätten. Eine davon liegt auf der Insel Leuke. Vgl. dazu *Der kleine Pauly. Lexikon der Antike* in fünf Bänden. Auf der Grundlage von Pauly's *Realencyclopädie der classischen Altertumswissenschaft* unter Mitwirkung zahlreicher Fachgelehrter bearb. und hg. von Konrat Ziegler und Walther Sontheimer. München: Artemis 1964 – 1975, hier Bd. 1, Sp. 46. Während nach Homer, *Odyssee* XI, 467 – 489, der Schatten des Achilleus unglücklich im Hades existiert, ist es späteren Berichten zufolge die Insel Leuke, auf der jener mit anderen seligen Heroen geselligen Umgang pflegt. Dazu: *Lexikon der alten Welt*, Bd. 1, Sp. 10 f.

53 Vgl. Roman Kern: *Indessen ist bereits, eine Person mit sich selbst zu identifizieren, eine brutale Vereinfachung. Ein Porträt des Schriftstellers Alban Nikolai Herbst*. In: *literaturkritik.de* 6 (2004), Nr. 7, *Literatur und Zensur*. Im Netz unter: http://www.literaturkritik.de/public/rezension.php?rez_id=7266, zuletzt abgerufen am 5. 4. 2008. In diesem Sinne auch Christoph Jürgensen: *Ich sind auch andere – Zur Pluralisierung des Selbst in der Erzählprosa von Alban Nikolai Herbst*. In: *Moderne, Postmoderne – und was noch?* Akten der Tagung in Oslo, 25. – 26. 11. 2004. Hg. von Ivar Sagmo. Frankfurt/M. u. a.: Lang 2007, S. 145 – 159.

54 Vgl. dazu den Text von Alban Nikolai Herbst: *Das Flirren im Sprachraum*. Ein Vortrag. In: *Schreibheft*. Zeitschrift für Literatur Nr. 56, S. 158 – 167, insb. 161 f. Siehe ebenso Wilhelm Kühlmann: *Postmoderne Phantasien. Zum mythologischen Schreiben im Prosawerk von Alban Nikolai Herbst (geb. 1955)*. Mit einem Werkverzeichnis. In: *Euphorion* 97 (2003), S. 499 – 516, z. B. 502. Mit Bezug auf Thomas Pynchon, William Gaddis und das *Anderswelt*-Projekt 512 f. insb. Vgl. auch Anton Moosbach: *Das Ribbentrop-Rhizom. Ein Experiment mit den Werken von Alban Nikolai Herbst und Gilles Deleuze / Félix Guattari*. Universität Zürich [Lizentiatsarbeit der Philosophischen Fakultät, deutsches Seminar] 2005, hier z. B. S. 88 f.

55 Jean Baudrillard: *Kool Killer oder Der Aufstand der Zeichen*. Übers. aus d. Frz. von Hans-Joachim Metzger. Berlin: Merve 1978, hier S. 23. Der zit. Text ist als eigenstän-

diges Kapitel, mit abweichender Übersetzung, eingegangen in ders.: *Der symbolische Tausch und der Tod* [1976]. Übers. aus d. Frz. von Gerd Bergfleth, Gabriele Ricke und Ronald Vouillié. München: Matthes & Seitz 1991, S. 120 – 130.

56 Baudrillard, *Kool Killer*, 30.

57 Baudrillard, *Kool Killer*, 28.

58 Baudrillard, *Kool Killer*, 31.

59 Baudrillard, *Kool Killer*, 25.

60 Der Roman vollzieht diesen Wechsel der Orte, Szenerien und Zeiten permanent und reflektiert ihn mehrfach, ausführlich z. B. TA 502 f.

61 Hans Blumenberg: *Arbeit am Mythos* [1979]. 5. Aufl. Frankfurt/M.: Suhrkamp 1990, z. B. S. 100, 165 f.

62 Homer, *Odyssee* XII. Legendär wurde die Interpretation von Max Horkheimer und Theodor W[iesengrund] Adorno: *Dialektik der Aufklärung. Philosophische Fragmente* [1944/1947]. In Theodor W. Adorno: Gesammelte Schriften, Bd. 3. Hg. von Rolf Tiedemann. Frankfurt/M: Suhrkamp 1997, hier S. 51.

63 Vgl. Hanns J. Prem und Ursula Dyckerhoff: *Das alte Mexiko. Geschichte und Kultur der Völker Mesoamerikas*. Mit Beiträgen von Thomas Förster u. a. München: C. Bertelsmann 1986, hier den Beitrag von Miguel Léon-Portilla: *Die Religion im westlichen Mesoamerika*, S. 236 – 258 insb. 226, 240 – 242, 252. Siehe auch Vollmer: *Wörterbuch der Mythologie aller Völker*. Neu bearb. von W. Binder. Mit e. Einl. i. d. mythologische Wissenschaft von Johannes Minckwitz [1874]. Leipzig: Reprintverlag 1990 für Fourier, Wiesbaden, S. 259.

64 Der Groll des Achill bei Homer fand allerdings in der literarischen Tradierung des Stoffes eine nur geringe Nachfolge. Siehe dazu Elisabeth Frenzel: *Stoffe der Weltliteratur. Ein Lexikon dichtungsgeschichtlicher Längsschnitte*. 10. Aufl., unter Mitarbeit von Sybille Grammetbauer, Stuttgart: Kröner 2005, S. 6.

65 Lykophron: *Alexandra* [= Kassandra]. Gr. und dt. m. Anm. [und einer Einleitung] von Carl v. Holzinger [1895], Hildesheim u. a.: Olms 1973, hier die *Einleitung*, S. 14, vgl. 20. Verse nach dieser Ausgabe im Folgenden im Text.

66 Ebd., S. 19.

67 Lykophron: *Alexandra*, S. 104, 106 (gr.), 105, 107 (dt.). Siehe die *Einleitung* Carl v. Holzingers ebd., S. 20.

68 Apollodor: *Bibliothek* III, 171 – 174, nach älteren, inzwischen verlorenen Quellen. Vgl. dazu Fink, *Who's who in der antiken Mythologie*, 16.

69 Vgl. Zu diesem Dilemma die grundsätzliche Diskussion bei Carola Surkamp: *Narratologie und »Possible-Worlds Theory«. Narrative Texte als alternative Welten*. In: *Neue Ansätze in der Erzähltheorie*. Hg. von Ansgar Nünning und Vera Nünning. Trier: Wissenschaftlicher Verlag Trier 2002, S. 153 – 183, insb. S. 178.

70 Stanisław Lem: *Solaris*. Roman [1968]. 7. Aufl. Frankfurt/M.: Suhrkamp 1980, S 22, 30 f., 36, 90, 140 f., 198, u. ö.

71 »Aber auf die Story kommt es nicht an«, vermerkt kritisch Burkhard Lindner: *Krise der Phantasie. Alban Nikolai Herbst und sein »Anderswelt«-Roman*. In: *Frankfurter Rundschau* vom 13. 3. 1999.

72 Vgl. Dietmar Dath: *Flaschendrehen und andere Spiele. Im Faustregelkreis: Alban Nikolai Herbst organisiert seinen Roman selbst*. In: *Frankfurter Allgemeine Zeitung* vom 9. 10. 2001.

73 *Blade Runner* entstand 1982 in den USA unter der Regie von Ridley Scott. Der Titel der amerikanischen Romanvorlage von Philip K. Dick lautet: *Do Androids Dream of Electric Sheep?*, 1968. Verweise auf einige der Filme z. B. bei Stephan Maus: *Das Oktopus-Opus. Alban Nikolai Herbsts kybernetischer Roman*. In: *NZZ* vom 1. 11. 2001.

74 Dazu der Autor selbst, zit. bei Kühlmann, *Postmoderne Phantasien*, 512.

75 William Gibson: *Neuromancer*. New York: Ace Books 1984. Die *Neuromancer*-Trilogie (auch Sprawl-Zyklus) wurde fortgesetzt in den beiden Romanen *Count Zero*. London: Gollancz 1986 und *Mona Lisa Overdrive*. London: Gollancz 1988. Deutsche Übersetzungen von Reinhard Heinz erschienen in München: Heyne 1987 (*Neuromancer*), 1988

(*Biochips*) und 1989 (*Mona Lisa Overdrive*). Davon wiederum sind die Romane von Tad Williams beeinflusst: *City of Golden Shadow* (dt.: *Stadt der goldenen Schatten*), *River of Blue Fire* (dt.: *Fluß aus blauem Feuer*), *Mountain of Black Glass* (dt.: *Berg aus schwarzem Glas*), *Sea of Silver Light* (dt.: *Meer des silbernen Lichts)*, die ab 1996 erschienen sind, dt. ab 1998, übers. von Hans-Ulrich Möhring, bei Cotta, später München: Heyne 2005 ff.

76 Vgl. Paul Virilio: *Die Eroberung des Körpers. Vom Übermenschen zum überreizten Menschen* [1993]. Übers. aus d. Frz. von Bernd Wilczek. München, Wien: Hanser 1994, insb. S. 108–144. Baudrillard, *Der symbolische Tausch und der Tod*, 112–119 insb.

77 Vgl. Alban Nikolai Herbst: *Die anthropologische Kehre*. 44 Partikel. In: *Medieninnovationen und Medienkonzepte 1950/2000*. Hg. von Nicola Glaubnitz und Andreas Käuser. Marburg: Schüren 2006, S. 11 – 24, hier 16, 18, 21 insb. Mit *Matrix* setzt sich auch Thomas Malsch auseinander: *Vom Wiedereintritt des Autors in seine Geschichte. Buenos Aires. Anderswelt. Ein kybernetischer Roman von Alban Nikolai Herbst*. In: *Die Gesellschaft der Literatur*. Hg. von Thomas Kron und Uwe Schimank. Opladen: Budrich 2004, S. 45 – 80, hier 73.

78 Einen »Hybridroman aus Science-fiction und Kolportage und Realismus« hat Peter Michalzik deshalb die *Anderswelt* genannt: *Unter den Maßanzügen lauert das Chaos [...]. Alban Nikolai Herbst*. In: *kulturSpiegel* 12, 1998, S. 56.

79 Homer, *Ilias* IX, 410 – 416.

80 Georg Friedrich Händels Oper *Deidamia* (1739) behandelt die beschriebenen Ereignisse auf der Insel Skyros. Thetis verbarg Achill bei König Lykomedes, unter dessen eigenen Töchtern. Eine von ihnen hieß Deidameia, deren Liebe Achill gewinnt und die ihm Neoptolemos gebiert. Siehe Gerhard Fink: *Who's who in der antiken Mythologie*, S. 15, 189. Dazu auch das Libretto von Hans-Josef Ortheil, *Achill bei den Mädchen*, zur Musik von W.-A. Schultz (1997). Vgl. Frenzel, *Stoffe der Weltliteratur*, 5 – 9, hier 5 – 7.

81 Zum Untergang in Permanenz bei Herbst vgl. *Heinz-Peter Preußer: Letzte Welten. Deutschsprachige Gegenwartsliteratur diesseits und jenseits der Apokalypse*. Heidelberg: Universitätsverlag Winter 2003, insb. S. 14 – 17. Der vorliegende Text folgt dieser Darstellung des *Thetis*romans passagenweise.

82 Vgl. Eva Leipprand: *Die Welt als Vorstellung und Selbstreferenz. Alban Nikolai Herbst bedroht Europa mit dem Thetismeer*. In: http://www.literaturkritik.de/public/rezension.php?rez_id=246, zuletzt abgerufen am 5. 4. 2008. D. i. zugleich: *literaturkritik.de* 1 (1999), Nr. 6.

83 »Und der Rheingraben hielt noch.« So lautet der letzte Satz des Romans, TA 895.

84 Vgl. die Kritik von Katharina Döbler: *Delirium und Moralium. Alban Nikolai Herbsts »Anderswelt«*. In: *Neue Zürcher Zeitung* vom 6. 10. 1998. Mit positiver Wertung hingegen Peter Michalzik: *Phakten oder Fantasie. Der verlorene Größenwahn deutscher Literatur – Alban Nikolai Herbsts neuer Roman*. In: *Süddeutsche Zeitung* vom 12. 11. 1998. Die üblichen Muster herkömmlicher Zivilisationskritik bedient der Roman auch, am deutlichsten TA 846 f.

85 Dazu einschlägig: *Literatur und Ökologie*. Hg. von Axel Goodbody. Amsterdam, Atlanta: Rodopi 1998; hier insb. die *Einleitung* des Hg., S. 11–40, vor allem 11–32.

86 Siehe Klaus Heinrich: *Zur Funktion der Genealogie im Mythos* [1963]. In ders.: *Vernunft und Mythos*. Ausgewählte Texte. Basel, Frankfurt/M.: Stroemfeld/Roter Stern 1992, S. 11 – 26, 89 – 93.

87 Vgl. Apollonios Rhodios: *Das Argonautenepos*. In 2 Bdn. und 4 Büchern. Hg. (gr./dt.), übers. aus d. Gr. und erläutert von Reinhold Glei und Stephanie Natzel-Glei. Darmstadt: Wissenschaftliche Buchgesellschaft 1996, zuerst Bd. 1, S. 2/3 und 6/7, 1. Buch, Verse 23 und 94, dann viele weitere Stellen. Vgl. ebd. das Register, Bd. 2, 232.

88 Apollonios Rhodios, *Das Argonautenepos*, Bd. 2, 4. Buch, S. 122 – 124, Verse 786 – 814, insb. 810 – 813. Vgl. ebd., 126/127, Verse 865 – 884.

89 *Aissa der Stromer* ist auch die Dritte Abteilung aus *Argo. Anderswelt* benannt. Dort lebt die Rebellion wieder auf, wird ins Zentrum und in den Westen getragen. Auch von der »Rückkunft der Hundsgötter, ja der gesamten, durch AUFBAU OST! längst über-

lebt geglaubten mythischen Welt« ist dort die Rede [Typoskript S. 568 – 574]. Zu lesen unter http://albannikolaiherbst.twoday.net/topics/ARGO-ANDERSWELT, zuletzt abgerufen am 5. 4. 2008, gegen Ende des Textauszugs.

90 Den Akzent auf Virtualität legt u. a. Katharina Döbler: *Mitten hinein ins Wollknäuel. Alban Nikolai Herbst schreibt seine »Anderswelt« fort.* In: *Die Zeit* Nr. 2, 2002.

91 Vgl. Herbst, *Das Flirren im Sprachraum*, 160.

92 Für Friedmar Apel wird in seinem Verriss des *Thetis*romans schön früh »klar, dass die andere Welt nur diese meint« und »eine barocke Anstrengung, vor der Respekt geboten wäre« in ein »in jeder Hinsicht aufgeblasenes Werk« mündet: ein »kühl und hemmungslos kalkulierte[s] Kommunikationsdesaster«. Friedmar Apel: *Täglich sieben trockene Martinis.* In: *Frankfurt Allgemeine Zeitung* vom 6. 10. 1998.

93 Herbst, *Die Anthropologische Kehre*, z. B. 13 f., 23. Georges Bataille: *Die Erotik*. Neuübersetzt aus d. Frz. und mit einem Essay versehen von Gerd Bergfleth. München: Matthes & Seitz 1994, z. B. S. 63

94 Vgl. Anm. 15 zu Ovid und Vergil.

95 Heinrich von Kleist: *Penthesilea.* In ders.: *Werke und Briefe in vier Bänden.* Hg. von Siegfried Streller u. a. 3. Aufl. Berlin, Weimar: Aufbau 1993. Hier Bd. 2, *Dramen. Penthesilea*, S. 5–120, zit. S. 117 f., V. 2957 f., 2977, 2981 – 2983. Thomas Mann empfand 1954, in der Einleitung einer amerikanischen Ausgabe der Werke Kleists, »die mänadische Mord-Erotik und Menschenfresserei« der *Penthesilea* als »entsetzlich«. Die bis ins 20. Jahrhundert fast durchgängige Ablehnung des Stückes, insbesondere seine Zurückweisung durch Goethe, ist vielfach beschrieben worden. *Anmerkungen* zur *Penthesilea*, S. 656 f., vgl. ebd., S. 646–655, insb. 648.

96 So der Titel von Paul Virilio: *Ästhetik des Verschwindens* [1980]. Berlin: Merve 1986.

97 Dagegen programmatisch Jürgen Manthey: *Die Unsterblichkeit Achills. Vom Ursprung des Erzählens.* München, Wien: Hanser 1997, der im Thetissohn das »Urbild ungezählter Romanhelden der Moderne« sieht. Siehe den Hinweis bei Apel, Täglich sieben trockene Martinis.

Alban Nikolai Herbst

Achill

Thetis.Anderswelt (1998), III,9:

Und selbst Thetis, die dräuende Göttin, war restlos vergessen, vergessen die außen vor Krems löckenden, die an und unter der Mauer weiter und weiter leckenden Nerëiden, die Meernixen vergessen und die Midgardschlange, obwohl sie längst nicht mehr schlief. Sie hatte lange geschlafen und vieles geträumt nach der Eiablage vor dem Mauerstück, das die Hohe Tatra vom Ozean trennte. Erschöpft hatte sie sich zusammengerollt auf dem Warschauer Meeresgrund, um die dreizehn versunkenen Kirchenruinen von Stare Miasto geschlungen. Nur alle zehn Jahre einmal, die alte Luft aus sich herauszupressen und neue in sich einzuziehn, war sie, doch ohne die träumenden Augen zu öffnen, zur Wasseroberfläche aufgestiegen. Ihr hatte geträumt, daß ihr Gelege geplündert werde. Nämlich habe Jahre, nachdem der Eierberg herausgepreßt war, ein Achäerboot bei Nowy Targ festgemacht. Fünf versehrte Männer, um nach frischem Wasser zu schauen, waren herausgesprungen, hatten sich herausgezogen, seitlich herauskippen lassen, spuckend fluchend rülpsend. Einer von denen hatte die Höhle dann, zwei andre, während sie sie untersuchten, hatten den enormen Haufen Feueropale gefunden. Einen, den schwersten, straußeneigroß, hatten sie mit an Bord geschleppt und unter Deck im Frachtraum verstaut. Die Fundstelle hatten sie, für später einmal, in ihre Handkartenskizzen eingetragen. Mit diesem hyazinthroten riesigen Juwel, den sie auf Deck liegen ließen, dem Demiurgen, der Sonne, ausgesetzt, wenn auch ohne Trinkwasser, hatten sie die Leinen wieder gelöst, waren weitergeschippert zur nächsten Insel, hatten auch dort nach Wasser geschaut. Einer war an Bord geblieben. Als die vier, sie hatten tatsächlich Wasser gefunden, zurückkamen, war die Bordwache verschwunden. Die vier suchten ihn. Nicht eine Spur war zu finden. Auch der Opal war fort. Konnte es sein, daß der Kamerad ihn gestohlen und sich schwimmend über die See davongemacht hatte? Es war unwahrscheinlich. Doch fort ist fort. So trieben die vier weiter nach Süden. Zwar hatten sie umkehren wollen erst, aber sie waren gegen saure Strömung und Bleiwind nicht angekommen. Vor Košice, hieß es damals, sei noch eine Lücke in der Europäischen Mauer, da wollten sie durch und ankerten zur Nacht. Am Morgen fehlte abermals einer von ihnen. Das war nun furchtbar. Die drei Verbliebenen wachten die nächste Nacht. Die übernächste Nacht. Sie übten sich im Singen. Sie legten sich die Geschichten zurecht, die sie erzählen wollten, und schauten sich gegen Mitternacht im Schein einer Öllappenlampe das Fotoalbum an, das sie seit ihrem Aufbruch mit sich führten. Weil sie aber auch bei Tag wachen mußten, fielen sie schlußendlich doch in Schlaf. Schon trieben sie tot, trieben erstochen, trieben ersäuft in die Oststadt hinein und wurden an die Klippen von Roznava geschmettert, fielen hinab, schleuderten wieder hinauf. Irgendwann legte das Meer ihre Leichen in Felsbuchten ab. Auch das Schiff trieb schließlich an. Zerschellte. Vorher sprang etwas von Bord. Sah aus wie ein Aff. Hielt das Album unter die Achsel geklemmt. Versuchte sich im Aufrechten Gang. Schaffte ihn

nicht. Schlief ein. Verpuppte sich. Häutete sich. Paar Wilde fanden den hinkenden Jungen und zogen ihn auf. Versuchten erst, ihn zu säugen, aber er spuckte die Milch wieder aus, erbrach sich. Da kaute man ihm die Nahrung vor und nannte ihn Achill.
Er war sehr gelehrig, war wißbegierig, und, als er sprechen konnte, sprach er Geschichten wie ein Achäer. Erinnerungen an seine Kindheit aber, behauptete er, waren das keine. Man fragte ihn, als er älter war, das wurde ihm lästig. Er zeigte sein Album, er sei, erfand er, übergefahren, von Schweden her. Den Schweden nunmehr nannten sie ihn. Fünfzehn Monate habe seit Göteborg die Reise gedauert. Und er habe, ach!, mit anschauen müssen, daß man einander, ja sich selber verspeiste… Manchmal prahlte er sogar damit, er habe auf der häßlichen Reise die Midgardschlange gesehen. Zehn Leute auf einmal habe sie aus der Jolle gepflückt und ohne zu kauen verschluckt. Die Leute liebten diesen Bericht.
Aber mit achtzehn zog der Schwede davon. Er träumte immer von Levkás, das er Leuke nannte. Wanderte durch die Beskiden, über die Mährische Pforte an Olmtitz vorbei erst ins Mährische, dann bald Böhmische Stufenland. Er wolle nach Levkás, ja, das erzählte er jedem, mit dem er sprach. Levkás liege, sagte er, sehr weit im Westen. Das natürlich stimmte nicht, doch konnte der Schwede das wissen? Doch auch sonst wußte niemand, daß er, wie alle Ursprungssucher, nach Osten mußte. Er glaubte an Levkás nicht einmal selbst, sondern die Sterne nur nannte er so. Trotzdem war seine Seele längst aus den Flammen nach der alten Mündung der Donau entführt. Er wußte nicht, welch ein Halbgott er war.

Thetis.Anderswelt, II,34 (Achill, versteckt bei Lykomedes):

Was die Mandschu alles hinnahm! Und von einem Mann… –

Die Frauen waren sehr erstaunt. Sie selber hätten Odysseus das Maul gestopft, dachten sie. Aber auch sie waren gierig auf Wasser. Vielleicht gieriger als die Zollstein sogar. Vielleicht nahm die nur deretwegen alles so hin. Das gute Wasser war ausgeschöpft, und keine mochte recyceltes trinken. Das nahmen die Frauen zum Waschen. Wenn man es trank, hieß es, wurde man blöd. Man wurde ja nicht, wie die Ostler dachten, vom Essen dumm. Sondern vom Wasser. Es hieß sogar, wer zuviel davon trinke, werde im Wahnsinn zur Heiligen Frau.
Trotzdem, einige Söldnerinnen fanden Odysseus lasch behandelt. Und auch die anderen hatten eigentlich nur um Dresoessa Angst, die sich Aissa nannte und Borkenbrod hieß. Sie waren gegen den Feldherrn eingestellt, weil sie spürten, er wollte ihnen die Äbtissin nehmen.
Borkenbrod hatte es sich gutgehen lassen als Metze. Er war bequem geworden, ließ sich gerne bedienen. Schon lange fand er es angenehm, gewaschen gecremt gekämmt zu werden. Die Huri strichen sein Haar in geölten Wellen eng an die Kopfhaut: Es war schütter, aber glänzte wie polierte Kastanien. Man hatte seine Finger mit Ringen geschmückt und ihm Reifen um den Hals gelegt. Die Zehennägel blank wie Perlen. Polituren verstrichen darauf. Er hatte gelernt, in hohen Schuhen zu gehen. Ihm gefiel das. Besonders gefiel ihm, wenn sich abends jemand zu ihm legte, ihn streichelte, sich selber streicheln ließ. Er war früher

nie gestreichelt worden. Schon der Gedanke, daß es ein Streicheln gab, hatte ihm ferne gelegen. Er hatte keine Mutter gehabt, es ihn zu lehren. Aber das wußte er nicht.
Doch gab es Belege der eigenwilligsten Art. Daß er sich etwa verschuppte. Das waren keine kranken Schuppen oder abgestoßene alte Haut. Sondern jung und fest und lederartig. Es waren glatte Verhornungen, die ihm meist über den Rücken wuchsen, selten hinten am Oberschenkel, einmal bedeckte sich die linke Arschbacke damit.
„Was hast du da?“ „Wo?“ „Da!“ Er fühlte, sah es nicht, konnte nichts fühlen. „Aber ganz deutlich doch! Wie bei einem…“ Leagore biß sich auf die Lippen. Shakti schluckte.
„Aber wovon sprecht ihr denn?!“ „Das sieht aus, als wärest du zu einem Achtel“, sagte Lysianassa, „Schlange“.
Er scheuchte die Frauen hinaus. Doch soviel er sich im Spiegel auch drehte, wendete, bückte, herumwand: Er konnte den eigentümlichen Atavismus nie erkennen, der bisweilen so spontan auf seinem Rücken durchbrach. Und hatte schon gar keinen Tastsinn für das, was die Frauen bemerkten. Gewiß, es war das nichts neues für ihn. Er hatte es bislang nur besser verstecken können, vor andren, vor sich, daß er, mitunter in Büscheln, Haare verlor. Man hätte den Eindruck gewinnen können, es verstärke sich die Hornschicht, verbreite sich in Ober- und Lederhaut hinein, so daß die Haarzwiebeln und Schweißdrüsenknäuel, ja selbst die Blutgefäße verdorrten. Die Stellen wurden auch immer ganz taub. Das reichte nun schon. Da mußte man ihn nicht quälen, indem man ihn noch darauf aufmerksam machte. Die Haare wuchsen doch immer noch nach, und die Verhärtungen entspannten sich.
Wenn ihn die Frauen trietzten, ließ er sie manchmal zwei Tage nicht ein, sondern sann vor sich hin, verbissen verärgert, dann drückte die alte Sehnsucht hervor, er dachte, leise traurig, dem verlorenen Schalenstück nach. Oder schritt nervös in seinem Gelaß umher. Wie aufgescheucht war er dann. Aber irgendwann wurde es gut. Aus lauter Unrast wurde die Müdigkeit lasziv. Es juckte ihn. Er wollte gewaschen werden. Daran war er gewöhnt. Also streckte er sich aus auf der Chaiselongue, betätigte die Goldschelle. Brauchte sich nicht zu gedulden. Irgend eine Frau, meist ein ganzer Pulk, hatte sowieso schon gewartet, Karten gespielt, Zoten über sich selbst gerissen und das eigene, an Kriegerinnen lächerliche Begehren. Kaum klingelte er, klackerten sie und perlten die Harines wie rohe und wie geschliffene Kiesel herein.
„Bist wieder gut?“ „Ist wieder gut?“ „Bin wieder gut.“ „Ist gut.“ „Bin gut, gut.“ Sie klatschten in die Hände, die Soldateninnen, kräftiger, tuschelten vor Freude. Dann untersuchten sie ihn. Fanden nichts mehr. „Nichts?“ „Nichts.“ „Und die Haare?“ „Der Pelz?“ „Der Pelz.“ „Bist ein Zauberer, ist alles heil.“
Zu viert, zu fünft betasteten sie ihn, er ließ sich betasten. Sie gingen, sie kamen mit Wasser Schwämmen Tüchern, entkleideten ihn, tupften ihn, näßten ihn, seiften ihn, spülten und rieben ihn ab. Er ließ sich die steife Ferse massieren, war schon ein wenig fett geworden, kam selbst nicht mehr leicht dran. In dem rosigen Hetärenmännchen war der hagere Achill nicht leicht mehr wiederzufinden. Odysses aber, draußen im Trausnitzer Saal, kündigte eben das zur Bestürzung der Frauen an. Er foderte die Mongolin auf, auch die Harines zu versammeln. Daß er von denen wußte! Und rief sogar: Es sei besser, man finde sich insgesamt in der Abtei zusammen.

Das konnte sich die Mandschu doch nicht bieten lassen! Das gab ein Raunen und Rascheln. Daß er, dieser Fremde, sogar die Existenz der Lust-Gemächer kannte! Die Rebellinnen aber bekamen es nun erst recht mit der Angst. Die Mandschu spürte die Nervosität, aber ahnte nicht, was sie bewirkte. Zwar war sie ebenfalls erstaunt, fand aber nichts dabei, grunzte, nickte, grunzte abermals: „Wenn dir danach ist, nun gut, dann gehen wir."
Sie selber ging freilich nicht, sondern ließ sich tragen. Man trug sie nicht willig, sie spürte auch das, irgend etwas ging hier vor, etwas ließ alles durcheinander laufen, das war nicht nur der Mann selbst, sondern etwas, das er mitgebracht hatte. Hatte er denn etwas mitgebracht außer dem Wasser, außer einer Nachricht von Der mit dem Goldhaar?
Er hatte. Aber er sagte noch nichts, sondern ließ sie alle kommen, alle die in rosa Puschen und mit ihren Meerschaumnamen, Laomedeia Veshya Theodora Rosemarie Shakti Lysianassa Leagore Gelbwurz Kardamom. Und auch die neue Äbtissin sollte dabei sein. Es gab Murren. Nur Veshya, sie sah ihn heut zum ersten Mal, mußte ganz aus sich heraus seufzen. So viel hatte sie erzählen hören von ihm, daß sie seine Dicklichkeit übersah. Doch alle andern Frauen voll Widerstand.
Die Mongolin schüttelte den Kopf, das hatte sie noch nicht erlebt. „Bringt sie, verflucht, endlich her!" Wogen. „Was ist denn los?!" „Aissa, holt Aissa!" „Dresoessa soll kommen!" „Beeilt euch!" „Ach was", so Odysseus, „ich habe Zeit, ich habe Geschenke und Zeit mitgebracht."
Dann standen sie da, standen in einem Kontakthof, nicht eine fehlte, EROS-CENTER, dachte Hans Deters und erschrak: ein Gang, der führte zu einem mit schweren milchigen Plastiklappen verhangenen Eingang. Die Lappen dienten der Wärmedämmung, wie ihm klar geworden war, damals, lange lange her. Den Hof, auf dem sich die Harines drängelten, hatte Hans Deters einmal gesehen, als er jung war und einen anderen Namen trug, aber vergessen?, nein: vergessen hatte er ihn nie. Eine Schwüle sondergleichen herrschte darinnen, saunaartig, Tropenklima. Sehr hohe Luftfeuchtigkeit, ihm stand umgehend Schweiß auf der Stirn. Die Halle war, ausgekachelt mit großen, bräunlich glänzenden Fliesen, gewiß zehn Meter hoch, und der Boden, von mindestens zweihundert Quadratmetern Ausmaß, aus Marmor. Hans Deters war so gut wie allein hier drinnen gewesen, in der Kathedrale des Fleisches, beziehungsweise war er, wie nun Odysseus, wie Odysseus *fast*, der einzige Mann. In Grüppchen verteilt – damals, nicht jetzt –, Feenwesen gleich, manchmal einzeln, saßen oder standen, völlig idiotisch – nein: in eigentümlich beruhigter Irre –, schlanke, unter der UV-Beleuchtung sehr braungebrannt wirkende junge Frauen oder lehnten auch gegen die Fliesen, oft ein angewinkeltes Bein vorgestreckt. Unmittelbar ward das Geräusch eines Springbrunnens vermißt. Heute wußte Deters, weshalb es damals keinen gab: Es hatte an Wasser gefehlt, die vier Flüsse des Paradieses waren versiegt. Trotzdem, da war die Atmosphäre großer Moscheen, um jede Säule wehte Allah. Es waren zahllose Säulen. Man dämpfte augenblicks die Stimme. Auch die Huris taten dies. Nämlich als Odysseus sich den Beutel von der Brust schnallte. Er öffnete ihn, nahm wie Präziosen wertloses Zeugs heraus: Ringe Speichen Taschentücher Büroklammern Schuhe Suppenkannen Ketten rostige Messer Bänder irgendwelchen Kram, den die Schänder ihren Opfern abgenommen und in Brugh-na-Inn weggeschmissen hatten. Im Spiralschloß hatten sich Berge davon angehäuft. Man wisperte. Odysseus breitete die Stücke

langsam aus, auf dem Boden, eins legte er neben das andere, Schraubenschlüssel neben verbogene Gabeln, Kämme mit herausgebrochenen Zinken, schräggelaufene Ledersohlen.
„Das ist mein Geschenk an euch." Sie sahen ratlos zur Mongolin. Welch ein Plunder!
Auch Lykomedite Zollstein war ratlos. „Was soll das?!" herrschte sie Odysseus an. „Willst du die Meinen veräppeln?!" „Dann kommt doch näher, hier, hier!" Er lockte mit beiden Händen, wehte sich die Frauen zu. „Könnt ihr die schönen Dinge nicht erkennen?" Sie waren verwirrt, hielten ihn für bekloppt – ja: 'bekloppt' war das richtige Wort –, stellten sich aber doch auf die Zehenspitzen, beugten sich vor. Vor allem beugte sich Veshya vor. „Hör auf!" rief die Mongolin. „Du machst mir meine Guerilleras nicht kirr'!" Und zu den Frauen: „Bleibt, wo ihr seid!" Sie murrten, aber gehorchten, wippten auf die Fersen zurück. Die Soldatinnen waren froh über den strikten Befehl. Den Konkubinen indessen war der Ton fremd. Leagore sogar fing zu weinen an. Drei Kurtisanen nahmen sie in den Arm, überhaupt schloß sich die halbe Liebeswelt zusammen. Einer aber schlug sie wie einen Vorhang zurück. Trat heraus.
Aissa nämlich. Sie blieb nicht, wo sie war. Schrie plötzlich auf, erst mit Männerstimme, alles wandte sich um, die Mongolin ließ das Kinn hochschnellen und schoß einen zugleich erstaunten wie bösen Blick aus ihren funkelroten Augen in die Richtung der Stimme. Die sagte: „Das ist meins!" Zugleich mit dem ins Diskant verstellten, doch erkennbar männlichen Sprachfall ein raschelnder heller Schrecklaut der Huris. Eine Gewitterböe jagte über Gewässer. Und Aissa trat vor: Borkenbrod auf hohen Schuhen. Er hatte, im selben Moment erschreckt und entzückt, das Schalenstückchen entdeckt. Das hatte Odysseus unter den ganzen Trödel geschmuggelt. Da schimmerte es perlmutten heraus.
„Wer bist du?!" schnob Lykomedite Zollstein. „Wer soll das wohl sein?" spottete der Listenreiche und zog stolz seinen Bauch ein. Borkenbrod schlüpfte aus den Schuhen, streifte die Perücke ab, trat noch weiter vor, ging bis an den Krimskrams vor, bückte sich, nahm das Schalenstückchen auf. „Das ist meins", wiederholte er fest. „Das ist meins seit meiner Geburt!"

Argo.Anderswelt (2008), II, 24:

Es stank derartig, daß die Physiologie nichts anderes konnte, als ihre Geruchsorgane von jeder Wahrnehmung abzutrennen; nur im Hals blieb ein Reißen, als führe jemand außen an der Luftröhre mit einem Spargelschäler entlang, und in ihr gingen dauernd Teilchen Sand auf und ab. Das war eine ständige Husterei, ein Gebölke, ein trockner, unversehens schmerzhaft werdender Katarrh, der als Auswurf verklebte Körnchen Leids produzierte. Wohin, Geliebter, bringst du mich? Ist das das Rosenfest, das du versprachst?*: So sah Elena ihn an, den Achill. Der ließ sich nicht beirren. Bald begänne die Arbeit, bis dahin mußten sie wegsein; er nahm ihre Hand, zog sie, ich gehe jetzt nach Leuke. Er nahm überhaupt nicht wahr, was diese Gegend war, ihm deuchte schon Palme und Pappel; oder er hielt den geologischen Tagebau-Hades, den der Mensch hier an-

* Kleist, Penthesilea.

gerichtet hatte, für reinste Schimäre, die er, ein bereits im Vorhinein mit Wahnsinn geschlagener Bellerophon, nur niederstrecken müsse; schon gebe sich der Blick auf ein tyrrhenisches Meer frei, und, schreibt Benn, aus offenen Früchten rinnt es. Oder worin uns Gustav Mahler Hans Bethge erhalten hat: Allüberall und ewig blauen licht die Fernen. Derart verklärt sah Chill Borkenbrod aus, unachill'sch fast, derart ergab sich, nachdem die beiden Menschen in diesen Orkus hineingelangt waren, das zweite Wunder, daß sich nämlich allein über ihre ineinander verschränkten Finger Borkenbrods Wahn auf Elena Goltz übertrug. Er lief von seinen Handmeridianen in ihre; die Chakras oder, wie die Chinesen sagen, *Dantians* sogen ihn an, nahmen ihn auf. Davon klärte die Gegend sich, sonnig Bild und Gebilde küßten Augen und Herz der Goltz, bis Elena, lachend selbst, mit Borkenbrods Sinnen sah das versprochene Eden: Um das einmal in Erissohns Worten auszudrücken, der auch diese Szene später erzählte, sehr viel später freilich als jetzt, da lag ihm der halbe Ort hypnotisiert zu den Füßen. Der halbe, gewiß, nicht alle Leute waren hier, viele schliefen in ihren flachen Häusern. Brem immer weiter die Hand am Messer und im Genick den polizistischen Blick. Die offenen Münder um ihn her, in manchen Augen die matten, fast schon vergessenen, fast schon eingetrockneten Tränen, die der Achäer mit seinen Versen wieder feuchtbekam. Einige Leute hatten sich auf den Platz gehockt, andere lehnten gegeneinander; wie einem, der etwas zu sehr anstarrt, so daß es im Blick zu opalisieren beginnt und den Charakter einer Halluzination bekommt, die die Wirklichkeit umstülpt, fiel alles andere hinter einen sehr dunklen Horizont: Die Häuser sackten davon, der Nächste sackte davon, man selbst, alleine, war gemeint, zu einem allein sprach die Erscheinung. Aber man war als Alleiniger alle; so haben sich Propheten gefühlt, als ihnen ihr Gott die Wahrheit diktierte. Wer immer sich dem Achäer öffnete, bliebe fortan ein gefährlich Beseelter; das war Brem klar. Und auch die Goltzin dachte: Was eine Waffe! Eine heilige Ansteckung lief um, jeder Satellit hätte dieses Leuchten registrieren können, das von Točná abgestrahlt wurde, eine Ballung kollektiver Energie, wie sie der Osten seit Jahren nicht mehr kannte; der Westen hatte sie sowieso nie empfangen, geschweige ent-sandt.

Argo.Anderswelt (2008), II,27:

Zur gleichen Zeit legte Lasse im Tresor auf, hämisch das Grinsen in seiner Visage, als er die kleinen Mädels sich ausziehen sah. Er wählte schon mal, wen er nachher unter die spezielle Partydroge setzte, die er aus dem Osten von heimgekehrten Milizionären bezog. Wer denen den Stoff verscherbelte, nämlich Brem, wußte er nicht und hätte mit einer solchen Information auch gar nichts anzufangen gewußt. Ein irres Gelärme Gestampfe auf dem Dancefloor, die Wasserhähne auf der Toilette zugedreht, damit die Leute Getränke konsumierten, denn das Zeug dehydrierte die Körper; dazu das Uzi und Crabe, rasend am Crossfader gedreht und die Platte dabei fast zerschnitten, Lasse haßte Hiphop, haßte Musik überhaupt, weshalb er sie unterm grölenden Jubeln zerstörte, wobei er immer wieder „I will kill you I will kill you!“ rhythmisch in die Masse schrie, die abermals orgiastisch johlte. Das war fast derselbe Lärm, war ganz der gleiche brüllende Zunami, den der verwundete Skamander ausstieß, als er sich in seiner eigentlichen Gestalt aus der Gülle hob – aus dem Meerschaum der Brandung, wie Borkenbrod das sah: ein Titan, von dem Wasser und flankig das Blut fällt. Die riesigen Arme ausgestreckt, Pranken mit Saugnäpfen statt Fingern, dazwischen Bajonette, die aus der Handhöhle fahren.

In diesem Moment legte Herbst diesen kleinen nanoskopischen Schalter um, der am Ereignishorizont ein virtuelles Teilchenpaar trennte, dessen eines ins singuläre Erzählloch stürzte, das andere aber trug, kaum war das erste völlig zerquetscht kollabiert, die Informationen mit sich[*], die es brauchte, endlich Lough Leane nach Jenseits zu öffnen, diesen Eingang, der Lough Leane insgesamt nämlich war, als der er schon *gedacht* gewesen war, als Thetis ihr Wasser über Hunderte von Kilometern hinweg in diese Linzer Grube spie. Wie hatte sie ahnen können, daß der westliche Raubbau daran einen Höllenhund erzeugen würde, einen Himmelsskamander, der sich noch immer, rasend vor mißachteter Würde, dem Halbbruder in den Weg stellte, nun in seiner wirklichen Gestalt, der eines Froschmenschen mit den Drachenkämmen der Mutter, die Borkenbrod nur in Momenten der allerhöchsten, und zwar der glücklichsten Erregung wuchsen, nicht aber jetzt, in dieser Not. Das begriff er nicht. Aber Elena, die zu sich kam: „Was sind das für Platten?!!“ Das hatte sie schon damals – ja, ‚damals‘, dachte sie – gezischt. Und wischte sich den Schlamm aus dem Gesicht. Und sah das Monstrum nahen, es überragte Chill um mehr als einen halben Leib. Noch hatte Deters, der soeben die Tür zur Dunckerwohnung aufschloß, da war es ebenfalls Nacht – oder früher Morgen, das ist nicht ganz zu entscheiden; er kam abgeschlagen von Judith Hediger heim, deren Geruch er deutlich an den Fingerspitzen hatte –, den Wäscheberg nicht bemerkt und was sich in und unter ihm rührte, da griff Skamander neuerlich an, blind fast vor Schmerz, er brüllte, Lasse schrie „I will kill you!“, die Groupies rissen an ihren Brüsten, warfen ihm die Brustwarzen vor lauter masochistischer Gier nach Zertramplung ihres Trommelfells zu, vor allem im Norden war das Ausmaß des Unglücks unübersehbar. Da war die Flutwelle wie eine Betonwand aufgeschlagen und hatte Fischerdörfer fortgerissen. Ganze Küstenstreifen fehlten.[**] So kam das brecherhaft auf Borkenbrod zu. Und Elena Goltz, das Idol, zu dem sie geworden, wurde ganz fleischlich, streifte sich noch einmal den Schlamm aus dem Haar und nahm den Achill in die Arme. „Fick mich, Chill“, sagte sie, raunte sie ihm ins Ohr, es war kaum zu verstehen, so sehr brach ihr Blick, „liebe mich, Achill“, sie war ihm schon an der Hose. Skamander wurde momentlang hell, was für ein irritierendes Bild, er zögerte, warum wehrte das Männlein sich nicht? Was tat es da? Es war ungeheuer, es schauderte das Monstrum, aber nur diese eine Sekunde, dann fiel der Blutschleier ihm über die Lider zurück, da waren die beiden umklammert in den Modder gesunken, sich küssend, den ganzen Schlamm auf den Zungen, die sich aufeinander-, umeinanderzusaugen versuchten. Schon stieß Borkenbrod zu, was sind das für Platten sie wuchsen, sie schossen ihm aus dem Rücken er schrie bäumte sich, auch Elena schrie, aus anderem Grund. Skamander durchwühlte die Todesschlempe, bekam was zu fassen, kriegte Knochen in die Hand, von Leichen, die er fortwirbelte. Er faßte nach, zerrte grunzte. „Jetzt kämpfe, Achill!“ zischte die Frau. „Kämpfe *jetzt*!“

* Ist das Universum ein Computer? In: Spektrum der Wissenschaft, Januar 2005.

** nach: http://onnachrichten.t-online.de/c/31/36/09/3136092.html (5. Januar 2005).

(Goethe, Achilleïs)

Argo.Anderswelt (2008), II,19:

„Gruß sei Euch und sei Preisen dem Gott von der flüssigen Mutter!
Thetis weiß, wie ihr unter dem Westen gelitten
darbend das Brot, und die dürft'ge Heimstatt angetan, und mit
euren Toten bekleidet, so lauft geschunden und hungernd,
mühsam den Kopf und angstvoll schweigend gehoben, den Osten
haltend nicht länger – er, von allen vergessen, von euch auch,
bitter, ruft hell die Mutter euch auf, die Wache erwachte –
kriechend als aufrecht mehr, nicht auf den Gott, auf Allah nicht, den bitt'ren
Sohn, den ersten der ersten Achäer, nicht Eris mehr hörend –
so geht ihr hin jeden Tag, den der Westen euch spendet. Für Bakschisch,
wenn es schmeckt wie der Zucker, den einem Verrat streut, lockend
nächsten Verrat, besudelt ihr euer Eigenes Leben.
Darum bin ich geweckt und spreche euch von den Sternen
überm Meer und der Mutter, strahlend, lodernd – sie schlagen
so ihr Licht in Wogen und Gischt, die sie lockern,
schaumigen Betten gleich, um Thetis' Schlangenleib spritzend:
aufbäumend schlägt er die Wellen; rot schwemmt das Blut der
ausgeschlossenen Mutter mauerwärts, um den Kindern
Europas vom vergess'nen Leuke Geruch und den tiefen
Laut der Tochter in Erinn'rung und die Adern Venen
flößen zu lassen. Doch schlägt das Blut, ein begehrender Brecher,
klatschen die beiden, hier Menses, Mond da, wirkungslos bei euch
Frauen – Seid ihr denn solche? Tretet vor dann! Und hört! –
an Mauer und Ohren. Ihr wollt, was zu erben Euch Lust sei,
Stolz sei und Pflicht, verschachern. Deshalb soll ich euch künden!"

Arbeitsunterlage (Herbst, Argo / Goethe, Achilleïs)

[ARGO Roh 169]

Als Europa sich schloß nun gegen das Meer und alle
/-/—/-/—/-/-
Alles hab ich gethan, was irgend schaffende Kunst kann.

Not der flüchtenden Menschen taub und ohne Int'resse
/-/—/-/-/—/-
Unerschütterlich ruht die hohe Decke des Hauses

Denen drinnen war, daß sie Mörder wurden am Bruder
/-/-/—/-/—/-
Und zum Schritte ladet der glatte Boden den Fuß ein.

Daß es Euch und Euer um Hilfe ringendes Elend,
/-/-/—/-/—/-
Jedem Herrscher folget sein Thron, wohin er gebietet,

Massen-, völkerhaft metzelnd, malmend zurück in die See warf,
/-/—/-/—/—/-
Wie dem Jäger der Hund, und goldene wandelnde Knaben

Sterbend saht ihr nichts mehr als düsteres Blei, doch auf ihm
/-/-/—/—/-/-
Schuf ich, welche Kronion, den kommenden, unterstützten,

schwamm, weit von Schweden geflohen, ein Boot, schon nahe der Mauer.
/—/—/—/-/-/—/-
Wie ich mir eherne Mädchen erschuf. Doch alles ist leblos!

[ARGO Roh 169]

Und an Bord, da war ich als mein Vater, er war der erste
/-/—/—/-/-/—/-
Euch allein ist gegeben,den Charitinnen und euch nur,

Aller Achäer, war Vater selbst sich, sein eig'ner Ahne.
/—/—/-/-/-/—/-
Über das tote Gebild des Lebens Reize zu streuen.

Alle kommen von ihm, damit sie verkünden das heilige
/-/—/-/-/—/—/-
Auf denn! sparet mir nichts und gießt aus dem heiligen Salbhorn

Kind, erschienen für Euch, die starben, die leben. Denn als fast
/-/—/-/-/—/—/-
Liebreiz herrlich umher,damit ich mich freue des Werkes,

Sanken Boot schon, Mannschaft und Hoffnung, nichts half zu rufen,
/-/-/—/-/-/—/-
Und die Götter entzückt so fort mich preisen wie anfangs.

Niemand hätte gehört – aber e i n e –: Da tauchte, die Schlange
/-/—/—/—/—/-
Und sie lächelten sanft, die beweglichen, nickten dem Alten

Midgards, herauf, und sie pflückte Peleus sich, wand sich um seine
/—/—/-/-/—/—/-
Freundlich und gossen umher verschwenderisch Leben und Licht aus,

Lenden, nichts als sein Messer war ihm zur Wehr, schon versank er.
/-/—/-/-/—/—/-
Daß kein Mensch es ertrüg' und daß es die Götter entzückte.

Christoph Jürgensen

Unwirkliche Städte, unwirkliches Ich

Zum Verhältnis von Stadt und Individuum in Herbsts Buenos Aires. Anderswelt

1. Die Großstadt als Ort der Moderne

Die Großstadt ist – als konkreter und literarischer, zeichenhafter Ort gleichermaßen – eine ›Erfindung‹ der Moderne: Sie bildet den bevorzugten Raum, *an* und *in* dem sich das moderne Bewusstsein und die avantgardistischen Ästhetiken ausformen. Während sich London und Paris bereits ab Mitte des 19. Jahrhunderts als Stoff, genauer: als reales Referenzobjekt für ›Textstädte‹[1] in der englischen beziehungsweise französischen Literatur etabliert hatten, lässt sich eine verstärkte Auseinandersetzung der deutschen Literatur mit dem Phänomen ›Großstadt‹ und namentlich mit Berlin allerdings erst nach der Reichsgründung und der explosionsartigen Entwicklung Berlins zur Kultur- und Wirtschaftsmetropole in den folgenden Jahren verzeichnen – dann aber gab es kein Thema mehr, das in vergleichbarem Maße das Interesse von Literaten und Künstlern geweckt hätte.

Grundlegend für das Verständnis der Großstadtdichtung der literarischen Moderne ist Georg Simmels bereits im Jahr 1903 veröffentlichte Abhandlung *Die Großstädte und das Geistesleben*. Dort hatte der Berliner Sozialphilosoph erläutert, dass die erste Konfrontation mit der Großstadt für das Individuum einer »Vergewaltigung[]«[2] gleichkomme, weil es die Vielzahl und »Unerwartetheit sich aufdrängender Impressionen«[3] und sozialen Beziehungen nicht verarbeiten könne. Daher, so Simmel weiter, entwickle das großstädtische Ich die »Verstandesmäßigkeit [...] als ein Präservativ des subjektiven Lebens«[4] gegen diese ›Vergewaltigung‹, werde blasiert, geprägt von einer »unbarmherzige[n] Sachlichkeit«[5]. Nur auf den ersten Blick scheint Simmel damit eine kulturpessimistisch akzentuierte Skizze des neuen *homo oeconomicus* zu entwerfen. Simmel nahm vielmehr, trotz aller Betonung des Schockartigen und Entfremdenden, das die Großstadt dem Einzelnen zumute, eine wissenschaftlich-neutrale Haltung gegenüber demjenigen Phänomen ein, das dem Einzelnen Raum zur Entfaltung und insgesamt den »Platz für den Streit und für die Einigungsversuche« zwischen dem Subjekt und der Gesamtheit biete: »[U]nsere Aufgabe [ist] nicht, anzuklagen oder zu verzeihen, sondern allein zu verstehen«.[6]
Kunst und Literatur hingegen reagierten auf die wahrnehmungsphysiologische wie soziale Zumutung weniger distanziert und setzten der fortschreitenden Technisierung und Industrialisierung stattdessen zivilisationsskeptische Texte voller Angst und Verzweifelung entgegen. Anschaulich wird die Angst vor dem Selbstverlust im ›Dschungel der Stadt‹ etwa in Ernst Blass' Gedicht *Der Ner-*

venschwache, dessen erste Strophe lautet: »Mit einer Stirn, die Traum und Angst zerfraßen / Mit einem Körper, der verzweifelt hängt / An einem Seile, das ein Teufel schwenkt, / – So läuft er durch die langen Großstadtstraßen.«[7]

Und Rilkes *Malte Laurids Brigge*, um nur noch einen zweiten Großstadttext aus einer langen Reihe herauszugreifen, setzt mit der Beobachtung ein: »So, also hierher kommen die Leute, um zu leben, ich würde eher meinen, es stürbe sich hier«, um gleich darauf die veränderten, Ich-gefährdenden Wahrnehmungsbedingungen zu reflektieren, mit denen sich der Tagebuchschreiber konfrontiert sieht: »Dass ich es nicht lassen kann, bei offenem Fenster zu schlafen. Elektrische Bahnen rasen läutend durch meine Stube. Automobile gehen über mich hin.«[8]

Mit Blick auf diese Kopplung von Ich- und Stadtentwurf kann nicht verwundern, dass die postmoderne Ästhetik hier anknüpfte und ebenfalls häufig urbane Textuniversen herstellte – in gegenüber modernen Texten freilich radikalisierter Form: Denn für das Literatursystem der Moderne ist zwar kennzeichnend, dass die Gefahr des Ich-Verlusts thematisiert und die ›Erkennbarkeit‹ der Stadt problematisiert, aber nicht negiert wird. Postmoderne Großstadttexte hingegen stellen nicht mehr die Frage, inwiefern sich die reale Stadt noch darstellen lasse, sondern bezweifeln die mimetische Referentialität von Texten grundsätzlich und überführen das epistemologische Problem damit in ein ontologisches.[9]

So erzählt etwa Thomas Pynchon in *The Crying of Lot 49*, einem Musterbeispiel postmoderner Ästhetik, die Queste der Protagonistin Oedipa Maas. Angesiedelt ist ihre (natürlich scheiternde) Sinnsuche bezeichnenderweise in einer Großstadt, in ›San Narcisco‹. Diese beziehungsreich benannte Stadt kann als Paradigma aller zentrumslosen, ›identitätslosen‹ Textstädte der Postmoderne gelten, in denen sich die Identitätslosigkeit der Protagonisten zeichenhaft abbildet. So heißt es gleich am Anfang: »San Narcisco lay further south, near L.A. Like many named places in California it was less an identificable city than a grouping of concepts – census tracts, spezial purpose bond-issue districts, shopping nuclei, all overlaid with access roads to its own freeway.«[10]

Und ebenfalls nicht verwundern kann, dass die Relation von Ich und Stadt auch im Œuvre von Alban Nikolai Herbst, der sich mit Wilhelm Kühlmann als eine der »Führungsfiguren der ästhetischen Postmoderne«[11] einschätzen lässt und im Übrigen selbst wiederholt auf Pynchon als wesentlichen Bezugspunkt seines Schreibens hingewiesen hat, eine zentrale Rolle spielt.

Im Folgenden soll dieser Zusammenhang für *Buenos Aires. Anderswelt* erhellt werden, den im Jahr 2001 erschienenen mittleren Teil der *Anderswelt*-Trilogie, an dem sich Darstellung und Funktion von Herbsts Textstädten für sein Individualitätskonzept vielleicht am deutlichsten ablesen lassen. Da Herbsts Texte allerdings in einem außergewöhnlich engen Verhältnis zueinander stehen, ja so stark mit selbstrefenziellen Bezügen aufgeladen sind, dass sich aus den Einzeltexten gleichsam ein Metatext konstituiert, erscheint es sinnvoll, den Blick zunächst zurückzuwenden auf die Vorgeschichte(n) von ›Anderswelt‹.

*

2. Anderswelts Vorgeschichte(n)

Während der Entwurf urbaner Textlandschaften für Herbsts fiktionale Mikrokosmen von unterschiedlicher (aber prinzipiell wachsender) Bedeutung ist, bildet die Auseinandersetzung mit der Individualitätsproblematik von den frühsten Veröffentlichungen an das Gravitationszentrums seiner Poetik.

So formulierte Herbst bereits 1985 in der von ihm herausgegebenen Zeitschrift *Dschungelblätter*: »Die Leute, die von Freiheit reden und von Autonomie des Subjekts, haben überhaupt nichts von der Moderne, geschweige von der technischen Revolution begriffen. Wahrscheinlich rollen die Computer über sie hinweg, und sie nehmen es nicht einmal wahr! Denn sie haben nicht gemerkt, wie man ihren Substanzbegriff destruierte und damit das erkennende Subjekt.«[12]

Welche Folgen diese radikale Subjektkritik für Herbsts literarische Werke hat, buchstabiert gleich sein erster Roman, *Die Verwirrung des Gemüts* (1983), eindrucksvoll aus: Im Kern erzählt der Roman davon, dass sein Ich-Erzähler vor sich selbst fliehen möchte, ohne das alte Ich dabei mitzunehmen. Daher erfindet er eine Figur (Ulf Laupeyßer), die stellvertretend für ihn flieht, und diese erfindet wiederum eine Figur (Claus Falbin), an die der Fluchtdrang dann delegiert wird. So etablieren sich in hierarchischer Staffelung drei Erzählerfiguren, die abwechselnd zu Wort kommen und sich dabei ständig aufeinander beziehen.

Der weitere Verlauf der Handlung ist kaum zu rekonstruieren, weil zunehmend weniger deutlich ist, wer gerade spricht beziehungsweise *wer* eigentlich *wen* gerade erzählt, und die Schraube der Verwirrung wird im Laufe des Textes schließlich derart angezogen, dass sich – und zwar weder von den Figuren noch von den Lesern – keine Hierarchien zwischen den Zeitstufen und Fiktionalitätsebenen mehr sicher identifizieren lassen.[13]

Feststellen lässt sich immerhin, dass dem Erzähler dabei die eigene Identität beziehungsweise die Abgrenzung gegen seine Erfindungen immer unklarer wird. Diese Unklarheit kulminiert, als zunächst Laupeyßer und Falbin sich erst auf derselben Fiktionsebene treffen, dann sogar ihre Identitäten tauschen und Falbin in Umkehrung der Ausgangskonstellation schließlich zum Erzähler sowohl von Laupeyßer als auch vom ursprünglich auf der obersten Ebene angesiedelten Erzähler wird – und so verwirrend, wie diese Figurenverhältnisse klingen, sollen sie auch sein.

Läuft diese Erzählkonstruktion offenkundig auf die Negation der Idee einer festen Identität zu, so ist es am Ende des Romans dennoch der Erzähler der Ausgangsebene, der aufbricht, allerdings mit einem neuen, paradoxen Begriff von Identität: Es gelte nun

> den Versuch zu wagen einer Identität, die zutiefst ungesichert ist, für welche es keinen Beleg gibt; eine solche steht mir im Kopf, die sich noch und gerade in ihrer Auflösung findet und der die Flüchtigkeit zum Konstituens wird von Kontinuität. Also lade ich Sie ein – ausgehend von meiner ungesicherten, flüchtigen Position –, lade ich Sie zu einer Reise ein, die nie begann und von der unsicher ist, ob sie je und wer sie dann beginnen wird.[14]

Als genau diese ›Reise‹ lässt sich das folgende Werk Herbsts verstehen. Besonders anschaulich fortgesetzt wird sie in Herbsts 1000-seitigem Roman *Wolpertinger oder Das Blau* (1993), einem selbstreflexiven literarischen Diskurs über »die Fantasie der Wirklichkeit und die Wirklichkeit der Fantasie«[15]. Der Zusammenhang der beiden Texte zeigt sich gleich eingangs daran, dass der *Wolpertinger* dort einsetzt, wo *Die Verwirrung des Gemüts* endet: Zu Beginn der »Ersten Abteilung« des Romans findet nämlich diejenige Zugfahrt statt, auf die der Vorgängerroman zulief, unternommen von einem Protagonisten namens Hans Erich Deters.[16]

Dieser Deters ist, über seine Funktion als Romanfigur hinaus, in zweierlei Hinsicht besonders interessant: Erstens spricht sich in seinem zweiten Vornamen die Vervielfältigung des Ichs aus, indem es dem ›Ich‹ sozusagen prinzipiell ein ›Er‹ an die Seite stellt. Zweitens wird mit Deters jene Figur in Herbsts Œuvre eingeführt, die seither in vielen seiner Texte aufgetaucht ist und überdies in der außertextlichen Wirklichkeit als Spaltungsfigur des empirischen Autors Herbst fungiert, und zwar insofern, als er ihr mehrfach die Verfasserschaft an seinen Texten zugeschrieben hat[17] – und auch in der *Anderswelt*-Trilogie wird Deters eine zentrale Rolle spielen, wie hier im Vorgriff auf die weitere Argumentation angedeutet sei.

Nicht einmal ansatzweise lässt sich dem erzählerisch ausufernden *Wolpertinger* in diesem Zusammenhang gerecht werden. Deshalb nur so viel: Auch in diesem Roman wird das Prinzip der Pluralisierung des Erzähl-Ichs durchgeführt, und zwar gegenüber dem ›Vorgänger‹ In forcierter Weise. So erfindet der Ich-Erzähler gleich zu Beginn der Zugfahrt die Figur Deters, wobei allerdings kein Zweifel darüber bestehen kann, dass auch in diesem Roman die Zuordnungen prekär sein werden: »Mein guter Freund, sagte ich – so gewiss ich ich bin und Sie Sie sind – Und wer sind Sie?, fragte er. – Bringen Sie mich nicht durcheinander, sagte ich.«[18] Diese beiden Erzählerfiguren berichten nun simultan von der Fahrt, die in einem ›Wolpertinger‹ genannten Hotel in Hannoversch-Münden endet.

Und auch hier tritt noch ein dritter Ich-Erzähler auf, der sich als Erzähler des Prologs zu erkennen gibt. Aus Sicht dieser drei Erzählinstanzen wird nun von Ereignissen berichtet, die sich auf vier Zeitstufen ansiedeln lassen, wobei die späteste Zeitstufe wohl auch nicht den eigentlichen Erzählzeitpunkt des Romans darstellt, sondern, dem Motto von Lacan entsprechend, eher die »Zweite Zukunft dessen, was ich gewesen sein werde, für das, […] was ich dabei bin zu werden«. Damit präsentiert sich dem Leser insgesamt ein diegetischer Mikrokosmos, in dem die lineare Ordnung der Zeit ebenso aufgehoben ist wie die Unterscheidung zwischen Phantasie und Realität und die Idee der Identität.

Schreibt Herbst, pointiert formuliert, folglich an *einem* großen Buch über die Auflösung beziehungsweise Pluralisierung des Selbst in Zeiten nach der Postmoderne, so spielt die Darstellung städtischer oder gar großstädtischer Diskursuniversen am Anfang dieses ›Buches‹ keine vergleichbar zentrale Rolle. Immerhin, die *Verwirrung des Gemüts* ist in Bremen angesiedelt, der *Wolpertinger* führt den Leser von dort nach Frankfurt, die schmale Novelle *Die Orgelpfeifen von Flandern* (1993) ist in einer zunächst unbestimmt bleibenden Stadt situiert, die sich später als ein visionär verzerrtes Paris offenbart, und auch in *Eine sizilische Reise* (1995) tragen Textstädte zur Sinnkonstitution bei; beispielsweise führt ein Weg den Protagonisten etwa in die Katakomben von Palermo, die innerhalb des Textes nicht nur als ›reale‹, sondern zugleich auch als mentale ›Unterwelt‹ figurieren.

Erfüllt die Konstruktion städtischer Wirklichkeit demgemäß eine nicht unerhebliche textkonstitutive Funktion in den fiktionalen Gebilden Herbsts, so steigert sich deren Bedeutung mit *Thetis. Anderswelt* (1998) grundlegend – wie grundlegend und auf welche Weise, ist dem kleinen Roman *In New York* (2002) ablesbar, der bezeichnenderweise *Manhattan-Roman* untertitelt ist und wie eine nachgelieferte Gelenkstelle zwischen der *Anderswelt*-Trilogie und den vorherigen Werken anmutet.

Auch im *Manhattan-Roman* erfindet nämlich der Erzähler eingangs eine Figur, die sich im Laufe des Textes selbstständig macht und schließlich seine Stelle einnimmt – nachdem sie ihn zusammenschlagen ließ und damit das erzähltechnische Problem buchstäblich handgreiflich gelöst hat –, auch hier findet sich also ein Arrangement von Erzählinstanzen, deren hierarchische Ordnung prekär ist.

Eigentlicher ›Protagonist‹ des Romans sind aber nicht diese konkurrierenden Erzählerfiguren, sondern die Textstadt ›New York‹, deren Entwurf weite Teile des Textes einnimmt. Deutlich schließt Herbst bei diesem Entwurf an die oben skizzierten Großstadtdichtung an, in der das Labyrinth der Großstadt zur zeichenhaften Abbildung von Ich-Dissoziation fungierte.

Besonders anschaulich wird dieser Zusammenhang in folgender Passage:

> Man zappelte an der Nabelschnur dieser millionengliedrigen Fauna metropoles Biotop. Zellteilung unentwegt. Und die gewucherten Zellen vom Saumbrand weggefressen, Zerrüttung im Innern Verfall an den Rändern. Babylonische Stahltürme, das Dachwerk gleichermaßen Art Deco und Wolken verziert wie in Wolken und Art Deco verzahnt, indessen sich unten Generationen aus Gelb Rot Blau ergossen, Taxen Busse rote leuchtende Feuerwehrwagen, die zähen Stauungen von InlineScatern wie von Sardinen durchflitzt, an beiden Ufern Menschströme. [...] Kaum war ich auf der 30th St. Hinaus, stieß man und rempelte mich aus dem Weg.[19]

Offenkundig ist hier die Engführung von Ich- und Stadt-Konzeption, die auch für die Anderswelt-Romane charakteristisch ist – allerdings in ästhetisch wesentlich komplexerer Form, wie sich im Folgenden an *Buenos Aires. Anderswelt* zeigen wird.

*

3. Ich und Stadt in der Anderswelt

Bevor der Leser im Inneren der Anderswelt, oder literaturwissenschaftlicher gesprochen: beim fiktionalen Diskurs ankommt, passiert er ein Ensemble von extrafiktionalen Rahmenstücken, die seine Lektüre lenken sollen. Eine exponierte Stellung innerhalb dieser Paratextelemente nimmt dabei der Titel ein, denn, wie Johann Georg Hamann formuliert hat: »Der Titel ist für mich kein

Schild zum bloßen Aushängen, sondern nucleus in nuce, das Senfkorn des ganzen Gewächses.«[20]

Im Fall von *Buenos Aires. Anderswelt* leistet der Titel im Wesentlichen dreierlei: Über seinen ersten Bestandteil, der auf eine bekannte Stadt der Lebenswelt verweist, spricht er zunächst der Großstadt eine kardinale Bedeutung im Sinnzusammenhang des Textes zu und schließt damit in funktionaler Hinsicht an Titel wie *Dubliners* oder *Berlin Alexanderplatz* an. Der zweite Bestandteil widerspricht dem ersten allerdings sofort beziehungsweise erläutert ihn, indem er die titelgebende Stadt in einem utopischen Szenario situiert und damit indiziert, dass keine referentielle Stadtkonstitution zu erwarten ist, also auf keinen extratextuellen ›Gegenstand‹ Bezug genommen wird. Zudem markiert er die Zugehörigkeit des Romans zur *Anderswelt*-Trilogie und ruft damit den diegetischen Kosmos mit seinen Spielregeln und Strukturen auf, den Herbst in *Thetis. Anderswelt* entworfen hatte.

Zu Beginn dieses 900 Seiten starken Bandes sitzt Hans Erich Deters im Café Silberstein in Berlin, wartet auf eine Frau, imaginiert währenddessen eine Stadt und stellt dabei das Erzählprogramm für die gesamte Trilogie auf:

> Die Qualität einer Stadt und also die der Aufzeichnungen über sie misst sich an den Beschaffenheiten ihrer Gehsteige Fahrbahnen, an Unebenheiten hohem und niederem Trottoir. Ist dieses, wie im Westen, uniform auf Marktniveau gebracht, so ist die Stadt selbst nur Äquivalenz und sind es ihre Bewohner. Damit alle Fantasie perdu.
>
> Ich aber will, daß Raum fürs Ungeheuere bleibe.
>
> Der ist auch im Kopf zu schaffen. Nur zu beobachten reicht nicht.
>
> Ich will Dich Buenos Aires nennen. Ich nenn Dich nicht Paris, nenn Dich nicht Rom, schon gar nicht Prag, und auch Belgrad nicht und nicht London, geschweige so, wie Du heißt. Schon werdet ihr alle mir eine. Und wo was fehlt, denk ich's aus den Geschwistern hinzu.[21]

Diese vom Protagonisten imaginierte Großstadt, eine Legierung aus allen Großstädten und damit gleichsam *die* Megalopolis schlechthin, ist (ein) Handlungsort auch des zweiten Bandes, und auch *Buenos Aires* fußt erneut auf dem in *Thetis* entworfenen postapokalyptischen Szenario. Knapp gefasst: Nach einer ökologischen Katastrophe, der »Großen Geologischen Revision«, bei der u.a. die Polkappen geschmolzen sind, besteht die Anderswelt nur noch aus einer kleinen Kontinentalmasse, die von einer hohen Mauer vor dem Thetismeer beschützt wird und aus drei Räumen besteht: dem technologisch hochgerüsteten Westen, der riesigen Stadt Buenos Aires – deren Name gelegentlich auch für das gesamte Europa verwendet wird – und einem maroden Osten, in dem ausgegrenzte Minoriäten leben.

Auskunft über die Arten der Geschöpfe, die diese Welt bevölkern – etwa Holomorfe, d.h. computergenerierte Roboter mit Selbstbewusstsein –, ihre politische Struktur sowie die technische Ausstattung gibt ein »WurmVorsatz« genanntes Heft, dass *Buenos Aires* beigelegt ist und dem Leser zur Orientierung auf dem bodenlosen Gelände der Anderswelt dienen soll. Bezeichnend für das auf Pluralität abzielende poetologische Programm Herbsts ist dabei, dass dieses Element des Rahmens dem Leser keine autorseitig favorisierte Lesart nahe legen will, wie es übliche paratextuelle Praxis ist – denn der Paratext bildet prinzipiell eine Zone der Transaktion zwischen Text und Nicht-Text, die den Schauplatz abgibt für eine »Pragmatik und eine Strategie, ein Einwirken auf die Öffentlichkeit im gut oder schlecht verstandenen oder geleisteten Dienst einer besseren Rezeption des Textes und einer relevanteren Lektüre – relevanter, versteht sich, in den Augen des Autors und seiner Verbündeten.«[22]

Herbst beziehungsweise die ›Fiktionäre‹, die für dieses Textstück verantwortlich zeichnen, weisen hingegen darauf hin, welch begrenzte Reichweite ihre Orientierungshilfen haben: »Die Namen und ihre Geschichten sind Möglichkeiten, und keine Lesart schließt eine andere aus.« Und im Eintrag zu ›Qlippoth‹ heißt es dann in erkennbarer Selbstthematisierung des Romankonzepts: »One reason why the word ›qlippah‹ has no simple meaning is that it is part of the Kabbalistic explanation of evil, and it is difficult to explain evil in a monotheistic, non-dualistic religion without incurring a certain complexity … – Dies gilt auch für die Romanserie selbst.«

Und schließlich sei hier noch auf ein weiteres textliches Rahmenstück hingewiesen, das für die Rezeption des Romans von erheblicher Bedeutung ist[23]: Während *Thetis* mit der Gattungsbezeichnung ›Fantastischer Roman‹ versehen war und damit den Akzent auf die Differenz zwischen Realität und Phantasie legte, wird die Fortsetzung als ›Kybernetischer Roman‹ bezeichnet. Mit dieser ungewöhnlichen Rubrizierung lässt Herbst die vorgängige Auseinandersetzung um die Grenze zwischen ›real‹ und ›fiktiv‹ hinter sich und betont stattdessen den Systemgedanken, ist die Kybernetik doch eine wissenschaftliche Disziplin, die sich mit den Prozessen innerhalb geschlossener, selbstregulierender Systeme beschäftigt – und ein solches System soll der Gattungsbezeichnung zufolge also mit *Buenos Aires. Anderswelt* vorliegen beziehungsweise zumindest simuliert werden.

Kaum andeuten lassen sich die Ereignisse, die auf den verschiedenen Ebenen des Textes stattfinden, geschweige denn die Fülle der aus Referenzen u.a. auf antike Mythologie, Science-Fiction-Literatur und -Filme montierten Figuren und ihre Verhältnisse zueinander oder die Struktur der einzelnen Welten und ihr Verhältnis untereinander erklären: Es gibt keinen roten Faden, der durch den Text führen würde, häufig lässt sich die Sprecherinstanz nicht identifizieren, die Figuren tauchen auf und verschwinden wieder, kleine Binnenerzählungen kristallisieren sich heraus und werden wieder abgebrochen. Daher werde ich hauptsächlich Hans Deters auf seinem Weg durch den Text folgen und versuchen, anhand dieses Erzählstranges die Poetologie des Romans zu erläutern – in der Annahme, dass sich dem Zentrum des Herbstschen Schreibprogramms am leichtesten über eine Annäherung an diese Spaltungsfigur näher kommen lässt. Gestützt wird diese Annahme durch die folgende autoreferentielle Bemerkung von Deters in *Buenos Aires*, die sowohl die *Verwirrung des Gemüts* als auch den *Wolpertinger* aufruft: »Also erzählte ich […], dass ich eigentlich Laupeyßer hieß. Oder Falbin. Mit einem gefälschten Pass sei meine Reise ins Widersinnige losgegangen.« (BA, 186)

Der Auftakt des Romans knüpft dementsprechend in einer Weise an seinen ›Vorgänger‹ an, die sich als Wiederholung des Übergangs von der *Verwirrung des Gemüts* zum *Wolpertinger* lesen lässt. Denn nachdem eine zunächst namenlos bleibende Erzählinstanz mit den Worten »Schalt ein, lad hoch, fahr ab!«[24] den Einsatz gibt und der Protagonist mit den Worten »*Hans Deters be-*

tritt den Raum« eingeführt wird, als wäre er unfreiwilliger Besucher eines Chatrooms, wiederholt sich das Schlusstableau von *Thetis* in fast wörtlicher Wiederholung – aber eben auch in diesem Fall nur fast: Wiederum bietet sich ein chaotisches Stadtbild, das gleich eingangs sowohl die Bedeutung der Großstadt im Rahmen der Sinnkonstitution des Textes als auch ihre Undurchschaubarkeit markiert, »Tohuwabohu, aus Feuerwehr Notarztwagen Polizei. Die wallende Stadt«, wiederum ist Deters am Kopf verletzt, ein »nässender Schmerz über der Nasenwurzel« (BA, 10), und wiederum kann er sich nicht orientieren und ist offensichtlich unversehens in die Welt geraten, die er erfunden hatte.

Während er in *Thetis* aber zumindest wieder vor dem Silberstein steht, »das wenigstens stimmte«[25], steht in *Buenos Aires* hingegen plötzlich »SAMHAIN über der Front...« (BA, 9) und Deters stellt fest: »Aufgebrochen heute, eines schönen Junivormittags, zu einem Spaziergang durch Berlin, war ich angekommen im fantastischen Raum.« (BA, 10) Und eigentlich müsste er sich in diesem Raum orientieren können, muss aber schnell erkennen: »Zwar hatte ich Buenos Aires erfunden, das hieß aber nicht, daß ich mich auskannte darin. Schon dieses Viertel ausgesprochen fremd. Sicher, die Oranienburger, doch hinter der Viale delle Provincie.« (BA, 12)

Erschwerend kommt hinzu, dass in dieser Welt nichts ›fest‹ ist, sondern sich alles ständig neu anordnet: »War ich, seit meinem Aufbruch, auch nur zweimal dieselbe Straße gegangen? Das schien in Buenos Aires prinzipiell nicht möglich zu sein.« (BA, 13f.) Vor allem aber existiert in der Anderswelt die Dunckerstraße nicht mehr, in der sich seine Berliner Wohnung befunden hatte – beziehungsweise hat, existiert sie dem Konzept des Romans zufolge auf einer anderen Ebene doch weiter – und unklar ist ihm wie dem Leser, wie er unter diesen Bedingungen nach Hause finden soll.

Deutlich wird damit gleich zu Beginn des Romans, dass seine Handlung – soweit sich bei Herbsts wuchernden Texten, die die Rekonstrukion einer kohärenten *histoire*-Ebene kaum erlauben, überhaupt sinnvoll von ›Handlungen‹ sprechen lässt – die ›klassische‹ Reise-Erzählung, die ihr ›Urbild‹ in der *Odyssee* hat, als Folie nimmt. Bilden diese Reisen zeichenhaft die Ich-Entwicklung der Protagonisten ab, so reist Deters gleichsam als moderner Odysseus durch die Anderswelt, wobei, wie Thomas Malsch festgestellt hat, diese Reise einen »Haken«[26] hat: »Kaum haben wir die Einladung zur Irrfahrt angenommen und angefangen, uns mit Deters anzufreunden [...], werden wir auch in eine den Lesegenuss durchaus trübende Verwirrung hineingezogen: Wer ist das eigentlich, mit dem wir uns anfreunden, und identifizieren sollen?«[27]

Unabhängig von der Frage, ob mangelnde Identifikationsmöglichkeiten tatsächlich das Lesevergnügen mindern, weist Malsch hier zurecht daraufhin, dass diese Reise zu keinem Ziel führen kann, da dieses nur zu erreichen wäre, wenn es ein konstantes Ich gäbe – und, muss nach den voranstehenden Ausführungen zur Konstruktion der urbanen Strukturen in der Anderswelt ergänzt werden, einen konstanten Ort.

Deutet aber bereits der Auftakt des Romans an, dass die Ideen der festen Identität, von Zeit und Raum beziehungsweise die Möglichkeit raumzeitlicher Orientierung im Folgenden problematisiert werden, so radikalisiert sich diese Problematisierung im Verlauf des Romans bis zu ihrer vollständigen Negation. Die nächste Stufe der Verwirrung wird erreicht, als sich herausstellt, wer Deters zu Beginn des Textes in den ›Raum‹ gestoßen hat und in welchem Verhältnis Welt, Anderswelt und noch weitere Welten zueinander stehen: Verantwortlich hierfür zeichnet ein Programmierer namens Alban Herbst, der zusammen mit seinen Kollegen ›datische‹ Welten entwirft, um Regularitäten innerhalb von simulierten Systemen zu testen. Eines dieser Systeme ist Anderswelt, und ›dahinter liegen‹ – dies in Anführungszeichen, da eine Raum-Metaphorik kaum noch greift, wenn die Welten ineinander verschleift werden und die Hierarchie-Ebenen derart unklar sind, wie sich noch zeigen wird – liegen also noch weitere datische Welten. Dazu erläutert Herbst:

> Beide Systeme – Anderswelt und Welt – waren anfangs keineswegs miteinander verbunden gewesen, sondern sogar auf verschiedenen, räumlich voneinander getrennten Datenträgern gespeichert. Die einzige Verbindung zwischen ihnen bestand, selbstverständlich, in Web- und Stromleitungen sowie, damit sie sich zentral bedienen ließen, einem hochgesicherten Interface. Sie hatten außerdem verschiedene Systemzeiten. Buenos Aires war der Welt vier Tage voraus, die wiederum spielte Wochen vor Garrafff, damit sich bei uns auf Grund der in Anderswelt und Welt gewonnenen Erkenntnisse gegebenenfalls Entscheidungen treffen ließen. (BA, 96f.)

Auf den ersten Blick scheint aus dieser Versuchsanleitung zweierlei zu folgen: zum einen, dass Deters von Herbst entworfen wurde, und zwar als »kybernetische[s] Nachstellmodell« (BA, 179) seines Erfinders; und zum anderen, dass innerhalb des Textes eine Instanz beziehungsweise eine Ebene existiert, die das verwirrende System an simulierten Welten, deren Kopien etc. kontrolliert. Dass es um diese Kontrolle allerdings schlecht bestellt ist, dürfte nach den voranstehenden Ausführungen keine Überraschung sein.

Der zunehmende Kontrollverlust setzt damit ein, dass der Programmierer seine Figur das erste Mal aus den Augen verliert: »hier verlor Herbst Hans Deters auf seinen Beelitzer Monitoren. Er war unkonzentriert, übermüdet. Zu lange hinter Screens gesessen« (BA, 16). Zwar findet er ihn bald darauf wieder, ein gewisses Unbehagen aber bleibt: »Dennoch, irgendetwas stimmte nicht mit Buenos Aires. Doch der Programmierer bekam nicht heraus, was es war.« (BA, 32) Die Erfindungen beginnen sich also selbständig zu machen, das System sich auf eine Weise zu ändern, die nicht der Programmierung entspricht, und überhaupt wird zusehends unsicherer, wer eigentlich die Generierung speziell der Avatare und darüber hinaus des simulierten Systems insgesamt durchgeführt hat. Der Programmierer Beutlin (dessen Name Tolkiens *Lord of the Rings* aufruft) etwa wundert sich, »daß Herbst so bedingungslos glaubte, Hans Erich Deters designt zu haben, und es gar nicht verdächtig fand, weshalb seine Beelitzer CYBERGEN ihm solche Spielchen erlaubte« (BA, 33).

Damit vollzieht der Text eine gegenläufige Bewegung: Während sich die Programmierer Stück für Stück Kontrollverluste über ihr System eingestehen müssen, gewinnen die simulierten Spaltungsfiguren langsam eine neue Form der Freiheit beziehungsweise Autonomie. So ist etwa die Rede davon, dass Deters »ärgerlicherweise eine Dunckerstraße in die Anderswelt programmiert hatte. Das hätte zum Absturz des ganzen Modells führen können« (BA; 94). Immerhin scheint Deters den Programmierern zu diesem Zeitpunkt ein Einzelfall zu sein, so dass sie die Funktionstüchtigkeit der gesamten Versuchsanordnung noch nicht grundsätzlich in Frage stellen: »Er [Deters] war der erste Avatar, der seinen definierten Bezugsrahmen verließ. Vielleicht lag das an seiner wenig konturierten Identität. [...] Er war so etwas wie eine fließende Variable.« (BA, 98) Aber bald machen sich auch andere Avatare beziehungsweise homomorfe Widergänger selbstständig, reisen ohne Programmierbefehle von Herbst zwischen den Cyberwelten, offenbaren damit die Durchlässigkeit ihrer Grenzen und entziehen sich dem Einfluss ihrer Urheber.

Um nur ein Beispiel für diese Widerständigkeit der Avatare gegen ihre Programmierung anzuführen: Als John Broglier, eine weitere Version von Herbst, ›gelöscht‹ werden soll, rettet der Programmierer seinen simulierten Widergänger, der sich bei einem Treffen übrigens »durch und durch materiell« (BA, 140) anfühlt, durch kleine Modifikationen an dessen Profil: »Ich hatte eine Nachtschicht eingelegt und Brogliers in Buenos Aires gebackuptes Charakterprofil moduliert [...] – alles in allem Details, an denen herumzubasteln auch technisch wenig problematisch war.« (BA, 153)

Broglier verschwindet durch diese Modifikationen aus dem System, wodurch deutlich wird, dass es nicht nur einen gesteuerten und kontrollierten Eingang, sondern auch einen ebenso ungesteuerten wie unkontrollierten Ausgang hat. Und zwar hat Herbst diese ›Flucht‹ befördert, sie aber nicht alleine bewerkstelligt. Vielmehr konnte sich Broglier als Teil eines »selbstgenerativen System[s]« selbst verändern, wie die Programmierer erkennen müssen: Die Avatere »haben ein Eigenleben begonnen [...]. Sie füllen sich mit den ihnen nötigen Daten von selber auf«. Und selbst das Stromkabel zu ziehen könnte dieses unerwünschte Eigenleben nicht mehr restlos verhindern, denn auf »den Festplatten bleiben freilich Spuren« (BA, 100).

Der vorgeblich obersten Erzählinstanz – und sicher auch dem Leser – wird dementsprechend immer unklarer, nach welchen Regularitäten sich die datischen Welten entwickeln, in welcher Beziehung sie zur Ebene ihrer ›Schöpfer‹ stehen und welche Handlungsreichweite die Arbeit an dem Rechner und vor den Monitoren überhaupt hat. Und mehr noch: Auch zu der obersten Ebene des Textes scheinen die Grenzen durchlässig zu sein: »Offenbar hatten wir die datischen Welten nicht *geschaffen*, sondern es schien sie immer schon, zugleich und neben der Realität, gegeben zu haben; wir hatten lediglich den – oder einen – Zugangscode gefunden. Theoretisch müssten also auch wir sie betreten und mit ihnen verschmelzen können« (BA 151; Hervorhebung im Original) – und *vice versa*, so dass sich nicht mehr feststellen ließe, »wer welchem Bezugssystem entstammt« (BA, 101). Dann allerdings, lautet Beutlins späte Einsicht, »wäre alles möglich. Eine Unendlichkeit miteinander verschränkter Realitäten« (BA, 221).

So erodiert sukzessive diejenige Erzählebene des Textes, die anfangs hierarchisch über allen anderen zu liegen und eine Variation des auktorialen Erzählers in Zeiten des Cyberraums zu etablieren schien. Und nur folgerichtig für diesen ständigen, für den Leser kaum nachvollziehbaren Wechsel zwischen verschiedenen Erzählinstanzen und verschiedenen Welten ist dann, dass gegen Ende des Romans nicht Deters, sondern Herbst ins Silberstein eintritt. Als Deters sich nämlich einmal in Erinnerungen an frühere Stufen seines Ichs verliert[28], passiert folgendes: »Diesen Moment nutzte ich, ich mußte schnell sein, hatte gewartet auf solch eine Chance, kopierte Deters mit zweidrei Funktionsbefehlen in eine Zwischendatei und löschte ihn aus Buenos Aires. Als sein Platz frei geworden war, trat ich den Weg ins SILBERSTEIN an.« (BA, 228) Und personal erzählt wird dann noch die Information nachgeliefert, dass Herbst erst »eine Selbstkopie auf F verfertigt« (ebd.), Deters dann mit dem Programm DESTROY ME aus Garrafff gelöscht und damit einen »Systemabsturz« (BA, 229) ausgelöst hatte.

Und ebenso folgerichtig ist, dass Herbst (wie sich den Reaktionen der Bedienung ablesen lässt) zwar wie Deters aussieht und ununterbrochen an seinem Platz gesessen zu haben scheint – aber an einem anderen Punkt der Zeitachse angelangt ist, als er gedacht hatte: »Echt 2001? [...] Was mach ich jetzt? Scheisse, was mach ich jetzt?« (BA, 260f.) Am Ende ist also Herbst als unwirkliches Ich in einem unwirklichen Berlin gelandet, in dem er sich so wenig orientieren kann, wie sich Deters in der von ihm erfundenen Stadt zu Beginn des Romans orientieren konnte.

*

4. Autonomieverluste, Autonomiegewinne

Fast zwangsläufig mutet an, dass Herbst diese radikalste Version seiner Ich-Dekonstruktionen in einer, oder besser: in *der* Großstadt angesiedelt hat, demjenigen Ort also, der seit Beginn der Moderne Schauplatz für die Auseinandersetzung zwischen Ich und Welt ist. Pointiert lässt sich die *Anderswelt*-Trilogie damit als Versuch lesen, das unvollendete Projekt von Moderne und Postmoderne zum Ende zu bringen, oder anders formuliert: vorgängige Konzeptionen von Ich und Welt endgültig für obsolet zu erklären und die Möglichkeiten der Ästhetik im digitalen Zeitalter auszuloten.

Mit der Anderswelt ist dabei ein fiktionaler Kosmos entstanden, in dem es keine Unterscheidung zwischen digitaler und ›realer‹ Welt, zwischen Mensch und Maschine gibt, und folgerichtig etablieren sich keine festen Erzählinstanzen, sind die Orte ebenso austauschbar wie die Figuren, ist zwischen Original und Fälschung nicht mehr zu unterscheiden, führt kein Ariadnefaden durch den Text. Simuliert wird ein autopoetisches System, dass sich ohne Autor-Schöpfer selbst generiert.

Wird folglich der Idee eines autonomen Ichs in diesem Wechselspiel von Figuren, die nur noch Informationseinheiten sind, eine entschiedene Absage erteilt, so bringt dieser Autonomieverlust im allumfassenden Cyberraum dennoch eine neue Form der Autonomie mit sich – und etabliert damit eine Variation von Simmels Idee der Großstadt als Möglichkeitsraum, in dem sich das Ich entfalten kann. Denn was auf den ersten Blick wie ein von Programmierbefehlen determiniertes System erscheint, entpuppt sich im Verlauf des Textes als unkontrollierbar.

Von hier aus lässt sich ein Gespräch zwischen der Holomorfin Deidameia, Anführerin einer Rebellengruppe in Buenos Aires, und Deters als Charakterisierung der Herbstschen Poetik in nuce verstehen. Dort erläutert Deidameia nämlich, dass sich die Rebellen gegen eine einzige Realität wehren, gegen »ein monogames Paradies. [...] Wir hingegen wollen so viele Welten wie möglich. Wir sind für Willkür, Hans Deters. Wir wollen Ekstase, nicht Ordnung« (BA, 223). □

Anmerkungen umseitig!

Anmerkungen:

1 Unter ›Textstädten‹ verstehe ich dabei im Anschluss an Andreas Mahler solche Städte, die Resultat eines Imaginationsprozesses sind. Vgl. Andreas Mahler: »Stadttexte – Textstädte. Formen und Funktionen diskursiver Stadtkonstitution«, in: ders. (Hg.): *Stadbilder. Allegorie – Mimesis – Imagination*, Heidelberg 1999, S. 11-36.

2 Georg Simmel: »Die Großstädte und das Geistesleben«, in: ders.: *Aufsätze und Abhandlungen 1901-1908*, hg. von Rüdiger Kramme, Frankfurt/M. 1995, S. 116-131, hier S. 118.

3 Ebd., S. 117.

4 Ebd., S. 118.

5 Ebd., S. 119.

6 Ebd., S. 131.

7 Ernst Blass: *Die Straßen komme ich entlang geweht*. Sämtliche Gedichte. Hg. u. mit einem Nachwort versehen v. Thomas B. Schumann, München Wien 1980, S. 24.

8 Rainer Maria Rilke: *Die Aufzeichnungen des Malte Laurids Brigge*. In: ders.: *Werke*. Kommentierte Ausgabe in vier Bänden, hg. von Manfred Engel u.a. Bd. 3. München 1996, S. 453-635, hier S. 455.

9 Vgl. Brian McHale: *Postmodernist Fiction*, London New York 1987, S. 10.

10 Thomas Pynchon: *The Crying of Lot 49*, New York 1976, S. 12.

11 Wilhelm Kühlmann: Postmoderne Phantasien. Zum mythologischen Schreiben im Prosawerk von Alban Nikolai Herbst (geb. 1955). Mit einem Werkverzeichnis. In: *Euphorion* 97 (2003), S. 499-516, hier S. 516; vgl. ferner Christoph Jürgensen: Ich sind auch andere. Zur Pluralisierung des Selbst in der Erzählprosa von Alban Nikolai Herbst. In: Ivar Sagmo (Hg.): *Moderne, Postmoderne – und was noch?* Franfurt/M. 2007, S. 145-157.

12 Alban Nikolai Herbst: *Dschungelblätter*. Zeitschrift für die deutschsprachige Kulturintelligenz 3 (1986/87), Nr. 2, S. 7.

13 Vgl. hierzu ausführlich Jürgensen (Anm. 11), S. 150ff.

14 Alban Nikolai Herbst: *Die Verwirrung des Gemüts*. München 1983, S. 325.

15 Stefan Scherer: Die Metamorphosen des Wolpertingers. Zur Poetik und zum Werk vom [sic!] Alban Nikolai Herbst. In: *Juni. Magazin für Literatur & Politik* 26 (1997), S. 167-190, hier S. 179.

16 Dennoch ist der Wolpertinger nicht als ›Fortsetzungsroman‹ im herkömmlichen Sinne zu lesen – der skizzierten Poetik von Herbst entsprechend sind die Figuren im *Wolpertinger* nämlich nicht identisch mit ihren Vorgängern in *Die Verwirrung des Gemüts*, sondern ähneln ihnen lediglich.

17 So ›gestand‹ Herbst beispielsweise in dem kleinen Text *Eine Beichte: Wie ich zum Schreiben kam*: »Hiermit gestehe ich, nicht der Autor meiner Texte zu sein. Zwar habe ich das bereits 1987 mitgeteilt, und zwar in der seinerzeit bei Athenäum erschienenen Repräsentationswulst ›Literatur in Frankfurt‹. Und 1991, in Keller/Rutschkys ›Alltag‹, ging ich nochmals darauf ein. Doch war die Aufmerksamkeit für beide Foren zu beschränkt. Nun wiederhole ich an dieser hervorgehobenen Stelle: Hans Erich Deters ist der Urheber meiner Bücher.« Dieser Text findet sich auf Herbsts homepage unter der Adresse: http://www.die-dschungel.de/ANH/txt/fiktionen/deters_schreiben.htm.

18 Alban Nikolai Herbst. *Wolpertinger oder Das Blau*. Frankfurt/M. 1993, S. 37.

19 Alban Nikolai Herbst: *In New York. Manhattan Roman*. Frankfurt/M. 2000, S. 58f.

20 Johann Georg Hamann: Brief an Friedrich Jacobi. In: *Johann Georg Hamann's, des Magus im Norden, Leben und Schriften*. Hg. v. C. H. Gildemeister, Bd. V. Gotha 1837, S. 137f.

21 Alban Nikolai Herbst: *Thetis. Anderswelt*. Fantastischer Roman. Reinbek bei Hamburg 1998, S. 9.

22 Gérard Genette: Paratexte. *Das Buch vom Beiwerk des Buches*. Aus dem Französischen von Dieter Hornig. Frankfurt/M. 1989, S. 10.

23 Zumindest am Rande sei darauf hingewiesen, dass den Binnentext noch weitere Paratexte umgeben, und zwar im Einzelnen: ein zentrales, den gesamten Text über-

schreibendes Motto, das die Wechselbeziehungen zwischen Gedanken und Körpern betont; zudem Zwischentitel, die die einzelnen Kapitel überschreiben und im Zusammenspiel die ›Reise‹ nachzeichnen, die der Text insgesamt erzählt – »Durch Buenos Aires nach...«, »...Garrafff: Dahinter...«, »...Die Unendlichkeit«, und überdies gerahmt sind von der Anweisung »Schnelle Wechsel« und »Ausgang: Vom Silberstein zur Dunckerstraße«; und schließlich sind den einzelnen Kapiteln noch Motti vorangestellt, u.a. von Pynchon und dem Medienphilosophen Vilém Flusser. Damit wird der Binnentext von einem außergewöhnlich vielgestaltigen Ensemble an Paratextelementen umgeben, die eine Lektürelenkung suggerieren – und auch immerhin die medien- beziehungsweise systemphilosophische Seite des Romans kommentieren, aber bezeichnenderweise bei der Orientierung im Text kaum helfen.

24 Alban Nikolai Herbst: *Buenos Aires. Anderswelt.* Kybernetischer Roman. Berlin 2001, S. 9. Im Folgenden wird der Roman im Fließtext nachgewiesen mit der Sigle BA, Seitenzahl.

25 Herbst (wie Anm. 21), S. 893.

26 Thomas Malsch: Vom Wiedereintritt des Autors in seine Geschichte. Buenos Aires. Anderswelt. Ein kybernetischer Roman von Alban Nikolai Herbst. In: Thomas Kron u. Uwe Schimank (Hg): *Die Gesellschaft der Literatur.* Opladen 2004, S. 45-80, hier S. 48.

27 Ebd., S. 49.

28 Dort heißt es in Variation einer Szene in *Die Verwirrung des Gemüts*: »Ich hatte die Illusion, auf einen Dachgarten geraten zu sein, der seinerseits ummauert und überdacht ist. [...] Und da hier drüben gleich, saßen Claus Falbin, mein altes anders Ich, und ich selbst, Laupeyßer, der, in einer Kakaotasse rührend, auf seinen Hinterkopf blickte, im Spiegel, selbstverständlich im Spiegel – Gott, was war ich damals noch jung!« (BA, 228); vgl. *Die Verwirrung des Gemüts*, S. 12.

Alban Nikolai Herbst

Städte

Arbeitsnotat Die Dschungel. Anderswelt, 1.7.2004:
Dschungel. Buenos Aires (Potsdamer Platz). Argo. Anderswelt. (1)

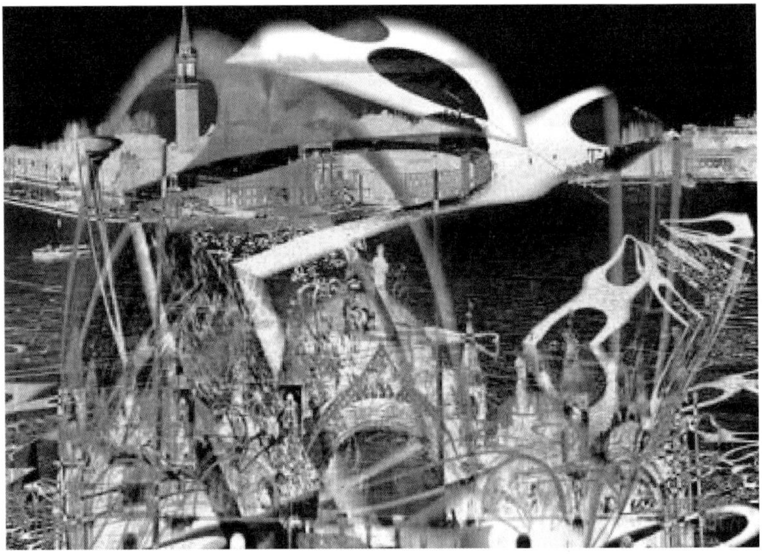

von Zazie (©) *(URL beim Bildklick=http://www.zazie.at). Dazu noch einmal der Entwurf des Anfangs von ARGO, notiert im alten Weblog,* Archiv Oktober 2003*: Deters kam zu sich. Er hatte viel geliebt, er hatte unendlich, so kam es ihm vor, gelebt. Aber schaute auf seine Hände, und sie waren kaum 49 Jahre alt. Ich habe Hände, dachte er. Das beschäftigte ihn so sehr, daß er sich anfangs nicht einmal umsah. Als er es tat, sah er, daß dieser Raum keine Fenster hatte. Er lauschte. Man hörte ein still vor sich hinrauschendes Summen. Anfangs konnte er auch nur wenig Gegenstände erkennen, dann kam ein Tisch, kam ein Stuhl, kam die Couch, auf der er saß. Als würde seine nächste Umgebung erst nach und nach angefüllt, und es brauchte wiederum ein wenig Zeit, bis er begriff, daß er selbst es war, der das Mobiliar herstellte, der tapezierte, der die Bilder aufhing –*

Arbeitsnotat Die Dschungel. Anderswelt, 31.5.2005:
Globale Stadt. Argo. Anderswelt. (112).

Therefore, to understand the contemporary urban landscape it would be much more interesting to study the rise of the new communities and what they might have to offer, what is so appealing about them, and how they relate to new larger wholes, instead of constantly talking about public life and community in terms of a loss of something whose very nature has always remained unclear to us. The classical disziplines of architecture and urbanism are not enough to understand, plan, and control this urban landscape and the behaviour of its inhabitants any longer. We need to understand the influence of the new media, not only to be informed and so be able to avoid traffic jams, but also to know where we are and where we want to go.

Bart Lootsma, The New Landscape.
Anthropologische Kehre.

Arbeitsnotat Die Dschungel. Anderswelt, 1.6.2005:
Globale Stadt. Das Ende des Privaten. Argo. Anderswelt. (113).

Den äußeren urbanen Stadtlandschaften addieren sich die inneren Räume, die nicht nur psychischer (also individueller), sondern auch objektiver (nämlich kybernetischer) *Natur* sind und auf die äußeren, sie damit erweiternd, direkt zurückwirken: Es findet sozusagen eine Materialisierung der Ideenwelt statt, bzw. ist die Idee ihrerseits bereits immer aufs Materielle rückgebunden. Das findet seinen Ausdruck unter anderem in der Veröffentlichung des Privaten (hier schließen sich Weblog-Theorie und Ästhetik zusammen), in *reality*-Shows, die das Private gleich vorab inszenieren (oder – so kann man es auch sehen – den inszenierten Charakter des Privaten offenbaren) sowie in den Chatrooms, vornehmlich denen erotischen Charakters, worin sich ("Netzfrauen") der reale Mensch ganz bewußt zu einem Avatar macht. Der dann sein Privatestes "verrät", nämlich verraten darf. Der Gedankenraum (das Zimmer, in dem man ein Buch liest, und das, in dem es spielt) wird unterdessen kommunikativ geteilt; er ist – wie bei der Harry-Potter-Mode völlig offensichtlich – Sozialraum und wird, damit er sich bloß nicht weiter unterscheidet, nahezu umgehend, sich selber stanzend (klischierend), verfilmt. Es ist – jedenfalls in den westlichen Kulturen – nicht mehr zu sagen, welcher Bereich (sofern man da überhaupt noch sauber auseinanderhalten kann) "bedeutsamer" sei: der Imaginäre (kybernetische, technologische) oder der Materielle (reale) Raum. Es scheint sich in der Psyche beides aufeinanderzulegen – oder liegt schon längst aufeinander. Der Begriff der Person kehrt zu ihrem etymologischen Ursprung zurück und ist zugleich doch sehr viel weitergekommen: meint etwas sehr Zukünftiges, das indes bereits da ist. Davon erzählt das Romanprojekt. Nein, falsch: Das erzählt die ANDERSWELT. Das ist sie.

Der andere Realismus (Als – künstlerische – Kategorie).

Arbeitsnotat Die Dschungel. Anderswelt, 13.6.2005:
Die vektoriale Stadt. Argo. Anderswelt. (115).

There is only the possibility of relation. Technology is matter and movement. Technology is not framing and cutting, it is mapping and connecting. Or at least, this is the characteristic of the technologies that have prevailed. (…) What has been slowly changing is that it became harder and harder to subordinate vectoral power to the power of enclosure. (…) The enclosures of architecture still keep the rain out, keep our property safe inside, but that's about it. In every other respect, the communication engineers have become the architects. And what they have designed is a reversal of the roles of vector and enclosure. The enclosure is now subordinated to the vector. (…) This is not the era of liberalization, but of vectoralization. (…) Under the corrosive force of the vector, architecture becomes liquid. Architecture becomes a form of movement too. (…) Communication technoloy creates vectors that move information across space. Architecture creates vectors that move information across time.
McKenzie Ward

Dabei verlagert sich eben auch ein Teil dessen, was wir Stadt zu nennen gewohnt sind, in den imaginären Raum, sei es des träumenden Inneren (er wird Kunst), sei es des kommunikativen Äußeren (er wird Cyberspace). Aus diesem Grund kann Europas Osten, der die Durchdringung seiner Identität mit derjenigen anderer abwehren will, ebenso weiter verelenden, wie Buenos Aires erstarrt. Nirgends, Geliebte, wird Welt sein als innen teilrealisiert sich auf eine völlig unerwartete, wenn auch vorhersehbare Weise. In der Realität jetzt aber soll sie nicht wahrgehabt werden, und der Dichtung wird angekreidet, daß sie recht hat. Insofern ist das Schreckenbringende an der Globalisierung die Scheuklappe.

Thetis.Anderswelt (1998), II,32:

Je näher sie der Grenze kamen, desto unstrukturierter die Räume. Die westlichen Viertel wirkten wie Schaltpläne Chipkonsolen mathematische Muster. Die östlichen sahen aus, als wären Funktionen durcheinandergeraten, Gleichungen aus dem Ruder gelaufen. Unmittelbar prallten Schnellröhren in Wohnanlagen. Kinderspielplätze gingen nahtlos in Elektrizitätswerke über. Enorme Möbelgeschäfte hatten sich mitten in unbehausten Brachen situiert, wohin, dachte Deters, kein vernünftiger Mensch je ging. Neben Hodnafilialen waren, der von ihnen ausstrahlenden Krebsgefahr zum Trotz, Fußballplätze gebaut. Überhaupt gab es zunehmend Leute auf der Straße. Rheinmain kannte nur noch spezielle Fußgängerzonen, der Verkehr war über ein strikt getrenntes Mehrwegsystem reguliert. Auf Gleiterstrecken angetroffene Passanten wurden empfindlich bestraft. In Ingolstadt hingegen die reinste Infrastruktur-Anarchie. Man konnte sogar, im Vorbeisausen, viele Männer und noch mehr Frauen erkennen, die Zigaretten hielten oder denen sie im Mundwinkel hingen. Zu rauchen war seit Jahrzehnten verboten. Aber kein Mensch hier hielt sich an Vorschriften. Man ging sogar, wenn man denn gehen mußte, bei Rot über die Straße. Offensichtlich war selbst den Gleitern eine Straßenverkehrsordnung schnuppe. Obendrein herrschte ein bestürzender Lärm; selbst bei geschlossenen Fenstern, dachte Hans Deters, seien alle Zimmer davon durchdröhnt.

Buenos Aires.Anderswelt (2002), I,1:

Das Rauschen dieses frühen Morgens, eine Komposition aus Tiergarten und dem Sirren der Untergrundbahnen. Als ich flach auf die niedriggeführte Geländerstange faßte, die den Rasen des Parks vor Mopedfahrern absperren soll, fühlte ich das Metall unter meinen Handballen f l i e ß e n. Ich verharrte – fasziniert, abgestoßen – eine ganze Weile in der Hocke. Auch Straßen Häuser Pfähle nicht fixiert. Man bemerkte das allerdings nicht gleich, die Dinge wirkten durchaus materiell. Allerdings schienen sie bisweilen neu gemischt zu werden. Eben noch, ich hätte schwören können, war da vorne ein Schuhgeschäft gewesen, aber kaum hatte ich mich noch einmal umgewandt – der fette Qualm aus der Hof-

einfahrt neben dem OREN, Bereitschaftswagen des ArbeiterSamariterBundes blitzflächig in TECHNICOLOR und Kondensnebel gewoben – und sah nun wieder nach vorn durch diese Vorhänge aus Licht und Werbeplakaten, die sich von den Umrissen der Häuser Geschäfte Bordsteinkanten kaum trennen ließen, befand sich dort MCPAPER. Erst der nächste Blick spülte das Schuhgeschäft wieder hin: barfuß oder LACKSCHUH, ich meine, das klang nun wieder nicht sehr nach Realität. *Gogo Dancing* am Franz-Josef-Kai. Um adäquate Abendkleidung wird gebeten. Nebenan putzte der wedelnde Lappen eines Schwarzen die Plastikkörper von Flaschen. War ich, seit meinem Aufbruch, auch nur zweimal dieselbe Straße gegangen? Das schien in Buenos Aires prinzipiell nicht möglich zu sein. Die Neue Promenade vor dem S-Bahnhof war unterdessen planiert und die Haltestelle der Tram auf die andere Seite der Hochstation verlegt. Unter THE BRISTISH COUNCIL funkelten Bäume in der Frühe des Novembers. Die filigrane Parkanlage wurde von einem Astgeflecht aus Glas überdeckt; an den Zweigen saßen funkelnd Blütensterne. Wischte ein Windzug hindurch, klirrte es; riß er Blüten ab, zerschellten sie als Elfenlachen. Was nach O du fröhliche klang und zu den Weihnachtsmännern stimmte, die schon bei meinem Aufbruch in den Supermärkten gestanden hatten. Es lockten Jingle Bells, und es roch nach Kohle. Jeder Baum trug ein Schild, bisweilen unter Beigabe des botanischen Fachnamens, was den Eindruck einer hohen Künstlichkeit machte. Gemeine Roßkastanie [aesculus hippocastanum L.]. Bereits einmal war ich an einem 1. November angekommen, ebenfalls Monate früher aufgebrochen. Wie sich im Leben alles wiederholt… – Nun war die Nacht so klar, daß die Lichter von Reklamen und Straßenlaternen auf der Netzhaut schmerzten. Zwei Bänke waren unter wulstigen Kristallschütten aus Zuckerguß verschneit. Auf dem zugefrorenen Lake liefen Comicfiguren Schlittschuh unter Glitzerwürfen aus Licht. Wyfard Place. Zu beiden Seiten Kleinpanzer wieder. Polizisten sah ich allerdings keine mehr. Langsam, einem Rüssel gleich, drehte sich, als ob es mir hinterherpfeifen wollte, ein langes Kanonenrohr mir nach.
Auf der Piazza Barberini, wo mal die Hackeschen Höfe gewesen waren, momentlang der bizarre Eindruck schweizerischer Geputztheit. Die hübschen Innenfassaden hinterm Café COUPOLE, das immerhin geblieben war, aus einem Prospekt geschnitten: ein Drittel bremische Böttcherstraße, ein Drittel Wiener Sezession, der Rest gab gigantisierten Kleingartenstil, ecstasygeneriertes Kunstgewerbe. Die Scheiben gewienert, Fetisch selbst der Papierkorb. Nicht die Spur von Abbruch mehr. Blaue Camaropinie. Ein Uniformierter wienerte in einer Telephonzelle, versprühte Sagrotan, zu seinen Füßen Wassereimer mit Feudel. Obwohl so gar nichts benutzt, ja nicht einmal bewohnt aussah, saßen Leute in den Lokalen und standen in den Geschäften, die noch immer geöffnet hatten. Wirkten hinein*gestellt*, aufgezogene BarbiePuppen: schick schön jung und völlig stoffwechselfrei. Die Ordnung freilich unstet wie Chaos. Kaum hatte mein Blick Sand Steine Papiermüll in die Schütten gepackt, pustete ein nächstes Hinsehn sie abermals ins Bild. Schon sah man die abgeblätterten, ausgedörrten Hausfassaden eines Neapels: rissige Fenster die Seitenstraßen annähernd Slum. Das Beste war, ich ließ mich drauf ein.

Buenos Aires.Anderswelt (2001), II,1:

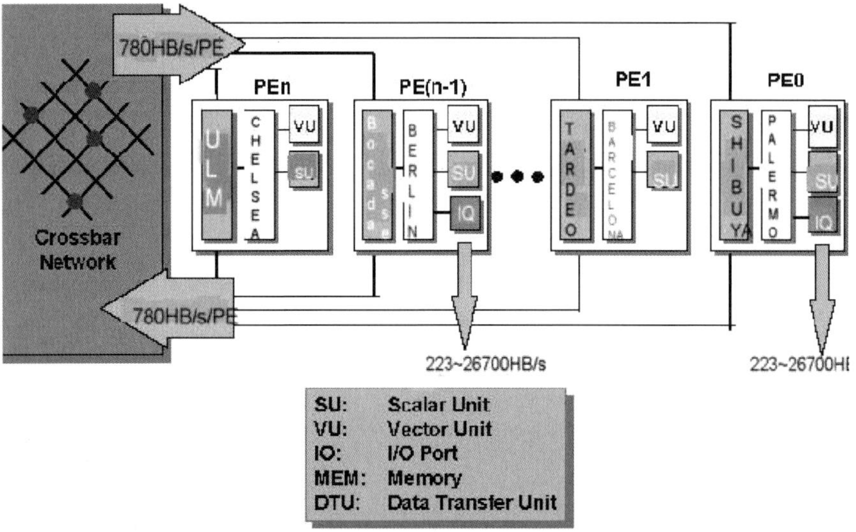

Arkologie Buenos Aires Zentrum 50'/50,5' b 9'/10' l (vect.) Ulmer Bezirk.

Buenos Aires. Anderswelt (2001), II,9:

Es gab in Buenos Aires neun meist in- und miteinander kombinierte Bautypen, nämlich **1** – die Module der Arkologien, **2** – darin und, seit Perfektionierung des Schutzschilds, auch darauf vereinzelte Häuser, deren Erbauer sich alle Freiheiten genommen hatten, – so konnte es vorkommen, daß jemand auf einem gründerzeitlichen oder kolonialen Gebäude ein weiteres, meist einfacheres zimmern ließ, vielleicht mit drei vier Räumen, dafür einer ausgedehnten Terrasse, die zwar nur als Spielplatz für die Kinder oder zum Wäschetrocknen oder auch nur als Abstellplatz diente, insgesamt aber die Illusion erzeugte, man stehe im Freien und sei nicht etwa in den Baukasten einbezogen; so etwas war freilich nur dort sinnvoll, wo es noch einige hundert Meter zum Dach des arkologischen Segmentes hinaufging und dieses Dach auch als ein Himmel programmiert war; das Tulsi Terrace im Rione Kobe, wo seit dem unbefugten Eingriff der Hospitantin nun auch in der Anderswelt eine Dunckerstraße lag, ist dafür ein gutes Beispiel – **3** – öffentliche, ebenfalls einzeln stehende Gebäude innerhalb noch nicht durchbauter Arkologien, wo viel Steckplatz freigeblieben war, **4** – Straßenzüge wie in Knightsbridge, ganze Passagen untergegangener Großstädte zitierend, derart detailgetreue Modelle einer sozusagen rückgeträumten Wirklichkeit, daß sich der romantische Eindruck eines gleichermaßen zeitlosen wie -fernen Ortes vermittelte; hier trugen die Porteños gern die überlieferten oder aber besonders futuristische Fantasie-Garderoben; kleine schmucke Häuschen charakterisierten den Bezirk ebenso wie über Hügel gestreute Bürgerburgen, zu denen Terrassen hinaufführten, auf welchen man fußwippend saß, lässig einen

Arm über der Balustrade; 5 – wild historisierte, meist ziemlich kitschige Nachbauten alter Baudenkmäler: etwa die mittlerweile von den Myrmidonen in die Luft gejagte Siegessäule, in Manchester der Prado, das in Warschau wiedererrichtete Berliner Schloß, die sebastianischen Katakomben im 11. bis 13. Obergeschoß des Bahnhofs Tōkyo oder die Tennishalle des Mailänder Doms an der Pavelechaja Neu-Isenburgs, 6 – die materiell gänzlich entleerten Vergnügungsparks, in welchen an den Wochenenden Hunderttausende durch holomorphe, sich ständig verändernde Räume flanierten: über die Oberfläche von Zweitmond, aber auch des ersten, ‚echten', angetan dabei in simulakre Raumanzüge; man erklomm den Gipfel des Mont Blanc und sah nach Pontarlier hinab; die Freizeitler suchten mit Cpt. Smollet, Trelawny und Dr. Livesey Flints vergrabene Dublonen, waren Michael Jackson oder Rita Delaware, wurden von Europol, einer Dependance der SZK, gejagt; vielleicht schlossen sie sich sogar, dieses Rollenspiel war eine Zeit lang heftig umstritten, den Terroristen an, um Axel Schultes Kanzleramt, seinerseits ein architekturtheoretischer Sprengstoff, zu sprengen; sie fuhren Gleiterrennen und nahmen an MassenRaves teil, für welche unterirdische Bunkeranlagen mit Nebeln geflutet wurden, in welchen Tiefseekraken* schwammen; sie flogen Kriegseinsätze in Nahost und sammelten Orden für abgeschossene Extremitäten – Islamiköpfe und die Geschlechtsteile von Schwarzen gaben, nach Länge berechnet, sei's der Bärte, sei's des Gliedes, Boni –; sie konnten auf Großwildjagd gehen und die Tour d'Europe gewinnen oder bei Chinesen zur Kaperfahrt anheuern, – und für all das mußte man bloß übers leerglatte Crossbar Network schlendern und die Bestrahlung atmen wie Höhenluft; allein die rapide Bewegung der Augäpfel, und eben nicht hinter geschl o s s enen, sondern über und unter den a u f gerissenen Lidern, war ein Indiz für Anstrengung und Trittsicherheit beim Erstersteigen von Bergen;** – und dann gab es 7 eine *wirkliche* Invention – : nämlich botanisch von sich verholzenden, auf das kunstfertigste zusammengerankten und immer weiterrankenden Pflanzen iterativ geformte, also potentiell unabgeschlossene Häuser voll vegetabilen Mobiliars, dessen Schubladen sogar funktionierten, was sich von traditionelleren viel seltener behaupten läßt; es gab auch botanische Schließvorrichtungen, in die Blumenstengel gesteckt werden mußten; allein die elektrischen Installationen benötigten anorganische Hardware; doch war auch das nur noch eine Frage der Zeit, Hugues hatte in der Biokybernetik diesbezügliche Fortschritte gemacht. Die Botanoarchitektur war für die Pflänzler von einem Pflänzler (Paul Ch. Böhmer) erfunden, der die Meinung verfocht, sie hätten sich in herkömmlichen Räumen nie recht beheimaten können, aber dann waren ausgerechnet ihnen – jedenfalls ihrer Mehrzahl – die neuen Environments sehr unheimlich, so daß sie den konventionellen Wohnungen, ergo ihren Arbeitsplätzen, im Wortsinn verhaftet blieben – sie wuchsen ja immer irgendwo fest –; vielmehr wurde es unter jungen aufstrebenden Geschäftsmenschen schick, sich in den lebenden Lofts zuhause zu fühlen; 8 – wenige letzte Repräsentationsbau-

* Nicht ohne Grund stellt der Vampyrotheutis infernalis das bekannteste TechnoSignet.

** Der Unterschied zu den Erlebnissen im heimischen Infoskop, welches ja, entsprechende Kaufkraft vorausgesetzt, ganz dieselben Illusionen zu erzeugen verstand, bestand zum einen im Preis: für 35 € (Kinder von sechs bis vierzehn zahlten bloß ein Drittel) ließen sich auch die exklusivsten Szenarien besuchen, zum anderen aber wurden die Vergnügungsparks deutlich als Gemeinschaftsorte empfunden und von ihren Betreibern (Gmeiner oHG, Scott National Ltd., Sony B.A.) so auch vermarktet.

ten multinationaler Unternehmen wie KRUPP und HARRODD's, manche im Rahmen der Aufbauprogramme jenseits des ausgedienten Laserzaunes errichtet, etwa der Shakaden der AWG, und schließlich 9 – die Sakralbauten der durch die Regierung Ungefugger besonders unterstützten Kirchen, doch auch, und in ganz besonderer Schönheit, von Moscheen: die Juma Masjid zählte fraglos zu den wunderbarsten Gebäuden, und Gläubige der islamischen Gemeinde waren die tolerantesten und gelehrtesten Porteños. Ihr Geist kondensierte eine nahezu unerahnte Poesie, vor allem aber baute er. Selbst Christen erlaubten die luftigweißen architektonischen Scheherezaden – in den Souterrains reflektierten grüne Seen sich flirrendstill an den Decken – meditative Besinnung und schenkten ihnen manchmal ein vollkommenes kontemplatives Glück.

Argo.Anderswelt (2008), III,1:

Es war für Porteños nicht leicht, Unterkunft in Kehl zu finden. Das vor der Geologischen Revision idyllische Rheinstädtchen war wie Koblenz Kaub Mannheim ein mittlerweile schärfer kontrollierter und überwachter Ort als jeder Grenzübergang zum Osten. Denn von den genannten Städten und auch von Kehl aus ging es in die Weststadt hinüber. Wie ein klotzig herausgeschobener, stumpfer Monolith, der sich als monumentaler Erker aus der angrenzenden enormen Arkologie und über diese hinaus erhob, ragte die Trutz, sich oben spitz verengend, sichelförmig über den metallischen Strom als eine moderne Rheinbrücke, kann man sagen, ins ebenfalls monolithische Modul Straßburgs auf der anderen Flußseite. Dem Betrachter verschwand das architektonische Interface allerdings völlig im Nebel des hodnischen Vorhangs. Er machte es – und sollte das auch – völlig unmöglich, von Buenos Aires aus etwas von der Weststadt zu sehen, in deren informatischen Illusionen zwischen Poloturnieren und simulierten Wäldern die Reichen und Unsterblichen in ihren Bungalows und Haziendas lebten. Bis an die von den bewegten scheinbaren Atlantiksichten tapezierte westliche Mauer, die sich von Reims bis in die Haute Marne hinabzog, langte diese dreidimensionale Freiluftperformance; ungebrochen galt sie dem Porteño fürs Paradies. Man konnte unterdessen auch nicht mehr wie früher, sozusagen Augen zu und durch, in den Vorhang hineinfliegen, sondern es hätte, wem nicht die trotz der gerade im Rheinbruch auch schon vor der Geologischen Revision obwaltenden Erdbebengefahr dicht an dicht errichteten Kraftwerksmeiler sowie die militärischen Anlagen auf den Magen drückten und das dunkelgraue, von blauen und gelben Inselflecken durchwucherte Flußmagma schreckte, einsam am darben Ufer gestanden wie an der Grenze einer der wenigen riesigen Brachen, die bis heute in Buenos Aires verblieben waren. Den Rheingraben, obwohl er immer noch *hielt*, füllte eine flüssige Methanverbindung, die nach ihrer ganz unvorhergesehenen Bildung den Namen Methanotan erhalten hatte. Er war das jamunagewordene Symbol für einen maschinell kontrollierten Regreß der Ökologie in die Vorgeschichte irdischen Lebens. Nur an sehr wenigen Stellen griffen die arkologische Erker bis direkt an den Rhein; es war deshalb fast so, als durchtrennte auch hier eine Mauer Europa.

II Verzweigungen

Collage: Ror Wolf.

„(…) dann wieder schaut man nach Post, raucht einen Zigarillo und sollte eigentlich auf eine Vollstreckungsankündigung des Steueramtes Franfurt am Main schriftlich reagieren, deretwegen man heute gleich nach Erhalt erfolgreich immerhin telefoniert hat, doch es sperrt sich so alles dagegen, die Kontemplation zu verlassen, und man blättert im Notizbücherl herum und denkt sich: ich muß unbedingt was Neues für *Die Dschungel* schreiben, und weil das plötzlich vordringlich wird, schreibt man denn dies hier. Und spürt, daß *es in einem denkt*, und zwar völlig anderes, instinktiv geradezu, ein unbewußter Wille zur Gestaltung von etwas, um das man noch gar nicht oder nur weniges weiß.“

Alban Nikolai Herbst

Die Dschungel.Anderswelt: Arbeitsjournal, 13. Oktober 2006.

Uwe Schütte

Erzählen für morgen

Zur poetologischen Genealogie des Kybernetischen Realismus bei Alban Nikolai Herbst

Zur Arbeit des Alban Nikolai Herbst mit und an der Erzählprosa gehört die bereitwillige Auskunft über die poetologischen Grundlagen seines Schreibens. Dies wurde insbesondere virulent mit der literarischen Intensivierung, die ab den frühen neunziger Jahren erreicht wurde durch die Fertigstellung von *Wolpertinger* sowie durch die Konzipierung und Arbeit an der *Anderswelt*-Trilogie. Die poetologische Selbstreflektion entstand so als Begleitprodukt, eine Art Supplement der eigentlichen schriftstellerischen Arbeit, die seinen changierenden, von Brüchen und Kehrtwendungen bestimmten Erzählwerken auch eine Ebene kommentierender Spiegelung hinzufügt. Das Korpus der Texte, in denen Herbst auf direkte und indirekte Weise poetologische Überlegungen anstellt – am Beispiel fremder und eigener Texte, in mal stärker, mal weniger ausgeprägt theoretischer Weise – erstreckt sich über ein breites formales Spektrum, das u.a. Rezensionen, Essays und Vorträge umspannt. In kumulativer Weise treibt Herbst damit – neben der praktischen Umsetzung in Form der Prosawerke – sein Poetologieprojekt des Kybernetischen Realismus voran.

Aus der Fülle poetologisch ausgerichteter oder zumindest inklinierter Schriften, die Herbst zu weiten, wenngleich nicht immer substanziellen Teilen auf seiner Internetpräsenz zugänglich macht, werden hier im weiteren insbesondere zwei Textgruppen, zwei Herangehensweisen vorgestellt. Zunächst behandelt werden Hommagen an vorangegangene Kollegen, die vor allem der literarischen Moderne angehören und mit denen sich Herbst hauptsächlich in Form von Rundfunkproduktionen beschäftigt, dabei einen eigentümlichen Mittelweg zwischen Hörspiel und Essay gehend.

Unter der nicht unpassenden Gattungseinordnung »Radio-Fantasien« hat er vier zur Jahrtausendwende auf dem *DeutschlandRadio* des DLF gesendete Produktionen in einem *»Die Illusion ist das Fleisch auf den Dingen«* betitelten Band publiziert, die sich mit Louis Aragon, Gabriele D'Annunzio, John Cowper Powys und Thomas Pynchon beschäftigen. In einem zweiten Schritt erfolgt danach ein zusammenfassender Blick auf die Heidelberger Poetikvorlesungen, die den bisher ausführlichsten Versuch einer zusammenfassenden Darlegung des gegenwärtigen Entwicklungsstandes seines Poetologieprojekts darstellen.

I. Hommagen und Nachrufe – Poetologische Genealogie

In der österreichischen Literaturzeitschrift *Volltext* veröffentlichte Herbst im Winter 2007 eine so sachverständige wie anrührende ›Verbeugung‹ vor einer kurz zuvor verstorbenen Autorenkollegin, der er nie begegnet war und mit der er sich – wie er gleich im ersten Satz seines Nachrufs auf Marianne Fritz bekennt – wahrscheinlich auch nicht sonderlich verstanden hätte. Darin berichtet Herbst von der tiefen Prägung, welche die Lektüre der 12 Bände von *Dessen Sprache du nicht verstehst* auf ihn hatte. »Sie lehrte mich vor allem ästhetische Haltung«, erklärt er etwa im Hinblick auf das mönchische Arbeitsethos der »ihr gesamtes Leben über eine Schreibmaschine gebeugt« an ihrem unabschließbaren Werk eigensinnig schreibenden Wienerin, vor allem aber betont er, dass im Fritz'schen Mammutroman »eine Roman-Poetik entwickelt wurde, die im deutschsprachigen Raum ihresgleichen sucht«.

Was Herbst im einzelnen zum Werk der Marianne Fritz, oder zumindest zum Werkabschnitt vor Beginn der monumentalen *Naturgemäß*-Trilogie, über deren Fertigstellung sie im Herbst 2007 verschied, zu sagen hat – d.h. zum Beispiel inwieweit er im Rhythmus der laut gelesenen Sätze den Klang der Moderne vernimmt oder den Roman als kollektives Sprechen und Ausdruck eines matriarchalen Dichtungsverständnisses versteht –, tut hier nichts weiter zur Sache, wenngleich die luziden Beobachtungen Herbsts einen wichtigen Beitrag liefern zur etwas inzüchtigen Fritz-Philologie.

Was im hier zur Diskussion stehenden poetologischen Zusammenhang interessiert, ist Herbsts emphatische Einschätzung, Fritz habe »derart entschieden an einer angemessenen Roman-Poetik unserer Zeit gearbeitet und sie vorangetrieben« wie sonst kein anderer ihm bekannter Autor außer Thomas Pynchon. »Und ich weiß heute«, so fährt Herbst fort, »daß mein eigenes Werk speziell ohne diesen Roman überhaupt nicht denkbar wäre, auch wenn ich selbst markant collagiere und nicht etwa auflöse und in mich aufnehme wie es die Fritz tat.«

Dieser Nachruf ist insofern paradigmatisch für die Poetologisches betreffenden Veröffentlichungen Herbsts, weil der poetologische Kommentar gleichberechtigten Raum einnimmt neben dem eigentlichen Nachruf auf die Kollegin. Offen gelegt wird, in welcher Weise er die Anverwandlung, Aufnahme und Integration der literarischen Leistungen und poetologischen Positionen vorangegangener Autoren vollzogen hat, was die Grundlage liefert für die (noch vor sich gehende) Entwicklung und Ausformulierung der eigenen Poetik.

Weitaus ausführlicher vonstatten geht dies in den so genannten »Radio-Fantasien«. Diese sind durchweg von einer Doppelstruktur geprägt, nämlich einerseits als Porträts, welche die behandelten Autoren einer allgemeinen Hörerschaft vorstellen wollen, andererseits als poetologische Erörterungen, in denen Herbst am Schreiben der Vorbilder die für ihn relevanten Elemente herauspräpariert und in den Kontext des eigenen Werks stellt.

Als etwa in der Sendung zu Aragon das Gespräch auf dessen *Theâtre/Roman* von 1974 kommt, bemerkt der Herbst stellvertretende Sprecher: »Ich habe später geglaubt, es könne die Grundlage für eine Poetik legen jenseits allen tagespolitischen Geschäfts und jenseits der heutigen Bestsellerlisten...«(26). Das eigene Schreiben wird in den Radiosendungen dergestalt immer wieder eingeordnet in eine Reihe von Vorgängern, die allesamt den Komplex Leben/Dichtung, Realität/Fiktion in ihrem erzählerischen Fokus haben.

Die Hommage schließt dabei nicht eine zum Teil scharfe Kritik am Vorbild aus. Um beim Fall Aragon zu bleiben, so werden dessen biografische Verfehlungen als linientreuer Stalinist gebrandmarkt, der surrealistische Weggefährten wie Breton und Nizan bereitwillig verleumdete und gute Freunde bedenkenlos verriet. »Ich mußte begreifen«, so wieder der Stellvertreter Herbsts,

»daß Ihr Leben … daß alles, was Sie taten… daß alles die Leistung Ihrer späten Romanpoetik nicht ein bißchen geschmälert hat. […] Sie haben mir gezeigt, daß eine verlogene Autobiografie moralisch ekelhaft sein kann, als Roman jedoch von allerhöchster Vollkommenheit.« (30)

Das Problem des Verhältnisses von Politik und Ästhetik, von moralischem Versagen und literarischem Triumph beschäftigt Herbst in ähnlicher Weise bei den anderen Autoren, so bei D'Annunzio, dessen Sympathie für Mussolini einen Schatten auf das Werk wirft. »Faschist soll er gewesen sein. Behaupten die einen. War er's? Unfaßbar verkitscht sei er, behaupten die anderen. Ist er das wirklich?«, werden gängige Einwände gegen den Dichter aufgelistet und in Frage gestellt, um das Urteil anzuschließen: »Auffällig ist nur, daß alle die, die Literatur für einen Akt der Buße halten, sich einig darin sind, D'Annunzio sei ein Ärgernis. Ich finde, daß dies allein schon genügt, um dem Manne beizuspringen – nicht erbittert, nein, aber wie es ihm zukommt: mit beschwingter Leidenschaft.« (71f.)

Bei Powys hingegen geht es mehr um das Verdikt politischer Naivität: »Er war kein Politiker. Es hat einige Zeit gebraucht, bis er begriff, daß man mit Hitler und seinen Mannen nicht verhandeln konnte«, erklärt Herbst, um dann auf die Frage eines anderen Sprechers, ob dies dem Wert der Dichtung Abbruch tut, bündig zu antworten: »Nein.« (81f.)

So wie Herbst als Hans Erich Deters in Erzähltexten präsent ist, so tritt er auch in allen »Radio-Fantasien« – wenngleich auf jeweils unterschiedliche Weise – als identifizierbare Sprechinstanz auf. Ähnliches gilt für die behandelten Schriftsteller. In der Aragon-Sendung beispielsweise fungiert Sprecher 1 als Sprachrohr des Autors der Sendung, während Sprecher 2 die Person Aragons repräsentiert, der aber wiederum unter den wechselnden Masken der Namen und Rollen der Erzähler beziehungsweise Protagonisten seiner späten Texte auftritt. Durch den von der Sprecherin als dritter Stimme quasi moderierten Dialog zwischen Sprecher 1 und 2 führt Herbst insofern ein Gespräch mit seinem Vorbild, dies aber vermittelt und gebrochen durch die ›sprechenden‹ Figuren seiner Texte.

Ähnliche Konstellationen finden sich auch in den anderen Sendungen. In der Powys-Fantasie, um ein anderes Beispiel zu bringen, macht Herbst seinen Auftritt als Sprecher klar, gekennzeichnet unter dem eigenen Namen, als tatsächlicher Sprecher im Aufnahmestudio, und erklärt dabei eingangs, mit Blick auf Powys und sich selbst: »Mich interessiert, wer in die wirkliche Welt andere Welten schiebt. Mich interessieren poetisch wahre Welten. Die dürfen real gerne falsch sein.« (76)

Da die Radiosendungen neben biografischen Erörterungen der Autoren vor allem die Texte diskutieren, spielen die von den Sprechern vorgelesenen Zitate eine zentrale Rolle. Dies schließt auch offene oder verdeckte Zitate aus den Werken von Herbst mit ein, die dadurch als (inter)textuelle Spiegelungen der Vorläufertexte kenntlich gemacht werden. So trägt in der Aragon-Sendung Sprecher 1 eine Passage aus *Die Orgelpfeifen von Flandern* vor, um fortzufahren: »Sie werden bei mir beinah überall Aragons Denk-Spuren finden.« (17) Und weiter: »Das Spätwerk Aragons ist in Wahrheit keine Literatur, sondern für den, der hören kann, eine Droge.« (14)

Was Herbst an den porträtierten Dichtern interessiert, warum er sie als Vorläufer eines Schreibens reklamiert, das sich als Ausdruck einer zeitgemäßen literarischen Ästhetik versteht, sind ihre avancierten literarischen Techniken. »Sie haben die Postmoderne vorweggenommen«, lobt er den imaginär anwesenden Powys und schließt die Aufzählung einer Reihe von Stilmerkmalen an, »die zu Paradigmen unserer Gegenwart wurden« (88). An Aragons Spätwerk wiederum hebt er hervor: »Daß darin die Grenzen zwischen Autor und Dichtung zerfließen ... [...] Merken Sie? Wir sind fast im Internet! 1965 wohlgemerkt.« (12)

In der Sendung über Thomas Pynchon arbeitet Herbst ausgeprägter als in den anderen diskursiv angelegten Radio-Fantasien mit einer Collage von Zitaten aus Romanen Pynchons und eigenen Werken, ergänzt durch kanonische Texte von Rilke, Benjamin, Thomas Mann und Zitate aus dem Alten Testament. Ausgehend von der mysteriösen Geheimhaltung, die Pynchons private Existenz umrankt, benennt er die zentrale Bedeutung für sein eigenes Schreiben in der radikalen Umsetzung der postmodernen These, dass »Autor und Leser sowieso längst nichts anderes mehr [sind] als Funktionen des Textes. Dieses *anzunehmen* und in eine Ästhetik des affirmativen Widerstands zu übersetzen, ist der subversive Pfad, den Pynchons Romanmachete der modernen Literatur gehauen hat.« (116)

In den »Radio-Fantasien« geht es Herbst allerdings weniger um die literarästhetische Rekonstruktion einer Prä-(Literar-)Geschichte der Gegenwart, vielmehr ist das ihn Anziehende an den diskutierten Autoren die antizipierende Qualität ihres Schreibens. Für den Entwurf seiner Poetik interessieren sie ihn in doppelter Hinsicht: zum einen hinsichtlich ihres avancierten Gestus, als Inspiration für den Vorstoßcharakter des eigenen Poetikentwurfs, zum anderen als verwertbare Bausteine zur Konstruktion seiner nach-postmodernen literarischen Ästhetik.

Mit Bezug auf Aragon etwa heißt es: »Daß also jeder das Bild des anderen ist und das Sujet weder linear noch randscharf nacherzählt werden kann – das hat mich fundamental für realistische und unkomplizierte Romankonzeptionen verdorben.« (12) Überhaupt sind die poetologischen Schulden gegenüber dem französischen Surrealisten am offenkundigsten, beispielsweise was die Technik erzählerischer Ineinanderverschachtelung betrifft.

Im 1967 erschienenen Roman *Blanche ou l'Oubli* erfindet Aragon »eine junge Frau, Marie-Noire, die sich einen alten Mann erfindet, der sich Marie-Noire erfindet, um sich sehen zu können. Er kann sich nur sehen mit den Augen von andren ... aus sich selbst schaut man immer nur *heraus*.« (37) Dem Erzählen von Powys wiederum verdankt Herbst die literarische Adaptierung der mythologischen Bastelarbeit, wie sie Lévi-Strauss als Kernprinzip des ›wilden Denkens‹ bestimmte, für die Erschaffung seiner Mythologisches und Technisches durchmischenden ›Anderswelten‹: »In einer Zeit, in welcher das mögliche Wissen derart umfassend geworden ist, dass es ein einziger keinesfalls mehr in sich aufnehmen kann, ist, wie Levi-Strauss analysierte, *bricolage* die einzig praktikable Form der Weltbetrachtung.« (91)

In diesem Sinne zusammengebastelt aus unterschiedlichen Versatzstücken ist auch die Poetik Herbsts, betont er doch in den Radioporträts – analog zur Trennung zwischen moralischem Versagen und literarischem Gelingen – hinsichtlich der schriftstellerischen Gesamtwerke die Notwendigkeit eines selektiven Vorgehens bei der Auswahl des für ihn Nützlichen, d.h. konkret die Einengung auf gewisse Phasen, etwa die späten Texte bei Aragon und die frühen Romane bei Pynchon, wie auch der von Lévi-Strauss beschriebene Enthusiasmus des Bastlers, der sich über die normierenden Skrupel des Ingenieurs bewusst hinwegsetzt, eine Entsprechung findet, insofern Herbst bei Powys für einen bewusst enthusiastischen Blick auf das Werk plädiert, in dem Reguläres und Irreguläres, »Ungelenkheit und hohe Poesie geradezu flüssig ineinander [über]gehen« (90).

Das Einmalige und überraschend Neuartige erschafft der Bastler ja gerade deshalb, weil er mit dem Ausrangierten, Minderwertigen, Verworfenen hantiert, also jenem Material, das aus professioneller Sicht als nichtig verworfen wird. Oder ausgedrückt in der (selbst)ironischen Bemerkung eines Sprechers der Powys-Sendung: »Wenn ich so zurückschaue auf Ihre ... na ja: ›Ahnen‹ reihe ... D'Annunzio, Aragon ... [...] Pirandello, Niebelschütz, Burgess ... und jetzt noch Powys: – Herr Herbst, Sie haben einen entschieden schlechten literarischen Geschmack.« (96)

II. Heidelberger Vorlesungen – Umrisse einer nach-postmodernen Literaturästhetik

Die drei im Wintersemester 2007/08 an der Universität Heidelberg gehaltenen Poetikvorlesungen bedeuteten für Alban Nikolai Herbst eine Gelegenheit, seine zuvor verstreut unternommenen poetologischen Überlegungen zur so genannten Möglichkeitenpoetik zu verdichten zu einem Plädoyer für einen ›Kybernetischen Realismus‹. Die rund 100 Manuskriptseiten umfassenden Vorträge liefern dennoch keine fertig ausformulierte Poetik, sondern sind eher zu verstehen als ein zentraler Schritt des *work in progress* dazu. Allein schon aus diesem Grund verstehen sich meine nachfolgenden Ausführungen nicht als abschließende Zusammenfassung des Poetikprojekts von Herbst, sondern – dies durchaus im Sinne seiner Möglichkeitenpoetik – als ein erster, vorläufiger Durchgang und damit als eine (Auf-)Fassung, die erneuter Überprüfung und Erweiterung wie auch Präzisierung bedarf.

Herbsts Vorträge umkreisen in unterschiedlicher Form – u.a. durch Begriffdefinierung, Zitatcollage, Essay, Polemik oder persönliches Bekenntnis – die zentrale poetologische Frage: »Wie muß eine zeitgenössische Dichtung aussehen, wenn sie ihrer Zeit entsprechen und ihr dabei nicht nur ein Spiegel sein, sondern sie auch maßgeblich mitformen will?« (II) Einige der Grundzüge einer nach-postmodernen Poetik

> wie ich sie für unabdingbar halte, wenn vor allem die Prosa-Dichtung nicht restlos den entertainenden Bach hinabgehn und Literatur eine Bedeutung wiedererringen soll, die sie in den letzten drei Jahrzehnten verspielt hat und die über den puren Zeitvertreib einer zunehmend geringeren Leserschaft oder die Bedürfnisse eines, gesellschaftspolitisch gesehen, Orchideenstudiums hinausgeht. (I)

werden dazu in der ersten Vorlesung skizziert.

Der Herbst'sche Begriff des *Pathos* liefert die Basis. Literatur pathetisch zu betrachten, bedeutet für ihn Abgrenzung zu einem profanen Verständnis der Literatur als Schriftstellerei, wie er einem etwa in den Texten eines unkritischen Realismus oder in der Pop-Literatur begegnet. Herbst hingegen geht es – pathetisch gesprochen! – um Dichtung. Das heißt um eine emphatische Form hoher Literatur, die sich sowohl den Erwartungshaltungen durchschnittlicher Leser wie den Erfordernissen des literarischen Marktes bewusst verweigert. »Wenn man nicht [...] die Kategorie des Widerstands als eines grundwirkenden Elements aller Kunst anheimgeben will«, so Herbst im Sinne der Kritischen Theorie, »bleibt den Künsten deshalb gar nichts anderes übrig, als sich auf das deutliche Risiko ihres Untergangs hin gegen leichte Konsumierbarkeit zu stemmen.« (I)

Dichtung im pathetischen Sinn arbeitet auf die Erzeugung *semantischer Bedeutungshöfe* hin. »Semantische Höfe können Halos um einzelne Wörter sein, sie sind aber viel öfter, und dies vor allem in der erzählenden Prosa, Halos um Sätze und um Absätze, strahlen weit stärker aus deren Rhythmik als von ihren tatsächlichen, d.h. funktionalen Bedeutungen ab.« (I)

Dass dieses Konzept offenkundig auf dem Aura-Begriff Walter Benjamins basiert, wird zwar von Herbst nicht erwähnt, allerdings verweist er explizit auf die frühen sprachkritischen Schriften Benjamins, in denen er unterscheidet zwischen dem Namens- und dem Begriffsanteil eines Worts, also dem eigentlichen, identischen und dem bloß bezeichnenden, verweisenden Anteil eines Worts.

Sich, wie Herbst das fordert, bei der schriftstellerischen Arbeit mit den Wörtern um die Hervorbringung semantischer Höfe zu bemühen, bedeutet zwangsläufig, die Konstruktion einer linearen Handlung zurückzustellen, um sich vielmehr der quasi untergründigen Eigendynamik der Sprache zu überlassen, wofür er als geglücktes Beispiel seine Erzählung *Isabella Maria Vergana* anführt:

> Die Handlung dieser Erzählung ist dabei von mir nicht geplant, geschweige gewollt gewesen, doch ließ es sich ihren Konsequenzen nicht ausweichen, ich hätte denn aus Gründen politischer Correctness etwas verfälschend weggebogen, das sich ganz narrativlogisch ergab. Im Fall der Vergana ist es eben gerade die Beherrschung der technischen Mittel gewesen, die die Erzählung nicht nur überhaupt erst möglich gemacht, sondern das, was da aus mir aufstieg, hatte aus mir aufsteigen *lassen* und es schließlich erzwang. (I)

Diesen kreativen, unbewussten, nicht geplanten Anteil künstlerischer Grundprozesse bestimmt Herbst daher als eigentlichen Kern jedes tatsächlichen Kunstwerks. Seine daraus abgeleitete Schlussfolgerung, dass »keine literarwissenschaftliche Analyse das Ergebnis eines gelungenen künstlerischen Prozesses letztlich erfassen« (I) kann, dürfte freilich den Widerspruch der psychoanalytisch oder mit vergleichbaren Methoden vorgehenden Germanisten erregen.

Weniger kontrovers für die in neoliberalen Zeiten noch verstärkter unter gesellschaftlichem Legitimierungsdruck stehende Literaturwissenschaft ist die von Herbst im Anschluss dargelegte Überzeugung, ihr gleichfalls unter zunehmenden Rechtfertigungsdruck geratener Gegenstand, die Literatur also, könne nach wie vor eine

> leitende Bedeutungsrolle in der Art und Weise ausfüllen, wie wir Wirklichkeit wahrnehmen und neu wahrzunehmen lernen [...]. Dies nämlich, weil keine andere Kunstform so wie sie zugleich den Halo, den *Hof* der Bedeutungen, erzählen und doch auch über ihn nachdenken lassen kann, auch über ihn nach*fühlen* lassen kann. Denn einerseits ist Literatur immer auch konkret ihres Begriffsanteiles wegen; das unterscheidet sie von Musik. Andererseits ist sie aber ihres Namensanteiles wegen – der *ganze* Name beinhaltete den ganzen Hof Gottes – immer auch schon das-Dingselber und damit nichtdiskursiv wie das Phänomen der musikalischen Wahrnehmung. (I)

Um also an ihre schon lang verloren gegangene Rolle als kulturelles Leitmedium anknüpfen zu können, muss die Literatur laut Herbst unbedingt dem längst schon stattgefundenen Paradigmenwechsel unseres Eintritts ins digitaltechnische Internetzeitalter Rechnung tragen.

> Ja, es liegt geradezu auf der Hand, daß hier eine angemessene Ästhetik zu entwickeln ist, von der aber, das gebe ich zu, fraglich ist, ob Literatur sich als ihr Ausdrucksmedium überhaupt noch eignet. Wobei ich kein anderes Ausdrucksmittel wüsste, daß sich so *sehr* wie Literatur dafür eignet, denn es muß zugleich affirmativ und skeptisch sein können. (I)

Eine solche Literatur müsste den Grundsätzen einer Ästhetik genügen, die Herbst als *kybernetischen Realismus* bezeichnet. Dieser nämlich könne »den Cyberraum metaphysisch aufladen, damit in ihm der Seele dessen, was Dichtung war und vielleicht noch ist, ein Platz reserviert bleibt oder überhaupt erst hinzugestellt wird« (II).

Kennzeichen und Merkmale eines Kybernetischen Realismus (KR) werden in der zweiten Vorlesung umkreist: Der KR, so zunächst, ist notwendigerweise anspielungs- und bezugsreich. »Da Anspielungen nicht mehr auf der Grundlage einer irgend gearteten Universalbildung verstanden werden können, müssen sie ins Konkrete gehen, d.h. auf was sie anspielen, immer schon gleich mitliefern« (II), sagt Herbst, analog zu den Hyperlinks auf Webseiten.

Angesiedelt ist der KR in einem raumlosen (Erzähl-)Raum jenseits der Alltagswirklichkeit. Der virtuelle Raum, den der KR zugleich aufspannt wie ausfüllt, kann in keiner Kunstform so eindringlich erschaffen und dargestellt werden wie in der erzählenden Literatur, wobei sich dieser neue Realismus stärker »auf die Phantastische Literatur bezieht und, damit zusammenhängend, auf den Magischen Realismus als auf die nachkriegseuropäischen, an der Alltagswirklichkeit orientierten, aufklärerisch profanierenden und dabei deutlich moralischen Realismus-Konzeptionen« (II).

Die bewusste Ablösung von konkreter Erfahrungswirklichkeit wie von vorherrschenden Erzähltraditionen birgt freilich die Gefahr eines Abgleitens ins Haltlose, Beliebige. Sie erlaubt aber zugleich die Ausschreitung ungeahnter Möglichkeiten und Potentialitäten eines Erzählens, das sich auf Dynamiken einlässt, unverhofften Konstellationen folgt und dem Zufall mehr vertraut als der Konzeption. Für die Darstellung des Körpers bedeutet dies zwangsläufig eine Auflösung festgeschriebener Grenzen der Geschlechteridentität, der Verbindung von Körper und Technik, des Morphings und der Mutilation, wodurch Aspekte zeitgenössischer Kultur und Gesellschaft, etwa in Hinsicht auf medizinische Technik, Genmanipulation, Gender-Theorie, Körperkunst des Neuen Primitivismus und dergleichen mehr poetisch reflektiert werden können.

Grundlegend für die Möglichkeitenpoetik Herbsts ist sein Begriff der *Perversion*. Er betrachtet Kunst als eine Bearbeitungsform solcher Traumata, Ängste und Fantasien, an die sich anderweitig nicht herankommen lässt. »Ich fasse Kunst also, jedenfalls in ihrem Beginn, als eine Reaktionsbildung auf, die sich schließlich chronifiziert und, ist ein tragbarer Formenkanon erarbeitet, von ihren eigentlichen Ursachen gänzlich ablösen kann.« (II) Kunst arbeitet folglich mit dem individuell wie kollektiv Verdrängten und Abgewehrten: »es sind *vergiftete Speicher*; die nicht grundlos weggeschlossen wurden. Indem Dichtung sie anbohrt und das vergiftete Wasser aufsteigen läßt, muß es, um nicht de facto zu schaden, in die *Form* der Dichtung geklärt werden. Genau das ist eine Perversion. Sie läßt uns Bedrohungen und Schäden nunmehr als Lust erleben« (II).

Phantastische Literatur ist für Herbst dann gelungen, wenn sie das Unaussprechbare über-setzt in eine den Leser lockende Bildwelt, in der individuell erlittenes oder phylogenetisch ererbtes Leid zu L(ektüre)ust werden kann. Diesen Rezeptionsprozess bewusst zu steuern, setzt sich die von ihm avisierte Poetik der auf die Postmoderne folgenden nächsten Moderne zum Ziel, auch »deshalb ist das Wort ›kybernetisch‹ am Platz: Kybernetik ist Steuerungslehre« (II).

> Eine zeitgenössische Poetik, die sich dem Menschen zuwenden will, wird nach der Postmoderne zugleich den Blick zurück vom Trash aufs Humanitäre richten müssen, also pathetisch sein müssen, wie sie doch keinen Augenblick lang mehr aus der Technik heraustreten kann und nicht aus den seelischen Zurichtungen, die wir erfahren haben. [...] Eine Poetik nach der Moderne und Postmoderne kann deshalb keine Poetik der Übereinkunft mehr sein. Übereinkünfte sind aber die Grundlage jedes Handels mit Waren und damit, in der Warengesellschaft, die Grundlage von Kommensurabilität. In diesem unauflösbaren Widerspruch wird fortan zu arbeiten sein: *in* der Verdinglichung *gegen* sie. (II)

Die abschließende, dritte Vorlesung versucht, insbesondere strukturelle und formale Aspekte des KR zu skizzieren. So bedingt die unabdingbare Verabschiedung eines zeitgemäßen Erzählens vom Prinzip der Linearität zugunsten einer prozessualen Erzählbewegung, dass es dabei weder Anfang noch Ende geben kann, sondern lediglich eine zyklische Wiederkehr des Immerneuen. Erzählt wird in Regelkreisen, daher bildet sich auch eine Tendenz zum Zyklus heraus. Werke eines KR »sind prinzipiell unabgeschlossen und, wenn man von dem pessimistischen und menschenfernen Zustand der Entropie absieht, unabschließbar.« (III) Herbst strebt insofern eine Überwindung postmoderner Ästhetik durch Bündelung »ihrer poetischen Ergebnisse mit (über)lebensfähigen Theoremen der Moderne« (III) an. Inwieweit der KR – trotz aller Abgrenzungsversuche Herbsts – letztlich dennoch im Formenarsenal der Postmoderne verbleibt, ist eine naturgemäß nur schwer entscheidbare Frage.

Postmodern jedenfalls ist vor allem die erzähltechnische Durchbrechung der Trennung von literarischer Fiktion und empirischer Wirklichkeit durch den Auftritt des realen Autors als Erzählfigur. Worum es Herbst dabei geht, ist, dem Leser zu verunmöglichen, in einer konsumierenden Lesehaltung zu verbleiben, denn durch den ansprechenden Autor Alban Nikolai Herbst wird auch der jeweilige Leser zu einem Angesprochenen, erhält dadurch eine Rolle im prozessualen Romangeschehen und wird damit zu einer Funktion des Textes.

Die Dschungel. Anderswelt, der literarische Weblog Herbsts, fungiert dazu insofern als Komplement des in Buchform publizierten Erzählwerks, als Kommentare und Beiträge in den gedruckten Text übernommen werden oder Beiträger gar zu Romanfiguren avancieren. Dies wird von Herbst betrieben als bewusste »Strategie, Wirklichkeit und wirkliche Menschen in die Texte hineinzubekommen und sie auf diese Weise mit der Imaginationswelt interagieren, das heißt auch umgekehrt: von dieser die Realität verändern zu lassen«. (III)

In diesen Zusammenhang gehört auch die architektonische ›Verlinkung‹ Berlins mit Versatzstücken aus anderen Weltstädten zum phantastischen ›Buenos Aires‹ der *Anderswelt*-Trilogie. Für die Ästhetik des KR, so Herbst, sind derartige Vermischungen zentral: »Sie spiegeln unsere medial vermittelte Weltwahrnehmung sehr viel exakter und sind deren künstlerischem Ausdruck sehr viel angemessener als jegliche Ästhetik, die es auf Dokumentation eines vermeintlich Wirklichen anlegt, das wir letztlich *doch* glauben müssen, weil wir die Angaben nicht selbst überprüfen können.« (III)

Dergleichen ist angesichts der eifrigen Verdummungsarbeit der Massenmedien nicht zuletzt auch eine politische Position, was ebenso für Herbsts Kritik am Anspruch realistischer Literatur gilt, die uns umgebende Realität realitätsgetreu wiederzugeben. Wirklichkeit aber, erinnert Herbst, »ist im Wortsinn ein Fluß ohne Ufer«, weshalb für ihn gilt:

> Weltzusammenhänge sind kompliziert, sind hochkomplex – dieser Komplexität hat sich eine Dichtung, die unserer Zeit noch einigermaßen entsprechen will, zu stellen – ihr muß sie einen Ausdruck verleihen, der zugleich sinnlich fühlbar ist. Das kann *sie* viel besser als die Unterhaltungsliteratur, auch als der Unterhaltungs-Spielfilm, weil der ihr zur Verfügung stehende Formenkanon ein sehr viel umfassenderer und weil er nicht darauf angewiesen ist, industrielle Normen zu erfüllen, um Kassenerfolge zu produzieren. (III)

Als Schlüsselbedingung dazu muss der KR nach der Ansicht von Herbst anstreben,

> vor allem die Positiven Wissenschaften, Physik, Chemie und ihre derivaten Disziplinen mitzupoetisieren. Immerhin haben sie die mächtigsten Wirkdynamiken unserer letzten beiden Jahrhunderte gestellt, und zwar in zunehmend schneller aufeinanderfolgenden Zeiteinheiten – ein Prozeß, der noch lange kein Ende finden wird. Die Entwicklung vollzieht sich vielmehr exponentiell. Hingegen läuft Dichtung nur träge, ihr Formenkanon ist konservativ und scheint müde zu sein, *er*müdet. (III)

So wie die Geisteswissenschaften ihr rettendes Heil im Interdisziplinären suchen, so plädiert Herbst also für eine gleichsam zeitgeistgemäße, wenn nicht

Adaption an, so doch eine Ausrichtung auf die naturwissenschaftlichen Leitdisziplinen. Sicher korrekt ist seine pessimistische Prognose über die vorhandene Stagnation des Dichterischen. Inwieweit die vom KR betriebene Öffnung der Literatur gegenüber den *hard sciences* die Dichtung aus ihrer Kältestarre zu lösen vermag, bleibt abzuwarten.

Das Problem dabei dürfte weniger der Ausgang des uralten Streits zwischen Phantasie und Realität, Idealismus und Materialismus sein, als vielmehr die Frage, ob beim Zusammenprall von Technik und Natur überhaupt noch ein Raum bleiben wird für die Literatur. Anders gesagt: Ob die von Herbst erdachten apokalyptischen Szenarien in der *Anderswelt* als Warnung oder als Prophetie zu lesen sind. Jedenfalls spricht nicht viel dagegen, dass die Apokalypse kein womöglich noch bevorstehendes Ereignis ist, sondern bereits stattgefunden hat, wie bereits ein Besuch in den Geschäftsstellen unserer Kommerzkultur nahe legt:

> Das Buch als Ideologie hat das Buch als technischen Gegenstand längst so sehr abgelöst, dass wir seinen parallel schon stattgehabten Wertverfall gar nicht richtig realisieren. Dabei würde es reichen, sich nur einen Tag lang bewußt bei WELTBILD und WOHLTAT's umzusehen: wie *verschleudert* Bücher dort werden, deren Inhalte zusammengenommen die Inhalte Hunderter Menschenleben, ja ganzer Kulturen und ihrer Erfahrungen und Künste sind. Es kann dort den, der drüber nachdenkt, ein Schauder überkommen, der finster metaphysisch ist. So sehr ist zu fühlen, wie das Wort verkommt. (III)

Jenes Wort, von dem es heißt, dass damit einmal alles begann. Wohin es noch führen mag, wird sich noch zeigen. □

Literaturhinweise

Alban Nikolai Herbst: *»Die Illusion ist das Fleisch auf den Dingen«*. Radio-Fantasien über D'Annunzio, Aragon, Powys, Pynchon. Elfenbein Verlag, Berlin 2004.

Alban Nikolai Herbst: Der Füchsin auf dem Grund. Verbeugung vor Marianne Fritz. In: *Volltext* 6 (2007), S. 6f.

Alban Nikolai Herbst: Heidelberger Vorlesungen I – III (2008).

Alban Nikolai Herbst

Realität und Fiktion

Argo.Anderswelt (2008), II, 21:

> „Hilflos schon, bereits siedend – irre war sie vor Schmerzen –,
> schlug verzweifelnd sie an krepierendem Tier ihren alten
> Leib durch Wogen und Gischt. Das spritzte und schoß wie Fontänen
> hoch. Doch mehr noch und immer lauteres Klagen erhitzte
> Wüsten und Meere. B r a c h die Gegenden, Flüsse erstarrten
> taub und fühllos gleich dem, der alles kontaminierte,
> Wasser und Luft und selbst sich und jedes arglose Wesen,
> das er faßte und nutzte: Gleich galten Rohöl und Seele."

Tatsächlich war es ein Weltentwurf, war diese epische Erzählung ein Rahmen, war eine Matrix ihrerseits, in die der Achäer seine Zuhörer stellte, um ihnen einen O r t zuzuweisen und ihnen, so gering er sie auch zeichnete, Bedeutung zu geben, nicht allgemeine, nicht als ein ‚Volk', sondern jedem einzelnen die seine und dennoch bezogen aufs Ganze, auf die Frau, den Freund und das Kind, auf die Fabrik und Europa.
„Wirklich auch h i e r drin?" Mein kleiner Sohn hob seinen rechten Arm.
„Auch da drin."

Noch standen wir an der Nebelkammer, mein Junge, Jascha und ich, und starrten immer noch hinein. Je länger man sich diesem Anblick aussetzt, desto intensiver wird er und nimmt schließlich fast hypnotisierend von einem Besitz: besetzt die sinnlichen Entscheidungsvermögen, die sich derart tief einzufühlen beginnen, daß sie imaginieren, was tatsächlich *ist*. Der Rahmen des flachen Kastens, der solch eine Nebelkammer ist, löst sich unter den Blicken fast ebenso auf wie die gläserne Abdeckplatte, durch welche man den Zerfallspuren zusieht, und es braucht nur eine ganz kleine, gewollte Unschärfe des Auges, um die länglichen und bauchigen Blähungen, die Alpha- und Betateilchen im Alkohol hinterlassen, wirklich in sich selbst hineinlangen zu sehen.
Den Jungs schien es allmählich ganz ähnlich zu gehen; Jascha wenigstens bekam einen beinahe verklärten Ausdruck ins Gesicht – wie einer, der am Abendbrotstisch halb bereits schläft, während der sehr viel jüngere von beiden zu lachen anfing, weil es ihn kribble, sagte er, im Arm. Er tanzte ein wenig herum, schüttelte den Arm immer wieder, die Sache war ihm spürbar unheimlich geworden. So sahen, wie wir jetzt, dachte ich, sahen Zeuner, Lerche und der junge Mensching in ihre Screens; sie waren nur nicht mit dem Glas zur Decke gerichtet. Wiederum war es weder schwer, sich die Nebelkammer als einen horizontalen Bildschirm vorzustellen und als zum Beispiel den ganzen Ausstellungsraum oder sogar als den Kasten des SPECTRUM-Baues insgesamt, noch sich selbst darin als ein vorübergehend festes Partikelchen, um das herum alles und schon man selber zerfällt. Bis man, wie eine der rauchartigen Spuren, vergangen war. Vergehen, dachte ich und stellte mir vor, es habe das, was man dort unten sich unentwegt formen, blähen und verschwinden sah, über ein eigenes Bewußtsein verfügt und damit über *Zeit*. Eine subjektive Zeit, die nicht identisch sein mußte mit der des jeweils Nächsten. Ganz wie die von CYBERGEN in Beelitz und die bei der SIEMENS/ESA in Wiesbaden geschaffenen Avatare der kybernetischen Anderswelten, wären diese Zeiten nicht synchronisiert, sondern differierten, bis man die Systeme miteinander verschaltete. Den Avataren selbst wäre das, meinte ich, gar nicht spürbar; es ließe sich nur über ein Fremdsystem wahrnehmen und beobachten, das gegenüber den Anderswelten ein fixes Bezugsobjekt war. Aber auch das beruht letztlich auf einer Illusion.
„Aber was ihr zwei n i c h t seht", sagte ich den Jungs, „das ist der Umstand, daß nicht nur dieses Netz unentwegter neuer Ereignisse auch in euch selbst vonstatten geht. Sondern o b und w o sie vonstatten gehen, das hängt unter vielem anderen davon ab, o b und w o ihr s e i d. Ihr habt Einfluß auf die Dinge… einen sehr kleinen, mag sein, Einfluß aber doch."
„Wie das?" fragte Jascha.
„Zwei schwere Dinge, die einander begegnen, ziehen einander an, das weißt du?"
„Du meinst die Schwerkraft?"
Ich nickte.
„Was ist Schwerkraft, Papa?"
„Alle Dinge hingen irgendwann einmal zusammen. Und wären sie nicht explodiert, so daß sie als Sterne noch immer auseinanderfliegen, dann hielten sie nach wie vor fest aneinander. Aber die Kraft der Explosion ist so viel größer gewesen und immer noch größer als ihr Wunsch. Dennoch wirkt er, treffen sich zwei Körper. Ganz wie wir, mein Junge. In uns allen ist von diesem Wunsch vieles übriggeblieben. Deshalb fühlen wir uns in Gesellschaft wohler als allein."
„Das siehst du alles", fragte Jascha, „in dieser Nebelkammer?"

„Ich sehe noch viel mehr. Und auch du kannst mehr sehen, kannst ganze Städte, kannst Welten und vor allem Geschichten darin sehen. Wenn du nur lange genug hinschaust und deiner Fantasie erlaubst, unter diesem Glasdeckel spazierenzugehen."
„Ich sehe meinen Hundi darin", sagte mein Junge. „Und die Mama."
„Ich auch", sagte ich.
„Ich sehe nur diese länglichen Blasen", sagte Jascha.
„Das stimmt nicht. Du siehst mehr."
„Du siehst nicht unsere Wohnung?"
„Nee."
„Ich sehe Mamas Wohnung. Und meine Skinks."
„Schöner Vergleich. Stell dir dein Terrarium vor, aber die Skinks können durch die Glaswände gehen."
„Weil wir sie anziehen?"
„Weil unsere Schwerkraft sie anzieht. Weil ihre Schwerkraft uns anzieht."
„Durch Glaswände gehen", so wieder Jascha. „Das geht nicht."
„Na guck da rein. Die Teilchen, die diese Spuren erzeugen, können es. Für sie sind die Grenzen der Nebelkammer nicht existent, nicht die Abdeckplatte, nicht der Rahmen."
„Nicht wir."
„Nicht wir. Richtig. Aber sind wir deshalb nicht?"
„Hm."
„Für uns sind die Teilchen ja ebenfalls nicht existent... also normalerweise. Oder denkst du an sie, wenn du Fußball spielst?"
„Nein."
„Ich denke immer an sie", sagte mein Kleiner, der mein phantastisches Vermögen geerbt hat.
„Und nun stellt euch vor, daß nicht nur wir diese Vorgänge durch den Aufbau einer solchen Nebelkammer sichtbar machen können und also überhaupt erst erfahren, sondern auch umgekehrt: Unterstellt, diese Teilchen..."
„Was ist *unterstellt*, Papa?"
„Man unterstellt jemandem etwas, wenn man glaubt, daß er bestimmte Fähigkeiten und Absichten habe. Ohne daß man das sofort überprüfen kann. – Unterstellt also, diese Teilchen könnten nun ihrerseits uns plötzlich wahrnehmen... meint ihr nicht, sie würden versuchen, mit uns in Kontakt zu kommen?"
„Wenn ich das die ganze Zeit sähe, also auch beim Fußball, ich wäre völlig verwirrt", sagte Jascha. „Also ich würde ausweichen. Ich könnte keinen Schritt mehr gehen! Ich würd ja dauernd denken, da platzen Steinchen in mir."
„Das ist Realismus", sagte ich.
„Realismus?"
„Was ist Realismus, Papa?"
Ich strich ihm über sein helles, sehr weiches Haar. „Das Gegenteil anzunehmen", sagte ich. „Anzunehmen, es gibt nicht, was man nicht sieht. Und zwar auch dann noch, wenn man es besser weiß. Also man nimmt diese Nebelkammer, sagen wir, so zehn zwanzig Leute, die packen sie, heben sie an und werfen sie aus dem Fenster. So daß sie draußen am Boden zerschmettert. Dann gibt es diese Teilchen nicht mehr, dann ist der Raum, wie wir ihn sonst immer kennen. Das ist Realismus."

Die Dschungel.Anderswelt, Arbeitsnotat 11.11.2004: Zur praktischen Romantheorie. Argo. Anderswelt. (46).

Interessant, daß ARGO wie ein sich selbst generierender Text funktioniert: aus- und ineinander gefaltete, sich faltende Welten, die sich gegenseitig kommentieren. Es geht jetzt noch einen deutlichen Schritt über THETIS und BUENOS AIRES hinaus, indem nicht nur ähnliche Figuren ineinander überschrieben werden, sondern auch ganz ferne. Bisweilen haben sie gar nichts miteinander zu tun. In ein- und demselben Satz sprechen bisweilen zwei verschiedene Subjekte als „Ichs", und indem das eine ins andere Subjekt (Substantiv) wechselt, changieren sofort auch die Räume. Also ein Satz beginnt in Hamburg und endet in Frankfurtmain, ohne daß selbstverständlich von einer Reise erzählt würde. So ergeben sich literarische Überblendungen, die vom Film hergenommen sind, aber eben nicht wie dieser objektivieren. (Das heißt, es gibt keine Differenz zwischen dem Betrachter des Films und dem Film selbst, seinem Objekt. Die Überblendung findet vielmehr im Kopf des Lesers statt, es ist ganz die seine.) Der ÜberblendungsTechnik entspricht die der Kapitelfolge, die ebenfalls eine Reihung von Verschneidungen ist; bislang jedenfalls, in „Skamander". Ob das so beibehalten werden und schließlich den gesamten Roman bestimmen kann, wird sich zeigen. Schließlich soll er ins Versmaß münden.

Auffällig ist hierbei, daß die Form des Epos' – eigentlich ein Regreß – sich erzählerisch fast unmittelbar aus der Überlagerung von Phantastik und Kybernetik ergibt. Die am weitesten vorgetriebene Romanästhetik kommt ganz im Früher an.

Die Dschungel.Anderswelt, Arbeitsnotat 28.6.2005: Gesten. Zur Sinfonik. Argo. Anderswelt. (121).

Wie Nietzsche kritisierte, habe Wagner mit Akkorden komponiert und nicht mit Melodien. Böser: Er habe Akkorde, nicht Melodien geschrieben. Allan Pettersson wiederum komponierte mit Gesten: Eine rethorische Sinfonik, die immer wieder gleichsam Luft holt, um die Melodie zu erzählen, die aber ganz selten hindurchdringt, die sich ganz selten Raum verschafft, sondern anderes kompositorisches Material drängt sie derart grob beiseite, daß es ist, als würde die Melodik auf das brutalste vom Tisch gewischt. Das erinnert an den Einzelnen, den der Schicksalsgang wieder und wieder niederschlägt. Abermals holt er Luft, setzt an, abermals bekommt er eins in die Fresse. Wieder geht er zu Boden. Wieder rappelt er sich auf. Das ist bei Pettersson ein Prinzip, das nicht, wie man glauben könnte, zu Stillstand führt, sondern eine sich rasend beschleunigende Progression zur Folge hat, die über die Menschen hinwegfegt, sie mitfegt mitschäumt. Hin und wieder fassen sie eine Insel oder Kleineres, irgend ein schwimmendes Ding, auf das sie sich ziehen. Dann erst singen sie wirklich. Für kurze Zeit nur, schon haut ein nächster Brecher die rettende Schale wieder um. Doch bis dahin sind es beseligende Momente, meist in den hohen Streichern. Auf diese Art gestischer Komposition zielt das "Mäandern" der Anderswelt-Romane. Klarheit ist gar nicht gemeint. Sondern – *der strömende Fluß*, der 'Mahlstrom'. Deshalb ist schon die Begrifflichkeit falsch; "mäandern" setzt – in einem entsprechend 'arabesken' Raum zumal – einen Stillstand von Zeit voraus (ein flaches Land mit nur wenig Gefälle), den ARGO ausschließlich diesen 'Inseln' vorbehält, die sich vor allem durch eine Engführung der Handlungsräume characterisieren: Gleichzeitig Točná, Berlin (Schönhauser Allee) und Frankfurtmain, bzw. das *Silberstein*, den *Torpedokäfer*, die Arbeitswohnung und das Technikmuseum (Nebelkammer) erzählen. Auf diesen Inseln begegnen sich Figuren aus den verschiedensten Ebenen. Finden für Momente zueinander und können sich verbünden. Es sind allein die Momente der sinnlichen Unwahrscheinlichkeit, die das bewirken.

Die Dschungel.Anderswelt, Arbeitsnotat 5.9.2005:
Weshalb eine Trilogie? Matriarchat. Argo. Anderswelt. (141).

[Allan Petersson, Neunte Sinfonie.]
Da der Roman seit THETIS >>>> streckenweise in Tableaux erzählt wird, lag der Gedanke nahe, ein *Triptychon* zu erschaffen, das aber im Grundaufbau genau g e g e n das Triptychon steht: Sind dort die Seitenbilder je halb so schmal wie der Mittelprospekt, so daß das Triptychon sich zuklappen läßt, so wollte ich bislang erreichen, daß, klappt man – bildlich gesprochen – die ANDERSWELT zu, ein gleichseitiges sehr spitzes Dreieck entsteht; also betrachtet man es dann von oben oder unten. Die Zahl 3 spielt deshalb im Romanaufbau eine vorherrschende Rolle, nämlich zwar eben auch metaphorisch: verweist auf Sexuelles und Erotisches und zugleich auf das, sagen wir, Dunkel des Matriarchats (>>>> Paglia). Dieses Motiv ist vom >>>> WOLPERTINGER hergenommen und wird aus der den WOLPERTINGER leitenden Volksmythologie auf die kybernetische Mythologie der ANDERSWELT übertragen. Deshalb personifizieren und leiten seit THETIS ausschließlich F r a u e n den bei allen Kampfhandlungen letztlich doch konstruktiven Widerstand; ihm angeschlossene Männer hingegen, derer es im Roman ja einige gibt, sind fast durchweg destruktiv, und zwar auch dann, wenn sie das gar nicht wollen. In jedem Fall sind durch die trilogische Form Inhalte und Struktur wechselweise miteinander verbunden. Nun allerdings deutet die, symbolisch gesprochen, matriarchale Struktur darauf hin, daß ich sie – darin vielleicht typisch patriarchal – viel zu starr gedacht habe.

Die Dschungel.Anderswelt, Arbeitsnotat 30.9.2005:
Romantheorie. Argo. Anderswelt. (152). Kleine Theorie des Literarischen Bloggens (52).

Einen Roman in Möglichkeiten erzählen. Nicht alles, was an Szenen dargestellt wird, geschieht auch; die Darstellung aber gibt der Möglichkeit sowohl Präsenz wie Brisanz. Auf diese Weise bricht die Poetik des Romans aus der Determination aus, ohne doch auf die einem Kunstwerk notwendige Totalität zu verzichten: Totalität als *Verfügungs- und Verknüpfungsschönheit* gemeint, also als eine Bestimmung des Handwerks. Es dürfen mit Abschluß eines Romanes ‚einfach' keine losen, nicht-verknüpften (*'verlinkten'*) Erzählenden mehr aus dem Gefüge herausschauen, und zwar auch dann nicht, wenn die massive Gesamtheit des Textes es dem Leser nicht mehr erlaubt, jeden Strang auf seine Konsistenz und Abgeschlossenheit zu untersuchen oder in ihm dergleichen zu fühlen.* Von Leser zu Leser wird diese Abgeschlossenheit an je verschiedenen Motiven erlebt werden; dieses nenne ich den Vorschein der Freiheit eines Buches. Es enthebt den handwerklich perfekten Autor aber nicht, eine Abgeschlossenheit tatsächlich für jedes Motiv herzustellen, und zwar auch dann nicht, wenn er aus der genannten determinierten Dynamik ausbrechen will. Er muß sie vielmehr, um wirklich auszubrechen, erst einmal herstellen können; und dieses ‚können' ist zu beweisen – aber so, daß zugleich oder sogar d a b e i & d a d u r c h der Eindruck einer *möglichen Beliebigkeit* entsteht.

[*) Dies verlinkt wiederum die Romantheorie mit der Kleinen Theorie des Literarischen Bloggens, welche dann eine Kleine Theorie der Kybernetischen Totalität wird: Die potentiell unendlichen Möglichkeiten der Bezüge und also des Aufeinanderwirkens kommunikativer Phänomene sind ja gleichfalls nicht mehr durchschaubar, bzw. lassen sich von einem wahrnehmenden EinzelSubjekt nicht mehr als Gesamtheit betrachten. Es muß wählen. W i e es wählt, ist aber nur dem Schein nach eine Bestimmung seiner Freiheit; tatsächlich spielen Zufall (als undurchschaute Notwendigkeit) eine Rolle und persönliche Vorlieben, die ihrerseits Ergebnisse von im weiten Sinn *Erfahrungen* sind, also *Prägung* und durchaus nicht ‚freies' Geneigtsein. Dennoch werden sie als solches empfunden. Genau das reflektiert der von mir gemeinte Roman-der-Möglichkeiten. Das ANDERSWELT-Projekt versucht, eine ModalitätenÄsthetik zu formulieren, und das Literarische Weblog baut die Waben, in denen ihr mythischer Honig verwahrt wird: *mythisch* ist er – wahrnehmungspsychologisch, nicht (oder w a h r s c h e i n l i c h nicht) ontologisch – weil eine nicht mehr im Ganzen erfaßbare Realität, wenn sie sich denn erklären lassen soll, notwendigerweise auf einen Mythos abstellt – und sei es der der Erklärbarkeit selbst. Denn für etwas nicht gänzlich Erfaßbares ist seine ‚grundsätzliche' Erklärbarkeit nichts als eine Behauptung.]

Die Dschungel.Anderswelt, Arbeitsnotat 3.11.2005:
Erzählperspektiven. Argo. Anderswelt. (166).

Auf den konzentrischen THETIS-Ort Silberstein/Samhain reagierte BUENOS AIRES mit völliger Ortlosigkeit; ARGO nun stellt mehrere konzentrische Orte gleichberechtigt nebeneinander: Widerstand in Form einer Gefährdung von Hierarchie.

[Der konzentrische Ort eines Romanes ist d e r Ort, von dem aus erzählt wird; in der klassischen Erzählweise handelt es sich entweder um einen Ich- oder um den allwissenden Erzähler. Die ANDERSWELT-Bücher kombinieren beide Perspektiven und ergänzen sie, gleichsam chorisch, >>>> um verschiedene simultane Erzähler. Zugleich schließen die konzentrischen Orte ARGOs einander wechselseitig aus, sofern man den Satz vom Ausgeschlossenen Dritten zugrundelegt. Dadurch wird alles Geschehen *ungefähr*: Es läßt sich definitiv nicht mehr sagen, was geschieht und was nicht; ob etwas ‚Einbildung' sei, hängt von der Perspektive ab, aus der man schaut. Dennoch sind alle Geschehnisse gegenwärtig und oft tragisch, bisweilen herzrührend, es n i m m t ihnen – ihrer Kraft und der sei es glückhaften, sei es trauernden Gegenwärtigkeit – nichts, wenn man die Perspektive wechselt und sie dann für eine Fiktion hält (halten m u ß).]

Die Dschungel. Anderswelt, Arbeitsnotat 20.3.2006:
Realismus und Cyberpunk. Argo. Anderswelt. (220).

Eine Literatur, die sich in Kriegs- und Gefahrenzeiten diesen nicht auch thematisch stellt, kann gute Literatur oder schlechte sein, nur eines ist sie gewiß nicht: eine realistische. In einer realistischen Literatur, heutzutage, wird deshalb selbstverständlich *geschossen* – oder um es mit >>>> Stulli zu sagen: sie ist voller „Ballerei"; und zwar – wenn die Kriegszeiten solche sind, in denen (etwa im Golfkrieg geschehen) Schlachten geschlagen werden, *als würde* ein Videospiel gespielt – auch voller *vertexteter Videospiele*.

Interessant dabei ist, daß ich in meinem Leben kaum je ein Videospiel oder Computerspiel gespielt habe, das übers PrimatenNiveau des ersten *Super Marios* hinausgegangen wäre. Ich beobachte aber sehr wohl, wie umfassend die kybernetischen Abenteuerwelten von den Menschenseelen Besitz ergreifen, jedenfalls von denen derjenigen Generationen, die etwa in zehn bis dreißig Jahren die Gegenwartspolitik zumindest wählend mitbestimmen werden. Ein ästhetischer Realismus v e r l a n g t deshalb, sich dem nicht nur poetisch zu s t e l l e n , sondern vor allem: nach Formen zu suchen, die den Sachverhalt angemessen gestalten können. Soweit zu „Cyber". – Was allerdings an ANDERSWELT „Punk" sein und was ü b e r h a u p t mit Punk in literarischem Zusammenhang sowie speziell m e i n e r Literatur gemeint sein soll, ist mir nach wie vor dunkel.

Renate Giacomuzzi

Die »Dschungel.Anderswelt« und A. N. Herbsts »Poetologie des literarischen Bloggens«[1]

[2]

Die Erkenntnis, dass jedes neue Medium tief greifende Einflüsse und Veränderungen sozialer, kommunikativer und ästhetischer Art hervorruft, wurde mittlerweile als Thema durch die gesamte abendländische Schriftkultur nachgewiesen[3] (vergleichende Studien zum Thema, die über den abendländischen Kulturraum hinausgehen, stehen allerdings noch aus). Da es nicht zu übersehen ist, dass in der Wissenschaft die Wahrnehmung künstlerischer Ausdrucksformen, die sich in den so genannten Neuen Medien, d.h. kurz gefasst im Netz, artikulieren, immer noch der theoretischen Aufarbeitung nachhinkt, möchte ich hier[4] auf die Poetologie Alban Nikolai Herbsts eingehen, welche sich umfassend mit den uns zur Verfügung stehenden medientheoretischen Erkenntnissen sowie mit den medialen Bedingungen auseinandersetzt, innerhalb derer sich heute literarisches Schreiben vollzieht. Herbsts »Verfahren« stellt – laut Ralf Schnell – »die am weitesten vorangetriebene literarische Ästhetik im Zeitalter der Digitalisierung [dar]: eine Antwort der Prosa auf den Medienumbruch im Zeichen des Computers, die dessen Signatur in die Organisation ihrer eigenen Zeichen aufgenommen hat«.[5]

I. Aufbrüche in Medienumbrüchen – ein kurzer medienhistorischer Exkurs

Alban Nikolai Herbst und Pietro Aretino: beinahe eine halbes Jahrtausend trennt den deutschen Autor von seinem italienischen Kollegen und es mag auf den ersten Blick verwegen wirken, wenn die beiden in Zusammenhang gebracht werden, denn schon allein der technologische Fortschritt scheint die Welten beider Autoren unwiederbringlich voneinander entfernt zu haben. Tatsächlich lässt sich jedoch sehr gut an beiden Beispielen sowohl das Ausmaß des Wirkungsspektrums anzeigen, das sich über die Einführung neuer Medien entfaltet, als auch die Historizität beziehungsweise das historische Eingebundensein jeglichen Mediendiskurses in die lange Geschichte der von der Menschheit entwickelten Medienträger.

> »[...] niemals [...] hätte ich das, was ich über die Nonnen zu Papier gebracht habe, weder zu denken noch zu schreiben gewagt, wäre ich nicht der Überzeugung gewesen, mit der Flamme meiner feurigen Feder die Schandmale ausbrennen zu müssen, mit denen ihre zuchtlose Brunft ihr Leben besudelt hat.«[6]

Als Pietro Aretino in den »Ragionamenti« den skandalösen Gehalt seines Kurtisanendialogs mit diesen Worten moralisch zu rechtfertigen suchte, war die Buchdruckkunst noch keine 100 Jahre alt. Die Befreiung der Schrift aus den mönchischen Händen der Schreibstuben durch die Druckerpresse verhieß nicht nur massenhafte Verbreitung in bis dahin nie da gewesenem Ausmaß, sondern auch zum ersten Mal die Garantie auf unzensurierte Authentizität (bei den handschriftlichen Abschriften waren Abänderungen durchaus üblich).

Aretino, einer der ersten, der die Vorteile dieses Geschenks handwerklicher Erfindungskunst professionell zu nutzen wusste, schien sich auf der Diskursebene aber immer noch in der klösterlichen Handschriftenabteilung zu befinden, in der das Abschreiben als kultische Handlung in Fortführung der Tradition oraler Beschwörungsrituale gepflegt wurde. Nun wirkt aus heutiger Sicht Aretinos Argumentationsweise merkwürdig paradox, denn er beschwört das dauerhaft auf Papier gesetzte Wort als moralischen Radiergummi, beharrt mit »Feuer« und »Flamme« auf einer prä-gutenbergschen, oralen Medienkultur und ignoriert damit ganz einfach die spezifischen Merkmale des neuen Mediums, das zum ersten Mal in der Geschichte der Menschheit Dauerhaftigkeit plus massenhafte Verbreitung ermöglichte.

Doch Aretino hatte, als seiner Zeit weit voraus Denkender, die Möglichkeiten des neuen Mediums sehr wohl erkannt. Die an potentielle Kritiker und Zensoren gerichtete Beschwörungsformel ist nichts anderes als ein *Trick*, den Aretino benutzt, um vom eigentlichen *Sinn* der Druckerpresse, der dauerhaften Vervielfältigung, die im damaligen moralischen und politischen Kontext nur eine Bedrohung sein konnte, abzulenken. Auch der literarische Text selbst lebt von der Differenz des real benutzten Mediums, der Schrift, zur Rede. Die an Zeit und Raum gebundene Rede gaukelt eine Flüchtigkeit vor, die das krude Sittenbild Aretinos als Frauentratsch verkleidet.

Ut pictura poesis – die auch von der Medientheorie unwiderlegbare Horaz'sche Formel, dass jedes Medium auf ein anderes verweist und jedes Medium nur durch ein anderes erfassbar ist, findet auch bei Aretino eine exemplarische Umsetzung: Werden die Leser über die äußerst bildhafte Sprache Nanna's in die Geheimnisse erotischer Praktiken eingeführt, steht den geschilderten Nonnen kein Schrifttum als Lehrmaterial der Erotik zur Verfügung, sondern ein ›Bilderzimmer‹, dessen einzelne Abbildungen von der Erzählerin in Geschichten umformuliert werden. Wiederum findet also scheinbar beiläufig und belanglos ein Medienwechsel statt, der aber eine für den Text grundlegende und belangvolle Semantik entwickelt: Die Schrift tritt dadurch scheinbar in den Hintergrund beziehungsweise wird *unsichtbar*, während das Bild mit seiner Geschichte des christlichen Bildverbotes scheinbar in den Vordergrund tritt. Mit diesem *Trick* wird dem Medium Bild die Schuld als Mediator verbotenen Wissens zugeschoben und der Blick von der de facto ›Schuldigen‹, der Schrift, abgelenkt.

Hatte Aretino noch von der medialen Umbruchszeit profitieren und sich Zeit seines Lebens mehr oder weniger ungestraft des neuen Mediums frei bedienen können, wurden schließlich doch die zu erwartenden Konsequenzen aus dem staats- und moralgefährdenden Potential einer massenhaft verbreiteten Schriftkultur gezogen, und nach dem Tod des Autors wurde dessen gesamtes Werk auf den Index Librorum Prohibitorum gesetzt.

Ebenso wie seinerzeit Pietro Aretino agiert heute der deutsche Autor Alban Nikolai Herbst aus einer Zeit des Medienumbruchs heraus, wo sich Organisationsweise und Machstrukturen dieses Mediums noch nicht stabilisiert haben und damit die nur in Zeiten des Medienumbruchs mögliche Frage, wer und in welcher Form sich dieses Mediums bedient, dem Einzelnen bis dato verschlossene Öffentlichkeitsräume anbietet.

Hatte Aretino seine Zeitgenossen mit Skandalberichten in Angst und Schrecken versetzt, wobei er sich nicht scheute, die Akteure der ausgewählten Skandalgeschichten namentlich zu nennen, bedient sich Herbst der Form des literarischen Webtagebuchs (Weblog), um wiederum die Grenzen von Öffentlichkeit und Privatheit neu zu definieren, wobei er sich ebenso wie Aretino seinerzeit in rechtliche und moralische Tabubereiche vorwagt.

Wie sehr die spezifische historische Medienlandschaft literarische Produktion im Einzelfall bestimmt, zeigt sich aber ebenso wie bei Aretino nicht nur auf der distributionstechnischen und rezeptionsgeschichtlichen Ebene, sondern auch auf der diskursiven: Entgegen der im Internet praktizierten ›oralen‹ Gesprächskultur, aus der sich eine hybride Form von Schriftlich- und Mündlichkeit gebildet hat,[7] bedient sich Herbst in seinem Weblog einer ausgefeilten und dezidiert an schriftliche Traditionslinien anknüpfenden Schreibweise, die wiederum das am Beispiel Aretinos aufgezeigte ›Umkippen‹ von einem Medium ins andere hervorruft und damit das real benutzte Medium (Internet) zugunsten des traditionellen Printmediums ins Unsichtbare verdrängt. Gleichzeitig verweisen jedoch die internetspezifischen Merkmale des Weblogs wie chronologische Zeitlichkeit, hypertextuelle Struktur, Interaktivität via Kommentarfunktion, ständig auf die mediale Oberfläche. D.h. die beiden Medien (das virtuelle der Schrift und das reale des Internets) befinden sich dabei in einem vexierbildhaften Verhältnis: Scheint das eine auf, verschwindet das andere und umgekehrt. Figuration und Defiguration des Printmediums begründen den Reiz und Erfolg dieses Tagebuchs, das auf Papier gedruckt wohl kaum so viele Leser gewinnen würde.

II. Wer ist Alban Nikolai Herbst?

Mein guter Freund, sagte ich – so gewiß ich ich bin und Sie Sie sind – Und wer sind Sie?, fragte er. – Bringen Sie mich nicht durcheinander, sagte ich.«[8] Mit diesem verdeckten Zitat aus dem aus heutiger Sicht als Vorläufer postmoderner Erzählverfahren erkannten Roman von Laurence Sterne, »The Life and Opinions of Tristram Shandy« (1760-1767)[9], beginnt schon das virtuose Verwirrspiel, in das Alban Nikolai Herbst seine LeserInnen in dem Roman »Wolpertinger oder Das Blau« (1993) verwickelt. Die Verwirrung, die die Frage des Kommissars nach der Identität bei Tristram Shandy auslöst, amüsiert Hans Deters im »Wolpertinger«-Roman, denn er ist gerade im Begriffe, sich eine neue Identität zuzulegen, welche wiederum erstaunliche Parallelen zur Biographie des realen Autors ANH zeigt.

Hatte Rimbaud auf das Scheitern einer ganzheitlichen Identitätskonstruktion mit der *Verdoppelung* des Subjekts geantwortet (»Je est un autre«)[10], möchte man anstelle von Herbst antworten: ›Ich bin mehrere‹, denn im »Fiktionsraum«, wie der Autor jenen Bereich seiner Homepage bezeichnet, der für die Erfassung so genannter faktualer Daten vorgesehen ist, d.h. Biographie und Bibliographie, stehen dem Leser nicht weniger als sieben Biographien zur Verfügung.[11] Doch wer ANH *wirklich* ist, möchte der/die LeserIn ungeachtet aller modernen und postmodernen Infragestellungen von Identitäts- und Objektivitätsansprüchen beziehungsweise auch Sie und ich wissen. Also biete ich Ihnen hier eine Auswahl an *Fakten* an, die ANHs Poetik zufolge wiederum nur Fragmente jener vom Autor konstruierten Wirklichkeitsentwürfe darstellen und eingebettet im selbstgenerierenden System der »Matrix« ein autonomes Eigenleben führen[12]:

Geboren 1955 mit dem Namen Alexander Michael von Ribbentrop, Sohn von Wolf von Ribbentrop, im siebten Verwandtschaftsgrad mit Joachim von Ribbentrop[13], Außenminister im Dritten Reich (1938 – 45) verbunden, legte er sich 1981 eine neue Identität unter dem Namen Alban Nikolai Herbst zu, war zeitweise (ab 1984) als Broker an der Frankfurter Börse tätig und lebt seit 1994 als freier Schriftsteller in Berlin. Er ist vor allem bekannt als Autor eines umfangreichen Prosawerks, das sich u. a. der Genres von Science Fiction, Fantasy und Cyberpunk bedient, ohne jedoch einem der bestehenden Genres eindeutig zugeordnet werden zu können. Zu nennen sind hier sein Roman »Wolpertinger oder Das Blau« (1993) sowie die »Anderswelt-Trilogie«[14], an deren drittem Band der Autor noch arbeitet. Sein Roman »Meere« (2003) führte zu einem per Gerichtsurteil verhängten Buchverbot, nachdem Klage erhoben worden war wegen einer zu realitätsnahen Darstellung der weiblichen Hauptfigur. Der Streit ist mittlerweile beigelegt und der Roman ist wieder am Markt in leicht revidierter Fassung erhältlich.[15]

Der Autor ist außerdem bekannt als Betreiber des literarischen Weblogs »Die Dschungel. Anderswelt«, mit dem er sich 2004 ins Netz begeben hat und das nicht nur im Titel eine Verbindung zum »Anderswelt«-Projekt in Buchform zeigt, sondern auch durch zahlreiche inhaltliche Querverbindungen mit den Romanen verwoben ist. Dass das digitale wie auch das Buchprojekt als Einheit zu sehen seien, welche in ihrer hybriden Form das Buch auf dem »Spiefeld nachpostmoderner Dichtung« zu ersetzen vermöge, betont ANH im dritten Teil seiner Heidelberger Vorlesungen.[16]

Seit April 2007 führt der Autor in »Die Dschungel« auch wieder den Namen Alexander von Ribbentrop öffentlich. Aber wie gesagt: dies ist eine *Erzählung* über eine reale Person, die unter den genannten Namen öffentlich auftritt und von deren Existenz ich mich persönlich überzeugen konnte. Doch wer garantiert dafür, dass diese Person auch tatsächlich der Urheber der genannten Werke ist und nicht Hans Deters, dessen Existenz medial belegt ist und der laut Bekenntnis von Alban Nikolai Herbst der wahre »Urheber« seiner Werke ist[17]?

III. Kyberrealismus

Die Homepage trägt den bezeichnenden Namen »Herbst & Deters Fiktionäre« und ist ebenso wie das Weblog und das Prosawerk ein Amalgam aus »real life«- Elementen und Fiktion, das allegorisch eine *kybernetische* Welt darstellt, in der die Maschine dem Menschen nicht mehr als prothetische Erweiterung sondern als symbiotischer Teil angeschlossen ist. In der von Norbert Wiener gebrauchten Form benennt der Begriff »Kybernetik«[18] ein erkenntnistheoretisches Modell, in dem Mensch und Maschine sich nicht in dualistischer Differenz gegenüberstehen, sondern beide als analoge Systeme von Nachrichtenübermittlung verstanden werden. Der österreichische Schriftsteller Oswald Wiener entwickelte daran anknüpfend in seinem experimentellen Roman »die verbesserung von mitteleuropa« (1965 – 1969) die Vision einer *Menschmaschine*, den »bio-adapter«, der nach und nach die körperlichen Funktionen ersetzt und schließlich zur Gänze den Menschen vertritt.[19]

ANH verarbeitet diese Vision allegorisch in der Figur der »Holomorfen«, die seine »Anderswelt«- Romane bevölkern. Herbsts Poetik des »Kyberrealismus« geht jedoch weit über eine sinnbildliche Darstellung von kybernetischen und technikzentrierten Theoriemodellen hinaus, denn er überträgt den kybernetischen Gedanken einer Analogie von Mensch und Maschine auf ein ästhetisches Modell, in dem die Unterscheidung zwischen *künstlich* und *natürlich* arrangierter Welt aufgehoben ist. Die künstlich generierten Chaträume im Internet sind ebenso real wie die von ANH erfundene »Anderswelt« – beide sind konstruierte Wirklichkeiten, und als analoge Systeme spiegelt die eine die andere wieder: Die sich auf den »mythologischen Terminus, mit dem wir das keltische Fest SAMHAIN beschreiben« beziehende »Anderswelt«, in »der ununterscheidbar wird, wer lebt und wer zu den Toten gehört oder zu den Geistergeschöpfen der Zwischenwelten [...] schließt direkt auf das Internet zurück, worin sich Realität und Fiktion zum Verwechseln mischen«.[20]

ANH vertritt damit auch einen konstruktivistischen Wirklichkeitsbegriff, der auf die Literatur übertragen einmal bedeutet, dass die Unterscheidung zwischen fiktionalen und nicht-fiktionalen Genres nicht mehr aufrecht zu erhalten ist, und darüber hinaus, dass Literatur *Realität schafft*, d.h. auch Realität mitformen kann (ANH spricht in diesem Zusammenhang von der »Realitätskraft der Fiktionen«[21]). Aktionistische Experimente wie die Versteigerung einer Romanfigur über die Internet-Plattform »ebay«[22] verweisen nicht nur allegorisch auf diese *realitätsstiftende* Kraft, sondern machen den Akt der Realitätsstiftung direkt *erlebbar.*[23]

So wanderte auch die Hauptfigur des im Stil der »Pseudo-Dokumentationen«[24] gestalteten Hörspiels »Leidenschaftlich ins Helle erzürnt oder Die vergessene Dichtung Carl Johannes Verbeens«[25] ins *reale* Leben, indem sie in einem Wikipedia-Artikel als reale Person dargestellt wurde. Allerdings war das *reale* Leben des Carl Johannes Verbeen von kurzer Dauer, denn die User schienen diese Unterwanderung der enzyklopädischen Faktensammlung nicht zu schätzen, und in einer neuen Version wurde dann auch deutlich auf den fiktionalen Charakter Verbeens verwiesen.[26]

Nach einer längeren Debatte im Diskussionsforum von »Wikipedia«, die sich im Februar 2008 im Anschluss an die ebenfalls heftig umstrittene Löschung der

Wikipediartikel zu »Kybernetischer Realismus« und »Möglichkeitenpoetik« entwickelte, wurde der Verbeen-Artikel am 6. März 2008 um 2.02 Uhr von »Ureinwohner« (Pseudonym eines autorisierten Wikipediamitarbeiters) mit dem Kommentar gelöscht: »netter Sockenzoo, Bedeutung nicht ersichtlich«.

Tatsächlich – und wie an der Diskussion sehr klar ablesbar – war den Verantwortlichen des Onlinelexikons die Bedeutung dieses Einbruchs von Fiktion in die Welt der Fakten sehr wohl bewusst, galt es doch den Glauben zu verteidigen, dass »Realität« und »Fiktion« klar unterscheidbare Begriffe seien, auf denen das Lexikon basiere. Allerdings wird in den »Richtlinien« des Lexikons nicht verborgen, dass dieser *Glaube* im deutschsprachigen »Wikipedia« größer sei als in anderssprachigen, wo beispielsweise in der englischsprachigen Ausgabe ein Beitrag zur fiktiven Figur »Celebrimbor« aus Tolkiens »Herr der Ringe« toleriert werde.[27] Nicht verhindern konnten die *Hüter der Wahrheit* jedoch, dass sie selbst nolens volens Teil von ANHs »autopoeitischen Systems«[28] wurden, denn innerhalb dieses Systems gesehen kam das Werk »Verbeen« erst durch die Diskussion und Löschung in »Wikipedia« zur Verwirklichung und zum Abschluss.[29]

Das unter dem Titel »Die Dschungel. Anderswelt« erscheinende Weblog bildet ebenfalls nicht nur einfach einen Rahmen für die täglichen Aufzeichnungen des Autors, sondern ist gleichzeitig auch aktionistisches Experiment, mit dem Herbst die Verschiebung von *Privatem* in den öffentlichen Raum bis zur eigenen Schmerzgrenze und der anderer treibt. Herbst verwendet in seinen »Thesen zu einer möglichen Theorie des Weblogs«[30] selbst das Wort »Märtyrer«, den es brauche, um das Geheimnis der *Matrix* zu erkunden: »Das Internet aber ist, weil es p r o f a n ist – n o c h profan – geschichtslos. Genau das ist zu ändern und das Netz insofern von seiner Technologie zu häuten: Wer diesen Schleier hebt, betritt auch sein Geheimnis[31]. [...] Es müssen sich Leute dafür *opfern wollen* beziehungsweise wäre von solchen Opfern legendenartig zu erzählen. [...] *Opfer* meint hier *Sucher*, also Menschen, die ihre E x i s t e n z an eine Sache setzen: Märtyrer.«[32]

Am 3. Juli 2006 *opfert* ANH sein Tagebuch und schließt die über 2 Jahre lang mit intimsten Details täglich bestückte Aufzeichnung um 0.48 Uhr mit der Erklärung: »Ich möchte der mir Nächsten nicht wehtun, so einfach ist das.«[33] Seither führt er ein »Arbeitsjournal«, das allerdings nur Einträge »mit direkten Arbeitszusammenhängen«[34] enthält. Das ehemalige »öffentliche Tagebuch« wurde ersetzt durch ein neues Projekt und Experiment: das »chorische Tagebuch«, das seit dem 15. August 2006[35] mit täglich neuen Einträgen erscheint.

Das »chorische«, also *mehrstimmige* Tagebuch, angekündigt als »Schriftenreihe im Netz, in welche die persönlichsten Geschehen, aber unterschiedlicher Menschen, veröffentlicht würden«[36], bewegt sich wieder auf der oszillierenden Grenze zwischen Realem und Fiktivem, indem es in einem geschickt angelegten Verwirrspiel die Leser im Ungewissen hält, ob es sich bei den BeiträgerInnen um reale Personen handelt oder ob sie von ANH erfunden wurden: »Allerdings könnte kein Leser sich je sicher sein, ob darunter nicht auch literarische Figuren sind, die von uns, den Tagebuchschreibern, erfunden und vor den Augen der Leser entwickelt werden. [...] Und die Dschungelleser gerieten in die Versuchung, auch tatsächliche Tagebuchschreiber für meine Fiktionen zu halten. Das wiederum sicherte die anderen Beiträger, setzte ihnen die Maske eines insgesamt Erdichteten auf – weshalb sie ganz besonders frei agieren könnten.«[37]

Den Großteil des Tagebuchs bestreitet Paul Reichenbach, dessen biographische Angaben sich deutlich von denen ANHs unterscheiden lassen, dessen ausgefeilter und antiquiert wirkender Schreibstil allerdings wiederum auf den Autor Herbst verweist, der dieses Stilmerkmal im Prosawerk in einer sehr differenziert ausgearbeiteten Figurensprache einsetzt und sich auch im Weblog eines betont schriftlichen Stils bedient, der die Differenz zum *oralen* Charakter betont, welcher den interaktiven Gattungen im Netz eigen ist. Auch die von Herbst im letzten Zitat angesprochene *Maske des Erdichteten* bezieht sich wiederum metatextuell auf das Netz, wo Avatare sich anonym und also *befreit* über die Schnittstelle Computer in Bereiche wagen, in die sie sich ohne *Maske* nicht gewagt hätten.[38]

Der SM-Chat, der im gut besuchten Chatraum des Weblogs geführt wird, dokumentiert und reflektiert auch diese *Realität* des Netzes, die der Autor nicht scheut, auch selbst zu erkunden und als Erfahrung wieder öffentlich zu verarbeiten: »darüber, wie auch über Netzfrauen, die sich mehrmals real verabreden, dann plötzlich verstummen und sich wieder entziehen, werde ich in Innsbruck sprechen: die Verlagerung des innerpsychischen Raumes und der Konflikte des projektiven und realen Vermögens in das scheinobjektivierende Medium des Netzes«[39], schreibt ANH am 9. Januar 2006 kurz vor dem Vortrag über die Theorie des literarischen Weblogs, zu dem ich ihn an die Universität eingeladen hatte, und führt dort aus:

»Es kommunizieren in Chats nämlich SelbstProjektionen oder idealisierte Abspaltungen des schreibenden Ichs«.[40] »Wir drehen uns sozusagen im Netz zu uns um und sehen nicht mehr nach vorne in ein imaginäres Ziel, beziehungsweise auf das präformierte, vom Öffentlichen ÜberIch zensurierte (moralische) Ich Ideal, sondern zurück in unser eigenes Gesicht der mit Grundtrieben assoziierten Innenfantasmen, aus denen im Netz ein sehr viel weniger öffentlich, allenfalls privat zensuriertes IchIdeal destilliert wird: Dieses kommuniziert dort mit andren solchen nichtzensierten IchIdealen.«[41]

Es ist symptomatisch, dass Herbst hier auf das Begriffsinventar der Freud-Lacan'schen *Schatzkiste* zurückgreift, denn die Lacan'sche Definition von *Virtualität*, die dieser mit der Spiegel-Metapher versinnbildlicht, hebt deutlich hervor, dass »ein reales Bild und ein virtuelles Bild (...) nicht dasselbe« sind und – wie Lacan in seiner Exegese von Freuds »Einführung in den Narzissmus« ausführt – »das virtuelle Subjekt der Reflex des mythischen Auges« sei, »das heißt der andere, der wir sind, dort, wo wir zuerst unser Ego gesehen haben, außerhalb von uns, in der menschlichen Gestalt«.[42] Das »Imaginäre« hingegen sei nach Lacan für das reale Subjekt nur »schlecht sichtbar« und stelle damit »die schwierige Akkomodierung des Imaginären beim Menschen dar«.[43]

Wenn bei Lacan das Imaginäre »innig verschränkt«[44] mit dem Realen ist, so ist es bei Herbst das »Fiktionäre«, das dem Realen am nächsten kommt. Im Unterschied zum Lacan'schen Spiegel arbeitet aber im Netz der Computer als *erweiterte Gehirnfunktion* am Imaginären/Fiktionären direkt und sichtbar mit und das Technische ist damit im Netz immer schon mit dem Imaginären verbunden. Wollen wir verstehen, was wir tun, wenn wir im Netz etwas *tun*, muss das Technische oder die *Hardware/Software* sichtbar bleiben. Wollen wir hingegen die Medienschwelle überschreiten und die Tür zur Realität hinter uns schließen, müssen wir – nun nochmals Lacan – *den Spiegel*, sprich den Computer *fiktionalisieren*[45], also wegdenken.

IV. Wahrheit oder Dichtung? Eine alte Frage wird wieder aktuell

Da das Internet nicht nur auf seiner Oberfläche, das heißt seinem sichtbaren Erscheinungsbild, Realität simuliert, sondern auch die verschiedenen Anwendungsmöglichkeiten dem Internet einen pseudorealen Charakter verleihen – sei es das multimediale Angebot, die interaktiven Funktionen, die hypertextuelle Struktur, die ein endloses Verweisen auf wiederum *reale* Seiten ermöglicht, und nicht zuletzt die zunehmenden Formen von Realitätssimulationen wie Google Earth etc. –, stimuliert es Immersionsverhalten beziehungsweise den Drang, *die Tür hinter uns zu schließen,* und erschwert die Unterscheidung zwischen Sinneswahrnehmungen, die von Erlebnissen im realen Leben ausgehen und solchen, die virtuell ausgelöst werden.

Dieses Phänomen führte jüngst der Kulturwissenschaftler Remigius Bunia anlässlich des Buchverbots von Maxim Billers Roman »Esra« (2003) als Rechtfertigung des Gerichtsurteils vom 13. Juni 2007 an, da »kein Leser einen ›Schalter‹ im Kopf hat, den er umstellt, je nachdem ob er fiktionale Romane oder Zeitungsberichte liest«, und fügte dem die schwer nachvollziehbare Behauptung hinzu, viele Literaturwissenschaftler leugneten immer noch den Anteil von »Realität« in fiktionalen Darstellungen.[46]

Doch wer sollte nun tatsächlich ernsthaft leugnen, dass nicht mal die phantasiereichsten Science-Fiction-Romane ganz ohne Anleihen an der »realen Realität« – wie Bunia dieses schwierige *Ding an sich* nicht sehr präzise benennt – auskommen? Die Argumentationsweise Bunias zeigt sehr deutlich die Brisanz des Themas, denn hier artikuliert sich ein Bedürfnis nach vormodernen Dichotomien, die wieder klare Trennungslinien zwischen den beiden Welten schaffen, welche sich so bedrohlich aneinander genähert zu haben scheinen.

ANHs Poetik des »Kyberrealismus« antwortet auf diese Herausforderung, indem er – und hier vor allem den Schriften Donna Haraways folgend[47] – jeglichen Versuch der Grenzziehung zwischen den Welten von *fact* und *fiction* unterwandert und damit zeigt, dass die Konstruktion beider auf narrativen Verfahren beruht und deshalb »Gehalt durch die Form wirklich [wird], und zwar auf eine Weise, die sich von der Wahrnehmungsart übriger Informationen in dem Leser nicht sehr und vielleicht gar nicht unterscheidet« und »weil Form in einer solchen Situation das einzige ist, was noch Objektivität verbürgen kann. In der Kunst beweist sich an ihr und nicht an der Meinung oder gar vermeintlichen Sendung eines Künstlers der mögliche Realitäts-, in diesem Fall möchte ich lieber sagen: Wirklichkeitsgehalt seiner Kunst«.[48]

Vorausgesetzt, dass »Storytelling« unter anderem als Denkansatz zu begreifen ist, der die Frage nach den spezifischen Verfahren und Erzähltechniken stellt, die wir benutzen, um damit bestimmte Inhalte und Botschaften in einer bestimmten Form zu übermitteln mit dem Zweck, eine bestimmte Wirkung zu erzielen, sind Erzähltechniken nichts anderes als Informationsträger, d.h. Medien. Die mittlerweile unbestrittene Erkenntnis, die wir vor allem den so genannten technikzentrierten Medientheorien verdanken, nämlich dass die von uns für den Informationstransfer benutzten technischen Medien ebenfalls ihre Spuren in der »message« hinterlassen, schließt zwangsläufig auch die Einbeziehung der technischen Medien in jeden Diskurs über »Storytelling« ein.

Das heißt etwa konkret, dass Schreiben im Netz nicht mehr in jenen klar unterscheidbaren *Räumen* stattfindet, die auf ihrem *Eingang*, ob Buchdeckel oder

Kinosaal oder Fernsehansage, die Besucher darauf hinweisen, dass *hinter dem Eingang* eine Geschichte erzählt wird, die eben nur eine Geschichte ist (»Das ist ja nur ein Film«[49]), oder ob man sich darauf vorbereiten müsse, der *Realität ins Auge zu blicken.* Ganz anders als das Fernsehen und die Printmedien, die einen organisierten Informationstransfer leisten, der von einem identifizierbaren Sender ausgeht, ist das Internet eine öffentliche Kommunikationsplattform, die per se keinen »Schalter« anbietet, den die Benutzer bedienen können, um zwischen Fiktion und Realität, zwischen Privatheit und Öffentlichkeit zu wählen.[50]

Nun werden professionelle »Storyteller« hingegen – ich denke hier in erster Linie an Journalisten, so ausgebildet, dass sie sowohl narrative Verfahren als auch die zur Verfügung stehenden technischen Medien funktional derart einzusetzen vermögen, dass am Ende eine möglichst wirkungsvolle und als wahr empfundene »Story« dabei herauskommt. Damit aber eine »Story« als wahr erscheint, muss verdeckt werden, dass sie konstruiert worden ist.

V. Kontingenzerfahrung und die Zukunft von Literatur

Spätestens seit der Verabschiedung von essentialistischer Wahrheits- und Bedeutungsfindung durch die Moderne ist es jedoch zum Konsens geworden, dass Wirklichkeit nur als Konstruktion wahrnehmbar ist und damit – nach Siegfried J. Schmidt als »drittes Modernisierungssyndrom« diagnostiziert – »jeder ›modern‹ [ist], der sein eigenes Beobachten beobachtet, ohne in einen epistemologischen Schauer zu verfallen angesichts der offenkundigen Konstruktivität sozialer wie individueller Realitäten«.[51] Wie kann nun aber Konstruiertheit verdeckt werden in einem Kontext, der bereits selbst als konstruiert erkannt ist? Das Beobachten des Beobachters als narratives Verfahren der Moderne ist durch seinen rein funktionalistischen Einsatz durch die Massenmedien trivialisiert worden (z.B. der in Dokumentarfilmen beliebte Einsatz einer zweiten Kamera, die die erste filmt) und dient allein noch als paratextueller Hinweis darauf, sich auf der Höhe der Zeit zu befinden. Anstatt aber tatsächlich Kontingenzerfahrung zu vermitteln, wird damit genau das Gegenteil umgesetzt, denn die unsichtbare zweite Kamera – um bei dem Beispiel zu bleiben – übernimmt die ursprüngliche Rolle der ersten und evoziert damit ein authentisches Beobachten, wenn auch zweiten Grades.

Zurück zu Alban Nikolai Herbst, dessen Antwort auf Kontingenzerfahrung als *conditio* für gegenwärtige und zukünfige Literatur lautet: »Die Zukunft von Literatur – wenn es denn eine gibt und ihr nicht der Rang endgültig von Hollywood abgelaufen wird – ist dort zu finden, wo ein Autor weder mehr seinen Text noch eigentlich das Wissen ›hat‹, das er konstruiert und mit dem er arbeitet, also dort, wo aus den miteinander netzwerkartig Beziehungen eingehenden Motiven Strängen Bildungsinhalten etwas Drittes Viertes Fünftes wird, das sich einer letztendlichen Verfügung sei es eines Autors sei es eines Lesers entzieht. Ich lehne die endliche Terminologie eines Dritten ab, weil sie sich auf Dreieinigkeit und damit wieder auf Funktionalität bezieht, die im Eindeutigen, also dem Monotheismus, wurzelt und den ich für die Funktionalisierung von Welt verantwortlich mache.«[52]

Der Computer und das Netz als autopoeitische, selbstgenerierende Systeme erweisen sich in diesem Vorhaben als kongeniale »Partner« des Autors[53], mit denen er *gemeinsam* jene *Dschungelwelt* konstruiert, deren rechtliche und ästhetische Urheberschaft sich einer eindeutigen Zuordnung entzieht, um und damit wiederum auf das Medium zu verweisen, in und mit dem der Text entsteht. Christiane Heibach zieht aus ihrer Analyse der »Literatur im Internet«, welche zu den profundesten Arbeiten in diesem Bereich zählt, die Conclusio: »Es ist damit unabdingbar festzustellen, dass Internetkunst und -literatur (wenn man beides noch trennen will) Technik-Kunst sind. [...] Damit wird die Selbstreferentialität und Selbstreflexion grundlegend für die Arbeit mit dem neuen Medium. Erst sie ermöglicht es, das kritische Vermögen im Umgang mit den elektronischen Erscheinungs- und Verarbeitungsformen zu entwickeln.«[54]

Die Funktionalisierung von Medien, seien diese ästhetischer Natur, gemeint sind narrative Verfahren, oder materieller Natur, d.h. technische Medien, schließt jedoch Selbstreferentialität per se aus. Selbstreferentialität ist aber die Bedingung für eine Literatur, die sich einer Funktionalisierung entziehen will, welche sie in den Dienst der Unterhaltung oder »Abbildung« von Wirklichkeit stellt und damit ununterscheidbar macht von den so genannten »Reality-Genres«[55], die sich mit der zunehmenden Verwendung von traditionell den fiktionalen Genres eigenen Erzählmustern auch immer mehr fiktionalen Genres nähern und damit den Sinn von Fiktion unterwandern, nämlich in der Formulierung von Louis Aragon (und von Herbst zitiert) »wahrzulügen«[56] und damit Wahrheit und Dichtung zusammenzuführen. □

Anmerkungen:

Sämtliche Angaben von Internetquellen wurden am 10. Februar 2007 verifiziert.

1 A. N. Herbst: »Das Weblog als Dichtung. Einige Thesen zu einer möglichen Poetologie des Weblogs«. Vortrag im Rahmen des Symposions *Literatur und Strom*, Literaturhaus Stuttgart, 10.11.2005. Publiziert in Benjamin Stein, Markus A. Hediger, Hartmut Abendschein (Hrsg.): *Literarische Weblogs*, H. 5, Sonderausgabe von »spatien – zeitschrift für literatur«, S.9 – 30. Als PDF-Datei auf der Homepage »herbst & deters. fiktionäre« unter »Texte/Reden – Vorträge – Essays«, S.5. URL: <www.die-dschungel.de/ANH/download/download.php?URL=../txt/pdf/weblog_dichtung.pdf>

2 Bild links: A. N. Herbst am 21. Juni 2004 um 03:57 Uhr in: Die Dschungel. Anderswelt. URL: <http://albannikolaiherbst.twoday.net/stories/245992> ; Bild Mitte: »Cyborg«, 1989, Öl auf Leinwand von Lynn Randolph. Umschlagbild für die erste Ausgabe von Dona Haraway: *Simians, Cyborgs and Women: The Reinvention of Nature*. New York (Routledge) 1991 (auch als Schwarzweiß-Bild auf S.110); Bild rechts: A. N. Herbst am 7. November 2007 um 15.15 Uhr in: »Die Dschungel. Anderswelt, Arbeitsjournal«. URL: <http://albannikolaiherbst.twoday.net/topics/Arbeitsjournal/>

3 Vgl. dazu Lorenz Engell; Oliver Fahle et al. (Hrsg.): *Kursbuch Medienkultur. Die maßgeblichen Theorien von Brecht bis Baudrillard*. Stuttgart (DVA) 1999. – Ralf Schnell: *Medienästhetik. Zu Geschichte und Theorie audiovisueller Wahrnehmungsformen*. Stuttgart/Weimar (Metzler) 2000. – Günter Helmes u. Werner Köster (Hrsg.):*Texte zur Medientheorie*. Stuttgart (Reclam) 2002 (= Universal-Bibliothek 18239).

4 Dieser Beitrag ist eine erweiterte Fassung des Vortrags: »Von Dichtung und Wahrheit zum Kyberrealismus: Zu Alban Nikolai Herbsts ›Poetologie des literarischen Bloggens‹«, ein Beitrag zu *Erzählen – medientheoretische Reflexionen im Zeitalter der Digitalisierung*, Internationale Tagung 3.-4. Dezember 2007, Innsbruck Media Studies der Universität Innsbruck. Die vorliegende Publikation erfolgt mit freundlicher Genehmigung der Herausgeber des Tagungsbandes.

5 Ralf Schnell: »Prosa der Moderne – nach der Postmoderne. Ransmayer – Handke – Jelinek – Herbst«. Aus: *Geschichte der deutschsprachigen Literatur seit 1945*, 2., überarbeitete und erweiterte Auflage. Stuttgart: Metzler, 2003, S. 601 – 605, S. 605.

6 Pietro Aretino: *Kurtisanengespräche (*Orig.: *Ragionamento della Nanna e dell'Antonia* [1534] u. *Dialogo nel quale la Nanna insegna a la Pippa* [1536]). übertragen von Ernst Otto Kayser, München (Lichtenberg) 1965, S. 11.

7 Schon 1982 hatte der kanadische Medientheoretiker Walter Jackson Ong (1912 – 2003) zwischen »primärer« und technisch vermittelter, d.h. »sekundärer« Oralität unterschieden (*Orality and literacy: The technologizing of the word*. New York (Methuen) 1982 u. 1988; dt.: *Oralität und Literalität. Die Technologisierung des Wortes*. Opladen [Westdeutscher Verlag]1987). Die Frage, welchem Bereich nun die spezifischen sprachlichen Kommunikationsformen im Internet zuzurechnen sind beziehungsweise wie diese zu definieren seien, wurde mittlerweile zum Gegenstand zahlreicher wissenschaftlicher Untersuchungen. Vgl. dazu: Mike Sandbothe: »Digitale Verflechtungen. Eine medienphilosophische Analyse von Bild, Sprache und Schrift im Internet«, in: Klaus Beck u. Gerhard Vowe (Hrsg.): *Computernetze – ein Medium öffentlicher Kommunikation?* Berlin (Spies) 1997, S.145-157.
Jens Runkehl; Peter Schlobinski et al. (Hrsg.): *Sprache und Kommunikation im Internet. Überblick und Analysen*. Opladen (Westdeutscher Verlag) 1998. Manfred Weinberg u. Martin Windisch: »Einleitung«, in: Aleida Assmann et al. (Hrsg.): *Medien des Gedächtnisses*. Sonderheft der DeutschenVierteljahrsschrift. Metzler-Verlag, Stuttgart u. Weimar 1998, S.4 ff. Uwe Wirth: »Schwatzhafter Schriftverkehr. Chatten in Zeiten des Modemfiebers«, in: Stefan Münker u. Alexander Roesler (Hrsg.): *Praxis Internet*. Frankfurt am Main (Edition Suhrkamp) 2002, S.208-228.

8 A. N. Herbst: *Wolpertinger oder Das Blau*. Roman. Frankfurt am Main (Axel Dielmann) 1993; zit. n. der TB-Ausgabe: München (Deutscher Taschenbuch Verlag) 2000, S.37.

9 »---- My good friend, quoth I---- as sure as I am I -- and you are you ---- And who are you? said he. ---- Don't puzzle me; said I.« Laurence Sterne: *The Life and Opinions of Tristram Shandy, Gentleman*, Band 7, Kap. 33, überarbeitete Aufl., London (Penguin) 2003, S.473.

10 In einem Brief Arthur Rimbauds an Georges Izambard am 13. Mai 1871 und in einem weiteren an Paul Demeny am 15. Mai 1971. In: Arthur Rimbaud: *Œuvres complètes*, Paris (Gallimard / bibliothèque de la Pléiade) 1972, S. 249 u. S. 250.

11 Es sind dies: Gregor Lethen, Dietrich Daniello, Alexander von Ribbentrop, montgelas, Hans Erich Deters, Alban Nikolai Herbst und Titania Carthaga. Auf der Homepage »herbst & deters. fiktionäre« unter »Biographie«. URL: < http://www.die-dschungel.de/ANH/main.html>

12 »Eine realistische Literatur, die das intakte Individuum proklamiert, ist, bereits indem sie es einklagt, regressiv und arbeitet am Fundament dessen, wogegen sie und ihre LeserInnen anzutreten vorgeben. Sie ist entweder naiv oder verlogen. Meist ist sie beides, in jedem Fall ideologisch. Sie tritt an, das eigentliche Skandalon zu verschleiern, nämlich daß wir alle Teile einer selbstreferentiellen Matrix sind, sondern uns darüber hinaus mental und auch physisch geteilt und verändert haben. Daß wir disponierbar sind, daß unser Menschenbild nicht mehr stimmt.« A. N. Herbst: »Das Flirren im Sprachraum«. (2000). Als PDF-Datei auf der Homepage »herbst & deters. fiktionäre« unter »Texte/Reden – Vorträge – Essays«, S.4. URL: <http://www.die-dschungel.de/ANH/txt/pdf/flirren_im_sprachraum.pdf>

13 Joachim von Ribbentrop (1893 – 1946) wurde 1925 von einem entfernten Verwandten adoptiert, wodurch er das Recht zur Führung des Adelstitels erwarb.

14 *Thetis. Anderswelt*, Fantastischer Roman, Reinbek (Rowohlt Verlag) 1998 (=Erster Band der *Anderswelt*-Trilogie); *Buenos Aires. Anderswelt*, Kybernetischer Roman, Berlin (Berlin Verlag) 2001 (=Zweiter Band der *Anderswelt*-Trilogie).

15 In der April/Mai Ausgabe 2007 der österreichischen Literaturzeitschrift »Volltext« erschien der Roman wieder in einer leicht variierten »persischen« Fassung. Die gegen den Autor erhobenen Verfügungen wurden am 6. März 2007 vom Landgericht Berlin

als »erledigt« erklärt. Siehe den Weblogeintrag am 6. März 2007, 16:16 Uhr. URL: <http://albannikolaiherbst.twoday.net/stories/3402535/>

16 »Dennoch muß ich erkennen, daß das eigentliche Spielfeld nachpostmoderner Dichtung das Buch nicht mehr sein kann. Möglicherweise muß man, um den Komponenten der Wirklichkeit weitgehend zu entsprechend, mit Hybriden arbeiten aus Buch und Netz. Nicht von ungefähr habe ich meiner meistfrequentierten Netzpräsenz den Mittitel ANDERSWELT ganz ebenso beigegeben, wie den drei Romanen, die das ANDERSWELT-Projekt buchtechnisch vertreten.« In: »Die Dschungel. Anderswelt«, Rubrik: »Poetik-Dozentur-2007«, 15. November 2007, 17:56 Uhr. URL: <http://albannikolaiherbst.twoday.net/topics/POETIK-DOZENTUR-2007/>

17 Hans Erich Deters: »Eine Beichte. Wie ich zum Schreiben kam. (Gar nicht. Ich kam zum Veröffentlichen)«. In: *Die Welt*, 8. Mai 1999. Als PDF-Datei auf der Homepage »herbst & deters. fiktionäre« unter »Texte/Fiktionen«. URL: <http://www.diedschungel.de/ANH/txt/fiktionen/deters_schreiben.htm>

18 Von Norbert Wiener erstmals verwendet in: *Cybernetics or Control and Communication in the Animal and the Machine.* New York (John Wiley & Sons, Inc.) 1948.

19 »sein zweck ist es nämlich, die welt zu ersetzen, d.h. die bislang völlig ungenügende funktion der ›vorgefundenen Umwelt‹ als sender und empfänger lebenswichtiger nachrichten [nahrung und unterhaltung, stoff- und geistwechsel] in eigene regie zu übernehmen – und seiner individualisierten aufgabe besser zu entsprechen, als dies die ›allen‹ gemeinsame, nunmehr veraltete sog. natürliche umwelt vermag.« Oswald Wiener: *die verbesserung von mitteleuropa*, roman. Erschien erstmals in der Literaturzeitschrift »manuskripte« 1965/13 – 1969/25; 1969,1972 und 1985 bei Rowohlt (Reinbek); zit. n. d. Ausg. 1972, S. CLXXV.

20 A. N. Herbst: »Das Weblog als Dichtung«. S.5.

21 A. N. Herbst: »Isabella Maria Vergana. Kleine poetologische Anmerkung«. – Für das Literaturhaus Köln und die Veranstaltung am 17. Januar 2007. Als PDF-Datei auf der Homepage »herbst & deters. fiktionäre« unter »Texte/Reden – Vorträge – Essays«, S.2. URL: <http://www.die-dschungel.de/ANH/main.html>

22 Am 5. Februar 2006 versteigerte ANH eine Romanfigur, die er – je nach Preis – entweder als Neben- oder als Hauptfigur in seinem Roman *Argo. Anderswelt* auftreten lassen würde. Der österreichische Künstler E.A. Richter ersteigerte für 645 Euro eine Nebenfigur. Der Text bei »eBay«: »Ich bin ein deutscher Schriftsteller und versteigere an den Höchstbietenden die Rolle in einem Roman. Die Rolle kann Ihren Wünschen entsprechen und Ihren Namen tragen; Sie können etwas sein, was Sie immer schon sein wollten. Es geht um ARGO. ANDERSWELT, den dritten Band einer Trilogie, deren erste beiden Bücher im Rowohlt sowie im Berlin Verlag erschienen sind und längst literaturwissenschaftliche Beachtung gefunden haben (sehen Sie dazu: http://www.die-dschungel.de/ANH/txt/sekundaer.htm). THETIS. ANDERSWELT wurde mit dem Phantastik-Preis ausgezeichnet (http://www.die-dschungel.de/ANH/werke.html). Alle übrigen Informationen zu mir und meinem literarischen Werk entnehmen Sie bitte HERBST & DETERS FIKTIONÄRE (http://www.die-dschungel.de/ANH/main.html). Der Roman ARGO. ANDERSWELT entsteht derzeit in der Rohfassung. Bei Geboten, die 1000 Euro nicht übersteigen, wird es eine allerdings liebevoll gestaltete Nebenfigur werden, bei Geboten über 1000 Euro eine der tragenden Personen des Buches. Einzelnes dann nach Absprache. Für mich selbst ist dies schon rein handwerklich eine reizvolle Aufgabe. Gestaltungswünsche, die gegen bestehendes Recht verstoßen oder in irgend einer Weise nationalsozialistisches Gedankengut zu transportieren helfen, werden n i c h t berücksichtigt.« URL: <http://cgi.ebay.de/ws/eBayISAPI.dll?ViewItem&item=8757296498>.

23 Hier führt nochmals eine Spur zu L. Sternes »Tristram Shandy«, wo der Erzähler im 10. Kapitel des ersten Buches seinen Lesern anbietet, sich über den Kauf einer Widmung in einer neuen Auflage des Werks *verewigen* lassen zu können. Vgl. L. Sterne: *The Life and Opinions of Tristram Shandy*, S. 15 – 17.

24 Margit Schreier untersucht dieses im Internet auftretende »neue« Genre: »Von Serienmörderinnen, Verschwörungen und Schwarzer Magie: Pseudo-Dokumentationen im Internet – ein neues Genre?« In: *DigiLit. Digitalität und Literalität. Zur Zukunft der Literatur im Netzzeitalter*. Universität Hamburg. URL: <http://www1.uni-hamburg.de/DigiLit/index.html>

25 Vom Südwestrundfunk (SWR2) im April 2006 gesendet, SWR Baden-Baden, Redaktion Walter Filz. Berlin, Februar bis April 2006

26 Erste Version vom 27. Apr. 2006, 15:49 Uhr: »Carl Johannes Verbeen (*1922 in Amsterdam, † vermutlich 1994 im Libanon).« ; Version 27. April 2006, 15.57 Uhr: »Carl Johannes Verbeen (* 1922 in Amsterdam; † vermutlich 1994 im Libanon) war ein deutscher Schriftsteller (Einer der vergessenen Wilden der deutschsprachigen Literatur).«;Version 30. Mai 2006, 15.20 Uhr: »Carl Johannes Verbeen (*4. Mai 1922 in Amsterdam; † vermutlich 1994 im Libanon) ist ein fiktionaler schweizerisch-holländischer Schriftsteller, dessen folgende Biographie und dessen Werke eine Erfindung des Schriftstellers Alban Nikolai Herbst sind. Er ist nicht identisch mit dem tatsächlich existierenden Autor dieses Namens, dessen ›Neuen Katechismus‹ (s. Bibliographie) Albert Vigoleis Thelen ins Niederländische übersetzte.«; Version 30. Mai 2006, 15:20Uhr: »Carl Johannes Verbeen (*4. Mai 1922 in Amsterdam; † vermutlich 1994 im Libanon) ist ein fiktionaler schweizerisch-holländischer Schriftsteller, dessen folgende Biographie und dessen Werke eine Erfindung des Schriftstellers Alban Nikolai Herbst sind. Er ist nicht identisch mit dem tatsächlich existierenden Autor dieses Namens, dessen Neuen Katechismus (s. Bibliographie) Albert Vigoleis Thelen ins Niederländische übersetzte.« Die Angabe, dass A.V. Thelen den »Neuen Katechismus« ins »Niederländische übersetzte« ist falsch: Thelen übersetzte aus dem Niederländischen ins Deutsche, vgl.: Albert Vigoleis Thelen. URL:<http://www.vigoleis.de/content/autor/0/19.htm>

27 Siehe: »Wikipedia: Richtlinien – Fiktives«. URL:<http://de.wikipedia.org/wiki/Wikipedia: Richtlinien Fiktives>

28 Vgl. Ralf Schnell: *Prosa der Moderne*, S.605.

29 Die gesamte Diskussion (mit Ausnahme des Löschkommentars von »Ureinwohner«) wurde vom Autor in sein Weblog übernommen und kann dort abgerufen werden unter der URL: <http://albannikolaiherbst.twoday.net/stories/4764224/>

30 A. N. Herbst. »Das Weblog als Dichtung«.

31 Diese Textstelle verweist auf Novalis' *Die Lehrlinge von Sais*: »Auch ich will also meine Figur beschreiben, und wenn kein Sterblicher, nach jener Inschrift dort, den Schleier hebt, so müssen wir Unsterbliche zu werden suchen; wer ihn nicht heben will, ist kein echter Lehrling zu Sais.« Novalis: *Die Lehrlinge zu Sais*, Gedichte und Fragmente, hrsg. v. Martin Kiessig. Stuttgart (Philipp Reclam Jun.) 1960 [= UB 3236/37), S. 7.

32 A. N. Herbst. »Das Weblog als Dichtung«, S. 3.

33 Weblogeintrag in »Die Dschungel. Anderswelt« am 3. Juli 2006, 00:49 Uhr. URL: <http://albannikolaiherbst.twoday.net/stories/2278367/>

34 Weblogeintrag in »Die Dschungel. Anderswelt« am 25. Aug, 21:48 Uhr. URL: <http://albannikolaiherbst.twoday.net/stories/2580020/#2580773>

35 Weblogeintrag in »Die Dschungel. Anderswelt« am 15.August 2006, 19.28 Uhr: »Das chorische Tagebuch ward«. URL: <http://albannikolaiherbst.twoday.net/stories/2532561/>

36 Weblogeintrag in »Die Dschungel. Anderswelt« am 5.August 2006, 8.37 Uhr: <http://albannikolaiherbst.twoday.net/stories/2485662/>

37 Ebd.

38 »Wie im Chat wird gefühlte (eingebildete) Nähe mit hoher Anonymität verbunden. Das erlaubt eine Offenheit, die in realen Gruppen aufgrund ihrer moralischen Zurichtung insbesondere in erotischen Belangen kaum vorstellbar ist.« A. N. Herbst: »Das Weblog als Dichtung», S. 6.

39 Weblogeintrag in »Die Dschungel. Anderswelt« am 9. Januar 2006, 4.37 Uhr. URL: <http://albannikolaiherbst.twoday.net/stories/1381326/>

40 A. N. Herbst: »Das Weblog als Dichtung«, S. 6.

41 Ebd., S. 15.

42 Jacques Lacan: *Freuds Technische Schriften*. Übersetzt von Werner Hamacher. Olten und Freiburg im Breisgau (Walter-Verlag) 1978 (=Das Seminar von Jacques Lacan, hrsg. von Norbert Haas, Buch 1 [1953-1954]), S. 160 und S. 180.

43 Ebd., S. 180 f. .

44 Ebd., S. 104.

45 Ebd., S. 180.

46 Der Kulturwissenschaftler Remigius Bunia rechtfertigt das richterliche Urteil mit dem Argument, der amerikanische Kognitionspsychologe Richard Gerrig habe »1993 ermittelt, dass kein Leser einen ›Schalter‹ im Kopf hat, den er umstellt, je nachdem ob er fiktionale Romane oder Zeitungsberichte liest. Beide werden auf gleiche Art und Weise verarbeitet [...]. Solche Arbeiten sind vom literaturwissenschaftlichen Establishment lange ignoriert worden.« Remigius Bunia: *Warum stört es die Literaturwissenschaft, dass Literatur Wirkungen hat? Der Protest des Literaturbetriebs gegen die Urteile im Fall »Esra« wird von einer herrschenden, aber falschen Lehre getragen*. FAZ, 13. Oktober 2007, Nr. 238, S.39. Und in *Wikipedia* zum Stichwort »Fiktion« findet sich ein ähnliches Statement desselben Autors: »Die Literaturwissenschaft bestreitet jedoch nach wie vor in nicht geringen Teilen, dass fiktionale Darstellungen korrekte Beschreibungen der (realen) Realität liefern.« Der Artikel in der deutschsprachigen Ausgabe der Online-Enzyklopädie »Wikipedia« ist zwar nicht signiert, doch Remigius Bunia erklärt sich auf seiner Homepage als Autor dieses Beitrags, welcher auch in seiner ursprünglichen Version abrufbar ist. URL zum Wikipediabeitrag: <http://de.wikipedia.org/wiki/Fiktion>URL zum Beitrag auf der Homepage von Remigius Bunia: <http://www.faltungen.de/page.php?xSessionId=&xId=344>

47 Donna Haraway: *Die Neuerfindung der Natur. Primaten, Cyborgs und Frauen,* hrsg. und eingeleitet von Carmen Hammer und Immanuel Stieß. Frankfurt am Main/ New York (Campus) 1995.

48 A. N. Herbst: »Heidelberger Vorlesung I (2). Arbeit in der sterbenden Schriftkultur ist Arbeit am Sterben der Schriftkultur«. In: »Die Dschungel. Anderswelt«, Rubrik: »Poetik-Dozentur-2007«, 15. November 2007, 17:56 Uhr. URL: <http://albannikolaiherbst.twoday.net/stories/4446844/#comments>

49 Ebd.: »[...] was meine Großmutter sich und ihren Lieben zur Beruhigung immer sagte, wenn etwas im Fernsehen zu bewegend wurde: ›Das ist doch nur ein Film.‹ Durch dieses ›Das ist doch nur ein Film‹ macht Kunst einen Strich.«

50 Vgl. Anm. 43.

51 Siegfried J. Schmidt: »Ko-Evolution von Moderne und Medientechniken. Postmoderne.» In: *Texte zur Medientheorie*. Hg. v. Günter Helmes und Werner Köster. Stuttgart (Reclam) 2002, S. 324.

52 A. N. Herbst: »Das Flirren im Sprachraum«, S. 16.

53 »Der Computer wird Partner und Miturheber des Werkes.« A. N. Herbst: »Computer können dichten«. Als PDF-Datei auf der Homepage »herbst & deters. fiktionäre« unter »Texte/Reden – Vorträge – Essays«, S.8. URL: <http://www.die-dschungel.de/ANH/main.html>

54 Christiane Heibach: *Literatur im Internet: Theorie und Praxis einer kooperativen Ästhetik*. Berlin (dissertation.de) 2000, S. 354.

55 »Indem Literatur ihres metaphysischen afunktionalen Momentes verlustig geht, stirbt sie als Kunst und wird dienstbar wie zu feudalen Zeiten.« A. N. Herbst: »Das Flirren im Sprachraum«, S.20. »Literatur als funktionale, aufklärerische, ›realistische‹ Literatur ist obsolet, weil die Realität selber zur LiteraturKunst geworden ist.« Ebd., S. 22.

56 »Ich glaube daran, dass Literatur *wahrlügt*.« A. N. Herbst: »Das Flirren im Sprachraum«, S.20.

Alban Nikolai Herbst

Die Dschungel.Anderswelt

Die Dschungel.Anderswelt, Arbeitsnotat 3.6.2006:
Im Osten vergessen. Zum Realismus der Anderswelt. Argo. Anderswelt. (242).

Litfaßsäule in Bamberg.
Auf dem Weg zum Bahnhof.

Der Sanfte

Die Dschungel. Anderswelt, Arbeitsnotat 17.9.2004:
Der Sanfte. (1).

Gegenüber der Praxis meines Analytikers gibt es zwischen zwei Mietshäusern eine kleine, zugewachsene Brache: Völlig verwunschen gammeln dort alte DDR-Garagen vor sich hin und werden allmählich von einer Natur zurückgeholt, die fern jeden Begrünungsplanes ihrer eigenen, erstaunlich wilden Schönheitswege geht. Jedesmal, wenn ich etwas zu früh zur Stunde kam und komme, stehe und stand ich fast benommen davor und spürte den Sog, das Metallgatter zur Seite zu drücken und einzutreten.
Seit ein paar Wochen tu ich das nun dreimal die Woche. Von morgen an wird es vorbei sein.

Die Angeln quietschen, man muß das verrostete Tor etwas anheben, um es bewegen zu können. Links, hat man sich durch das erste Gestrüpp gekämpft, eine klaffende Garage voller Müll und Kot und weggeworfener Elektrogeräte. Die folgenden Garagen sind noch von altlackblätternden Holztüren verschlossen, die rechten sowieso. Bis auf eine, die fünfte rechts. Ich höre Gekrame, ich sehe ein Tischchen, einen Sperrmüllsessel, auf dem Tischchen ein paar Batterien. Dann Geraschel, Gekruschel von rechts. Ein ausgesprochen gepflegt wirkender junger Mann mit Stoffrucksack kommt heraus, erschrickt etwas, als er mich sieht, aber ich lächle und wünsch ihm einen guten Morgen. So kommen wir ins Gespräch und sprechen seitdem oft miteinander.

Er lebt ohne Absicherung, er will keine Absicherung, sucht sich in der Stadt seiner Wahl solch einen verlassenen Ort und richtet ihn ein. „Nur für Freunde" steht auf einem ungelenken Holzschild an seiner Garagentür. Drinnen ebenfalls Sperrmüllmöbel, selbst gepflückte Blumen auf dem Tisch, eine ausgediente Matratze, der Schlafsack, ein Camping-Kocher.

Und nun ist es kalt geworden in Berlin.
„Ich werde weggehen", sagt er.
„Wohin? Was haben Sie vor?"
„Südfrankreich erstmal. Dann vielleicht Spanien, in Andalusien gibt es viele leere Bauernhütten. Vielleicht auch Sizilien. Wohin man mich mitnimmt."

Gestern sagten wir einander Lebwohl. Nur kurz. Ich hätte ihm etwas mitbringen sollen zum Abschied. Vergaß es. War beschämt, als ich sah, daß er ein paar seiner Pflanzen ausgetopft und in einen Plastikbeutel getan hatte. „Die pflanze ich an einer geschützten Stelle ein", sagt er, „damit sie den Winter überstehen." Wir gaben einander nicht einmal die Hand, so fremd sind unsere Welten.

Die Dschungel. Anderswelt, Arbeitsnotat 20.9.2004:
Der Sanfte (2). Abschied von Nichts.

Und dann stehe ich noch einmal in der kleinen Brache und erwarte Verlassenheit, Melancholie. Aber ein mißtrauischer junger fremderMann kommt mir entgegen, den Kopf etwas schief, die Wangen unrasiert, die Aggression des getretenen Hundes im Blick. Ich grüße freundlich, was ihn momentan hilflos macht, stapfe geraden Rückens an ihm vorbei, er weicht sogar aus.
Die Tür meines Bekannten ist geschlossen, aber noch hängt rechts das Holzschild: NUR FÜR FREUNDE. Ein paar Meter weiter in den hüfthohen ostdeutschen Grasdschungel hinein liegt eine riesige, feste Plastiktüte voller Wäsche. Das Gartentischchen und die Sessel sind umgekippt. Links von mir, das ist neu, haben noch zwei weitere Männer eine der Garagen bezogen, aber ohne die häusliche Liebe, die meinen Vagabunden so überraschend ausgezeichnet hat: Überall nur grobe Hand.
„Ist er weg?" frage ich halb umgedreht und nicke zu der verschlossenen Garagentür.
„Is wohl weg", antwortet immer noch mißtrauisch der junge Mann.
Ich störe ihn, meine Anwesenheit stört. Ich störe drei junge verwahrloste Männer beim Trinken.
„Er wollte nach Südfrankreich", sage ich.
„Kann sein."
„Es wird jetzt unangenehm", sage ich.
„Es wird Winter", sagt er.
„Na dann", sage ich.

Als ich die Brache verlasse und das Blechgatter sorgfältig hinter mir zuziehe, wird mir bewußt, wie sehr ich mit einer Möglichkeit geflirtet habe, die sich nunmehr wieder verschließt. Ein kulturvolles Leben außerhalb der gängigen Normalität. Als mein Vagabund noch dort wohnte, wurde die Brache zum Paradies und war auch von Stadtstreichern gemieden. Er hatte etwas an sich gehabt, das ihnen fremd, das ihnen unheimlich war: Er wollte nicht dazugehören. Eine seltsame Basis für unsere Sympathie. Ein Wort, das „Mit-Leiden“ heißt, aber so wenig sentimental ist, daß es auf Freundschaft verzichtet. Aus reinem Stolz.

Die Dschungel. Anderswelt, Arbeitsnotat 21.9.2004:
Der Sanfte (3). Die brutale Abwesenheit.

Nun ist alles zerrissen, zwar das Metallgatter wie immer geschlossen, und von draußen ist keine Bewegung zu erkennen. Aber kaum habe ich es angehoben

und stapfe durch den leichten Regen nur zweidrei Meter voran – klamm weht es aus den klaffenden Garagentüren heraus –, kommt mir ein erster Stadtstreicher entgegen. Nicht der von gestern, sondern ein wieder anderer. Und abermals der mißtrauische Blick eines getretenen Köters, nunmehr allerdings zu sofortigem Kläffen bereit. Auch heute also kein Abschied, niemals mehr Abschied von hier, nicht die leise liebende Melancholie, die am Platze wäre. Dafür ist die Zeit verpaßt. Sondern nun sind gleich drei Garagen besetzt, und die Heimstatt des Sanften wurde geplündert: Heruntergerissen das Schild NUR FÜR FREUNDE, ich sehe es nirgends am Boden, man wird es ins Gebüsch geschmissen haben. Die Tür so gewaltsam aufgebrochen, daß beide Flügel kaum noch in der Angel hängen. Herausgezerrt von innen alles, was verwertbar war, und gefleddert und mit anderem Zeug wieder hineingewuchtet. Es mag einen Streit gegeben haben nachts, vielleicht Schlägereien. Jetzt sitzen ein paar Leute um den niedrigen Tisch auf gekürzten Stühlen, eine Batterie Bierflaschen über die Platte verteilt, es riecht nach altem Tabak. Aufgequollene Matratzen sind drinnen übereinandergeworfen. Und aus einer hinteren Garagentür kommt ein wiedernächster Miserabler.

„Give me a cigarette!“
Ich muß bedauern, habe die Packung auf meinem Schreibtisch liegenlassen: „Sorry, I don't have any with me.“
„Ye can bye some!” ruft er. „Or give me money!”
Ich drehe mich um.
„Bye some!“ ruft er mir nach.
Ich reagiere gar nicht mehr. Ich fühle sie Witterung nehmen.

(Nachts, wäre mein Sanfter noch dagewesen, hätte die Horde sich an die Brache herangeschlichen, still hätte Mann für Mann das Gatter durchschlüpft, auf Stiefelspitzen, die sich schon schärften für ihn, hätten sie sich vorsichtig durchs Gestrüpp bis an seine Tür, NUR FÜR FREUNDE, gedrückt, um sie dann mit gewaltigen Rucken aufzureißen und über ihn herzufallen. Er wäre kaum dazugekommen zu schreien, aber wenn doch... die Bewohner der angrenzenden Häuser hätten schleunigst die Fenster geschlossen und sich die Decken über die Ohren gezogen. Während ich die Straße überquere, begreife ich: Es war für ihn auch symbolisch an der Zeit. Denn die Geister der Hyänen hatten sich zusammengefunden, der Sommerfrieden war für ihn in Berlin auch anderweitig vorüber. Er hatte *flüchten* müssen. Denn auch einer wie ich hätte ihm nicht helfen können. So nehme ich das Bild eines geschlachteten und aufgebrochenen Hühnchens, dessen Eingeweide zur Abschreckung, NUR FÜR FREUNDE, um einen drohend ins Gestrüpp gebohrten Stock gewunden sind, mit mir in die Analyse hinein.)

Daß Menschen einen Ort v e r w a i s e n können! Daß Verheerung Verwaisung wird!
[Hans Pfitzner, Das dunkle Reich op. 38.]

Die Dschungel. Anderswelt, Arbeitsnotat 29.9.2004:
Verlassenheit. Der Sanfte (4).

Die Dschungel. Anderswelt, Arbeitsnotat 4.10.2004:
Der Sanfte (5).

Und wieder stehe ich in der Brache und frage. Einen Jungen von vielleicht zwölf. Verschmutzt hat er die Garagentür zur Seite gehoben. Sieht mich mit der Kamera. Er ist nicht mißtrauisch, nur ambivalent. „Wohnst du hier?“ frage ich. Er zögert kurz. Dann:
„Nein. Das ist nur der Clubraum.“
Er weiß nichts mehr von dem Sanften. Die Kinder haben die obdachlosen Säufer vertrieben. Braunschweig drängt in mir hoch. Hier war das Mittelalter ewig.
„Du mußt keine Angst haben“, sage ich. „Ich fotografiere, weil ich eine Geschichte schreibe.“
Er sieht mich nur an, nahezu regungslos. Sieht mir stumm nach, als ich gehe.

Die Dschungel. Anderswelt, 4.10.2004:
Die Realität, von außen in die Seele gespiegelt. Der Sanfte. (6).

Veränderungen.
Vergehen.

Neuerlich fotografiere ich das kleine Stück Brachland. Ein buckliger, sehr kleiner Alter kommt von der Straße heran. Schaut mir ins Gesicht.
„Ist er da?“ fragt er, als wüßte er, wem ich nachspüre.
„Nein“, sage ich.
Er hebt das Blechgatter an, verschwindet im Gestrüpp.

Die Dschungel. Anderswelt, Arbeitsnotat 14.10.2004:
Der Sanfte (7). Argo. Anderswelt. (6).

Hinter dem Gatter.

Neue Bewohner.

Diese Geschichte in den Roman einfügen. Hier leben Obdachlose im durch die Detonation neu entstandenen Sarajewo. Auch der Sanfte. Den sie verjagen.

Die Dschungel. Anderswelt, Arbeitsnotat 18.10.2004:
Der Sanfte (8). Verfall.

27.10.2004:
Der Sanfte. (10). Argo. Anderswelt. (22).

[Händel, Solomon.]

Die vor den Eingang geworfene Matratze ist fort, ein... tja, junger? Mann schleppt zwei ausgemusterte Autositze heran. Mit dem rechten Stiefel tritt er das Gatter auf, verschwindet in der Brache, öffnet eine der Garagen. Ein hüfthoher Schäferhund folgt ihm. Ich trete näher, der Hund fixiert mich mit aufmerksam hochgestellten Lauschern. Eigentlich möchte ich eintreten, aber traue mich nicht. Warte ab. Gerumpel von drinnen. Dann kommt der Mann, er ist in einen dicken Parka gekleidet, wieder heraus, sieht mich, will durchs Gatter und an mir vorbei. Ich spreche ihn an: „Überwintert ihr hier? Ist das nicht kalt?" Als er antwortet, sehe ich, welch schlechte Zähne er hat. Die untere Reihe rechts fehlt ganz. Deshalb spricht er sehr undeutlich, vermanscht. Aber auch nicht deutsch, sondern etwas, das holländisch klingt und wovon ich kein Wort verstehe. Der Mann will auch keine Antwort, schiebt sich an mir vorbei. Drahtig ist er, sehr zäh. Einer der Untergrundkämpfer, denke ich, die sich in den Nullgrund einquartieren werden, bevor Ungefugger dort den Lichtdom errichtet. (Und tatsächlich erfahre ich eine halbe Stunde später, daß die kleine Brache niedergerissen und ein Spielplatz drauf errichtet werden soll. Immerhin, ein Lichtdom nicht. Aber der Nullgrund ist ja auch monströs, dies hier eine Nische für jene, die nicht *passen*. Nicht selten ertappe ich mich bei dem Gedanken, eines Tages dazuzugehören. Vielleicht beobachte ich das Stückchen Land deshalb so intensiv. Einmal die Anderswelt-Ideen beiseite.)

Die Dschungel. Anderswelt, Arbeitsnotat 3.11.2004:
Nullgrund: Die Economia. Argo. Anderswelt. (30). Der Sanfte. (11).

Auf dem Nullgrund entsteht indes die neue Brache, worin auch der Sanfte Unterkunft findet. Es sind jetzt *wieder* neue Bewohner da. Und Baustellenschilder. Alles sehr engführen.

Die Dschungel. Anderswelt, Arbeitsnotat 4.11.2004:
Der Sanfte. (12). Nachts.

Im Dunklen vor dem Gatter auf die flachen „Häuser" lauschen, zu der die Garagen geworden sind. Es ist völlig still. Die Angst, die mich aus der Brache anweht. Ich träte gerne hinein, aber bin von einer Präsenz abgehalten, die etwas Bedrohliches hat. Und die verwilderten Pflanzen sind wie Schilf, das um ein Loch herumsteht.

Die Dschungel. Anderswelt, Arbeitsnotat 1.12.2004:
Der Sanfte. (14). Abriß.

Als der Sanfte im Jahr darauf zurückkam und schaute, ob er sein Garag'chen werde wieder beziehen können, war die ganze Brache umgestaltet, stand nicht das Fliederbäumchen mehr, nicht mehr wucherte das wilde Biotop. Sondern ein sauberer Spielplatz mit Schaukel Sandkasten Wippe wurde von gutbehüteten Kindern durchtobt. Sauber die Bänke, sauber die grauen Mülleimer an ihren metallenen Pflöcken. Ein Zäunchen um alles her, damit die Kleinsten nicht ausbüchsen können.

Er freute sich, unser Sanfter, über das lachende perlende Geschrei. Er sah das Eis in der Waffel Kekse Kinderwagen Mütter. Und wandte sich, mit kaum einem leisen melancholischen Zucken seiner Lippen von auch dieser Heimat ab. Womit wir die kleine Binnenerzählung, hier jedenfalls, beschließen.
[Auch *das* ist – Geschichte.]

(Nicht uninteressant für ARGO, daß die Arbeiter in eine Art Strahlenschutzanzüge gekleidet sind. Unbedingt verwenden.)

Die Dschungel. Anderswelt, Arbeitsnotat 7.6.2005:
Der Sanfte (16). Vergessen & Erinnern.

„Weshalb fotografieren Sie hier?“ fragt der Arbeiter.
„Ich möchte an jemanden erinnern“, antworte ich und erzähle von den alten Garagen und dem Sanften, der darin wohnte. Von seinem Blumentopf im Fenster, den alten Sesseln, dem Gebüsch, den wuchernden Blumen.
„Ja“, sagt der Arbeiter, „das ist gut, daß Sie das tun. Wissen Sie, wenn wir hier fertig sind, dann sehen Sie zu 90 % auf Beton. Das, wovon S i e erzählen, schuf überhaupt erst das Wesen dieses Kiezes.“
„Das“, sagte er, „machen wir fort.“ Etwas fortmachen. Kein anderer Ausdruck wäre ähnlich exakt.

[Der Sanfte lebt s o nun noch in ARGO weiter. Die Gründe zusammennehmen. Sie raffen. Dann nicht mehr anders können. Erzählen m ü s s e n. Ganz so, wie >>>> Brem ihn beschützt.]

Die Dschungel. Anderswelt, Arbeitsnotat 31.1.2006:
Eine Person characterisieren. Argo. Anderswelt. (196).

Bei aller inneren Fahrigkeit, mit der ich derzeit an ARGO arbeite (ich komme derzeit auf ca. eine Seite täglich, das ist entschieden zu wenig, es müssen fünf sein), fiel mir doch gestern eine ganz wichtige Wendung ein, die den Sanften noch einmal anders characterisiert, indem sie ihm ein Geheimnis verleiht, von dem ich vorgestern noch gar nichts wußte. Er wird jetzt zunehmend eine große Figur, ein wirklicher Gegenspieler Brems; und ich erreiche etwas, auf das es mir immer wieder angekommen ist in meinen Geschichten: der Leser w e i ß längst, welche ‚Funktion‘ der Sanfte in dem Roman hat, also für die Handlung, Brem aber weiß es nicht, und das Geheimnis, von dem ich spreche, bringt es mit sich, daß der Leser, obwohl er anderes weiß, durch Brems Augen sieht: Er sieht eine M ö g l i c h k e i t des Sanften, die auf diese Weise entsteht, so daß der Sanfte zweierlei wird: er selbst in seiner Funktion, aber auch er selbst in einer Menschlichkeit, die seiner Funktion widerspricht. So ist er hochgradig ambivalent. So etwas will und wollte ich immer gestalten.
Es ist bloß dieser eine Satz:
Deshalb merkte er nicht, daß Andreas nie schlief.

* * *

Brem (Gelbes Messer)

Die Dschungel. Anderswelt, Arbeitsnotat 9.11.2004:
Zu den DTs'. Revision. Kleine Theorie des Literarischen Bloggens (27).
[Verdi, Falstaff.]

DTs: In die Falle des Privaten getappt. Es ist die Falle einer simulierten Community, der das Literarische Weblog sich mitzuteilen glaubt. Dadurch projiziert sich die Imagination des Literarischen auf diese, s i e also wird erfunden, anstatt daß es sich selber als Kunstwerk schafft. Es tritt dieses Private aber wie ganz von selbst in die Cyberwelt ein, man fühlt sich vertraut und erzählt. Das läßt schließlich von der Form, die einen anfangs so reizte, und wird zum Zwiegespräch mit einem Leser, den es grad ab-, den es fremd halten sollte. Dialoge sind in der Nähe nicht möglich, lediglich Versicherungen einer Sympathie, die so tut, als wäre man *eines*, ohne daß doch möglicherweise überhaupt etwas ist. Damit wird das Literarische Weblog zu einer „Mitteilung an die Freunde", für die es allenfalls am Rande gemacht ist. Oder, wie die DTs in Den Dschungeln, zu einer Mitteilung für sich selber, als Selbstvergewisserung und Kontrollapparat, der einen zwingen soll, die Arbeit nicht schleifen zu lassen, und also mit der Blamage spielt, die, schleift sie dann doch, öffentlich wäre. Das mag eine pfiffige Berechtigung haben, unterhöhlt indes den ästhetischen Boden, auf dem allein Die Dschungel – als Kunstvorhaben – wachsen können.
[Andererseits haben Zusammenhänge zu interessieren begonnen, wie ein privates Erleben zu Motiven in Romanen wird, namentlich in ARGO. Deshalb werden die DTs trotz der Bedenken weitergeführt. Aber sie werden fortan nicht mehr auf der Hauptseite erscheinen, sondern einzig noch im „Tagebuch".]

- wm meinte am 9. Nov, 07:49:

Auch wir Leser
tappen in eine eigene Falle, in die der von Ihnen angesprochenen „Imagination des Literarischen". Dieser Illusion entkommt man vielleicht nur, wenn man auf Kommentare verzichtet.

- albannikolaiherbst antwortete am 9. Nov, 15:55:

Oder indem die Leser sie literarisch umformen.
Als Erzählung, als Meinung, als seinerseits Paralipomenon. Schriebe etwa jemand als Kommentar zu einem DTs seinen eigenen Tagesablauf, bekäme das Unternehmen einen ästhetischen Witz. Und schüfe vielleicht sogar literarische Welt.

- parallalie antwortete am 9. Nov, 23:13:

„Die Namen der zweiundneunzig Personen in diesem Buch beginnen alle mit den Buchstaben FALL. Die Namen entstammen der letzten Ausgabe des von der Untersuchungskommission über das Nicht Identifizierte Gewaltsame Ereignis – NIGE – alle zehn Jahre veröffentlichten Leitfadens."

Peter Greenaway: Voli fatali [The Falls] (dt. von mir nach der italienischen Übersetzung)

- wm antwortete am 10. Nov, 08:25:

Wohlan,
sagt sich der Leser im Schutz seiner Anonymität, geben wir zum Besten, was vielleicht nicht gut genug ist, liefern wir als Kommentar ab, was ständig in Gefahr ist, die gebotene Gelegenheit zu missbrauchen, etwa für Eier-Scharmützel, deren unfreiwilliger, aber aufschlussreicher Ertrag darin lag, uns sogar beim Eier-Kauf von der Geschichte einho-

len zu lassen. – Es trifft durchaus zu, dass Ihr Weglog einen bis in den Alltag hinein „beeinflusst“. Wie aber dem entsprechen? Angemessen wäre wohl, ein eigenes Weblog anzulegen. Aber auch damit wären solche Fragen kaum beantwortet. Soll ich etwa sagen, dass, wenn ich gelegentlich in die Gudvanger Straße gehe, die Duncker-Straße überquere (ich lebe z.Z. aber nicht in Berlin) oder dass irgendwo da in der Nähe auch N.Wodin wohnen muss? Soll ich – hysterisch oder wichtigtuerisch – sagen, dass Sie in Ihrem ungeheizten Zimmer sich ziemlichen Gefahren aussetzen? Denn sind nicht etwa Walser oder Hölderlin in der Kälte verrückt geworden? Soll ich sagen, dass ich mir – veranlasst durch den Anfang von ARGO – vorgestern die TB-Ausgabe von Sebald, Luftkrieg und Literatur besorgt habe, um nochmals zu lesen, was ich da an kaum vorstellbaren Bildern wieder verdrängt habe, wobei die sehr interessierte Buchhändlerin auch nicht weiterhelfen konnte, bei Celine die Passage über Hamburg zu finden? Soll ich sagen, dass mich seit Wochen die Frage beschäftigt, wie der „Der Sanfte“ als realer den Weg in die Geschichte zurückfinden kann? Er mit seinem Anteil von durchaus so etwas wie Hoffnung oder Erlösung? Soll ich nachfragen, wie das Verhältnis von Text und Bildern, wenn sie mehr sein sollen als bloße Merkposten, gestaltet sein soll (und also in die Theorie des literarischen Bloggens eingehen sollte)? Soll ich mich derart an etwas – ja – ranschmeißen? Da taucht so etwas wie vorweggenommene Scham auf, die es etwa verhindert, nachts um zwei Uhr auf Ihre Seiten zu schauen. Ich sehe hier eine – nicht von Ihnen zu verantwortende – Falle. Oder Gefahr. Oder nicht wiederzuerlangende Unbefangenheit.

- albannikolaiherbst antwortete am 10. Nov, 10:00:

Danke für diesen Text.
Wobei mich die Vorstellung, Ihnen auf der Duncker zu begegnen, gerade w e i l Sie nicht hier leben, einigermaßen begeistert. Das wäre als Fiktionsspiel zu beginnen. Wenn Sie sich also einen… sagen wir nom de guerre aussuchen wollten, ließe ich Sie mitten in die Anderswelt hineinspazieren und führte, da ja auch Herbst unterdessen dort angekommen ist – ja, als *Figur* –, dort mit Ihnen das hier begonnene Gespräch weiter…– wobei ich warnen muß: Ich schrieb bereits weiter unten, daß sich Figuren, seien Sie auch noch so real gemeint, im Kosmos des Textes ziemlich eigenständig weiterentwickeln. Außerdem geschehen ihnen Verhängnisse, die ihr Autor (das darin unterschobene „auto“ liegt gänzlich daneben) nicht in der Hand hat. In der Wolpertinger- und Anderswelt-Ästhetik weitergesprochen, ist zudem nicht ausgemacht, ob das nicht einen Reflex auf die Wirklichkeit auslöst. Doch wenn Sie es dennoch wagen möchten…

Wegen Céline: Katanga hat heute mein Haß-Staccato auf die fktionäre Website gestellt, dort finden Sie zuhauf Zitate. Daß die Buchhändlerin nichts mit Ihrer Frage anzufangen wußte, zeigt einmal mehr, daß dieser Berufsstand nicht ganz zu Unrecht aussterben wird. Die Bücher, auf die ich mich wegen der Nachkriegsschilderungen beziehe, sind vor allem „Norden“ und „Rigodon“. Das erste Buch ist bei rororo zu haben, das zweite bekommt man leider derzeit nur antiquarisch.

- wm antwortete am 10. Nov, 16:09:

Danke meinerseits
für die Hinweise zu Céline. An „Norden“ hatte ich auch schon gedacht, es aber wieder aussortiert, weil vor den fraglichen Ereignissen erschienen. So scheitert man auch heute noch wie weiland die alten Griechen, als sie durch bloßes Nachdenken naturwissenschaftliche Fragen lösten, was aber nicht diffamiert sein soll.
Im übrigen stelle ich Ihnen h i e r m i t den Namen samt Figur zur Verfügung, der oder die schon seit einiger Zeit, etwa vor anderthalb Jahren, in die Welt kamen und hinter der jetzt WM einstweilen verschwinden kann. Es ist Brem, mit vollem Namen Brem Yellowstone, was WM im Laufe dieses Jahres versehentlich zwei Mails einbrachte, die von einer jungen Frau aus einer Kugellagerfabrik in Konstanz an ihren Bruder in Yellowstone, Kanada, gerichtet waren und die sich wunderte, dass sie keine Antwort bekam. Wieso sollte

sich auch Brem in diesen ihn nichts angehenden Briefwechsel einmischen? (Habe sie aber zwischendurch über diese Irrläufer unterrichtet.) – Dass diesem Brem sein eigenes Leben widerfahren kann oder wird, ist ihm bewusst, und auch, dass er durchaus Mühe haben wird, sich selbst hinterherzukommen.

- albannikolaiherbst antwortete am 10. Nov, 17:29:

Dann brauche ich jetzt noch ein Bild von Ihnen.
Und Sie bekommen Ihr Portrait. (Ich habe so etwas bereits mit Burkhard Spinnen gemacht, der mich eines Tages bat, ich weiß noch wie heute, wir saßen in der U-Bahn: „Bitte, laß mich doch eine Figur in Deinen Romanen werden. Und: Ich wäre gerne mal ein Böser." So wurde Dr. Burkhard Spinnen in THETIS entwickelt. Mein Freund kam tatsächlich nicht sehr gut weg, doch immerhin als Vater Doratas: Thetis, II, 23.)
Allerdings kann ich Einstweilige Verfügungen derzeit nicht brauchen. Doch ist wohl dieser Schriftwechsel Bestätigung genug, daß Sie „es" wollten. Der Kläger, übrigens, im Fall meines **verbotenen Buches** kannte die Stelle sehr gut und hat über die Szene, wie Spinnen selbst, ziemlich gelacht. Es war ihm also bewußt, daß ich auch anatomisch auf den Punkt genau zu arbeiten weiß.

- Brem antwortete am 10. Nov, 19:08:

Zu Brem
ist nachzutragen, dass er sich gleich zweimal ziemlich vertan hat. Sein Nachname ist Yellowknife und nicht Yellowstone, das ja auch nicht in Kanada zu finden ist. Zweitens bei Céline nicht richtig hingeguckt, was das Erscheinungsjahr von „Norden" betrifft. Meinetwegen soll dies auch gleich in das Bild eingehen, weswegen er sich, d.h. ich, noch melden werde. So geht es, wenn man in seiner Fantasie nicht genau genug ist.

- albannikolaiherbst antwortete am 10. Nov, 19:29:

Zieht das Gelbe Messer den Westen oder den Osten vor?
Europas, wohlgemerkt. Des andersweltlich-heutigen. Von einer Ruine zur anderen – als kleine fiese Céline-Travestie.

(Und wäre Brem nicht der böse Name eines Vampirs [die Ostler schrieben „Vampyrs"]?)

- Brem antwortete am 10. Nov, 21:32:

Spontan,
also zurückgreifend auf einen vorhandenen unbekannten Vorrat, heißt die Antwort unbedingt: Osten, auch wenn dabei mangels Lektüre nicht einbezogen ist, was dem Osten tatsächlich zugedacht ist. Aus dem Osten kam alles, und der Westen ist nur der letzte Schritt, bevor man sich dem Meer überantwortet, Cap Sao Vincente. So etwa in nuce ein Abstecher, wobei Anführungszeichen nachzutragen wären, durch polnische Landschaft, um dann – tatsächlich – von Fährleuten von Hand über die Odra gezogen zu werden, ist um kein Geld hier oder in der Fantasie mehr zu haben. Da vergisst auch Brem erneut, woher sein Name, er hat es tatsächlich nie gewusst. Er bittet um Nachsicht. Nachsicht dann aber doch, wenn es sich um gewöhnliche böse Vampire handeln sollte.

- albannikolaiherbst antwortete am 10. Nov, 23:58:

Fein. Sie h a b e n den Osten.
Ich denke, Skamander –Jassir Skamander – braucht eine rechte Hand. Gerade jetzt. Jetzt sowieso.

Ein schönes Bild mit der Odra. Wenn Sie sich mit THETIS und BUENOS AIRES vertraut machen wollten, kämen Sie auch ganz ohne mich weiter. Ich bin lediglich... Arrangeur. Jedenfalls habe ich dies alles zu den Notizen genommen. Morgen, denke ich, werden Sie noch keine Spuren finden, da ich das Lough-Leane-Kapitel nicht vorschieben mag. Aber in den nächsten, lassen Sie mir etwas Raum, anderthalb Wochen. Skamander braucht seinen Spannungsbogen – und das Gelbe Messer, den die Frauen „Brem“ nennen werden (denn mit Skamander verhandeln sie nicht), deshalb wohl auch. Ich danke Ihnen, das Ganze bringt eine zusätzliche Fahrt in dies alles.

- Brem antwortete am 11. Nov, 03:35:

Sir,
eine Laune gibt mir ein, so anzufangen. Lassen Sie sich wirklich Zeit. Hier ist Aufschub ausnahmsweise einmal nicht der Dieb der Zeit. Und es ist ja nicht WM, der wartet – so viel Arroganz darf sein, allenfalls als Leser. Und auch ich, B.Y., brauche Zeit, etwa über den „Sanften“ zu grübeln, der mir nicht aus dem Kopf will.

- albannikolaiherbst antwortete am 12. Nov, 23:09:

Argo. Anderswelt. (43).
Sehr geehrter ANH,
anbei ein Bild vom letzten Sonntag und, falls ich das technisch gebacken kriege, auch so etwas wie einen Selbstversuch mit einer neuen Camera, die mir freundlicherweise bzw. „geduldet“ die Bank finanziert hat. Was einstweilige Verfügungen betrifft, seien Sie ganz beruhigt. Mich interessiert nicht so sehr, ob es mich persönlich betrifft, was Sie daraus machen, sondern was Sie daraus in IHREN literarischen Zusammenhängen machen. Deshalb ist das von Ihnen angesprochene „Portrait“ auch nicht wirklich für meine Selbstsicht wichtig. Natürlich würde sich im Streitfall die Gegenseite über das Vorzeigen einer E-Mail totlachen. Aber diesen Streitfall wird es nicht geben und zweitens steht Richtern immer noch der Grundsatz der „freien Beweiswürdigung“ zu Gebote. Ich erkläre also – einen Moment Ernsthaftigkeit im Raum – gleichzeitig auch für die Fotografin des Sonntagsbildes, dass Ihnen die beliebige Verwendung frei steht – und ich meinerseits nicht verpflichtet bin, darauf ein Auge zu werfen, s. zweites Bild, bei dem es sich doch nicht um das ursprünglich gemeinte handelt.
Grüße und achten wir auf unsere Fallen!
Ihr W.M.

Sehr geehrter Herr M.,
nun habe ich das Bild – jedenfalls eines – d o c h öffnen können. Ein insofern sehr interessantes Foto, als der Abgebildete mich sehr an jemanden erinnert, den ich kannte, der sich aber unmöglich hat letzten Sonntag lassen ablichten können; es sei denn, es gäbe „drüben“ (Schwarz)Wälder. Hingegen ist das „Auge“ n i c h t zu öffnen gewesen. Wie nun auch immer, es hat einen wenn auch leicht pietätlosen Reiz, dem Gelben Messer nunmehr in den Osten Europas zu helfen; für Jassir Skamanders Satrapen scheint der Mann wie gemacht. Auch darin finden sich Fallen.
Besten Gruß
ANH

Argo.Anderswelt (2008), I,15:

Aber, selbstverständlich, sie waren nicht in der Zentralstadt. Das war, dachte die Goltzin, der Osten, nicht einmal jeder Zehnte war registriert, vielleicht nicht einmal einer von zwanzig. Man ahnte ja kaum, wieviel humanoide Mutanten – Schänder, Devadasi, Hundsgötter – es gab, von den animalischen und den Hybriden zu schweigen. Die Asphaltierungskampagne grub nahezu täglich neue Funde aus. Und wie anders war nun alles geworden! das dachte er a u c h , dieser zur Frau verwandelte Polizist, als der verärgerte Bursche um die nächste Ecke verschwunden war. Ich würde ihn jetzt beobachten lassen, weil er möglicherweise m i t Buenos Aires kooperiert, dachte die Goltzin, kleiner Spitzel, dachte Cordes, der die Szene geträumt hatte, jedenfalls teilweise, wenn auch nicht so klar konturiert, er sah nur ein ihm fremdes Gesicht. Es war früher Morgen, der Wecker hatte noch gar nicht geklingelt. Goltzens Instinkt hatte in der Goltzin durchaus nicht getrogen. Nämlich hatte der Bursche, nennen wir ihn Präparat, auf dem Nachhauseweg grummelnd einen Entschluß gefaßt, sein Handy aus der Hosentasche geholt und Brem angerufen, den man Gelbes Messer nannte. Cordes, im Traum, begriff zwar nicht die Zusammenhänge, aber sah, wie sich über die Siedlungsszene aus Hänger Achäer Unimog Frauen ein transparentes Gesicht projezierte, eine minutenlang stehende Überblendung: und nicht das g a n z e Gesicht, sondern vor allem das linke, überschattete Auge. Dreieckig hingen die Brauen darüber hinab, wenig spirriges Haar oberhalb der linken Schläfe; schartig fast, wie erodiert, die Hauterhebung unterm schrägen Tränensack. Die Nasenwurzel eingekerbt, als hätte der Mensch die Lefzen geschürzt. So drohend dieser Blick.

Die Dschungel. Anderswelt, Kommentarwechsel mit Brem 17.12.2004:

- Brem meinte am 16. Dez, 09:59:

Brem neigt
zu der Ansicht, dass wirkliche Wirklichkeit erst in der Fiktion entsteht, wenn sie denn gut gemacht ist. Das ist hier der Fall. Unwesentlicher Hinweis: Bei den beiden Opinels handelt es sich „in Wirklichkeit“ um drei Frosts oder Freyas unterschiedlicher Größe, wie sie in Skandinavien in Gebrauch sind. Einmal fand er ein solches Messer in kleiner Ausführung allerdings auch auf der Schwäbischen Alb, wo es auf der Innenseite eines Scheunentors hinter ein Querbrett gesteckt war. Der Bauer wusste über seine Herkunft nichts zu sagen. Diese Messer sind aus Mehrschichtstahl gefertigt und lassen sich zur Schärfe eines Skalpells schleifen. Diese Arbeit besorgt Brem selbst, wobei er hört, wann die nötige Schärfe erreicht ist.

- albannikolaiherbst antwortete am 16. Dez, 15:07:

Vorzüglicher Hinweis, vorzügliche Ergänzung.
Danke. Die *Opinels* stammen von mir selbst, meinem teils ja eremitierend lebenden Freund Eignor sowie meinem Vater; ich zog also, wie so oft, eigene Erfahrung zur Anschauung bei. Nun ist Ihre Ergänzung so sinnlich dargestellt, daß ich auf s i e zurückgreifen, den Text entsprechend ändern werde, der übrigens noch nicht ganz so gut ist, wie Sie freundlicherweise unterstellen: Brems (finanzielles) Vermögen ist redundant erzählt, also unnötigerweise über eine Andeutung zweifach. Das kommt später ganz sicher weg. Außerdem hatte ich mir schon in einem der früheren ARGO-Partien, die sich unter

dieser hier ebenfalls in Den Dschungeln befinden, erlaubt, Ihren „realen" *nom de plume* in den hier verwendeten *nom de guerre* „Gelbes Messer" umzuwandeln, den nun wiederum Sie auf das, wie geschrieben, allerbeste ausfüllen.

(Brem ist insgesamt jetzt sehr viel weiter gediehen; ich kann und mag nur Die Dschungel nicht ausschließlich mit ARGO-Passagen füllen.)

- albannikolaiherbst antwortete am 16. Dez, 21:47:

@Brem: Ein Problemchen.
Frost-Messer hab ich genügend im Netz gefunden, *Freya* aber nicht; nun ist „Freya" ein vorzüglicher Name im Anderswelt-Umfeld, und ich verzichtete nicht gerne darauf – oder müßte halt „erfinden". Haben Sie noch einmal ein Bild für mich?

- Brem antwortete am 16. Dez, 23:40:

In das Messer,
das ich gerade zur Hand genommen habe, ist der Schriftzug eingeschlagen
"Frosts" Made in Sweden
mora Laminated Steel
Wie ich auf „Freya" komme, kann ich im Moment nicht mehr rekonstruieren. Das längere Messer ist gerade im Keller, das längste in einer Werkzeugkiste am anderen Ort. Vor meinen Augen war jedenfalls jahrelang der Schriftzug „Freya". Daraus etwas zu machen, sind Sie frei und ist Ihnen überlassen. Ich behalte das Recht lediglich auf den möglichen Irrtum und melde mich wieder, wenn die beiden übrigen Seiten jener anderen Klingen abgelesen sind. – Ein Bild von was? Messer? Könnte ich liefern (nach „Ablesung"). Schönes Sortiment. Sie wären dann wieder mal zusammen, sozusagen Familientreffen. – Aber nein! Habe nicht genau genug gelesen. Natürlich ein Bild von Brem. Morgen.

- albannikolaiherbst antwortete am 17. Dez, 08:07:

Nein. Ein Bild der Messer.
„Brem" hab ich genügend beisammen. Alles andere ist Sache der poetischen Eigenbewegung.

Tatsächlich wird Freya, die Göttin, sehr oft mit Messern in Zusammenhang gebracht, das paßt also und hat etwas vom ambivalenten Geschmack einer lockenden Bedrohung, was ich in diesem Fall auch politisch meine. Genau diese ungute Schwingung muß bei Brem, der Figur, ständig gegenwärtig sein, – wie überhaupt gilt, daß keine Person in Anderswelt gut genug sein kann, um nicht auch „böse" zu sein. Mitunter verschiebt sich die Wertung sogar völlig. Brem wird – wie im übrigen Goltz, der tatsächlich sein westliches Pendant ist (deshalb erkennen sich beide sofort, als der Achäer in Točná zu sprechen beginnt) – ganz besonders für dieses Flirren stehen.

- Brem antwortete am 17. Dez, 08:44:

Sorry
Musste Ihren Text so verstehen, dass Brem gemeint war („nochmal"), und habe gerade die nicht benötigten Bilder auf den Weg gebracht. Also die wieder weg. Das Messer-Bild folgt später, das von allen dreien dann auch noch, wenn sie wieder beisammen sind.

- albannikolaiherbst antwortete am 17. Dez, 09:56:

„nochmal" bezog sich.
Auf „Bild". So ambivalent sind mitunter sogar unsere Präpositionen.

Die Sache selbst hat Zeit; ich werde die Stelle sorgsam überhaupt erst ausarbeiten können, wenn der gesamte ARGO-Text, zumindest die „Skamander"-Abteilung steht.

Jost Eickmeyer

Gewaltsame Thalasso-Therapie

Literarische und mythische ›Überblendungen‹ in Alban Nikolai Herbsts Komödie Undine

Undine sucht einen Autor

> RINGSTETTEN: Könnten Sie sich vorstellen, eine echte Undine zu spielen?
> UNDINE: Ich bin echt. Sie sehen nur immer Ihr Theater. *Zu Harald und Mareike:* Mich sieht er immer noch nicht. (I,4, S. 14)[1]

In diesem Wortwechsel kulminiert augenfällig das grundlegende Dilemma in Herbsts Wasserfrauen-Stück von 1995. Der nach dem Ritter aus Fouqués Zaubermärchen *Undine* benannte Regisseur Ringstetten,[2] der seinerseits ein Stück gleichen Namens inszenieren will, wird plötzlich auf der Probe mit einer »echten« Undine namens Nara konfrontiert, die behauptet, die eigentlich verpflichtete Schauspielerin zu ersetzen (I,3, S. 9/10). Bis in die sechste Szene des ersten Aktes scheint die Probenszenerie, in der die Schauspieler Mareike und Harald gleichsam ›innerdramatisch‹ eine Boulevardszene einüben, von Undines Auftritt in unheimlicher Weise ergänzt zu werden: Wie der von Harald verkörperte Mann eben durch die Begegnung mit einer Wasserfrau – darin Figuren E.T.A. Hoffmanns ähnelnd – für die okkulte Welt des Mythischen sensibilisiert wird und der äusseren Welt bürgerlichen Karrierestrebens abhanden zu kommen droht,[3] so will die Undine Ringstetten von seinem Theater ab- und ihrer Erscheinung als einer mythischen, die hier die ›eigentliche‹ ist, zuwenden: »Mich sieht er immer noch nicht.«

Haralds Monolog aus der geprobten Szene, eine traumartige Begegnung mit der innerdramatischen Undine (I,1, S. 3), entspricht den Erinnerungen, die Nara in Ringstetten heraufbeschwört (I,3, S. 13: »UNDINE: Erinnern Sie sich. Ich lege die Spur, und Sie folgen.«): Während einer Premierennachfeier habe er den Entschluss gefasst, die *Undine* zu inszenieren, und gerade da sei sie ihm auch erschienen (I,4, S. 14-16): Sie erscheint als musenähnliche Quelle seiner Inspiration, als habe diese Undine sich einen Regisseur gesucht, um »das Stück [zu] verwirklichen«, wie sie selbst sagt (I,6, S. 23).

Mit diesem Vexierspiel eines ›Theaters auf dem Theater‹ reiht sich Herbst in die Tradition Luigi Pirandellos als eines prägenden Einflussgebers für die Dramatik des zwanzigsten Jahrhunderts ein. Pirandello, mit dem sich Herbst auch in einem Hörstück künstlerisch auseinandersetzt,[4] hatte u.a. in seinem wohl berühmtesten Stück, *Sechs Personen suchen einen Autor* (1921-1925), in analoger Weise die Figuren des zu schreibenden Dramas mit seinem Autor und Schauspielern interagieren lassen.[5] Hier wie dort kommt die Schauspielerin der Hauptrolle zu spät (bei Herbst überhaupt nicht),[6] hier wie dort werden die auftretenden Figuren zunächst für verrückt gehalten,[7] hier wie dort finden sich ironische Selbstreflexe des Dichters, der zugleich Autor des innerdramatisch zu inszenierenden Stückes ist.

Beklagt sich Pirandellos Theaterdirektor: »Was soll ich denn machen, wenn aus Frankreich kein einziges gutes Lustspiel mehr kommt und wir darauf angewiesen sind, Stücke von Pirandello aufzuführen, die kein Mensch versteht [...]«, so kommentiert Ringstetten in Herbsts Komödie zum zentralen Monolog des Stückes: »Nur der Monolog eben war noch nicht drin. Den hab ich erst später, irgendwo bei Alban Nikolai Herbst, aufgestöbert.« (III,3, S. 57) Auch werden in beiden Stücken die Regisseure unversehens von ihren Figuren zu Autoren gemacht: »VATER: Ja – aber wenn es hier keinen Autor gibt? (Zum Direktor:) Es sei denn, Sie treten an seine Stelle.« – Analog bei Herbst:

> UNDINE *zu Ringstetten*: Erfinden Sie mich. Erfinden Sie mich als Undine.
> RINGSTETTEN: Ich bin Regisseur und nicht Dichter.
> UNDINE: Ein Regisseur ist immer irgendwie Dichter. (II,4, S. 14/15)

So findet schon in dieser Struktur eine Art von auktorialer Überblendung statt, wenn der ›äußere‹ Dichter zum innerdramatischen Gegenstand wird, während der innerdramatische Regisseur/Direktor den Status eines Dichters erhält. Freilich hält Herbst an der Einteilung des Stückes in Akte und Szenen fest, anders als der italienische Dramatiker, dessen Stück ausdrücklich nicht äusserlich strukturiert wird, sondern nur Unterbrechungen aus der Handlung heraus erfährt. Dieses Beharren auf einer Drei-Akt-Struktur gibt *Undine* eine klassische Form, auf die noch zurückzukommen sein wird und die auch auf die gattungstypische Bezeichung »Komödie« ein neues Licht wirft.

Doch die Referenz auf die *Sechs Personen*, dieser Einbruch des vermeintlichen poetischen Materials, mithin des Mythischen, wird in der *Undine* ab der siebten Szene des ersten Aktes abermals durchbrochen. Anders gesagt: Herbst dreht die von Pirandello angebrachte Schraube noch einige Windungen weiter, indem er nun alle bisherigen Dialoge ihrerseits als Rollenrede kenntlich macht:[8] Plötzlich applaudiert Ringstetten und befragt die Schauspieler zur Leistung der Undinendarstellerin (I,6, S. 26), von der die Zuschauer wenig später erfahren, dass sie seine Tochter sei (I,8, S. 27). Das scheinbare Durchbrechen der Probensituation gehörte selbst zur Probe! Nur eine leise Unsicherheit bleibt bestehen, die immerhin auch Naras überzeugender Darstellungskunst geschuldet sein kann:

> MAREIKE: Als Nara hier auf die Bühne kam, vorhin, glaubst du, für einen Moment habe ich wirklich geglaubt, sie sei echt.
> HARALD: In einer Undine zu schreiben, es trete eine Fremde auf, die vorgibt, eine Undine zu sein und die es dann ist ... (I,7, S. 26)

Zumindest erscheint am Ende des ersten Aktes die subversive Gewalt der vermeintlichen Wasserfrau, die zwischenzeitlich alle Hierarchien zu durchbrechen drohte,[9] als Teil der absichtsvollen Inszenierung und somit als gebändigt. Wenn Ringstetten ganz zum Schluss dem Techniker zuruft: »Wir sind doch Profis, oder? Also dann: Vorhang bitte«, worauf der Vorhang fällt (I,8, S. 27), dann zeigt er sich ostentativ als derjenige, der das Geschehen kontrolliert. Eine Kontrolle übrigens, die zugleich mit einem Zurückdrängen der inneren Triebkräfte einhergeht. Denn wenn Nara auf die Frage Ringstettens, woher sie komme, angibt: »Aus Ihnen«, und präziser: »Aus Ihrem Unbewussten« (I,3, S. 10), erscheint sie damit als eine jener *anima*-Figurationen, die etwa auch im Film oftmals die Gestalt von Wasserfrauen annehmen.[10]

Literarische Überblendungen

Im zweiten Akt bleibt dieser Befund einer ›gebändigten‹ Wasserfrau zunächst gültig: Eine zweite Probenszene macht Nara zum Produkt aus »Fossegrims Fischsamen« (II,3, S. 34), ein manchen aus meiner Generation vielleicht noch an die Yps-Hefte aus Kindertagen erinnerndes Pulver, das ins Wasser gestreut wird und dort kleine Meerestiere, etwa Polypen, hervorbringt.

> DETERS: Leider bleibt das hübsche Zeug nicht lang am Leben. Man kann es nämlich nicht füttern. Es nimmt einfach nichts an. Ich hab's versucht, anfangs mit Fischnahrung, dann mit Brotkrumen, sogar mit Tartar. Vergeblich. Innerhalb von anderthalb Wochen sind die Geschöpfchen tot. Sie lösen sich in Schmutzblasen auf, in fettigen Meerschaum, wenn sie so wollen. (II,3, S. 35)

Zu diesen Geschöpfen gehört die Nara des Stücks, mit dem Unterschied, dass sie »die erste« war, »die gefressen hat« (ebd.). Hinter das fabrikfrische Wunderpulver wird hier eine literarische Reminiszenz gelegt. Wenn Deters von »fettigem Meerschaum« spricht, dann spielt er damit auf Hans Christian Andersens Märchen *Die Kleine Seejungfrau* (1837) an, dessen titelgebendes Waswesen sich zum Schluss bekanntlich in »totkalten Meeresschaum«[11] auflöst, bevor sie ihr Element verlässt, um zu den Luftgeistern aufzusteigen. (In Deters' Aquarium ist dieser Schaum freilich fettig, worin man Spuren der Verunreinigung durch menschliche Fabrikation vermuten könnte.) Die zitierte Stelle bietet reichlich Gelegenheit, literarische Überblendungen in Herbsts Komödie in den Blick zu nehmen, allein schon durch ihren Sprecher.

»Deters« deutet unweigerlich auf Hans Erich Deters, einen der Protagonisten aus Herbsts 1993 zuerst erschienenem Roman *Wolpertinger oder Das Blau*, der sich zu Beginn der ersten Abteilung selbst eine Identität schafft und dessen zweiter Vorname in der Konjunktion von »Er« und »Ich« etwaige definierte Erzählhaltungen und -perspektiven von vornherein mit der Technik der Überblendung aushebelt.[12] Und ausgerechnet ein solcher Deters spielt nun in Ringstettens Stück den ›Schöpfer‹ der Undine.

In ihr selbst sind gleich mehrere Überblendungen, wenn man so will: fokussiert. Einerseits Andersens kleine Meerjungfrau, auf die Nara auch in mehreren Monologen (z.B. I,4, S. 17) oder Szenen anspielt, in denen ihre Füße schmerzen (I,4, S. 21 und I,6, S. 22).[13] Gegen die hat sie nach einem vergeblichen Mordversuch durch Deters ihre Flossen eingetauscht (II,3, S. 37-39). Andererseits, konform mit dem Komödientitel, Fouqués Undine. Neben dem schon erwähnten Namen des Regisseurs verweist der Name der Kneipe, in der die Undine verschiedenen Männern erscheint, »Fischers« (I,2, S. 4 Harald; I,4, S. 14 Ringstetten), auf das Fischerpaar, bei dem Fouqués Undine aufwächst und ihrem Ritter begegnet.[14]

Auch Züge anderer Wasserfrauen trägt Nara: Ihr Kämmen (I,1, S. 3; I,3, S. 8; II,2, S. 30) und ursprünglich langes blondes Haar (II,3, S. 39) stammen von der Loreley (ob nun Brentanos oder Heines), das glockenhelle Lachen (I,1, S. 2), die betörenden Augen (I,1, S. 1) und die an einer Stelle vorkommende Assoziation von Nixe und Hexe (II,4, S. 36) verweisen auf die verderblichen Rusalki der slawischen Literaturen,[15] daneben wird sie von Harald im Rückgriff auf antike griechische Mythologie ausdrücklich als Sirene, als »Tochter des Acheloos« bezeichnet (I,4, S. 20; auch Mareike I,3, S. 12), schließlich stellt eine Passage auf der Theaterszene im zweiten Akt, in der Ringstetten unerlaubt in das Zimmer eindringen will, in dem Nara angeblich badet (II,3, S. 40), eine komische Kontrafaktur auf die Melusinen-Geschichte dar, in deren Zentrum das missachtete Verbot der Melusine steht, sie nicht beim Baden zu beobachten (und sie so als hybrides Wasserwesen zu erkennen).

Diese Vereinigung vieler Wasserfrauen in einer Gestalt zeigt die Unschärfe, die bei Überblendungen (absichtsvoll) entstehen kann: Der Zuschauer weiß nicht recht: Hat er es mit einer Sirene und Rusalka zu tun, die den Männern des Stückes unweigerlich das Verderben bringen wird? Oder handelt es sich mehr um Lorelei oder eine Meerjungfrau, die ihrerseits zugrunde geht, vielleicht sogar um einen der Beteiligten zu retten? Im Vordergrund steht deutlich die Undinenfigur, deren durch Fouqués Paracelsus-Rezeption vermittelte[16] typische Sehnsucht nach einer menschlichen Seele bei Nara anzutreffen ist, freilich in einer besonderen Variante:

> DETERS: Nara wollte Wirklichkeit von mir.
> HARALD: Wie meinen Sie, »Wirklichkeit«?
> DETERS: (...) Man müsse, sagt sie, sie anschauen wollen.
> RINGSTETTEN *in sich:* Sie anschauen...
> DETERS: Ich kann Ihnen versichern, dass ich nicht einen Augenblick die Absicht hatte, so etwas Absurdes zu tun. (II,3, S. 37)

Während in der klassischen paracelsischen Geistmenschen-Tradition das Geistwesen durch Verbindung mit dem Menschen eine Seele erhält, ist bei Herbst die Wirklichkeit das Objekt wasserfraulicher Begierde. »Realität ist das, was *ich* nicht gemacht und gedacht habe. / Wirklichkeit ist das, was ich aus Realität machen und denken kann«, steht in einem der von Herbst mindestens herausgegebenen Dschungelblätter zu lesen.[17] Insofern demnach Wirklichkeit aus dem Kontakt der Realität mit der Imagination (eben dem, was ein Ich machen und denken kann) entsteht, wird sie bestens durch die Undine repräsentiert, deren imaginärer Status sich durch die Verbindung mit einem »realen« Menschen zur Wirklichkeit rundet. In ähnlicher Weise sind auch in *Wolpertinger* die Angehörigen des mythologischen ›Apparats‹ auf die ›Realen‹ festgelegt, wie Anna, ein weiteres weibliches Naturwesen, erklärt:

> »Wir müssen uns mit realen Geschöpfen auffüllen, wie Sie sich mit fiktiven. Darum stehlen wir euch die Kinder, und ihr stehlt uns die Inspiration. [...] Im Augenblick«, sie lächelte, »stehle ich *Sie.*«[18]

Freilich ist nicht jeder für eine solche ›Fusion‹ mit dem Imaginären geeignet. Der »kritische Rationalist« (II,3, S. 37) Deters etwa lehnt es als Absurdität rundweg ab und macht damit seinem Namensvetter Hans aus Jean Giraudoux' Drama *Ondine* alle Ehre.[19] Ringstetten hingegen spricht auf Deters' Erklärungen hin »in sich«, zeigt sich also für die Vereinigung mit dem Wasserwesen empfänglicher, dessen bestrickenden Blick er schon gekostet hatte (I,4, S. 21 und I,5, S. 21). Unverblümt stellte Nara ihn da vor vollendete Tatsachen: »Ich liebe Sie. […] Auch Sie lieben mich.« (I,4, S. 20) Doch ist die Liebe einer Undine nicht ungefährlich: Fouqués Wasserfrau muss, da ihr Geliebter sie betrügt, zurückkehren und ihm mit einem Kuss den Tod bringen.[20] Haargenau diese Rache der Undine wird nun im ›Theater auf dem Theater‹ von Harald und Nara umgesetzt, wobei Fouqués Prosa lediglich in dialogische Form gebracht wird:

> DETERS *Erzählerton:* … sagte sie, Und ihren Schleier zog sie zurück, und himmlisch schön lächelte ihr holdes Antlitz daraus hervor. Bebend vor Liebe und Todesnähe neigte sich der Ritter ihr entgegen, sie küsste ihn mit einem himmlischen Kusse…
> *Das Cello setzt aus dem Hintergrund ein.*
> … aber sie ließ ihn nicht mehr los; sie drückte ihn inniger an sich und weinte, als wollte sie ihre Seele fortweinen. Die Tränen drangen in des Ritters Augen und wogten im lieblichen Wehe durch seine Brust, bis ihm endlich der Atem entging…
> RINGSTETTEN *Regieton:* Innig, Kinder, innig! Stärker, so, als saugtest du sie ihm aus, die Seele, ja, so ja!
> DETERS: … und er aus den schönen Armen als ein Leichnam sanft auf die Kissen des Ruhebettes zurücksank.
> *Harald sinkt durch Undines Arme langsam zu Boden.*
> RINGSTETTEN *Regieton:* So, das Cello jetzt weg!
> *Das Cello spielt weiter.*
> *Undine wendet langsam den Kopf zu Ringstetten.*
> Das Cello weg!!
> *Das Cello spielt weiter.*
> UNDINE: Ich habe ihn tot geweint! *Sie wendet sich sehr langsam ab.*
> DETERS *quasi Regieton*: Kannst wieder aufstehen, Harald. (II,9, S. 48)[21]

Aber Harald steht nicht wieder auf, zumindest vorerst nicht. Mögen auch bis zu diesem Punkt die verschiedenen literarischen Überblendungen als künstlerische Qualitäten des ›Spiels im Spiel‹ gewirkt haben (das Nara übrigens selbst geschrieben hat, wie III,3, S. 57 mitteilt); mögen der aus der Rolle fallende Deters (II,4, S. 39) oder wie hier der eingesprochene Regieton alles daran setzen, dieses Spiel als uneigentlich, imaginär zu kennzeichnen, so konterkariert doch der Schluss diesen Eindruck radikal. Harald bleibt nach dem Kuss bewusstlos, Undine »schreitet ab« (I,9, S. 49; wiederum eine Fouqué-Anspielung), der Regisseur, der sich am Ende des ersten Aktes seiner Macht noch ganz sicher war, hat nun die Kontrolle verloren. Prägnant zeigt diesen Kontrollverlust das Spiel des Cellos an, das in der Kussszene ganz gegen die Anweisungen weiterspielt, als stünde die Musik in ihrer Nähe zum Elementischen nun auf der Seite der Undine.

Was Ringstetten in seiner Regieanweisung im Potentialis des »als ob« formuliert, scheint makabrerweise eingetreten, und die Darstellerin, die eine echte Undine spielt, scheint sich als echte entpuppt zu haben. Vorwarnungen hat es gegeben (II,7, S. 45: »UNDINE: Ich bin meine Rolle […]. Ich sage die Wahrheit. Ich spiele mich nicht.«), so dass sich retrospektiv der Eindruck einstellt: Dem aus Pirandello abgeleiteten Grundsatz »Die leeren Rollen tragen die *wirklichen* Personen«[22] hat Herbst diese Wasserfrau entgegengesetzt, die, gerade indem sie als unscharfes Feld aus vielen literarischen Überblendungen gebildet wird, *wirklich* ist.

Mythische Überblendungen

Die hier skizzierten literarischen Überblendungen, zumal diejenigen in der Undinengestalt, zerfließen an den Rändern ins Mythische. Solchen Grund berührt die geheimnisvolle Geliebte des Ritters von Stauffenberg ebenso wie die Melusine des Herrscherhauses Lusignan. Herbsts Titelfigur trägt diesen Urgrund gewissermaßen bereits im Namen. »Nara [...] Das ist ein Sanskrit-Wort«, erklärt die Trägerin selbst (I,4, S. 20), und Herbst gibt einen weiteren bildungsgesättigten Hinweis, wenn er die Gäste der Premierennachfeier in Ringstettens Erinnerung »mit gebrochenen Bhagavadgita-Augen« ausstattet (I,4, S. 17). Tatsächlich kann »Nara« im Hinduismus den ursprünglichen Menschen bezeichnen, der speziell in der Bhagavad Gītā mit Arjuna identifizierbar ist, dem Gegenüber Krishnas, welcher seinerseits als Verkörperung des göttlichen Alls aufgefasst werden kann. Dann werden aber auch zwiegestaltige Fabelwesen im Mahābhārata, jenem Großepos, das die Gītā enthält, als »Naras« bezeichnet. Schließlich ist »Nara« ein Wortbestandteil von »Nārāyaṇa«, der bewegenden Kraft auf den kosmischen Wassern, welche in einer Art hinduistischer Emanationstheorie die ewige Formung des Lebens vorantreibt.[23] Somit fallen allein im Namen der Tochter/Undine Aspekte des kosmischen Wassers, des ursprünglichen Menschen sowie der hybriden Gestalt zusammen.

Dass eine solchermaßen nachvollzogene Überblendung keineswegs überdeterminiert ist, zeigt das »Intermezzo«, welches sich an den zweiten Akt anschließt, jener Monolog Undines, dem auch innerdramatisch Alban Nikolai Herbst als Verfasser zugeordnet ist (Int., S. 50-54). Dieser Monolog ist eigentlich ein Gesang zu zwölf Strophen à neun Versen und einer siebenzeiligen Schlussstrophe, in dem Nara in epischer Diktion ihre Verwandten, die Wasser- und Naturgeister anruft. Kühleborn ist darunter, jener »Oheim«, der schon bei Fouqué Beschützer und Zwinger der Wasserfrau war;[24] Arianrod aus der walisischen Mythologie, die als Mutter eines Meergottes gilt[25] und hier die Stelle der ›großen Mutter‹ innehat; Morgana und Esclaramonde aus dem legendenhaften Umkreis Huons von Bordeaux, die schon zum ›Apparat‹ des *Wolpertinger* gehörten;[26] schließlich Ölrun, die ihren Ruf erhören wird.

Entscheidend an dieser *invocatio*, in der die »Wassertochter« (S. 50) ihre in der Mischung aus Liebe und Opferbereitschaft abermals an Andersens Meerjungfrau gemahnende Geschichte rekapituliert, ist, dass Nara sie wider besseres Wissen liest: »*Nun beginnt sie, anfangs widerstrebend, abzulesen, verfällt indessen dem Sprachsog*«, so die Regieanweisung (ebd.); auch versucht sie immer wieder, aus dem Sprachfluss auszubrechen: »Ich will doch nur, dass *er* mich ansieht! Aber er begreift es nicht. Er begreift es so wenig, dass er mich diesen gefährlichen Text sprechen lässt.« (S. 52)

Gefährlich wird dieser Text im anschließenden dritten Akt, wenn die gerufenen Geister auch auf die Probenbühne kommen: Zunächst ergreift Oelrun, eine der Schwanenjungfrauen,[27] von Mareike Besitz, indem sie im Wortsinne »in sie fährt« (III,3, S. 58-60): Hier findet die mythische Überblendung nicht nur literarischen, sondern ganz konkret physischen Ausdruck. Hat Oelrun Ringstetten und den »Rationalisten« erst einmal still gestellt, entspinnt sich zwischen ihr und Nara ein Disput, dessen mythische Qualität Herbst durch die Bindung in stabgereimte vierzeilige Strophen, die an altnordische Dichtungsformen erinnern, zu betonen weiß.

Während Oelrun die Undine zur Rückkehr überreden will, hat jene sich die Re-Mythisierung der allzu ›ealen‹ Welt auf die Fahnen geschrieben:

UNDINE: Nimm! Nimm diese Hand!
ÖLRUN: Was willst du?
UNDINE: Sei wieder Weib!
Sei Elfe wieder Und einig mit der Erde!
ÖLRUN: Wer noch mag mögen, Wenn mich, wenn die Mutter,
Wenn uns Viele Das Identische fraß,
Das strenge Gebot. Die Götter begrub *ein* Gott.
Welt ward Begriff. Wälder wurden Wald.
Das Wort wehrte uns ab, Und wir, die Mehrdeutigen,
Mussten weichen. (III,4, S. 63)

Undine wirbt für die Wirklichkeit im ephatischen Sinne Herbsts, für die Verbindung von Imaginärem und Realem. Dem stellt Oelrun das Bild der ›Götter im Exil‹ entgegen, deren ehemalige Welt nicht nur theologisch, sondern auch logisch, sogar sprachlich (»Wälder wurden Wald«) vereinheitlicht ist. In ihr ist für die »Mehrdeutigen«, für überblendende Polyvalenz, kein Platz mehr. So verlegt sich Nara darauf, für ihre Liebe zu bitten und das grausame Urteil über den allzu sehr im »Identischen« befangenen Ringstetten zu verhindern, und spannt so wiederum den Bogen zu Andersens Märchengestalt:

ÖLRUN: Tau wirst du sein.
UNDINE: Ich will tanzen!
ÖLRUN: Schaum wirst du sein, Wenn du nicht willst,
Dass er stirbt. Sei stark. (III,4, S. 66)

In Harald hat sich mittlerweile, motiviert durch Undines Kuss, Goblin eingefunden, einer der beiden Reisebegleiter Oelruns; der zweite, Urisk, wird gar vom Erzrationalisten Deters Besitz ergreifen (III,8, S. 79).[28] Herbst überblendet hier abermals mit anderen Kontexten, indem er auch auf der Ebene der nordischen Geister Alltagssprachliches einführt. Wenn etwa Goblin Oelrun mit »Hey, hey, da bin ich. Tachschen Ölrun. Wie seh‘ ich aus? Freia, is‘ mir schlecht!« (III,5, S. 67) begrüßen lässt, stehen die umgangssprachlich verkürzten oder verschliffenen Wörter ebenso wie die Benutzung eines Götternamens als Interjektion in scharfem Kontrast zu den gerade gehörten Reimstrophen und vermeiden so jedes Wagnerisch überzogene Pathos.

Undine, die ihren Geliebten nicht sterben sehen will, greift nun zu einer List, die das Stück gleichsam zum Anfang zurück wendet: »Spiele, Ringstetten, spiele!« muss sie ihr skeptisches Gegenüber immer wieder auffordern (III,6, S. 70; III,7, S. 73), denn sie will ihren dämonischen Verwandten, die sie mittlerweile wie im ersten Akt zum Publikum erklärt hat, vormachen, dass die folgende Endpassage zu einem Theaterstück gehöre, also ›uneigentlich‹ sei. Pirandellos Ausgangskonzept überschlägt sich: Den Wirklichkeit gewordenen mythischen Personen wird eine wirkliche Handlung als imaginäre vorgeführt. Dazu muss Ringstetten seine vermeintliche Tochter siezen:

> UNDINE: »Sie.«
> RINGSTETTEN: Warum »Sie«?
> UNDINE: Weil die anderen denken sollen, es sei ein Spiel.
> RINGSTETTEN: Es ist ein Spiel.
> UNDINE. Ja. Das ist es. *Zu Harald und Mareike:* Hört ihr's? Auch er gibt es zu! Ein Spiel ist's, weiter nichts! *Zu Deters:* So können wir weiterleben. Und doch ist's uns ernst. Gerade drum. (III,7, S. 75)

Ernst und Spiel, ›wahres‹ und ›dargestelltes‹ Leben werden nun ununterscheidbar. Zum Beweis, dass dies aber kein neuer Umstand sei, der etwa durch den Einbruch der mythischen Gewalt in die Szenerie gekommen ist, versuchen Ringstetten und seine Wasserfrau in III,11 Szene I,6 zu wiederholen (III,11, S. 80/81), was mit exakt den gleichen Dialogen zunächst funktioniert und so – rückwirkend – das Befremdliche an der früheren Szene erklärt. Die Ununterscheidbarkeit von Wahrem und Dargestelltem ist demnach auch zeitunabhängig, denn mit gleichen Worten lassen sich zwei entgegengesetzte Sachverhalte ausdrücken: Früher die Inszenierung einer falschen Nixe, die sich als echte ausgibt; später die Inszenierung einer echten Nixe, die sich als falsche, nur ›vorgespielte‹ ausgibt.

Simulation und Simultaneität greifen ineinander, Begriffe von Linearität und Identität werden unscharf.

Nachdem sich die Undine in dieser Szene zur Auflösung entschlossen hat, was allgemein Bestürzung auslöst (III,11, S. 82), hat sie wieder, wie im ersten Akt, die ›Regie‹ an sich gezogen: Sie verteilt nun sogar Rollen an die erschienenen Geister, die ja ihrerseits die Schauspieler ›besitzen‹, lässt in einer abermaligen Überblendung von Fouqués und Andersens Tradition Deters/Urisk als Kühleborn und Seehexe, Mareike/Ölrun als Arianrod sprechen, um Ringstetten die Situation begreiflich zu machen (III,12, S. 83-86).

Ganz zum Schluss verschränken sich noch einmal mythologische mit literarischen Überblendungen. Undine und Ringstetten wiederholen wörtlich einen Dialog, den sie bereits im ersten Akt begonnen hatten und der seinerseits Richard Strauss' Oper *Salomé* entnommen ist, wo er bereits wiederholt wird: Einmal will Salomé Jochanaan den Täufer verführen, dann spricht sie die gleichen Worte zu seinem toten Haupt.[29] Die Verbindung von Liebe und Tod könnte durch die Überblendung enger nicht sein, zumal der Regisseur vor der ›Undine‹ eine ›Salomé‹ inszeniert hat, die daran scheiterte, dass er die Titelfigur nicht liebte (I,4, S. 18)!

Hatte Ringstetten beim ersten Sprechen des Dialogs noch mit den Worten »Aber nein, nein! Das ist viel zu viel Kitsch Da muss Distanz rein!« (I,6, S. 26) die Szene abgebrochen, so spielen-leben beide sie nun zuende, enden mit der Nennung von Undines wahrem Namen und dem Kuss. Nun übernimmt die mythologische Trias die Erzählerrolle und spricht abermals die Schlusspassage aus Fouqués *Undine*, freilich in der Palinodie mit umgekehrtem Ausgang:

HARALD: Und er ließ sie nicht mehr los. Er drückte sie inniger an sich und weinte, als wolle er seine Seele fortweinen. Die Tränen drangen in Undines Augen, bis ihr endlich der Atem entging.
MAREIKE: Und mit weichendem Atem wich ihre Substanz, und sie wurde feucht in seinen Armen. Er fühlte, wie Undine an ihm hinabfloss, seine Kleidung durchsickerte, ihn durchnässte. (III,13, S. 89)

Undine opfert sich nach Art der Kleinen Meerjungfrau, um ihren menschlichen Geliebten zu retten. Der traditionell zum Verderben des Mannes führende Kuss zieht hier umgekehrt das Ende der Wasserfrau nach sich. Auf die Schlussworte von Deters/Urisk über den verstörten Ringstetten folgt noch eine lange Regieanweisung, die als Prosa-Epilog gekennzeichnet ist: Hier wird der Regisseur als »traurig« und »voller Not« beschrieben (Ep., S. 90), wobei unklar bleibt, ob Ringstetten von der gewaltsamen Thalasso-Therapie aus der Sphäre des Mythischen erschöpft, von der mit inzestuösen Untertönen belegten Liebe zu seiner vermeindlichen Adoptivtochter schockiert oder von deren plötzlichem Ende betrübt sei.

Poetologisch Hintergründiges

Es ist schon ansatzweise auf die poetologischen Hintergründe dieses Stückes hingewiesen worden, etwa Herbsts Wirklichkeitsbegriff, die nicht nur die Grundlage der Komödie bilden, sondern auch in ihr selbst verhandelt werden. »Komödie« mag man dieses Drama übrigens nur nach der barocken Definition nennen, weil kein (menschlicher) Protagonist stirbt.

Die beschriebene Unschärfe, die Gleichzeitiges mit Aufeinanderfolgendem, Identitäten mit Heterogenitäten vermengt, passt sich zugleich perfekt an die klassische Drei-Akt-Struktur an, in der Herbst das Stück entwickelt: Einerseits spiegelt der katastrophische dritte Akt den expositorischen ersten Akt durch die Wiederaufnahme von Dialogen und Personenkonstellationen (Widerspiegelung hier verstanden als eine Reflexion, die aber ›seitenverkehrt‹ ist); andererseits steigert sich der Kontrollverlust Ringstettens kontinuierlich, wobei die Kussszene am Schluss des zweiten Aktes durchaus Züge einer ›klassischen‹ Peripetie trägt, in der sich die Undine als solche zu erkennen gibt. Hier lässt sich bereits in den 90er Jahren eine Verbindung traditioneller Form mit poetisch progressivem Inhalt erkennen, die in anderer Weise in den homerischen Reminiszenzen der *Anderswelt*-Romane oder jüngst in den formal streng durchgeführten *Bamberger Elegien* wieder begegnet.

Daneben werden auch poetologische Positionen in den Dialogen diskutiert, etwa wenn sich der noch nicht ›bekehrte‹ Ringstetten zum Anwalt der Groteske auf dem Theater macht (I,6, S. 24) und von Nara zurechtgewiesen wird: »Mich interessiert das Konkrete, mich interessiert der Einzelfall, und der ist niemals grotesk.« (ebd.)

Dieses Festhalten am Konkreten geht einerseits konform mit den oben zitierten Klagen der Geistwesen über das Vereinheitlichende, die Begrifflichkeit, die Subsumption, die das Konkrete zugunsten des Allgemeinen programmatisch abwertet, kurz: über die abendländische Metaphysik platonischer Prägung. Eine solche Abwertung ist nun auch Herbsts Sache nicht, wenn er die *Undine* zwar mit literarischen und mythischen Traditionen anreichert, diese zugleich aber durch die Technik der Überblendung so »unscharf« erscheinen lässt, dass jede Identifikation des konkreten literarischen Falles mit *nur einem* der überblendeten Komplexe unmöglich wird.

Umgekehrt aktualisiert das Stück poetologische Prämissen Herbsts, die zum Teil erst viel später als solche formuliert wurden. Den Begriff der ›Überblendung‹ etwa, der für diese Untersuchung leitend ist, hat Herbst in seinen kürzlich in Heidelberg gehaltenen Poetik-Vorlesungen konzise expliziert:

> Ja, die Herleitung eines neuen Mythos aus einem alten nimmt weder dem neuen noch dem alten die Dignität und Identität-je-für-sich. Um dies erzählerisch zu gestalten, habe ich immer wieder mit Überblendungen gearbeitet. So, wie auch hier Wissenschaft mit Dichtung, Dichtung mit Wissenschaft überblendet wird: Sie nehmen ebenso an einer akademischen Vorlesung teil, wie Sie zugleich eine Phantastische Erzählung hören. Dass beide einander, streng methodisch betrachtet, ausschließen, gehört zum poetologischen Verfahren.[30]

Man kann vor diesem Hintergrund *Undine* als exemplarische Herleitung eines neuen Mythos aus einem alten auffassen, wobei gerade durch die Überblendungen die Prävalenz des konkreten Einzelfalles gewährleistet wird. Möglicherweise ist diese dramatische Arbeit, insofern sie dem Zuschauer gattungsgemäß stets ein Konkretum zur Anschauung bringt, sogar besser für die (praktische) Darstellung dieses Zusammenhanges geeignet als ein umfangreiches Prosawerk.[31]

Ausblick auf Sizilien, Linz und die Anderswelt

Es wäre sicherlich reizvoll, der hier skizzierten Technik der Überblendungen in Herbsts übrigem Werk nachzuspüren. Da dies in diesem Rahmen nicht zufriedenstellend geleistet werden kann, möge ein kurzer Blick auf eine Novelle Herbsts aus der unmittelbaren oder weiteren Folgezeit der *Undine* hinreichen. Im »fantastischen Bericht« der *Sizilischen Reise*, die ungefähr zeitgleich mit *Undine* erscheint, begegnet der nicht näher bezeichnete Erzähler nicht nur Herbst selbst und Figuren aus anderen seiner Bücher, sondern eines Nachts in Catania auch einer Frau, die dem Kundigen als Wasserfrau kenntlich wird:

> [...] über ihrer hohen erregbaren Stirn glänzt auf dem Scheitel der Mond. Ein schmales, elegant geschnittenes Gesicht, leuchtend weiße Zähne und schwarzes, flüssiges Haar, zum Pferdeschwanz zusammengebunden, wie ein Strom läuft es glatt um die Schläfen, flutet übers Haupt in den Nacken und zwischen die Schulterblätter.[32]

Vergleiche mit Strom und Flut lenken den Leser ebenso auf das Erkennen der Nixe hin wie die selbst dahinfließende Satzkonstruktion. Hinzu kommen im folgenden noch die »giftgrün funkelnden Augen« sowie ihre offenkundige Geringschätzung für den christlichen Kult, den der Erzähler gerade beobachte hatte (S. 99). Letztere macht die bestrickende Frau ebenso als vorchristliches, also antikes Wesen kenntlich wie ihre scheinbare Zeitenthobenheit, die der Erzähler mit bestürztem Rationalismus an seiner Armbanduhr feststellt (S. 101).[33] Doch nach einem rauheren Tête-à-tête lässt die Schwarzhaarige, die zugleich Züge eines jungen Mädchens und einer Jägerin trägt, ihn zurück. Ihre nächste Begegnung findet unverhofft in Syrakus statt, wo der Erzähler sie bezeichnenderweise am Fonte Aretusa sucht, jenem nach der berühmtesten sizilischen Quellnymphe benannten Brunnen an der Seepromenade (S. 126/127). Die sprachlichen Schwierigkeiten, die er noch in Catania mit ihrem merkwürdig urwüchsigen Italienisch hatte, scheinen verschwunden zu sein, und beide entschließen sich zu einer Bootstour, die dem Erzähler zur Begegnung mit dem Vorzivilisatorisch-Mythischen gerät: Schließlich an den Weiher der Nymphe gelangt, fordert diese ihn zur Vereinigung auf, die, wie aus *Undine* bekannt ist, bei Herbst stets auf Ver-Wirklichung zielt.

Die abermalige Zeitenthobenheit stützt gewissermaßen die Potentialität der Nymphe: War schon auf der Bootsfahrt die Sonne sehr zur Verwunderung des modernen Menschen im Westen aufgegangen (S. 129), so verspürt er nun eine absolute Gegenwart: »Es gibt keine Vergangenheit. Wird keine Zukunft mehr geben. Strahlendes, duftendes, flirrendes Jetzt.« (S. 134). Allein, der menschliche Auserwählte erweist sich weder in seinem Möglichkeitssinn noch in seiner Manneskraft als geeignet, der Nymphe ihre Wirklichkeit zu geben, so dass sie in ihr Element, das Wasser, zurückkehrt (S. 136/137).

Hier überblendet Herbst die namenlose Nymphe mit der Cyane aus Ovids *Metamorphosen*, indem er den ganzen Frauenkörper sich verflüssigen lässt.[34] Dennoch geht der Erzähler nicht unversehrt aus dem Abenteuer hervor: »Hinke. Wie eine Bisswunde links.« (S. 137) Infiziert mit der Herbsts Sizilien innewohnenden mythischen Gewalt, wird dieser Biss ihn am Ende in einen Wolf verwandeln und zwangsweise an die Natur binden.

Doch das entscheidende poetologische Charakteristikum der Cyane-Gestalt wird bereits in Catania etabliert, als sie den Stein, den der Erzähler in Enna erhalten hat und der ebenfalls zur ›zeitlosen‹ Schicht dieses Siziliens gehört, verwandeln kann:

> Ihre Hand hält sich, ein schmaler Becher, darin wie zum Trinken der Stein. Und öffnet die Finger. Als Flüssigkeit rinnt der Stein hindurch, glitzernde Ketten von Tropfen klatschen im Brunnen leise auf und sind weg. [...] Auch ich soll nun meine Hand über den Brunnenrand halten. Und tu es. Sie formt sie mit ihren Fingern zur Schale, laß das so, sagt sie. Warte. Dann schöpft sie aus dem Brunnen Wasser hinein, es formt sich, wird hart, und warm liegt der Stein in meiner Hand (S. 101).

Die Nymphe zeigt sich hier als Beherrscherin der Aggregatzustände, wenngleich das später »Lethe« genannte Mineral (S. 133) sicherlich einen Sonderfall darstellen dürfte. Dennoch: Cyane, deren Name vielleicht nicht zufällig mit dem titelgebenden »Blau« des *Wolpertinger* zu assoziieren wäre, kann das Feste verflüssigen und aus Flüssigem wieder Festes schaffen. Dies ist einerseits auf ihre Bindung an den Mythos zurückzuführen, der, über Jahrhunderte verfestigt, nun *in ihr* wieder flüssig wird. Bedenkt man andererseits, dass Herbst die Wirkung von Fiktion auf Realität oft als »Flüssigwerden« bezeichnet, von »liquiden Fiktionen«[35] spricht, so bündelt sich im ›Trick‹ der Nymphe ein Verfahren, das als

Komplement zur Überblendung von Mythischem und ›Realem‹ anzusehen wäre: Er zeigt die Verflüssigung des vermeintlich Feststehenden durch die Kraft des Imaginären, wie Herbst sie später an Cyane selbst verübt, die aus dem Anspruch auf Wirklichkeit in die Imagination zurück-›fließt‹.

Abgesehen von den bisher erwähnten Spielarten der Überblendung wird in *Undine* noch eine weitere angedeutet, die Spuren in Herbsts späterer Dichtung hinterlassen hat. Dazu nur eine kurze Parallelisierung:

> UNDINE: Spielen Sie, als wäre dies unsere Geschichte [...], die vor knapp einer halben Stunde begonnen hat. Obwohl das nicht stimmt, denn sie hat früher begonnen. Bei Fischers, nicht wahr? [...] Unsere Geschichte spielt sich seit je, seit Jahrhunderten durch uns hindurch. (I,6, S. 24)

Das »Spiel« zwischen Nara und Ringstetten, das im Laufe des Stücks zum Ernst und zum Schluss wieder in einem verzweifelten Versuch Undines zum Spiel wird, kann hier als in doppelter Hinsicht überblendet aufgefasst werden: Zunächst verweist der Bezug auf »Fischers« wieder auf Fouqués Märchen, überblendet das fiktionale Geschehen des Stücks mit der fiktionalen Handlung des Vorläufers. Dann aber wird die Betrachtung auf eine überzeitliche Ebene gehoben: »seit je« spiele die Geschichte schon, und sie spiele sich »durch uns hindurch«. Die Frage nach einem Beginn wird demnach gegenstandslos, angesichts einer dergestalt ewigen Geschichte, die einem zeitenthobenen Verhängnis gleicht, wird eine Suche nach der archè überflüssig.

Freilich stehen diese beiden Überblendungen in starker Spannung zueinander. Die eine, literarische, setzt ja einen wie auch immer beschaffenen Beginn der Handlung ein, der die intertextuellen Verknüpfungen zwischen Dichtungen erst garantiert: Was keinen Anfang hat, kann sich kaum auf etwas außer sich selbst beziehen, fällt vielmehr immer auf die eigene Ewigkeit (oder die fortwährende Wiederholung, je nach Geschichtsbild) zurück. Daher steht die Überblendung mit einer schicksalhaften ewigen Konstellation für sich.

Aus dieser oder einer ähnlichen Spannung entwickelt Herbst viele spätere Erzählungen. Als Beispiel sei hier nur auf *Isabella Maria Vergana* hingewiesen: In dieser wenige Seiten umfassenden Novelle bringt der Erzähler die venezolanische Tänzerin und Soubrette Isabella Vergana nach deren Auftritt in einer Linzer Studentenkneipe um.[36] Allerdings nicht aus den in Kriminalhandlungen ›üblichen‹ niederen Beweggründen, sondern weil zwischen beiden eine Verbindung besteht, die nicht nur weit in beider Vergangenheit, sondern sogar über ihre jeweils individuellen Leben hinausreicht und die nur mit dem Tod eines der Beteiligten gelöst werden kann.

In der aufschlussreichsten Passage zu dieser Verstrickung wendet sich der Erzähler in Misstrauen erregender Direktheit an den Leser:

> Bitte begehen Sie jetzt keinen Irrtum. So wirklich meine Erinnerungen an damals sind und so wenig ich sie als meine eigenen leugnen kann, so sicher ist, daß ich, Alban Nikolai Herbst, niemals in Venezuela gewesen bin. Ich trug damals einen anderen, einen bis heute verschütteten Namen. Wahrscheinlich hat auch die Vergana nicht Vergana geheißen. Sie stellte ihren Namen wie ich den meinen einem Geschehen zur Verfügung, das durch uns beendet werden wollte und Jahrzehnte zurückliegen mag.

> Vielleicht hob sein Weg zu einer Zeit an, als die kleine Maria noch gar nicht geboren worden war. Woran ich mich erinnere, ist also die Geschichte eines anderen, eines, den ich niemals kennenlernte, der ich vorletzte Nacht [*sc.* der Mordnacht] aber *wurde*. (S. 181)

Hier begegnet uns, den Rezipienten, noch einmal eine Reihe der an der Komödie beobachteten Überblendungen wieder: Der ›außerfiktionale Autor‹ Herbst legt sich über den Erzähler, der jedoch seinerseits zu einem völlig Unbekannten wird, der nur durch die ihm komplementäre Vergana und auf sie hin zu ›jemandem‹ wird: »[…] etwas erkannte sich durch uns hindurch und hatte sich nun abermals erkannt« (S. 184). Weder Namen noch Existenz der Beteiligten sind zu jenem Zeitpunkt, als der Weg des Geschehens »anhob«, gewiss. Mittels der preziösen Wortwahl lässt Herbst aber epische, mythische Vorzeit anklingen.

Identitäts- und Subjektivitätskonzeptionen werden hier ebenso ad absurdum geführt wie bereits in der *Undine* (und in den Romanen vor ihr). Die Spannung der Linzer Mord- und der, auch textuell ›darübergelegten‹, Vorgeschichte von Kinderprostitution in Südamerika zu einem dergestalt überzeitlich charakterisierten Geschehen trägt die Geschichte bis zum Schluss, deren Rahmen ein mythisch mit Dionysos versetzter Obstverkäufer (S. 163/164) und der als zweites Kapitel firmierende Epilog bilden.

In ihm gelingt dem Erzähler ›Herbst‹, was Ringstetten in der Komödie nicht gelungen ist. In allen hier bislang angeführten Beispielen war eine Frau durch schicksalhafte/mythische/literarische Verstrickung an einen Mann gebunden und ging, teils durch das Versagen des jeweiligen Mannes beschleunigt, zugrunde. Doch allein der Erzähler der *Vergana*-Geschichte schafft es, dem Sog der ›untergehenden‹ Frauen zu entkommen:[37] Indem er das Geschehen, soweit darf Selbstreflexion unterstellt werden, in Dichtung verwandelt!

Der letzte Satz der Erzählung, dem »ein leiser Triumph« vorausging, lautet: »Und ich beschloß das Stück.« (S. 189) Dies kann sowohl metaphorisch auf das »seit je« gespielte Stück, mit ihm und Isabella Vergana in den Hauptrollen, als auch reflexiv auf das Abfassen der Geschichte selbst gemünzt sein. Aus letzterer Perspektive hätte ›Herbst‹ im Gegensatz zu Ringstetten und dem als Wolf endenden Sizilienfahrer die Kontrolle wiedererlangt, indem er das Geschehen literarisch durchformt, zu Dichtung verarbeitet.

Die *Anderswelt*-Trilogie mit ihrem zahlreichen, homerisch überblendeten Personal um Achilles Borkenbrod, Poseidon, Lykomedite Zollstein u.a. wäre nun vor diesem Hintergrund zu untersuchen, wobei die Fragestellungen etwa lauten könnten: Wie funktionieren im jeweiligen Einzelfall literarische und mythologische Überblendungen? Wie werden diese mit innertextlichen Überblendungen nach den Maßgaben eines Kybernetischen Realismus in Beziehung gesetzt?[38] Sowie: Welche poetologischen Implikationen sind daraus für die Schreibweisen des Alban Nikolai Herbst abzuleiten? □

Anmerkungen umseitig!

Anmerkungen:

1 Hier und im folgenden werden Zitate aus und Verweise auf Herbsts *Undine* mit Akt-, Szenen- und Seitenzahl im Text angegeben. Sie verweisen auf Alban Nikolai Herbst: Undine. Komödie. Frankfurt am Main: Verlag der Autoren 1995. – Zur germanistischen Verortung Herbsts sei verwiesen auf Wilhelm Kühlmann: Postmoderne Phantasien. Zum mythologischen Schreiben im Prosawerk von Alban Nikolai Herbst (geb. 1955). Mit einem Werkverzeichnis. In: Euphorion 97 (2003), S. 499-516. – Im Übrigen verweise ich auf Herbsts eigene fortlaufend aktualisierte Bibliographie: http://www.die-dschungel.de/ANH/main.html (Stand: 8.3.2008). – Auf die Rezeption romantischer Dramaturgie in der *Undine* verweist Stefan Scherer: Witzige Spielgemälde. Tieck und das Drama der Romantik. Berlin/New York: de Gruyter 2003 (= Quellen und Forschungen zur Literatur- und Kulturgeschichte, Bd. 26), S. 621/622.

2 Friedrich Baron de la Motte Fouqué: Undine. Eine Erzählung. Berlin: Dümmler, Harrwitz und Goßmann 201872, *passim*; hier trägt er den sprechenden Vornamen »Huldbrand«.

3 In I,1 macht Mareikes Figur ihrem gedankenversunkenen Mann Vorwürfe, er würde sich nicht mehr genug um seine Karriere kümmern, die offenbar bei einem bevorstehenden Diner nach vorn gebracht werden soll (S. 2): »Das ist nicht deine Sache allein, ob du den Posten kriegst. Das betrifft auch mich, hörst du!? Wir haben die Tilgung fürs Haus, wir haben die Raten fürs Auto [...].« Haralds Figur ist jedoch all dem entrückt; sein einziger Kommentar ist (S. 3): »Hör schon auf.«

4 Alban Nikolai Herbst: So ist es. Ist es so? Eine Pirandello-Hörredoute. (Erstsendung im Deutschlandfunk Köln 2000; Regie: Thomas Zenke). Hier und im folgenden zitiert nach der pdf-Version auf Herbsts *Fiktionäre*-Seite: http://www.die-dschungel.de/ANH/download/download.php?URL=../txt/pdf/pirandello_soistesistesso.pdf. (Stand: 8. März 2008).

5 Luigi Pirandello: Gesammelte Werke in sechzehn Bänden. Hg. v. Michael Rössner. Bd. 6: Sechs Personen suchen einen Autor. Trilogie des Theaters auf dem Theater und theaterkritische Schriften. Aus dem Italienischen übersetzt von Hans Hinterhäuser, Georg Richert, Michael Propfe und Michael Rössner. Berlin: Propyläen 1997. Hier: ab S. 40/41.

6 Pirandello: Sechs Personen (Anm. 5), S. 38 und *Undine*, I,2, S. 8.

7 Pirandello: Sechs Personen (Anm.) 5, S. 41 und z.B. *Undine*, I,3, S. 9

8 Eine Überbietung, die übrigens Scherer in seiner ansonsten präzisen Studie nicht berücksichtigt: Stefan Scherer: Die Metamorphosen des Wolpertingers. Zur Poetik und zum Werk Alban Nikolai Herbsts. In: Juni 26 (1997), S. 167-190; zu *Undine*: S. 184.

9 In I,3, S. 16, berührt sie Ringstettens Kopf mit der Hand, um seine Erinnerung zu aktivieren, und scheint so Macht auf seine kognitiven Fähigkeiten auszuüben. Diese Macht dehnt sich sogar bis auf die Schauspieler aus (ebd.): »*dabei zu Harald und Mareike:* Bitte. Seien Sie jetzt Publikum.«

10 Zur Wasserfrau im Film: Matthias Hurst: Unterbewusstsein am Haken. Filmnixen als Anima-Figuren. In: Jost Eickmeyer/Sebastian Soppa (Hg.): Umarmung und Wellenspiel. Variationen über die Wasserfrau. Overath: Bücken und Sulzer 2006, S. 19-40.

11 Zitiert nach: Hans Christian Andersen: Märchen, Geschichten, Briefe. Ausgewählt und kommentiert von Johan de Mylius. Aus dem Dänischen von Ulrich Sonnenberg. Frankfurt a.M.: Insel 1999, S. 203.

12 Alban Nikolai Herbst: Wolpertinger oder Das Blau. Roman. München: Deutscher Taschenbuch Verlag 22000, S. 37/38. – Zum Komplex der Kritik an Realitäts- und Identitätskonzeptionen bei Herbst insgesamt: Scherer: Metamorphosen (Anm. 8), v.a. S. 167-173; Christoph Jürgensen: Ich sind auch andere. Zur Pluralisierung des Selbst in der Erzählprosa von Alban Nikolai Herbst. In: Ivar Sagmo et al. (Hg.): Moderne, Postmoderne – und was noch? Akten der Tagung in Oslo, 25.-26.11.2004. Frankfurt a.M. etl al.: Peter Lang 2007 (= Osloer Beiträge zur Germanistik, Bd. 39), S. 145-157, zum *Wolpertinger*: S. 153-156.

13 Deutlich in I,6, S. 22: »Jeder Schritt wie eine Messerklinge durch die Sohlen gezogen.« – Andersen: Märchen (Anm. 11), S. 198: »Jeder Schritt, den sie tat, war [...] als trete sie auf spitze Nadeln und scharfe Messer [...].«

14 Fouqué (Anm. 2), S. 3-9.

15 Zur Rusalka: Natalie K. Moyle: Mermaids (*Rusalki*) and Russian Beliefs about Women. In: Anna Lisa Crone / Catherine V. Chvany (Hg.): New Studies in Russian Language and Literature. Presented to Bayara Aroutounova. Columbus, OH: Slavica Publ. 1986, S. 221-238.

16 Ruth Fassbind-Eigenheer: Undine oder Die nasse Grenze zwischen mir und mir. Ursprung und literarische Bearbeitungen eines Wasserfrauenmythos. Von Paracelsus über Friedrich de la Motte Fouqué zu Ingeborg Bachmann. Stuttgart: Heinz 1994 (= Stuttgarter Arbeiten zur Germanistik, Bd. 291).

17 Dschungelblätter 3 (1986/87), Nr. 2, S. 11; *sub nomine* Anna Puck, deren Realitäts-Status m.W. ungeklärt ist.

18 Herbst: Wolpertinger (Anm. 12), S. 730.

19 Jean Giraudoux: Ondine. Pièce en trois actes d'après le Conte de Frédéric de la Motte Fouqué. Paris: Bernard Grasset 1939. – Sinnfällig steht Hansens Wirklichkeitssinn gegen Ondines auf Liebe gegründeten Möglichkeitssinn schon bei ihrer ersten Begegnung in I,2, S. 13/14: Hans bestellt nachdrücklich eine Forelle blau und bemerkt keineswegs das Entsetzen des Fischerpaares. In der folgenden Szene bemerkt Ondine erst die Schönheit des Ritters (I,3, S. 21: »Comme vous êtes beau!«), dann jedoch seine Grausamkeit der Kreatur gegenüber und wirft den zubereiteten Fisch wütend aus dem Fenster (I,3, S. 24).

20 Fouqué (Anm. 2). S. 100-102 (Kap. 18). – Übrigens liegt hier bereits bei dem Romantiker eine ›Überblendung‹ der paracelsischen *undena* mit der walkyrenhaften Gestalt der Stauffenberg-Sage vor. Dazu Eckhard Grunewald: Undine kommt. Zur Genese eines romantischen Märchens. In: Aurora. Jahrbuch der Eichendorff-Gesellschaft 63 (2003), S. 85-97.

21 Fouqué: Undine (Anm. 2), S. 102 (Kap. 18): »Und ihren Schleier schlug sie zurück, und himmlisch schön lächelte ihr holdes Antlitz daraus hervor. Bebend vor Liebe und Todesnähe neigte sich der Ritter ihr entgegen, sie küsste ihn mit einem himmlischen Kusse, aber sie ließ ihn nicht mehr los, sie drückte ihn inniger an sich und weinte, als wollte sie ihre Seele fortweinen. Die Thränen drangen in des Ritters Augen und wogten im lieblichen Wehe durch seine Brust, bis ihm endlich der Athme entging, und er aus den schönen Armen als ein Leichnam sanft auf die Kissen des Ruhebettes zurücksank. Ich habe ihn todtgeweint, sagte sie zu einigen Dienern, die ihr im Vorzimmer begegneten, und schritt durch die Mitte der Erschreckten langsam nach dem Brunnen hin.«

22 Herbst: Es ist so (Anm. 4), S. 27.

23 Zu diesen Zusammenhängen kurz: Narendra Nath Bhattacharyya: A Dictionary of Indian Mythology. New Delhi: Munshiram Manoharlal Publishers 2001, S. 196 s.v. Narayaṇa und S. 196/197 s.v. Narayaṇa.

24 Fouqué: Undine (Anm. 2), S. 17 (Kap. 3), S. 23 (Kap. 4), S. 51-53 (Kap. 9), S. 96/97 (Kap. 17).

25 Ihre Geschichte wird im vierten ›Zweig‹ des Mabinogi erzählt: The Mabinogion. Translated with an Introduction and Notes by Sioned Davies. Oxford: University Press 2007, S. 47-64. – Herbsts Rückgriff auf keltisch/walisische Mythologeme dürfte über John Cowper Powys vermittelt sein, dem er ebenfalls ein Hörstück gewidmet hat: Alban Nikolai Herbst: Der walisische Bocksberg *oder* Länder gibt es, vertrackte. Eine Powys-Fantasie (Erstsendung: Deutschlandfunk Köln 2001). In: Ders.: »Die Illusion ist das Fleisch auf den Dingen«. Radio-Fantasien über D'Annunzio, Aragon, Powys, Pynchon und eine Poetik auf CD. Berlin: Elfenbein 2004, S. 75-109.

26 Herbsts oftmals verschlungene Wege der Assoziation von Göttern, Geistern und Dämonen hat Kühlmann: Phantasien (Anm. 1), S. 507, kontextualisierend ein Stück weit erhellt.

27 Zur Verbindung der Schwanen- mit Wasserwesen: Claude Lecouteux: Mélusine et le chevalier au cygne. Paris: Payot 21997.

28 Goblins und Ùruisgs gehören der ›niederen‹ keltisch-walisischen Mythologie an. Sie entsprechen im Deutschen etwa Heinzelmännchen, Gnomen oder kleineren Mischwesen.

29 I,6, S. 25/26. Dazu: Richard Strauss: Salome/Elektra. Ed. By Nicholas John. London/New York: John Calder/Riverrun Press 1988 (= Opera Guide, Bd. 37), S. 36/37 und 52/53.

30 Hier zitiert nach der in Herbsts *Dschungel* eingestellten Manuskript-Fassung der dritten Heidelberger Poetik-Vorlesung (http://albannikolaiherbst.twoday.net/stories/4623007/; Stand: 8, März 2008). Für genauere Referenzen wird die endgültige Druckfassung zu berücksichtigen sein, die voraussichtlich im Manutius-Verlag in Heidelberg erscheinen soll.

31 Um so bedauerlicher, dass die *Undine* nach Angaben des Autors bislang nicht aufgeführt wurde.

32 Hier wie im Folgenden unter Angabe der Seitenzahl zitiert aus: Alban Nikolai Herbst: Eine Sizilische Reise. Fantastischer Bericht. Roman. Frankfurt a.M.: Deutscher Taschenbuch Verlag 22002, S. 98.

33 »Die Zeiger drehen wie orientierungslose Kompassnadeln. Bald ist es drei Uhr nachts, dann wieder erst fünf vor zwölf, dann zwei Uhr. Alles in wenigen Minuten.«

34 Darauf wies Kühlmann: Postmoderne (Anm. 1), S. 510/511 hin.

35 Ich beziehe mich hier auf das unveröffentlichte Typoskript der Rede anlässlich der Verleihung des Grimmelshausen-Preises. Zitiert nach: Scherer: Metamorphosen (Anm. 8), S. 169.

36 Hier und im folgenden mit Angabe der Seitenzahl zitiert nach: Alban Nikolai Herbst: Isabella Maria Vergana. In: Ders.: Die Niedertracht der Musik. Dreizehn Erzählungen. Köln: Tisch 7 2005, S. 163-189.

37 Es wäre eine eigene Untersuchung wert, diese und andere Erzählungen auf Wasserfrauen-Motivik hin zu untersuchen. Zumindest ein kurz vor der finalen Kampfszene eingestreuter typographisch abgesetzte Kommentar (S. 187: »Vieles endet am Wasser.«), der Kampf selbst am Ufer der Donau sowie die, durchaus erotisch konnotierte, Beschreibung der toten Vergana, »den nassen Unterleib frei« (S. 169) lassen m.E. eine relative Nähe zu den sich in Nass auflösenden Undinen und Cyanen plausibel erscheinen.

38 Zu Herbsts Konzeption des Kybernetischen Realismus sei neben den erwähnten Heidelberger Poetik-Vorlesungen auf den Beitrag von Uwe Schütte in diesem Band verwiesen, S. 121-130.

Alban Nikolai Herbst

Wasserfrauen

Thetis.Anderswelt (1998), II,24:

Und noch jemand hörte die Mutter: aber Die mit dem Goldhaar schwieg, als man sie dem Negus vor die Füße warf. Sie hörte, die junge Thetis, die alte sehr wohl, lauschte ihr wie einer inneren, einer so schürfigen wie traulichen Stimme und gab dem, was sie forderte, recht; desungeachtet widerstand sie noch. Denn Niam liebte, liebte den Vater, der ihr Sohn war, und liebte alle die Hoffnung in ihm, daß er so weich war und so wenig göttlich; die Halia freilich liebte sie auch, aber wie gestrenge Autoritäten, deren Grausamkeit man als Leiden durchschaut. Sie wußte allerdings, das giftige Perlmutterschäumen in Mond und Seele befrieden zu müssen. Wiederum ahnte die Alte, welch unerzogene frevelnde Tochter ihr geboren war; eine, die das Gesetz brechen würde. Der Drachenschwanz durchhieb die Wogen. Die Meerfrau peitschte sich, bis ihre Schuppen juckten, die Wellen vom Leib. Dann tauchte sie hinab und bohrte den Kopf in den Grund. So lag sie, ohne Besinnung, lag lange. Nagte nun am Fuße der Mauer, saugte als würd sie gesäugt. Sie stellte sich still, schlief nagend endlich ein. Aber mit ihr nagten die Okeaniden. Die nun schliefen nicht. Oben die See zwar, an den gegenüberliegenden Ufern des Golfs wie eine Plastikdecke ausgespannt, war wieder ruhig. Doch unten, am Thetisgrund, fraß es sich durch den Stein.

Argo.Anderswelt (2008), I,10:

„Er war einmal ein großer Mann", erzählte Otroë, die in einer Schublade unterm Spiegel nach Schminke wühlte, „dann hat ihn ein Bohrer erwischt. – Setz dich da hin."

Und Uma, bei ihrer ersten Rast, das war kurz vor Plzeň: „Ich habe zu seinen Füßen, als ich jung war, gesessen und habe geweint, wenn er von Thetis erzählte."

„Geweint, Uma, du?"

„So'n alberner Unsinn, die hat doch gar keine Tränen. Nix als Votzenschleim in den Augen."

Gegröle.

„Von Thetis?" fragte Goltz.

Die Frauen feixten, Kali faßte sich zwischen die Beine.

„Vom Meer", erklärte Thisea, „von den Sternen, die sich drin spiegeln."

„Du warst auf dem Meer?" fragte Goltz, nachdem der rosa hergemachte Mann in den Hänger zurückgesperrt war. Diesmal war Otroë vorne geblieben.

Der Achäer rülpste.

„Auf Thetis? Wie kamst du nach Europa herein?"

Argo.Anderswelt (2008), I,19:

„Darum bin ich geweckt und spreche euch von den Sternen
überm Meer und der Mutter, strahlend, lodernd – sie schlagen
so ihr Licht in Wogen und Gischt, die sie lockern,
schaumigen Betten gleich, um Thetis' Schlangenleib spritzend:
aufbäumend schlägt er die Wellen; rot schwemmt das Blut der
ausgeschlossenen Mutter mauerwärts, um den Kindern
Europas vom vergess'nen Leuke Geruch und den tiefen
Laut der Tochter in Erinn'rung und die Adern Venen
flößen zu lassen. Doch schlägt das Blut, ein begehrender Brecher,
klatschen die beiden, hier Menses, Mond da, wirkungslos bei euch
Frauen – Seid ihr denn solche? Tretet vor dann! Und hört! –
an Mauer und Ohren. Ihr wollt, was zu erben Euch Lust sei,
Stolz sei und Pflicht, verschachern. Deshalb soll ich euch künden!"
(...)
„Doch: Was Mensch ist, will weiter; die Wärme genügt nur Tieren;
fehlt sie und friert man, ersehnt der Mensch sie; doch anwesend fehlt schon
Nächstes, das will man nun schaffen, erschafft man, gräbt in die Erde
Schaufel und Hacke mit Lust, daß Erz spritzt, Öl brennt gewaltig;
schon errichten sie Häuser Brücken und Werke, versklaven
selbst sich um Wohlstand. Thetis warnt, verklappt war das Meerlicht,
trübe geworden, Schlieren zogen, giftig, vergiftend,
längst die Schwestern erkrankt; ringsum starben Götter und Fische."

Da sah man nicht das Thetis-Meer, sondern eine Nordsee, die, als die Gezeite sie übers Watt zurückzerrte, nur unter Mühen von Gerümpel ablassen konnte; wie Leim klebten die Wasserfinger an verrosteten Blechfässern, aus deren brandwundenartigen, schartig umsäumten Löchern die ersten Mutationen schauten, mit Plasteflaschen fusionierte Krills, die sich dauernd erbrachen. In die Lefzen der Midgardschlange war die Wurzel einer schweren Herpes gegraben, so daß die Lippen allderweil platzten, sie näßten einen Schleim, der sich im Meer nicht löste.

„Unmerkbar das Gift, man klappte n a c h und aufs Neue,
bauchoben schwammen die Adler. Möwen fielen in glattes
Schwarz, das schimmerte farbig, brach sich Licht auf der Schmiere
Seide. Die Robbe schrie. Und erstickend nahm alles Abschied."

Adler hatte noch keiner gesehen, man kannte nur eine Art Geier, nicht größer als zwei Männnerhände, und auch die waren lange nicht mehr gekreist – nicht mehr, seit die Schänder, denen sie folgten, und die Heiligen Frauen vorm Westen hatten zurückweichen müssen. Aber auch Adler verhießen, und Möven, grüne Ufer. Verhießen Sterne, die nicht, wie selbst das Elend, wie die Regenzeiten, reguliert wurden; überm gesamten Osten knipste der Westen das Licht aus und knipste es um Arbeitskräfte an. Diesen seit AUFBAU OST! fast vergessenen Zusammenhang entfachten Erissohns Verse in seinem Publikum aufs Neue. Das war explosiv, dachte Brem, das war für keinen ohne Gefahr, nicht für Buenos Aires, nicht für Prag Warschau Landshut. Nicht einmal die Amazonen mochten ahnen, dachte Cordes, wen sie hier erweckt hatten.

Argo.Anderswelt (2008), IV,21:

Die Führungsgruppe um Den Stromer schritt einige zehn Meter der Mauer ab: brutal stand sie auf dem letzten Längsmeridian, einer Plattform geradezu, einem bizarren Plafond, und knickte rechtwinklig kaum zweidrei Kilometer von hier ziemlich exakt nach Westen ab, zurück gegen Lausanne und da auf einem materialisierten Breitengrad. Clermond-Ferrant befand sich genau in der Ecke des monströsen Mauerwinkels – *hatte* sich dort befunden, als die Illusionsmaschinerie noch funktionierte. Dort wollte man hin, denn dort waren Vorrichtungen zu erkennen, die sich die ganzen 1300 Meter hinauf zu erstrecken schienen: weiter oben gab es offenbar eine Art Schiene, in die Gondeln Werkzeughäuschen Kräne gehängt waren, welche man von unten auch sehen konnte. Sie waren fahrbahr in Höhe und Länge und hatten ganz offensichtlich der Wartung ihres jeweiligen Mauerstückes gedient. Jetzt war niemand mehr hier, der dem hätte nachgehen können. Es war auch sehr deutlich, daß längst nicht alle, sondern die wenigsten Wartungsanlagen stehengeblieben waren; offenbar hatte es sich bei den meisten um ebenfalls holomorfe Installationen gehandelt; bei einigen waren beide Konstitutionen sogar gemischt gewesen: da lagen dann bizarre Teile zertrümmert am Boden oder hingen hilflos weit oben unter dem verschmierten Europäischen Dach. Tatsächlich war der Gipfelgrat der Europäischen Mauer kaum zu erkennen, er ging wie eine zähe Milch in den auf Mauer aufliegenden Schutzschirm über. Deshalb kamen sich alle vor wie in einen unfaßbaren Karton gesetzt.
„Wir fahren in den Winkel!“ rief Jason. „Wir versuchen es dort!“ Und schritt, von den anderen gefolgt, zu den Wagen.
Da ging ein Ruck, ein Beben, durch die Erde. Und zum ersten Mal war die Mauer *zu hören*: sie ächzte von dem Ruck auf. Und jemand schrie, aber nicht deshalb oder deshalb nur indirekt: ein vorgeschickter Posten, der als Wache an dem Mauerstück einstweilen zurückbleiben sollte. Er hatte Wasser entdeckt, das weit oben durch die Mauer drang und in kleinen Fällen heruntersprühte. Aus Haarrissen kam das, keiner konnte nun mehr sagen, wie lange das Bauwerk von jetzt an noch hielte und wie weit diese Risse schon langten.
„Los jetzt! Schneller, Leute!“

Argo.Anderswelt (2008), IV,22:

Jason wiederum trug eine magellanische Stirn; das war nun nicht mehr Der Stromer, das war Aissa der Eroberer, der sich durchsetzen und den Seeweg nach Leuke finden wollte, Lèvkas, den Traum seines Vaters. In einer seltsamen Scheu sah die verwöhnte, energische Michaela zu ihm auf, die wundersamerweise angesichts der enormen Molen, die bis Hunderte Meter weiter im Meer standen, die rechte Hand ihrer Mutter hielt – wie ins Jenseits tauchende Brücken sahen die aus. Vor den Leuten Himmelsbläue, doch ein kaum noch blaues Meer, die Farbe changierte eigenwillig. Hinter ihnen das metallisch abstrakte Gitternetz, in das die europäische Zivilisation Natur aufgelöst hatte: man mußte im Innern nicht lange wählen.

Wilhelm Kühlmann

Störungen des »perfektionierten Geistes«

Anmerkungen zu A. N. Herbsts Der Arndt-Komplex. Novellen (1997)

Wer sich davon überrascht fühlt, dass in diesem Band an Stelle eingängiger Handlungslinien das genaue Protokoll intimer Begebenheiten einer merkwürdigen Figur geboten wird, sollte sich an Gottfried Benns Prosaminiaturen über die Befindlichkeiten des Arztes Werfft Rönne erinnern, die auch unter dem scheinbar unzuständigen Titel von »Novellen«, zugleich jedoch als »Rönne-Komplex« dargeboten wurden. Zumindest in *einer* dominanten Problemkonstellation reicht solche Analogie über den möglichen Zufall weit hinaus. Auch der Ich-Erzähler dieser seltsamen Geschichten, dessen Name »Arndt« den Lesern Herbsts schon seit einigen Artikeln in den Frankfurter »Dschungelblätter(n)« geläufig war, hat, nicht ohne das peinliche Gefühl der Selbstironie, mit der Zwangsvorstellung zu kämpfen, all das einer »klaren logischen Säuberung« (Benn) zu unterziehen, was er in sich mit fortschreitender Verstörung wahrnimmt.

Arndt erprobt das aussichtslose Unterfangen, sich selbst zu programmieren und – in der totalen Kontrolle über alle gefühlshaften und somatischen Widerstände der unbotmäßigen Physis – ein sehr ehrwürdiges geistiges Programm zu verwirklichen: das der rigorosen »Autonomie« des cartesianischen Verstandes, auf verquere Weise umgesetzt in eine fast platonische, durchaus kontemplative Abwehr all jener Lebensmomente, die sich dem klaren Urteil, der logischen Folgerung, der »Reinheit« und der »Freiheitlichkeit« des affektlosen Denkens entzieht.

Das kann nicht gut gehen, kann genauso wenig Zutrauen erregen wie jene Annahmen alltagsgewohnter Selbstverfügung, die dieser Autor in manchen Essays, Erzählungen und Skizzen schon der achtziger Jahre, dann im *Wolpertinger* (1993), im Drama *Undine* (1995) und auch in seiner Rede zur Verleihung des Grimmelshausen-Preises (1995) zur Frage gestellt hat.

Freilich scheint sich das Problem nun eher zu entkrampfen, weil die Skepsis auf beiden Seiten der Entscheidungslage zugenommen hat: Dieses Buch dementiert zwar weiterhin die Identität des Ichs mit einem immer wieder sich entziehenden Selbst, doch zwingt sich der Schreiber offenbar dazu, von der früher manchmal überbordenden Freude an der arabesken Konstitution jener Wirklichkeiten größeren Abstand zu nehmen, die nur in der Drohung dauernder Desillusion und Desorientierung die paradoxe Garantie von Realität vermittelten. In diesem Sinn wirken die Arndt-Novellen skeptisch diszipliniert.

Überdies sind offenbar mancherlei Anfechtungen und Zumutungen, die diesen neuen »Monsieur Teste« (Valéry) in einer früheren lebensgeschichtlichen Phase bewegten, in resignativer Katharsis abgetan und verabschiedet. Dazu zählt die voluntative Verwechslung des Moralischen und des Faktischen, dazu zählt das ganze Syndrom von Parolen, Nervositäten und intellektuell dürftigen Scheingefechten, die sich in politischen oder ökologischen Projekten und in der ganzen Pathologie des sozialen Missvergnügens breitmachten. Zudem scheint es Arndt – in einem bestimmten Stadium seines letzthin erfolglos systematisierten Lebens – auch gelungen zu sein, das Alltags-Ich vom Sonntags-Ich, das bewusstlose Funktionieren der privaten und beruflichen Lebensfristung säuberlich von jenen geistigen Abenteuern zu trennen, bei denen er nicht umhin kann, sich zweifelnd oder geschockt über die Schulter zu sehen.

Und wenn es gestattet ist, die literarische Ahnenreihe dieser durchaus nicht unvergnüglichen Bewusstseinsakrobatik zurückzuverfolgen, so wird man an manchen Stellen dieses Buches die genuin romantische Lust und experimentelle Entdeckungsfreude an der Selbstpotenzierung des Denkens wiedererkennen, das in den Versprechungen einer elektronischen Vernetzung aller möglichen Selbst- und Fremderfahrungen eine von Herbst schließlich bis ins Extrem ausgekostete und vor allem: entlastende, weil multiple Perspektivik rational gesteuerter Sprachphantasien eröffnet.

Wie in einem kleinen Erzähllaboratorium profilieren schon die Arndt-Novellen körperliche Reize mit Bewusstseinsaporien, die Herbsts Gesamtwerk durchziehen. Denn das so um sich bemühte, nur scheinhaft autonome Ich, das sich seiner Empfindlichkeit oder Unempfindlichkeit manchmal nur durch masochistischen Schmerz versichern kann, muss sich zum Beispiel dabei ertappen, dass es gerade in der Sonntagsmuße automatisch all die Absurditäten und Trivialitäten des Fernsehens reproduziert, auf deren stille Duldung man sich so oft nur mühsam verständigen mag. Es muss sich auch dabei beobachten, dass die Reaktionen des Körpers, das Erlebnis von Schmerz und Sexus, allenfalls beschrieben und vermutungsweise umkreist, nicht aber puritanischen Denkaxiomen oder schlüssigen Ableitungen unterworfen werden können.

Arndt fühlt sich von seinen Affekten beleidigt, und dies Buch handelt variationsreich von Stationen und Episoden, in denen der zähe Kampf des »kognitiven« Intellekts gegen alles Vegetative, gegen alle »Sinnlichkeitsanfälle«, gegen alle »seelischen Konfusionen« nach und nach ermattet, in abrupte Notlösungen mündet, ja sich skandalöserweise vielleicht nur als harmoniebedürftige Programmierung falscher Daten entpuppt.

So werden die komplizierten Zustände des Protagonisten oft mit geradezu Proustscher Penibilität beschrieben und werden simple Spaziergänge, triviale Akte der Begegnung mit Menschen und Dingen als unerhörte Herausforderungen und Verfremdungen dargestellt. Dass Arndt sich gegen den moralischen Impetus nur mühsam zu wehren weiß und dass er sich beim Anblick eines dreckigen Schuhs auf einer Frankfurter Straße als ›geometrischer Ort fremder Geschicke‹ empfindet, gehört zu der hier vorwaltenden genüsslichen Erzählstrategie: ein Experiment des Ichs mit sich selbst zu schildern und es humoristisch zu entkräften.

Am Ende dieses ungleichen Kampfes mit den Widerständen des zerlebten und zerdachten Subjekts, mit den Missgeschicken inmitten der Apparaturen und mit der dauernden Erfahrung quälender Übergänge zwischen »Empfindung und Logos«, wählt das literarische Ich eine radikale Lösung, nämlich die, den vielen Egos eine neue Freiheit zu gestatten und die Dichotomie von Alltagswelt und Sonntagswelt hinzunehmen.

Insofern thematisieren, wenn nicht alles täuscht, diese Prosastücke wichtige Motive und Konflikte der auktorialen Existenz und psychophysischen Konditionierung. Freilich verdeutlicht der zweite Teil des Buches, die »Nachträglichen Bemerkungen«, mit vexierender Ironie, dass Herbst sich biographischer Zumutungen erwehren möchte. Denn hier muss der Leser sich darauf gefasst machen, dass der »Arndt-Komplex« nichts als die Literarisierung jener Gespräche darstellen soll, mit denen Herbsts Freund Hans Deters, Zentralfigur schon des *Wolpertinger*, den Autor mit den »Erlebnissen und der Denkwelt«, ja auch der »Krankheitsgeschichte« seiner Figur bekanntmachte.

Arndt erweist sich als derjenige, dessen Spuren Herbst auch in anderen Texten, etwa in der mythisch versponnenen Realphantasie der *Sizilischen Reise* (1995) und in seinem Manhattan-Roman (*In New York*, 2000), verfolgt. Es ist jener Arndt, der zuletzt nicht in Providence verschwindet, sondern gern als Rimbaud Redivivus in exotische Fernen und rätselhaft anarchistische Aktivitäten. Jedenfalls will er nicht mehr jenem Lord Chandos gleichen, an dem einst Hofmannsthal sein Problem der Depersonalisation und sein Entsetzen darüber illustrierte, Sprache, Gefühl, Wahrnehmung und Denken nicht zur Deckung zu bringen.

Zu den sublimen Reizen dieses äußerlich schmalen Bandes gehört es, nicht nur dies Spiel literarischer Reminiszenzen zu verfolgen, sondern darin sogar die Kritik der Figurensprache, die keine andere ist als die des Autors, vorweggenommen zu finden. Arndt alias Deters alias Herbst schreiben beziehungsweise sprechen manchmal manieriert, vor allem dann, wenn sie sich von der Detailsphäre der Wahrnehmungen hinweg bewegen und sich in vergeblicher Anstrengung über ihr diffuses Ich beugen.

Das kann kaum anders sein, wenn die Spontaneität der Existenz zwanghaften Exerzitien der Reflexion unterworfen werden soll. So allerdings wird der Leser der kontrastiven Spannweite gewahr, in welcher die kompositorischen Stilfärbungen dieses Buches genau kalkuliert wirken, wobei man nur mit Verwunderung jenen totalen formalen Wechsel und jene chamäleontische Wandlungsfähigkeit zur Kenntnis nehmen kann, die von den 1000 Seiten des *Wolpertinger* zu diesem Filigranwerk einer Exploration schwieriger Bewusstseinslagen führt.

Vorübergehend zieht sich Herbst hier vom Großroman und von mythisch-distopischen Phantasmagorien kühn auf ein Spiegelporträt zurück, das bewährten Abspaltungsfiguren zugeschrieben ist, doch eben diese Abspaltungen thematisiert und ohne Emphase, mit einer offenbar intellektuell gebotenen Skepsis den Blick auf Verwerfungen der Schriftstellerexistenz freigibt.

Indem Herbst so in seinen Gestalten doch wieder auf sehr vertrackte Weise bei sich bleibt, führt er den beunruhigten Leser gleichsam im Nebenbei zur Wahrnehmung zukunftsträchtiger Dispersionen des eigentlich archaisch konstruierten Subjekts in der fiktiven Medienwelt.

Herbsts »Kybernetischer Realismus« (so der Obertitel seiner neuesten Heidelberger Poetikvorlesungen, 2007/08) deutet sich als Königsweg einer Phantasie an, die mit dem Ego und seinen drohend-lockenden »emotionalen Bindungen«, damit aber mit allen Zumutungen einer nun erzählerisch pluralisierten Identität lustvoll umzugehen weiß.

Schon in den Arndt-Novellen wird nüchtern konstatiert: »Zahllose Spaltungen hatten die Arndts bis heute vollführt.« □

Alban Nikolai Herbst

Menschenjäger (1992)

»Ich will Honecker erschießen, ich bin auf der Durchreise,« sagte Arndt, zog die Gardine ein Stückchen beiseite und lugte hinunter auf die Straße. Ich stand noch an der geöffneten Haustür im Flur. Wie ein Gespenst war er hindurchgewischt. Sprachlos starrte ich dem Menschenjäger hinterher, der sich dann lächelnd in meinen Musiksessel setzte und die Beine übereinanderschlug. Ich hatte ihn seit wenigstens drei Jahren nicht mehr gesehen und mir längst angewöhnt, ihn für meine Erfindung zu halten. »Was haben Sie, Herbst?« fragte er.

Ich schloß die Tür.

»Sie verwirren mich,« sagte ich, als auch ich ins Arbeitszimmer trat. »Sie wollen bitte was?«

»Eigentlich nicht meine Gefilde. – Die Rezession, Sie verstehen?«

»Nein.«

»Setzen Sie sich doch. Sie sind immer so nervös.«

»Sie wollen Honecker *was*?«

»Sie haben richtig gehört.«

»Und Ihr Gewehr?«

»Platon? – Fliegt mir vorweg.«

»Bitte?«

»Sie werden doch einsehen, daß es schwierig ist, mit einem Bärentöter im Gepäck nach Chile zu fliegen.«

»Sehe ich ein, ja.«

»Na bitte. Also überlaß ich den Transport einer… sagen wir: Speditionsfirma.«

»Bitte?«

»Ein bißchen investieren muß man nun schon. Das gehört zu jedem gesunden Unternehmen.«

»Ich gehe recht in der Annahme, daß Sie mir nicht sagen werden, wer Ihre Auftraggeber sind?«

»Auftraggeber? – Sie verkennen das Geschäft!« Er lachte freundlich und schüttelte ein wenig den Kopf. »Setzen Sie sich schon. Der Kaffee? – Wie immer? – In der Küche?« Er erhob sich und schlenderte hinüber. Ich hörte Tassenklirren; er kam mit einem Tablett zurück. »Ich will Sie nicht lange aufhalten, nur für,« er sah zur Uhr, »drei Stunden untertauchen. Ich gehe nicht gerne unnötige Risiken ein.«

»Da kommen Sie zu mir? Ausgerechnet?!«

Er stellte die Tassen vor uns auf den Tisch, schenkte ein; dabei sah er mir schräg und spöttisch ins Gesicht. »Sie waren doch einmal mein Chronist, nicht wahr?«

»Ja eben.«

»Also hält man mich bei Ihnen für Fiktion. – Oder hat Ihnen jemals wer geglaubt, ich existierte?«

Ich lachte verkniffen. »Man hat Sie sowieso nur gelegentlich gedruckt.«

»Wie geht es Deters?«

»Gut, glaube ich. Wie immer. Warum?«

»Es könnte sein, daß ich ihn gelegentlich brauchen werde. Würden Sie den Kontakt gegebenenfalls herstellen?«

»Wieso wollen Sie Honecker erschießen?«

»Er ist doch freigelassen worden.«

»Sicher.«

»Eine kluge, eine menschliche Entscheidung. Jaja, der Rechtsstaat.«

»Sie weichen mir aus.«

»Aber nein doch!« Er nahm Platz. »Rauchen Sie noch?«

»Gewiß.«

»Dann rauchen Sie. Lassen Sie sich nicht stören durch mich. Ich bin ohnedies nur ein Phantom, Ihre, sozusagen, literarisch-leibhaftige Idee. – Es wird eine schnelle Arbeit werden, kurz rein, Peng, kurz raus und *salut*. Dann mach ich wieder vernünftige Arbeit.«

»Sie jagen noch… Touristen?«

»Es ist alles undurchschaubar geworden. Außerdem brauche ich Geld, man will schließlich leben. Und ob ich nun für eine Großbank arbeite oder als Programmierer, na ja, so oder so ein Teufelskreis: ich meine, wenn man so moralisch ist, wie Sie sind. Da kommt es, meine ich, auf den einzelnen, gelegentlichen Abgang nicht so an. – Obwohl: Aus politischen Zusammenhängen halte ich mich gemeinhin lieber heraus. – Haben Sie von dem Unfall des Herrn Freilicht gehört?«

»Des Managers von diesem Institut… irgendetwas mit Chemie..?«

»Petrochemisches Labor, ja. Hamburg. – Das war ich.«

»Sie waren *was*?«

»Wir sind desperat in allem, was wir tun. Wenn Saddam Hussein die westliche Oberhoheit über die Ölvorkommen gefährdet, wird unter Hinweis auf die Moral ein Krieg geführt; wenn aber die serbische Führung Völkermord begehen läßt, wird zwar gehustet und allerlei Tamtam gemacht, aber unterm Strich hungert man gemeinsam mit ihr die kroatische und bosnische Bevölkerung aus. Wissen Sie warum?«

»Nun?«

»Weil Serbien ein historischer Antipode Deutschlands ist; weil man von dort her – das betrifft jetzt besonders Frankreich und England – den Wirtschaftsriesen schwächen will. – Es sollte mich bei all dem nicht wundern, wenn etwa Hussein plötzlich zum Waffenbruder der von Ausrottung bedrohten moslemisch-bosnischen Bevölkerung und damit legitimen Statthalter der Menschenrechte wird. – Nun also, geben Sie zu: Was machen in einer solchen Rechnung ein paar umgebrachte Umweltsünder aus?«

»Weshalb Umweltsünder? Verzeihen Sie, Arndt, Sie sprechen in Rätseln.«

»Ach ja, woher sollen Sie wissen? – Ich bin neuerdings in Sachen Umweltschutz unterwegs.«

Ich mußte spontan lachen. »Ausgerechnet Sie?«

»Ich geb' ja zu: Es bringt nur wenig ein: Weder Ehre – ich muß ja verborgen bleiben – noch Geld. Es findet sich kaum jemand, der einen für sowas bezahlt. Deshalb die kleine Nebenbeschäftigung in Chile. Ein alter Mann, schwer krebskrank… er hat sowieso nicht mehr lange zu leben.«

»Nun eben: Deshalb wurde der Prozeß ja abgebrochen.«

»Es wäre eh ein Schauprozeß gewesen; irgendein Privatsender hätte die Rechte erworben, den Verlauf des Verfahrens dem deutschen Bürger in die

Wohnzimmer zu bringen; CNN im Irak, RTL beim Oberlandesgericht. Vielleicht hätte man die Verhandlung bisweilen durch Werbespots unterbrochen. – Nein nein, sie war schon klug und ganz im Sinne des Menschenrechts, diese Entscheidung, den alten Mann davonzulassen.«

»Sie aber wollen ihn erschießen...«

»Das ist ein andres. Jetzt geht's um den aufgebrachten Volkswillen. Man braucht auch eine Handhabe gegen die Kleinen, die Mitläufer, die Stasi-Funktionäre, – die noch da sind, verstehen Sie? Die in den Dörfern wohnen, Gemeinden, Städten... die Nachbarn also. Der eigentliche Prozeß wird im Banalen geführt, aber er ist nun kein Problem der Rechtsstaatlichkeit mehr. Köpfe *müssen* rollen, das ist absolut notwendig, um nicht die nächste Wahl zu verlieren. *Homo homini lupus.* Das ändern Sie nicht.«

»Warum zieht man nicht einfach den Stecker aus den lebenserhaltenden Geräten? Ein Defekt... sowas eben?«

»Und was sagt dann das Wir-sind-das-Volk? Manche Erkenntnis ist wenig gemeinwohl. Denn es hat ja einen Grund, wenn die Großen ungeschoren davonkommen: Es gibt immer Verbindungen auch zu ethisch einwandfreien Verkörperungen der Öffentlichkeit, geschweige von wirtschaftlichen Zusammenhängen. Notwendigkeiten, will ich einmal sagen, Sachzwängen. Es kann nicht im Interesse von auch nur irgend einem liegen, so etwas aufzudecken. Gefährdet wären nicht nur die Parteigefüge, nein, auch die Gewerkschaften, also die Arbeitsstellen undsoweiter. Das heißt, der menschliche Standpunkt deckt sich bisweilen und wie durch ein Wunder mit dem politisch-ökonomischen. Bleibt das Wunder aus, kommt es zu einer Haltung wie der gegenüber Serbien.«

»Ja gut. Aber wer wird die Veranwortung übernehmen?«

»Für Honeckers Exekution?«

»Ja, irgendwer muß sich doch melden... Zumindest wird man interpretieren müssen.«

»Eben darum geht es mir. Deshalb besuche ich Sie.«

»Versteh' ich nicht.«

»Spielen wir die Möglichkeiten durch: Da in Deutschland die Rechte einen der Weltöffentlichkeit nicht angenehmen Zulauf hat, wird es eine rechte Splittergruppe nicht sein. Übrigens meine ich, ich werde den Auftrag bekommen, damit es nicht doch noch eine *wird.*«

»In Chile gibt es starke deutschvölkische Verbindungen.«

»Ist es nicht seltsam, daß sich Honeckers Familie ausgerechnet dorthin abgesetzt hat? – Wie schnell könnte so ein Postmoden-Nazi auf die Idee kommen, das deutsche Recht zu wahren.«

»Fällt also aus.«

»Eine linke Terroristische Organisation wäre wiederum fragwürdig. Erstens, weil Honecker ein linkes System repräsentierte – jedenfalls eines, wie der kapitalistische Westen linke Systeme gefaßt wissen will. Kämen nun, sagen wir: ein paar Jungs und Mädels von der jüngsten RAF, meinetwegen auch die Roten Brigaden, – dann könnte der Marxismus eine allgemeine Aufwertung erfahren, die wiederum nicht gewünscht wird.«

»Wer bleibt dann noch? Die Kirchen?«

»Ehrlich, Herbst. Ich habe keine Ahnung. Das heißt, doch, *Ahnung* habe ich schon.« Er lachte und zeigte seine sehr weißen, sehr kleinen Zähne. »Die IRA könnte es sein. Doch, das machte Sinn.«

»Ja, was haben die denn mit Deutschland zu tun?«

»Oh, die Iren haben einen starken Hang zu Deutschland, – auch zum faschistischen. Sie verstehen nicht? Weil doch Hitler London bombardierte.«

»Man wird ein solches Attentat bestreiten.«

»Meinen Sie? Warum sollte man? Die kriegen auf diese Weise die Zustimmung der deutschen Bevölkerung. Das wird ihnen ganz frei Haus geliefert. Geradezu dankbar werden sie sein. Haben Sie die Volkskommentare zur Entlassung Honeckers nicht mitbekommen? Und außerdem: Die Schwerindustrie *braucht* ja Aufträge, die Gewerkschaften sind an der Vollbeschäftigung interessiert, und darüberhinaus ist man sich bei den Großen und den Kleinen sowieso einig: Honecker war menschlich ein Schwein. – Was wollen Sie mehr? Ach ja, politisch: So wie England und Frankreich imgrunde an einem starken Serbien gelegen ist, muß Deutschland ein starkes Irland interessieren. – Moment mal.« Er stand auf, ging wieder zum Fenster, zog abermals die Gardine beiseite. »Man weiß nie, nicht wahr?«

»Nun, wenn Sie tatsächlich beauftragt wurden – und von *dieser* Seite –, wer sollte Sie verfolgen?«

Er drehte sich nicht um. »Ich bin ja gar nicht beauftragt...«

»Bitte?«

»... und habe, anders als mein Wild, keinen Personenschutz.« Jetzt drehte er sich doch um. »Natürlich bin ich ganz froh drum.«

»Wer kann nicht *wollen*, daß Honecker stirbt?«

»Wer ihn sich erhalten möchte als Symbol für die Unfähigkeit bürgerlicher Regierungen, Volkes Gerechtigkeit zu üben. Das könnte für Israel gelten.«

»Israel?«

»Vor Mossad fürchte ich mich immer ein bißchen.«

»Ja Herrgott, warum Israel?«

Er schlenderte zu meinem Musiksessel zurück. »Na aber weil in einem übermoralischen, einem sagen wir: geschichtsethischen Sinn Honeckers Freilassung durchaus dazu dient, einen deutschen politischen Verbrecher genauso zu decken, wie von Deutschen seit eh und je Altnazis gedeckt worden sind. Vergessen Sie nicht, daß die Nürnberger Prozesse keine deutschen Prozesse waren. Übrigens hätte, ganz nebenbei, Honecker vor ein Völkergericht gehört, nicht vor ein bundesrepublikanisches, das bundesrepublikanisches Recht auf dasjenige der ehemaligen DDR anwendet, – das ist ja sowieso ein völkerrechtlich völlig unhaltbares Vorgehen. Die DDR war ein von der Bundesrepublik und von der Nationengemeinschaft weitgehend anerkannter Staat. – Warum also gab es nicht einmal – ich komme auf meine Parallele zu Saddam Hussein zurück – den Vorschlag, auf juristisch einwandfreie Weise vorzugehen? Denken Sie gar an die serbische Führung!« Er legte, vorgebeugt, die Hände übereinander auf das linke Knie.

»Und man wird Ihnen keine Schwierigkeiten machen?«

»In Chile? Nein, glaub' ich nicht. – Obwohl, nicht wahr?, Sie haben nach potentiellen Auftraggebern gefragt.«

»Eigentlich will ich das gar nicht wissen. Sie bringen mich sowieso schon in eine reichlich heikle Situation.«

»Lieben Sie das nicht? Bin ich nicht Ihr Stoff? – Außerdem ist nix beweisbar. Wir schwätzen ein wenig, das ist alles, spielen *Ich sehe was was du nicht siehst.* Gewissermaßen helfen Sie mir.«

»Ich? Ihnen?«

»Aber gewiß. Mein Entschluß, auf diesen alterslahmen Löwen zu pirschen, ist noch jung.«

»Es gibt sie also, und Sie *kennen* Ihre Auftraggeber nur nicht?«

»Schauen Sie, in meinem Job ist das mittlerweile nicht mehr so sehr direkt. Man schreibt die Projekte sozusagen aus.«

»Jaaber das ist doch Unsinn!«

»Durchaus nicht. Aber ich gebe zu, auch ich mußte mich erst daran gewöhnen. – Sie erinnern sich, daß ich in Algerien auf ziemlich eigene Faust gejagt habe?«

»Richtig ernst habe ich das niemals genommen.«

»Sollen Sie auch nicht, sollen Sie nicht! Für Sie erzähle ich Geschichten. – Nun gut, mein erster Abschuß galt ein paar im Kolonialen steckengebliebenen Franzosen. Ich hatte imgrunde kein manifestes Motiv, wollte mich… sagen wir: ausprobieren, neue Grenzen kennenlernen. *to kill his man*, heißt das im Englischen. Es ging mir eher um Grenzerfahrungen, vielleicht auch – das klingt jetzt etwas zu romantisch für einen wie mich, aber bitte: – Selbsterfüllung. Okay. Es hat gut funktioniert, und ganz erstaunlich war, daß mir die Sache Spaß gemacht hat. Verstehen Sie? Ich habe den Menschen gerne erschossen, es hatte etwas Genußreiches. Wobei mir der Delinquent an sich völlig gleichgültig war.« Er schwieg einen Moment, währenddem er wieder zum Fenster sah. »Und es hat,« fügte er still, eher für sich, bei, »große Momente, wenn man verfolgt wird. – Man,« er wandte sich mir wieder zu, »verfolgte mich dann nämlich.«

»Natürlich tat man das.«

»Aber wissen Sie: Was immer einer getan hat, – wenn er auf der Flucht ist, findet er Helfer. Es muß daher, auf der Flucht zu sein, einem menschlichen Bedürfnis entsprechen. Man erregt sogar den Neid derer, die sicher leben. Sie werden es nicht glauben, aber es waren ausgerechnet wiederum Franzosen, die mich zwei Monate vor den algerischen Behörden versteckten. Dann lotste man mich nach Marokko, und dort, es war mir selbst unfaßbar, trat ein muslimischer Patriarch an mich heran und händigte mir eine nicht ganz unbeträchtliche Summe Geldes aus, übrigens in amerikanischer Währung. Ich hätte jemandem, der nicht genannt werden wolle, durch meine Tat einen sehr großen Dienst erwiesen, und es wolle dieser Anonymus sich auf jeden Fall erkenntlich zeigen. – Das war, Sie werden das einsehen, eine für mich ganz erstaunliche Wendung der Dinge. Natürlich wollte man sich weiterer Dienste versichern; ich lehnte das indessen ab, um nicht in Abhängigkeit zu geraten. Das wiederum machte mir den Ominösen nicht sehr gewogen, und ich wußte mich schnellstens abzusetzen. – Tja. So fing das alles an.«

»Und dann?«

»Es ist wie mit einem Tiger, der einmal einen Menschen gerissen hat. Die Lust, es neuerlich zu tun, überkommt ihn immer wieder. Als hätten Sie ein Tabu zerstört, als wären Sie aus einem Gefängnis ausgebrochen, und dahinter breitet sich die Freiheit aus. Es ging mir nicht für eine Minute ums Geld. Aber es stellte sich jedesmal ein. Meine nächste… nun: *Safari* galt, das war im Kongo, einem österreichischen Industriellen. Diesmal bezahlte mich, und zwar wieder im Nachhinein, einer seiner Konkurrenten. Und so fort. *So* geht das. So ging das immer wieder. – Eigentlich ein Witz, finden Sie nicht? Man wird von der Polizei gesucht, von Militärischen Abschirmdiensten, von ganzen Regierungen, –

aber nicht die stöbern einen auf, sondern ausgerechnet denen gelingt das, die nichts anderes vorhaben, als sich für Gefälligkeiten dankbar zu zeigen, die man gar nicht im Sinn trug. Ein nicht so gefestigter Mensch, wie ich einer bin, würde darüber wahrscheinlich wahnsinnig werden.«

»Sie wollen mir erzählen, daß es noch gar keine Auftraggeber für Ihr Attentat gibt?«

»Richtig zugehört! Ja wunderbar, Herbst! Sie machen Fortschritte!«

»Sie erschießen Honecker auf eigene Faust und vertrauen darauf, daß man Sie..?«

»Moment mal! So jetzt nicht, nicht in diesem Fall. Jetzt geht es um Politik. Ich bin dabei, einen neuen Schritt zu tun. Ich töte jetzt zum ersten Mal mit Motiv. *Das* ist es, was mich beunruhigt. Früher habe ich mir um Auftraggeber keine Gedanken gemacht, jetzt werde ich – das ist wirklich peinlich! – plötzlich moralisch. – Vielleicht sollte ich ihn also besser leben lassen. – Na gut. Ja. – Aber wiederum: Dann kommt jemand anderes, jemand *Geschicktes*. Ich bin völlig sicher.«

»*Sie* haben Probleme!«

»Nicht wahr?« Er sah zur Uhr. »Das kenne ich gar nicht mehr an mir, so entschlußunfähig zu sein.« Er stand auf, ging zum Fenster, kehrte zurück, nahm neuerlich Platz. »Das ist der eigentliche Grund, weshalb ich hier bin. Ich brauche Ihren literarischen Ratschlag. – Wirklich! Wie würden *Sie* die Geschichte anpacken?«

»Kriminalistik ist an sich nicht mein Gebiet.«

»Gerade drum wende ich mich an ... an Ihren poetischen Spieltrieb. So haben Sie das doch einmal genannt?«

»Verzeihung, Arndt, aber hier geht es doch nicht um einen Roman!«

»Nein? Ich meine *doch*.«

»In einem Roman hätte man Sie beauftragt. Killer werden meines Wissens immer beauftragt darin.«

»*Schlechte* Romane... – Ich möchte wissen, wie sich dergleichen in *Literatur* anstellig machte...«

»Man rechnet sowieso damit, daß Honecker erschossen wird? Man will also vermeiden, daß ihn jemand aus einer politischen Ecke erschießt, die sich nicht vertreten läßt?«

»Alles richtig.«

»Dann sehe ich das Problem eigentlich nicht. Im Zweifelsfall wird man es selbst tun.«

»So dachte ich mir das.«

»Im Roman würde man das Attentat, wer immer es verübt, sowieso einer Seite zuschreiben, die ästhetisch... ich meine: politisch in die Interessenlage paßt.«

»Aha.«

»Nehmen wir an, eine rechte Extremistengruppe aus Chile verübt die Tat. Entweder sie kündigt sie vorher an – dann würde man die Sicherheitsmaßnahmen intensivieren – oder sie mordet erst und bekennt sich hernach. Dann bliebe einem immer noch Zeit genug, sich vorher selbst zu bekennen oder eben jemanden zu erfinden, der sich bekennt. – Literarisch gilt das, denke ich, für *jedes* politische Verbrechen.«

»Moralisch wäre es also imgrunde egal, ob ich Honecker erschösse oder nicht?«

»Für *Sie* nicht.«

»Mir ist das wurscht.«

»Für die politische Moral hätten Sie – rein literarisch gesprochen, ich bitte Sie, das zu bedenken –, – hätten Sie recht. Sie müßten sich nur klarzuwerden versuchen darüber, wen man möchte, daß er die Tat ausführt.« Ich geriet, ohne daß ich doch wollte, in spekulative Fahrt. Als ich's bemerkte, bremste ich mich. Ich räusperte mich.

»Machen Sie weiter,« sagte er lächelnd.

»Ungern.«

»Es ist ein Spiel.«

»Ist es?«

»Ich bin Ihre Erfindung, vergessen Sie das nie.«

»Man hält Sie dafür, das ist alles.«

»Ach ja, ich vergaß: Sie glauben an mich.«

»Wenn dem nun so ist, daß man Honecker ohnehin tot sehen will, so werden ganz zweifelsfrei auch seine Personenschützer nicht eben... sagen wir: handverlesen sein. In einem Roman wäre ich mir sicher, das Bekennerschreiben liege bereits fertig in irgend einem Schreibtisch irgend einer Behörde. Das heißt aber nicht, daß die Sache ungefährlich ist.«

»Ach nein?«

»Es gibt ja diejenigen, deren Interesse aus den vorhin erwähnten Gründen Honecker am Leben lassen möchte. Die werden den eigentlichen Personenschutz stellen...«

»... und den gestellten Personenschutz überwachen, ganz richtig. – Sehen Sie, deshalb schaue ich immer mal wieder nach draußen.«

»Der Killer sollte übrigens möglichst kein Berufsagent sein.«

»Die Szene ist überschaubar, das denke ich auch. – Jemand wie ich käme gerade zurecht?«

Ich schwieg.

Er schlug sich auf einen Schenkel. »Na fein,« sagte er. »Das hatte ich so wissen wollen.«

»So ginge das aber eben nur in einem literarischen Text zu. Die Realität dürfte ganz anders sein.«

»Meinen Sie?« Er stand auf. »Meinen Sie wirklich?« Er ging zum Fenster. »Es kann natürlich sein, daß ich zu spät kommen werde,« sagte er. »Und Sie sind sich – literarästhetisch – sicher, daß keine Nazi-Splittergruppe als Bekennerin zugelassen wird?«

»Literarisch ja. – Aber es gibt Zufälle. Vielleicht meldet sich jemand trotzdem bei irgend einem Blatt.«

»Es käme darauf an, sich schneller zu bekennen...«

»Möglich.«

»Nun gut.« Er kehrte an seinen Platz zurück. »Tun Sie mir einen Gefallen?«

»Nun?«

»Ich bin nicht so sehr gut mit dem Stil. Würden vielleicht... Sie..?«

»Ich? Wo denken Sie hin!«

»Sie sollen den Text ja nicht absenden! Geben Sie ihn mir mit. Schauen Sie, etwas Zeit bleibt uns ja noch.«

»Ich müßte mir vorher ähnliche Bekennerschreiben anschauen, wir brauchten eine Begründung.«

»Wir brauchen lediglich den Absender, Herbst. Wir brauchen keine Begründung. Wenn unsere Spekulation richtig ist, wird man die Begründung selber finden.«

»Die Rechte scheidet aus, haben wir gesagt, die Linke auch, Israel wird sich nicht zum Vollstrecker deutscher Interessen machen, das haben wir ebenfalls durchgespielt; und die CIA hat sich noch niemals zu politischen Verbrechen bekannt.«

»Geheimdienste fallen prinzipiell weg,« sagte er. »Also doch die IRA.«

»Oder ein politischer oder paranoider Einzeltäter.«

»Keineswegs! Dann wäre ja plötzlich Honecker Opfer.«

»Richtig.«

»Sie könnten, das wär' mal was andres, die Freimaurer nehmen.«

»Sie scherzen!«

»Oder die Kurden. Es könnten genausogut die Basken sein. Oder – das wäre ein Witz, nicht wahr? – die Kroaten, weil doch Honecker die serbisch-marxistische Unterdrückung gestützt hat.«

»*Ganz* anders vielleicht: Möglicherweise könnte es sich um eine nationale Befreiungsbewegung aus den GUS-Ländern handeln.«

»Zu kompliziert. Viel zu kompliziert. Bleiben wir bei der IRA.«

»Wissen Sie was?«

»Bitte?«

»Warum sparen Sie sich das ganze nicht?«

»Das Attentat?«

»Nein, nein, das Schreiben. Es ist doch egal, wer bekennt. Es wird sich öffentlich nur der bekennen können, der sich bekennen *soll*. Das hatten wir doch schon..!«

Er strich sich über die Haare. »Stimmt,« sagte er.

»Wie Sie aber an Ihr Geld kommen werden, das kann ich nicht sagen. Das ist Ihr Risiko.«

»Das ist alles andere als ein Risiko. Das ergibt sich, das können Sie mir glauben.«

»Wenn Sie meinen...«

Er klatschte in die Hände. »Gut, das genügt mir. – Was halten Sie, Herbst, von einer Partie Backgammon?«

Ich sah ihn verdutzt an. »Wie können Sie jetzt Backgammon spielen?«

»Wir haben doch die ganze Zeit schon gespielt. – Und wenn ich wegbin nachher, dann machen Sie sich ein paar Notizen. Man weiß nie, wozu das gut ist.«

»Kein Aas wird mir glauben!«

»Das gerade, Herbst, ist der Sinn.«

(Erstveröffentlichung)

Ralf Schnell

Über die Wahrnehmung eines literarischen Kunstwerks

Rückblick auf einen verbotenen Roman: Meere *von Alban Nikolai Herbst* (2003)

Urteile

Mit seinem Urteil zum Roman *Esra* von Maxim Biller[1] hat das Bundesverfassungsgericht am 13.6.2007 letztinstanzlich eine Entscheidung getroffen, die ein Verbot des Romans in der vorliegenden Form bedeutet. Vor Gericht abzuwägen waren gegeneinander das Grundrecht auf Persönlichkeitsschutz und die grundgesetzlich garantierte Kunstfreiheit nach Art. 5, Abs. 3 Grundgesetz. Der Tenor des Urteils, das nicht einstimmig, sondern mit der Mehrheit von 5:3 Stimmen gefasst wurde, muss an dieser Stelle nicht wiederholt werden. Es ist im Wortlaut, einschließlich der abweichenden Voten, über die Website des BVerfG abrufbar.[2] Und da die Entscheidung unwiderruflich und unanfechtbar ist, könnte man an dieser Stelle sei es achselzuckend, sei es Zustimmung nickend, vielleicht aber auch kopfschüttelnd zur Tagesordnung übergehen – gäbe es nicht im Kontext des Urteils, insbesondere im Nachgang zu diesem, eine Debatte, die auf fragwürdige Weise das hohe Gut des Persönlichkeitsschutzes gegen das Grundrecht der Kunstfreiheit ausspielt.[3]

Fragwürdig deshalb, weil die Argumente der Urteilsgegner, die sich für die Freiheit der Kunst – hier: für die Veröffentlichung des Romans *Esra* – einsetzen, umstandslos als die Stimmen der »diskursiv Einflussreichen«[4] im Literaturbetrieb identifiziert werden. Argumente, die für eine rechtliche Bewertung zugunsten der Kunstfreiheit sprechen, stehen so unversehens unter dem Generalverdacht des politisch-kulturellen Machtanspruchs. Verschoben wird auf diese Weise die sorgsame, vergleichsweise feinsinnige Abwägung zwischen zwei Grundrechten, die selbst die Mehrheit der Bundesverfassungsrichter in ihren Begründungen hat walten lassen, von der juristischen Ebene auf die der politischen Kultur. Politische Kultur aber, das kann man wissen, schließt immer auch das Problem der Hegemonie ein, die Frage nach Einfluss und Herrschaft.

Vermutlich ist es deshalb nicht mehr als konsequent, wenn in diesem Zusammenhang im Brustton altklugen Besserwissens abschließend verlautbart wird: »Moderne Demokratie ist nicht die Tyrannei der Mehrheit, sondern vor allem Minderheitenschutz.«[5] Wer hätte das gedacht?

Es geht aber bei der Frage nach den Grenzen der Kunstfreiheit weder um die Debatten des Literaturbetriebs noch um die Tyrannei einer imaginären Mehrheit. Es geht vielmehr, auch nach dem zitierten Urteil des Bundesverfassungsgerichts noch, immer aufs Neue um die Frage nach der Qualität, dem Wert und der Geltung dessen, was wir seit dem 18. Jahrhundert ›Autonomie der Kunst‹ nennen. Es geht um die Frage nach der Eigengesetzlichkeit und der Eigendynamik, dem Eigensinn und dem Eigenwillen der Kunst. Es geht um Wirkungsfragen und um Probleme der künstlerischen Produktivität, selbstverständlich – gerade im Hinblick auf Literatur – auch um das Verhältnis von Vorbild und Nachbildung, von Realität und Entwurf, von Tatsache und Fiktion, von Lebensgeschichte und Narrativ. Es geht um Traditionsbildungen und Kontexte, soziale wie kulturelle, politische wie poetische. Es geht, mit einem Wort, um die Ausdifferenzierung der Lebens- und Wertsphären, in denen wir uns bewegen.

Wenn es zutrifft, dass sich diese im Verlauf von mehr als zweihundert Jahren europäischer Geschichte zunehmend auseinander entwickelt und gegeneinander abgedichtet haben, mit einer wachsenden Eigendynamik insbesondere im Bereiche künstlerischer Produktivität und beschleunigt im Zeitalter der neueren Informationstechnologien, dann wäre die Projizierung lebensgeschichtlicher Fakten auf ästhetische Konstrukte *et vice versa* ein juristischer Anachronismus.

Diesen Fragen gehen die folgenden Überlegungen am Beispiel von Alban Nikolai Herbsts Roman *Meere* (2003) nach. Ein Roman, der bekanntlich ein dem Werk Billers vergleichbares Urteil nach sich gezogen hat, mit einer sehr ähnlichen Begründung: Auch hier ging es um das Verhältnis von Persönlichkeitsschutz und Kunstfreiheit, auch hier sah sich eine Person durch die literarische Darstellung in ihrer Intimsphäre verletzt, und auch hier erging die Entscheidung der Richter zugunsten des Persönlichkeitsschutzes.[6]

Im September 2003 wurde die Verbreitung des Romans per einstweiliger Anordnung verboten, am 23. Oktober 2003 folgte das entsprechende Urteil. Anlass, die Auseinandersetzung um die Freiheit der Kunst an dieser Stelle noch einmal aufzunehmen, bietet die Einigung, die im März 2007 zwischen dem Autor und der Klägerin vor dem Landgericht Berlin erzielt wurde. Alban Nikolai Herbst entschied sich für eine geringfügig modifizierte, die sogenannte ›persische‹ Fassung, die in der Literaturzeitschrift *Volltext* abgedruckt wurde.[7] Eine Buchfassung folgt im Herbst 2008 im Verlag Dielmann.

Die Tradition des Künstlerromans

Alban Nikolai Herbsts Roman *Meere*[8] steht in der Tradition des Künstlerromans, im engeren Sinne: des Malerromans, die seit dem Ende des 18. Jahrhunderts ein eigenständiges und unverwechselbares literarhistorisches Profil ausgebildet hat. Dessen Entwicklung und Ausdifferenzierung lässt sich von Wilhelm Heinses *Ardhingello* (1787) und Goethes *Wilhelm Meisters Lehrjahre* (1795f.) über die Werke bedeutender Autoren der Romantik und Spätromantik (F. Schlegel, Novalis, Wackenroder, Tieck, E.T.A. Hoffmann, Mörike) und repräsentative Romane des bürgerlichen Realismus (Gottfried Keller: *Der Grüne Heinrich,* 1875/1872) bis in das zwanzigste Jahrhundert (Thomas Mann, Hermann Hesse) verfolgen, mit einem späten Höhepunkt in Siegfried Lenz‘ *Deutschstunde* (1968).

Der Reiz, den das Sujet des Künstlers, insbesondere die Problematik des bildenden Künstlers über mehr als zwei Jahrhunderte auf Schriftsteller ausgeübt hat, lässt sich bereits dem Grundmuster dieses Romantypus, Heinses *Ardinghello*, ablesen. Er besteht, allgemein gesprochen, in der Spannung zwischen Ideal und Wirklichkeit, konkret: in der konfliktreichen Auseinandersetzung des

Helden mit einer seine künstlerischen Entfaltungsmöglichkeiten beengenden Realität. Die Materialien, mit deren Hilfe dieser Konflikt gestaltet wird, haben sich im Lauf der Zeit naturgemäß ebenso verändert, wie die jeweils aufgebotenen Konfliktlösungsmöglichkeiten historischen Wandlungen unterlagen. Die zugrundeliegende Struktur aber, die Rebellion des Protagonisten gegen die Beschränkungen seiner künstlerischen Produktivität, hat sich im wesentlichen unverändert erhalten.

Auch der Protagonist Fichte in Alban Nikolai Herbsts Roman *Meere* ist Maler, auch er befindet sich in einem spannungsreichen strukturellen Konflikt mit der ihn umgebenden Wirklichkeit. Dieser Konflikt besitzt seinen Ursprung in zwei inhaltlichen Quellen unterschiedlicher Qualität: Zeitgeschichte und Handlungsgegenwart. Die zeitgeschichtliche Dimension bezieht ihre Problematik aus der Herkunft Fichtes, einer mit dem Nationalsozialismus eng verbundenen Familie, aus deren schuldhafter Verantwortung für die im Dritten Reich verübten Verbrechen der nachgeborene Protagonist sich auch deswegen nicht zu lösen vermag, weil ihn seine Umwelt (Lehrer, Mitschüler, Künstlerkollegen, Kritiker) immer wieder nachdrücklich auf seine Herkunft hinweist.

Symbolischer Ausdruck des familiären Zerrüttungsverhältnisses ist die Wahl des Künstlernamens (Fichte), der den Familiennamen (von Kalckreuth) ersetzen, zumindest überdecken, wenn möglich: verdrängen soll. Die zweite Ebene des Konflikts, in der Handlungsgegenwart angesiedelt, wird durch die Liebe Fichtes zur weiblichen Hauptfigur des Romans, Irene, bestimmt. In diese teils exzessiv, teils desaströs ausgelebte *amour fou* spielt die Herkunft des Protagonisten immer wieder verstörend – am Ende zerstörend – hinein, destruktiver Reflex der Tatsache, dass sich Fichte aufgrund seiner familial und sozial geprägten Persönlichkeitsstruktur aus bestimmten Wahrnehmungs- und Wertungszusammenhängen und den aus ihnen folgenden Absolutheits- und Totalitätsansprüchen, an seine soziale Umgebung wie an seine Partnerin, nicht zu lösen vermag.

Das die Handlung des Romans generierende Element, in dem die beiden genannten inhaltlichen Quellen – Familientradition und Liebesbeziehung – zusammengeführt werden, bildet das Künstlertum. Die Identität Fichtes als Künstler bestimmt die Handlungslogik wie die Entfaltung der Einzelmotive, die vielfach wiederholte Aufnahme der problematischen Familiengeschichte Fichtes ebenso wie die Konfliktlinie innerhalb der Liebesbeziehung zu Irene, und damit nicht nur die zentrale Handlungsschicht des Romans, sondern auch seine ästhetische Struktur.

Der Roman ist in seiner Gesamtanlage auf die Problematik der künstlerischen Produktivität zentriert, die im konfliktreichen Zusammenspiel mit der Motivik von Geschichte und Gegenwart, Familie und Liebe, Vision und Scheitern verflochten wird. Die Kunst repräsentiert insoweit – im Unterschied zur Familien- wie zur Liebesgeschichte – jene Sphäre, in der sich der Protagonist des Romans in all seinen Erfahrungsmöglichkeiten und Daseinsgrenzen erlebt. Hierzu gehört exemplarisch das Gefühl der Macht: »Nur in der Kunst, wenn er Farben in Batzen auf Leinwände schlug, war sie ihm immer eigen gewesen. Wenn er ganze Hände voll nassem Ton in seine Objekte feuerte. Wenn er das Material knetete, zerschnitt, zerriss und die Fetzen arrangierte.« (S. 78)

Hierzu zählt ebenso der Unbedingheitsanspruch, der mit der künstlerischen Arbeit verbunden ist: »Mit welchen Fantasien sich Fichte herumschlug! Sie hatten immer mit Haltung zu tun, die in einer Bewegung verdrehender Eleganz Leid in Lust übersetzte. Genau so übersetzte Fichte das Elend und die Schmerzen der Leute, die von Medizinern wie Werner v. Kalckreuth für Experimente missbraucht worden waren, bis das Dritte Deutschland die Mordwaffen gestreckt hatte, in seine Bilder, von denen er unbedingt wollte, dass sie *schön* waren. Schön waren schon Julian Kalkreuths Vampire gewesen. ›Dieser manirierte Aristokratensohn!‹ haben die Leute immer geblafft. Doch Fichte belferte ihnen entgegen: ›Manierismus, sehr wohl!‹ Und er reagierte auf die Ablehnung mit aggressiver Eitelkeit.« (S. 80f.)

Es zählt zur ästhetischen Konsequenz des Gesamtbaus von Herbsts Roman, dass die in ihm entfalteten Einzelmotive nicht lediglich episodisch angelegte Detailschilderungen darstellen, sondern dass sie der Integration in einen strukturierten, romankompositorisch auf das Grundmotiv des Künstlertums bezogenen und auf dieses abgestimmten Romanzusammenhang dienen.

»Problematisches Individuum«

Die Figur Fichte – in der Urteilsbegründung des Kammergerichts Berlin vom Oktober 2003 mit Recht als »hochgradig egozentrischer Künstler« apostrophiert – steht romantheoretisch und romangeschichtlich in der Tradition des »problematischen Individuums« (Lucien Goldmann). Als solches ist sie Teil der Geschichte des modernen Romans, insbesondere des Künstlerromans. Bereits der Vorspann zur Erzählung (im engeren Sinn einer handlungsorientierten Wiedergabe der ›Geschichte‹ verstanden) weist auf dieses Kompositionsprinzip ausdrücklich hin: »Als der Maler Fichte im Juni 2002 nach Deutschland zurückkehrte, fand er sein Berliner Atelier unverändert.« (S. 5) Dieser Vorspann besitzt eine aus der Romantradition hinreichend bekannte Funktion: Sie dient als eine Art Distanz schaffendes Signal, das den Rezipienten auf das im folgenden erzählerisch entfaltete Geschehen unter einem spezifischen Wahrnehmungsaspekt (»Maler«, »Atelier«) verweist.

Dass der damit eröffnete Rahmen des Romans nicht zufällig gewählt, sondern kompositorisch durchdacht und ästhetisch genau kalkuliert ist, zeigt auch die dem Roman nachgestellte »Nota« (S. 263), die ihrerseits mit der Nennung von bekannten zeitgenössischen Künstlern (Anselm Kiefer, Arnulf Rainer) auf die Inspirationsquellen zum Grundmotiv des Künstlerums aufmerksam macht. Der Nachspann schließt auf diese Weise den mit dem Vorspann eröffneten Rahmen, sodass die dem Werk zugrundeliegende Problematik so unmissverständlich akzentuiert wie erzählerisch konsistent durchgeführt wird.

Mit gutem Grund exponiert der Autor in der nachgestellten »Nota« jene Quellen, denen er Anregungen für seine erzählerische Komposition und für die materielle Entfaltung seines Basismotivs entnommen hat. Konsequenterweise besteht er darauf, dass – abgesehen von zwei namentlich benannten Figuren – alle anderen »vorgestellten« Personen »Fiktion« (S. 263) seien. Die Insistenz auf der Fiktionalität der Romanfiguren an dieser Stelle stellt nicht eine Art Vorbehaltsklausel dar, womöglich mit dem Ziel einer juristischen Absicherung, sondern deutet auf das literarische Eigenleben von Handlungssträngen, Konfliktelementen, Motivverknüpfungen und eben auch Personnage des Romans insgesamt. Die Angabe von Inspirationsquellen in der zeitgenössischen Kunst –

neben Anselm Kiefer und Arnulf Rainer werden Wolf Vostell und H.R. Giger genannt, neben diesen auch der Delphin-Experte Thomas Orthmann – ist ebenso wie die ausdrückliche Exponierung der Nicht-Fiktionalität zweier Figuren Teil der künstlerischen Gesamtanlage des Romans.

Diese Hinweise bleiben dem Roman nicht äußerlich, sondern rahmen ihn auf strukturbildende Weise. Sie differenzieren in Form exponierter Textsegmente zwischen *fiction* und *non-fiction* und bestehen damit auf dem künstlerischen Eigenwert des literarischen Werks. Auf ihre Weise leisten dies auch das dem Werk des Schriftstellers Rudyard Kipling entlehnte Motto (S. 6) und die dem ersten Kapitel vorangestellte Widmung (S. 7): Während das Motto den Roman in einen literarischen Traditionszusammenhang stellt und damit die besondere, eigenständige Dimension literarischer Traditions- und Binnenbezüge hervorhebt, besteht die Widmung auf der Wahrnehmung des Unterschiedes zwischen der (realen) Widmungsadressatin und der (fiktiven) Geliebten des Protagonisten im Roman.

»Schlüsselroman«

Der Begriff »Verfremdung«, wie er in der Entscheidung des BVerfG zu Klaus Manns Roman *Mephisto* (1936) anlässlich von dessen Neuauflage (1966) entwickelt und angewandt worden ist[9], bedarf vor diesem Hintergrund einer sorgfältigen Differenzierung. Seine Verwendung ist allenfalls dort gerechtfertigt, wo es – wie in der zitierten Entscheidung des BVerfG – um die Tradition des »Schlüsselromans« geht, einer literarischen Gattung, die *per definitionem* ihre Identität aus einem anspielungsreichen Verweisungszusammenhang auf einen diesem zugrundeliegenden Tatbestand gewinnt. In diesem Fall geht einer literarisch verschlüsselten Kunst-Wirklichkeit eine von kundigen Lesern dechiffrierbare, zum Teil durch künstlerische Techniken zur Dechiffrierung eigens angebotene soziale, politische oder personale Wirklichkeit vorauf, auf welche die im Roman entwickelten Wahrnehmungen und Wertungen durch Übertragung angewandt oder ausgedehnt werden sollen.

Ein Beispiel hierfür ist etwa die historische Camouflage im Dritten Reich, die in der verdeckten Form des geschichtlichen Exempels kritisch auf die politische Gegenwart zu deuten versucht. In diese Tradition gehört auch der Roman von Klaus Mann, der in seinem Protagonisten Hendrik Höfgen bekanntlich den Schauspieler Gustaf Gründgens porträtiert hat, auf eine Weise und verbunden mit Wertungen, durch die das BVerfG seinerzeit das Persönlichkeitsrecht des Betroffenen verletzt sah.

Fragwürdig ist seither jedoch das dem Urteil des BVerfG zugrundliegende Literaturverständnis geworden, das mit einem dichotomisch gesetzten Verhältnis von »Urbild« und »Abbild« argumentiert. Mit diesem Hinweis wird nicht in erster Linie die Tatsache angesprochen, dass die Richtschnur des nach dem Urteil des BverfG für den Persönlichkeitsschutz für erforderlich gehaltenen Maßes an »Verfremdung« offenbar ihrerseits eine historisch variable Größe darstellt. Als Indiz hierfür kann die Tatsache gelten, dass der 1968 verbotene Roman nur zwölf Jahre später wieder aufgelegt wurde und seither als Taschenbuch in zahlreichen Auflagen veröffentlicht werden konnte, ohne dass hiergegen eingeschritten wurde. Bedeutsamer noch ist für eine angemessene Beurteilung des vorliegenden Werks, dass Begrifflichkeiten wie »Urbild« und »Abbild« nach übereinstimmender Auffassung der Literaturwissenschaft heute keine hinreichende kategoriale Trennschärfe und damit keine Gültigkeit mehr besitzen.

Diese Tatsache hängt einerseits mit der problematischen Funktion zusammen, die solche Topoi im Zusammenhang der sogenannten ›Widerspiegelungs-‹ oder ›Abbilddtheorie‹ gewinnen konnten. Sie haben, insbesondere im Zusammenhang der Kunstdoktrin des ›Sozialistischen Realismus‹, dazu beigetragen, die Literatur auf eine ›Widerspiegelung‹ gesellschaftlicher Fakten und Figuren festzulegen. Im literarischen »Abbild« solle sich das soziale, historische oder politische »Urbild« so ›widerspiegeln‹, dass die mit diesem Vorgang verbundenen Wahrnehmungen und Wertungen auf die zugrundeliegende Wirklichkeit übertragbar würden.

Autonomie

Andererseits sind solche Funktionszuschreibungen offensichtlich auch unterkomplex. Sie verfehlen den Eigen-Sinn künstlerischer Prozesse, insbesondere literarischer Darstellungszusammenhänge. Die von Max Weber beschriebene Ausdifferenzierung der Wertsphären in der bürgerlichen Gesellschaft hat seit mehr als zwei Jahrhunderten dazu geführt, dass sich gleichzeitig und mit zunehmender Konsequenz die Bereiche Politik, Ethik/Moral und Kunst in jeweils relativer Unabhängigkeit voneinander entwickelt haben. Für die Literatur lässt sich dieser Prozess insbesondere im Hinblick auf den Zuwachs an Autonomie beschreiben, den alle künstlerischen Produktionen seit Kants *Kritik der Urteilskraft* (1790) und den ästhetiktheoretischen Schriften Schillers und der Frühromantiker erfahren haben.

Dieser Autonomisierungsprozess, der hier auch nicht annähernd nachgezeichnet werden kann, ist lediglich dort unterbrochen worden – und zwar jeweils auf Kosten und zum Schaden von Kunst und Literatur –, wo die Sphären der Politik und der Ethik/Moral künstlerische Produktivität auf inhaltliche oder formale Vorgaben festzulegen und damit neuerlich in eine Hierarchie der Wertsphären einzubinden versucht haben. Allein anhand der Reaktionen von Schriftstellern der Moderne auf solche Festlegungen ließe sich eine Kulturgeschichte eigener Qualität schreiben.

Stellvertretend für vergleichbare Äußerungen sei mit Uwe Johnson ein repräsentativer, international anerkannter Autor des modernen Romans zitiert, der seine »Prüfung der Frage ›Was ist ein Roman?‹« mit einer selbstbewussten Positionsbestimmung künstlerischer Autonomie pointiert hat: »Es ist nicht eine Gesellschaft in der Miniatur, und es ist kein maß-stäbliches Modell. Es ist auch nicht ein Spiegel der Welt und weiterhin nicht ihre Widerspiegelung; es ist eine Welt, gegen die Welt zu halten.«[10] Oder um Wolfgang Koeppen zu zitieren, einen nicht weniger bedeutenden Autor der deutschsprachigen Gegenwartsliteratur: »Der Roman hat seine eigene poetische Wahrheit.«[11]

Diese Auffassung sei anhand einiger weniger Beispiele aus der deutschsprachigen Gegenwartsliteratur bekräftigt. Zu nennen ist etwa der in den neunziger Jahren neu entwickelte Familienroman, der sich – so in der Prosa Hans Ulrich Treichels (*Heimatkunde oder Alles ist heiter und edel*, 1996; *Der Verlorene*, 1998) – teils ironisch-humoristisch, teils sarkastisch mit der Kindheit in der Provinz, aber auch mit den Folgen der Vertreibungen nach dem Zweiten Weltkrieg auseinandersetzt. Ferner Arnold Stadlers Kindheits-Trilogie, auch sie zunächst in der Provinz angesiedelt (*Ich war einmal*, 1989), doch im zweiten Teil erweitert durch Reisen in exotische Gefilde (*Feuerland* 1992), um am Ende in der provinziellen Leidens- und Schmerzensregion wieder anzukommen (*Mein Hund, meine Sau, mein Leben*, 1994).

Autobiographisch inspiriert sind auch die Prosaarbeiten Peter Kurzecks, die seit Ende der siebziger Jahre auf sechs Bände im Jahr 2003 angewachsen sind (*Der Nussbaum gegenüber dem Laden, in dem du dein Brot kaufst*, 1979; *Das schwarze Buch*, 1982; *Kein Frühling*, 1987; *Keiner stirbt*, 1990; *Übers Eis*, 1997; *Als Gast*, 2002). In immer neuen Anläufen umspielen sie Konstellationen der eigenen Person, und zwar so, dass sie deren Wahrnehmungen und Empfindungen an andere Figuren delegieren.

Ähnlich verhält es sich mit Wilhelm Genazinos zu Beginn der neunziger Jahre vorgelegter autobiographisch inspirierter Familiengeschichte *Die Liebe zur Einfalt* (1990), in der die Geschichte einer (seiner) Jugend in den fünfziger Jahren, nach dem Verlust der Mutter, erzählt wird, begleitet von vielfältigen Entgrenzungen durch Reflexionen und Literaturzitate – eine Art Chronik der frühen Bundesrepublik, die ihre Fortsetzung in der Erzählung *Eine Frau, eine Wohnung, ein Roman* (2003) gefunden hat.

Alle genannten Beispiele stehen für ein Genre, das auf der Grundlage autobiographischen Erlebens ästhetisch autonome Verarbeitungsformen entwickelt. Besonders innovativ und ästhetisch riskant ist dieses Verfahren in jenem »Familienroman« – so die vom Autor gewählte Genrebezeichnung – entfaltet, den Stephan Wackwitz im Jahr 2003 unter dem Titel *Ein unsichtbares Land* vorgelegt hat. Der Autor benutzt darin (scheinbar) keine erkennbaren Masken, er versteckt sich nicht in erfundenen Figuren, er spricht in der ersten Person. Er »verfremdet« sein familiengeschichtliches Material nicht, sondern ergänzt es durch Dokumente (Aufzeichnungen des Großvaters, einen literarischen Versuch des Vaters, Familienfotos), aber er entgrenzt es auch durch Literaturzitate, historische Exkurse und essayistische Reflexionen. Was das Dritte Reich, was insbesondere ›Auschwitz‹ war und ist, wird auf diese Weise fassbar in einer neuen, künstlerischen Erfahrungswirklichkeit: durch eine essayistisch und dokumentarisch ermöglichte eigenständige Zeit- und Raumdimensionierung, die bis in die Erzählgegenwart reicht.

Auf andere Weise setzen sich solche fiktionalen Verabeitungsformen von Geschichte und Gegenwart mit dem Thema ›Holocaust‹ auseinander, so etwa Bernhard Schlink in seinem Welterfolg *Der Vorleser* (1995). Schlink erzählt die Liebesgeschichte zwischen einem fünfzehnjährigen jungen Mann und einer um zwanzig Jahre älteren Frau. Das inhaltliche Skandalon dieser Erzählung besteht darin, dass der junge Mann seine frühere Geliebte bei einem Prozess wiedertrifft, in dem sie als KZ-Aufseherin angeklagt ist. Sie wurde, so wird am Ende deutlich, KZ-Aufseherin, um der Entdeckung ihres Analphabetismus aus dem Wege zu gehen. Die eigenwillige Verlagerung der Perspektive von den Opfern auf die Täter, die zudem mit der erotischen Beziehung der beiden Protagonisten zueinander verknüpft ist, realisiert ihre literarische Freiheit in der Konstruktion einer immanenten ›Tragik‹ und zugleich in einer Relativierung der Schuldfrage. Mit gutem Grund hat sich der Autor, der im bürgerlichen Beruf Rechtswissenschaftler und Richter ist, stets geweigert, Auskunft über die ›faktischen‹ Hintergründe seiner Erzählung zu geben.

Liane Dirks setzt hingegen in ihrer autobiographisch inspirierten Erzählung *Und die Liebe? frag ich sie* (1998) bei der Seite der Opfer an. Die »ungeschriebene Geschichte der Krystyna Zywulska« (Untertitel) wird aufgeschrieben von einer Interviewerin, die sich als Zungenlöserin versteht. Sie bringt eine polnische Jüdin zum Sprechen, die Auschwitz überlebt hat. Deren bislang ungeschriebenes ›Buch‹ wird der alten, schwerkranken Frau in Interviews abgerungen und auf Tonträgern festgehalten; die Erzählerin hat es zu dem vorliegenden Text konzentriert. Die Begegnungen zwischen den beiden Frauen Anfang der neunziger Jahre, die Atmosphäre während der Gespräche, die Entstehung der Aufzeichnungen sind Teil der Erzählung. Die Erfahrungs(un)möglichkeit von ›Liebe‹ in Auschwitz entspringt der literarischen Sprache in einem Leben ›nach Auschwitz‹.

Verbunden mit solcher Erinnerungsarbeit ist der Zugewinn an unerhörten, nie gesehenen Perspektiven, die selbst abgelegte und abgelegene Geschichts- und Ereignisfelder auf sich ziehen können. So in Reinhard Jirgls Roman *Die Unvollendeten* das Feld der Vertreibungen nach 1945, die den Sudetendeutschen widerfuhren – aufgezeichnet in einer spannungsvoll verdichteten, dreigeteilten Generationensaga: die mühevolle Suche nach einem Neuanfang in den Jahren 1946/47, die Urgroßmutter, Großmutter und Großtante des Erzählers durchleben (»Vor Hunden & Menschen«); die Schwierigkeiten, in der DDR – von der Berlin-Blockade 1948 bis zum 17. Juni 1953 – eine Heimat zu finden (»Unter Glas«), wiedergegeben aus der Perspektive der Mutter Anna; schließlich, im dritten Teil, das Leben in der DDR von 1953 bis zu deren Ende, aufgezeichnet durch Annas Sohn, den Erzähler (geboren wie der Autor im Januar 1953), der nun, auf den Tod an Krebs erkrankt, vor der Entlassung aus der Berliner Charité steht.

Der Autor stellt in dieser Generationensaga seine Spracherxerzitien ganz in den Dienst der erzählenden Vermittlung von Geschichten und Schicksalen. Er rückt mit der ihm eigenen Kraft zur etymologischen Analyse dem Denken und Handeln, den Lügen und dem Begehren der Menschen durch Orthographie und Interpunktion, durch Satzbau und Wortstellung zu Leibe. Auf diese Weise bringt seine Wortkunst die Flüchtlinge zum Sprechen und erweckt ihre Geschichte zum Leben, sodass die erinnerte Vergangenheit zu lebendiger Gegenwart wird und eine eigene Wirklichkeit gewinnt.

Geschichte, Fakten, Ästhetik

Nicht im Widerspruch hierzu steht die Tatsache, dass literarische Werke, zumal solche der Gattung Roman, ihre Materialien der sie umgebenden Wirklichkeit entlehnen. Die Entstehungsgegenwart eines Kunstwerks prägt, biographisch gesehen, auch den Autor, nicht weniger das Handwerkszeug, dessen er sich bedient, also seine künstlerische Technik, seine Formensprache, die Tradition, in der sein Werk steht, und vor allem auch den Gehalt und die Struktur des Werks. Insoweit ist jedes Werk der Gegenwartsliteratur in seiner Stofflichkeit zeitgebunden und in seinem Gehalt durch Anregungen motiviert. In jedem Roman finden sich historische und faktische Elemente miteinander verwoben, die nicht nur den Entwicklungszusammenhang der Handlung und der Figuren prägen, sondern auch den Traditionszusammenhang repräsentieren, der durch Geschichte und Literaturgeschichte bestimmt wird.

Als ein verbindender Zug für eine ganze Traditionslinie der neueren und neuesten deutschsprachigen Literatur kann gelten, dass die Ebene der literarischen Ästhetik historiographische und faktographische Anteile in der Formensprache des jeweiligen Werks verschmilzt. Sie repräsentiert jene literarische Qualität, aus der sich eine Realität *sui generis* bildet, die den Begriff des ›Kunstwerks‹ allererst legitimiert.

Eben deshalb wird man die Wahrnehmung eines Kunstwerks grundsätzlich verfehlt nennen müssen, die dieses überwiegend oder ausschließlich auf eine der drei genannten Ebenen – Geschichte, Fakten, Ästhetik – zu reduzieren versucht. Eine solche Reduktion liegt, sieht man einmal von dem Sonderfall des »Schlüsselromans« ab, dann vor, wenn die Figur eines Romans auf ein »Urbild« bezogen, ihre Kunst-Identität also mit Hilfe eines außerliterarischen Phänomens überprüft und deshalb zur Diskussion oder gar in Frage gestellt wird.

Es kann heute als allgemein anerkannte Einsicht der Literaturwissenschaft gelten, dass das lange Zeit gültige semiologische Entsprechungsverhältnis von Signifikant (›Bezeichnendes‹) und Signifikat (›Bezeichnetes‹) unzureichend ist. Wenn ein Roman, wie *Meere* von Alban Nikolai Herbst, unstrittig ein Kunstwerk ist, so sind auch die darin entworfenen Romanfiguren zweifellos Kunstfiguren. Sie bestehen aus Sprache. Leben besitzen sie ausschließlich innerhalb des textuellen Verweisungszusammenhangs. Die Aufnahme von Realitätspartikeln in den Kontext eines Romans transformiert diese auf eine Weise, die ihnen eine neue, eben eine Kunst-Qualität zuweist.

Wollte man die in den gerichtlichen Entscheidungen zu Herbsts Roman auf andere zeitgenössische Werke in gleicher Konsequenz anwenden, so wären auch diese von einem Verbot bedroht, soweit sie Fakten auf eine Weise in sich aufnehmen, durch die sich Personen der außerliterarischen Wirklichkeit in ihrem Persönlichkeitsrecht verletzt sehen. Tatsächlich aber wird der Grad an künstlerischer »Verfremdung« in den genannten Werken ebenso wie in Herbsts Roman in weit höherem Maß erfüllt als seinerzeit vom BVerfG gefordert. Es handelt sich jeweils um einen mit sprachkünstlerischen Mitteln hergestellten ästhetisch autonomen Text-Kosmos, dessen Bauform, dessen Handlungs- und Konfliktelemente, dessen Figuren und deren Eigenarten, dessen Bilder und Reflexionen, Symbolisierungen und Perspektivierungen weder Bestandteil des außerliterarischen Lebens sind noch durch dieses legitimiert oder gar in seinem Licht fragwürdig werden.

Evident ist vielmehr, dass in dieser Literatur – wie im Fall des Romans von Herbst auch – eine neue, eigenständige Sprach-Realität entsteht. Das Persönlichkeitsrecht einer Person der außerliterarischen Realität wird durch solche Kunst-Realitäten nicht nur nicht verletzt, es wird durch die den Romanen eigenen ästhetischen Dimensionen nicht einmal berührt. Wäre es anders, dann verlöre die begriffliche Differenzierung zwischen Kunst und Leben und ebenso die ausdrückliche Anerkennung eines Werks als Kunstwerk im Sinne des Art. 5 Abs. 3 GG. ihre Stringenz und damit ihren Sinn. Ist ein Roman ein Kunstwerk, so besitzt er eine ästhetische Eigenlogik, die sich als Eigengesetzlichkeit der Kunst und Literatur auswirkt.

Die Antworten auf die Frage, was ein Kunstwerk sei und nach welchen Kriterien sich diese Qualität bestimmen lasse, sind, abhängig vom historischen Wandel, immer schon unterschiedlich ausgefallen. Sicher aber darf generell gesagt werden, dass die Isolation von Fakten und deren Rückbezug auf eine außerliterarische Wirklichkeit dem Kunstwerk jene Autonomie nähme, die ihm im Verlauf von mehr als zwei Jahrhunderten zugewachsen ist und deren es bedarf, wenn es seine ohnehin fragile Identität nicht verlieren soll.

Freilich: Erst eine vergleichende Prüfung der 2008 erscheinenden, überarbeiteten Buchausgabe des Romans mit der verbotenen Ausgabe aus dem Jahr 2003 wird eine abschließende Auskunft über die ästhetische Wirkung der vorgenommenen Eingriffe geben können. □

Anmerkungen:

1 BVerfG, 1 BvR 1783/05 vom 13.6.2007.

2 http://www.bverfg.de/entscheidungen/rs20070613_1bvr178305.html

3 Beispielhaft stehen können hierfür die Aufsätze von Remigius Bunia: »Warum stört es die Literaturwissenschaft, dass Literatur Wirkungen hat? Der Protest des Literaturbetriebs gegen die Urteile im Fall ›Esra‹ wird von einer herrschenden, aber falschen Lehre getragen«. In: *Frankfurter Allgemeine Zeitung* v. 13. Oktober 2007, Nr. 238, S.39. – Ders.: »Minderheitenschutz, nicht Zensur. Die Grenzen der Meinungs- und Kunstfreiheit«. In: *Merkur*. Deutsche Zeitschrift für europäisches Denken. 62. Jg. (2008). H. 2. S. 103-111.

4 Ebd., S. 111.

5 Ebd.

6 Vgl. hierzu auch Christoph Jürgensen: »Ich ist ein anderer. Alban Nikolai Herbst erzählt in ›Meere‹ nah an der Wirklichkeit entlang«. In: *literaturkritik.de*. H. 7. Juli 2004.

7 Alban Nikolai Herbst: *Meere*.Roman. Letzte Fassung. 2007. In: *Volltext*. Zeitung für Literatur. Nr. 2/2007. S. 13-39.

8 Zitiert wird im Folgenden nach der Ausgabe: Alban Nikolai Herbst: *Meere*. 1. Auflage. Hamburg: marebuchverlag 2003 (Seitenangaben im Text).

9 NJW 1971, Heft 37, S. 1646ff.

10 Uwe Johnson: Vorschläge zur Prüfung eines Romans. In: *Uwe Johnson*. Hrsg. von Rainer Gerlach und Matthias Richter (= suhrkamp taschenbuch materialien). Frankfurt am Main: Suhrkamp 1984. S. 35.

11 Wolfgang Koeppen: *Das Treibhaus*. In: Ders.: *Drei Romane*. Frankfurt am Main 1972. S. 214.

* * *

Den Dingen, die ich liebte, mutete ich immer Strapazen zu. Meinen Schuhen, meinen Anzügen, den Materialien, den Bildern. Und meinen nahesten Menschen. Ganz wie mir selbst. Was das nicht aushält, hielt nicht …

Alban Nikolai Herbst: Meere. *Roman. Letzte Fassung. – Zit. nach* Volltext *Nr. 2/2007.*

Alban Nikolai Herbst

Materialien zu »Meere«

1) Meere, Exposé vom 22.10.2001:

Und du, Gooverooska, geh!
Und singe den Mädchen des Meeres
Die Hymne von unserem Weh!
Rudyard Kipling

Inhaltlich:
Ein Mann hat seine Frau an das Meer verloren. Es wird nie ganz klar, wie: – ob während eines Segelunfalls, ob sie von der Hochküste stürzte, ob sie freiwillig ging. Er schreitet die Küste ab, und auch hier ist nicht klar, welche, indes er einen Gesang an das Meer anstimmt denkt formuliert: Seine Trauer spricht nicht gegen das Meer, sondern er scheint das Schicksal anzunehmen, scheint seine Frau *in das Meer eingegangen* zu empfinden, und es wird zunehmend deutlich, daß er sich mit ihr, also ihm, wieder vereinigen will. Erzählt wird das aber nicht, und überhaupt scheint diese Geschichte allenfalls wie eine Grundierung durch den Text hindurch. Denn sie vermischt sich mit zahllosen anderen, erfundenen wie wirklich begebenen, ebenso wie mit Schiffsnamen, Anfängen großer Seetexte („Nenne mich ach Irene weißt du noch, du hattest nie die arabische See gesehen. So fuhren wir, und es war heiß in Palolem, immer trugst du diese lächerlichen Schuh, Ismael, ja, dann kam das Boot, fitful, like a surge“ usw.), mit Beschreibungen von Gischt und Sturm und Flaute („ist Tropfen, Tausende Tropfen, ist Wellen und Woge ist Whitman. Nenne mich Meer.“), von Watt und Meerfels. Also ist der Text eher Jubel- als Trauergesang, das Meer wird gerühmt, aber je nachdrücklicher gerühmt wird, desto deutlicher wird der Schmerz. Genauso ambivalent ist denn auch die Geschlechtsidentität der See, je nach Sprache sowieso: il mare la mer und la mère (!) und das Meer. Eine wirkliche, eine nicht lebensfeindliche Trauerarbeit: wie die Sonne aufgeht über der Weite, Cortàzars springende Delphine („Lunabewohner“), Erzählung von Haien, die niemals schlafen, daß Fische nicht schwimmen, sondern in Wahrheit fliegen („wie d u , fliegst auch du?“). Die gesamte Wassermetaphorik wird hier eingesponnen, Wasser = Seele, der menschliche Körper Wasser selbst zu über 70 Prozent, das Meer also in uns, die lockenden Sirenen, daß Nixen zwei Schwänze haben („wie könnten sie sonst lieben“), Andersens Unterwasserschlösser kombiniert mit moderner Meeresbiologie („das lufterzeugende Plankton, Windjammer Containerriesen“), eine kleine Hommage an John Silver mit Anspielungen auf meine ThetisFantasie des AndersweltProjektes und also an Homer und Circe. Immer wieder tauchen neue, fremde Begebnisse auf („Ich weiß ein altes Lied, von Tristan und dem Meer und dem Maat, der vor seinen Gläubigern floh, vor der Bank, vor dem Lehrer, der ihn in den Albtraum vorfolgte“), werden aber von den Satz-(Gedanken-)wogen immer wieder zerschlagen oder zerstäubt oder zerschmettert, Geschichten von auf See Verlorenen, von Tiefseetauchern, Gestrandeten, Seebestattungen und Seegeburten, all dies mischt sich rhapsodisch mit der immer wieder auftauchenden (!) Grunderzählung.

Formal:
Tatsächlich eher Rhapsodie als Erzählung, jedenfalls durchrythmisierter Text, vielleicht bisweilen Hexameter, sehr musikähnlich auch mit Klängen bauen: Das „ee“ wird gereiht verwendet für die Beschwörung von Weiten, dunkle Vokale beschreiben Tiefen, Konsonantenfolgen stehen als Brandung etc. Das muß unauffällig den Text vorantreiben, etwa wie Kipling das, allerdings dort im Gedicht, in „Lukannon“ gemacht hat, der Robbenhymne, deren Rythmik eine Mimikry von Ebbe und Flut ist und aus der die oben zitierten Verse meinem etwa 100seitigen Text als Motto vorangestellt werden.

2) Zweites Exposé vom 21. 4. 2002:

Der etwa vierzigjährige Maler Julian v. Frerath, genannt Fichte, hat eine intensive Leidenschaft mit der ganz jungen indischstämmigen, jedoch in Deutschland geborenen und hier auch sozialisierten Irene. Zur Zeit ihrer Begegnung mit Fichte ist sie zwanzig und studiert angeblich Astrophysik. In Wirklichkeit möchte sie Gedichte schreiben, war auch bereits eine kleine, in gewissen Kreisen gefeierte Berühmtheit, die dabei ist, sich selbst zu erfinden, so wie Fichte, der damit der nationalsozialistischen Vergangenheit seiner Familie und der deshalb erfolgten Ablehnung durch den Kunstbetrieb zu entkommen versuchte und immer weiter versucht, sich selbst erfunden hat. Die Begegnung dieser entstehenden Selbst-Fiktion der jungen Frau (...) mit der beinah vollendeten Selbst-Fiktion des älteren Mannes bindet beide geradezu magnetisch aneinander; ein System der gegenseitigen Bestätigung, die sich vor allem in erotischer Raserei niederschlägt und darin, daß Irene den Maler bis zur Idolatrie zu verehren beginnt, der sie seinerseits als seine Anima projeziert und völlig in sein Lebensmodell einbaut. So kommen die beiden zusammen, aber Fichte ist noch in einer anderen Beziehung, Irene kämpft über zwei Jahre lang, und als sie – über Weihnachten nach Indien gewissermaßen abgeschoben – glaubt, den Kampf gegen die andere verloren zu haben, will sie sich von einem Felsen zu ihren Delphinen ins Meer werfen. Sie tut dies aber nicht, sondern stürzt sich in eine neue Beziehung, was dazu führt, daß sich der in Vermissung geratene Fichte aus seiner alten Beziehung löst. Nun kommen die beiden auch real und endgültig zusammen. Aber es ist bereits ein Bruch entstanden, die erotische Obsession kann, weil jemand Fremdes dazwischengetreten war, nicht mehr die alte rasende Dimension erreichen; das Zusammensein ist nun schwieriger, anfangs beinah gemäßigt, was den dominanten und extremistischen Fichte zunehmend schwächt. Beide reisen nun zu Irenes erfundener Herkunft nach Indien, zu ihrem Felsen. Doch die Leidenschaft bleibt brüchig, lebt immer wieder auf, aber Zankereien beginnen, irrationale Ausbrüche Fichtes, die die junge Frau verstören und immer wieder aus ihrer Verehrung drücken. Etwa ein halbes Jahr später, nachdem Irene an ihrer beider neuem Wohnort in einer Art hypnotischen Wahns bei Peenemünde in die Ostsee geschritten, allerdings gerettet worden ist, wird am Morgen darauf in einer Woge neu entflammter Leidenschaft, ihrer beider Sohn gezeugt. Jetzt erst zieht das Paar zusammen. Bis dahin hatte Irene ihr Studium (tatsächlich der Kulturgeschichte, nicht etwa Astrophysik) notdürftig aufrecht erhalten und war im zwei-Wochen-Turnus entweder in Berlin oder in

Fichtes Peenemünder Atelier gewesen. Doch mit dem Zusammenzug verschärfen sich die Konflikte schleichend und deutlich. Fichte ist eigentlich überhaupt nicht zu einer familiären Konstellation, wie Irene sie brauchen würde, fähig, und nachdem Irene nach der Geburt des Kindes immer dicker wird, beginnt Fichte, sich ihr, die nun besondere Zuwendung brauchte, körperlich zu entziehen, ja sogar, sie zu verletzen. Es kommt zu einem Riesen-Eklat. Doch die beiden kitten sich abermals zusammen und reisen ein zweites Mal nach Indien zu Irenes Felsen. Wieder mäßigt sich der Niedergang. Die Liebe zwischen beiden ist enorm, aber der Unterschied und die immer wieder weggedrängte Verzweiflung sind es auch. Irene ist finanziell völlig abhängig und in ihrem Leben nun auch ökonomisch notwendigerweise allein auf Fichte fixiert. Es gibt eigentlich keine Möglichkeit für sie, dem zu entkommen, zumal sie langsam, mitunter tranceartig lebt, er aber hektisch und nervös und gewaltsam ist. Dann nimmt sie ab, aber als sie wieder schlank ist, hat Fichte eine Geliebte, was die junge Frau entsetzt, verletzt und dazu führt, daß sie sich endlich von Fichte und ihrer Verehrung für ihn trennt, um etwas eigenes zu finden. Es ist typischerweise genau etwas, das Fichte nicht erträgt: Musik. Fichte ist Musikgegner. Nochmals bäumen sich beide gegen eine Trennung auf, Irene wird abermals schwanger, aber sie möchte nicht noch einmal durch die furchtbare Frühsäuglingszeit, jedenfalls nicht mit einem wie Fichte. Sie unterzieht sich einer Abtreibung, auf die Fichte mit extrem gesteigertem Sexualbegehren reagiert. Das stößt sie ab, macht sie ihm gegenüber geradezu schweigsam. Ein neuer Mann, ein Musiker, erscheint. Irene entfremdet sich Fichte und trennt sich von ihm. Er verläßt nach zweidrei Exzessen Deutschland, läßt alles zurück, seine Existenz, sein hybrides Atelier, auch seinen Sohn. Und imaginiert den Tod Irenes, weil er sich der Trennung nicht stellen kann. Sie sei ein zweites Mal in die See gegangen und er aufgebrochen, sie in ihrer neuen Materialisierung als Delphin zu suchen und wieder zu sich zurückzuholen. Hiermit setzt der Roman ein. Im Laufe der Erzählung muß sich Fichte mit der Trennung aber konfrontieren, weil immer deutlicher wird, daß sich dies nun endgültig nicht mehr fiktionalisieren läßt. Man kann sie nur annehmen und vor allem wollen, so daß das Buch in einem Hymnus auf die geliebte Frau endet und darin, daß Fichte den Verlust nun annimmt, weil, wie er sagt, Leben flüssig sei wie ein Meer.

3) Brief (Email) vom 25.4.2002 an Cleo W.:

Hast Du zufällig Bilder von Gokarna? Soweit meine Internet-Recherchen gediehen sind, ist das landschaftlich dort nicht viel anders als in Palolem, ich kann die Insel von Fichtes Frau also gut dahin verlegen. Das Buch spielt an drei Meeren: Der Ostsee bei Pobierowa (ehemaliges Poberow), wo Fichte für ein Jahr lebt und in unterirdischen Zwangsarbeitertunneln arbeitet (später wird er das Areal kaufen), am Mittelmeer des südlichen Siziliens (Capo Passerò), wohin Fichte nach Irenes imaginiertem Tod flieht (tatsächlich lebt sie, sie hat sich nur von ihm getrennt; er läßt das aber als Wahrheit nicht zu) und am Arabischen Meer auf der ständig beschworenen Spinneninsel, wo die Frau so oft gesessen hat, von wo sie sich einmal hinabstürzen wollte, wo sie sich aber für das Leben entschied.

Ich denke, ich werde die Ortsnamen später alle fiktionalisieren, die Länder aber lassen; bei Deutschland, Polen, Sizilien und Kanataka wird es bleiben. Einstweilen brauche ich insgesamt viel Konkretes, woran ich mich halten kann. Auch bei den Namen der Personen bin ich mir noch unsicher. (...) Nur Fichte ist gewiß.
Ich arbeite und arbeite; ab 3. Mai fahre ich mit G.s Auto (er gibt mir vielleicht den Alfa) an die polnische Küste, um die Gegend nach dem wirklich geeigneten Platz abzusuchen. Es ist wichtig, daß man übers Meer auf die Kalkfelsen blicken kann.
Deutsches Gebiet geht leider nicht; Peenemünde und die ganze Gegend ist zu sehr durch Pynchon belegt. Jedenfalls haben Landkarte und Internet-Fotos *Pobierowa* gesagt. Sämtliche Texte dazu sind leider polnisch, so daß ich keinen Hinweis aufnehmen kann.
Sicher fahre ich auch noch nach Sizilien, um dort ebenfalls nach dem richtigen Ort zu suchen. Das hat aber Zeit. Daß ich obendrein nach Gokarna fliege, ist leider sehr unwahrscheinlich. Es wird ohne das gehen müssen. Jedenfalls fällt mein Eigner-Besuch erst mal aus Romangründen aus.
(...) Du ahnst nicht, was dieses Buch mich alles erkennen läßt! Hätte ich es doch nur früher geschrieben...

4. Aus den Arbeitsnotizen:

Daß Fichte vor und während der Wisetka-Zeit dauernd Liebeszettel von Irene findet. Was sie in sein Duschbad auf die Kacheln malt.

Capo delle correnti: Die Zäune, Gewächshäuser (milchiges Plastik über Metall- oder Holzstangen, teils rund, teils wirklich hausartig), die Villen dazwischen. Schilf bisweilen fast bis ans Meer. In der Ferne sieht man hier immer Tanker und andere Großdampfer. Agaven bis fast ans Meer. Viele alte aufgelassene Häuser/Hütten! Hunderte, auch kaputte Plantagen. Und das Meer ist türkis! Und dieser Wind! Außerdem die wilden Hunde, wie in Kanataka, Irene. Auf der Isola delle correnti steht keine Burg, sondern ein burgähnlicher, flacher Bau, auf dem das See-Feuer angebracht ist. COSTA DELL'AMBRA. *Ambra Bernsteinküste: GELB WIE BERNSTEIN. WIE DIE GELBE STADT: N O T O.* Darauf noch eingehen. Der in den Oberleitungen schnurrende, ja wie Wespen vor ihren Nestern aggressiv summende Wind!

~~Auf dem Kliff kleine, stechende Bremsen, die wie Moskitos aussehen. Die Ameisen. Die in der Ferne vorüberfahrenden Riesentanker. Die große Möve auf einem Farigliani.~~

Die jungen Leute fuhren mit dem Wagen aufs Kliff und machten dort Feuer. Bisweilen taten sie dies auch rechts am schwarzen Lavastrand, der sich kurz unter dem anderen, helleren Kliff hinzog, über das direkt die Straße führt. Manchmal sind unten, in dem kleinen Golf, jugendliche Schnorchler zugange, die mit kleinen Harpunen nach Seeigeln spähen.

~~Der Bauer, der Fichte die Steinhütte vermietet, züchtet in Plastegewächshäusern Tomaten, die Anfang Juni hodenschwer an den Stauden hängen. Gleich hinterm Hang die Lagune: Süßwasserzufluß.~~
~~Portopalo, Hafen: Tavernetta del porto. Hier geht Fichte bisweilen essen (vielleicht).~~
Essen: Antipasti: eingelegte Sardinen moit Knoblauch und sehr viel Olivenöl, dann eine Art Muschelchen-Nudeln mit Minze und kleinen Fischstücken. Sehr zart. Am nächsten Tag absolut gute Spagehetti al nero di sepia; leicht scharf: wunderbar.
Es ist kein langer Strand vor Fichtes kastenförmiger Steinhütte, sondern links das gelbe Kliff (eine kleine Mulde davor, in der er seinen Sanitärtrakt anlegen könnte, incl. eingehüttetem WC!); direkt vor der Bleibe der flache Felsstrand, mediterran bewachsen (→ Fotos) und der Strand rechts ein seetangüberpolstertes muldig-weiches Stück unter dem anderen, helleren Kliff, das sich nicht ins Meer hineinschiebt, sondern auf dem direkt die strada provinciala der Costa dell'Ambra verläuft. Die kleine, immer wieder überfahrene Stichstraße.
~~Portopalo: La Bottega del vino in der kleinen via C. Alberto, meerseits parallel zur Hauptstraße, die selbstverständlich via Vittorio Emanuele heißt.~~
Bougainvillea in blau und rot, sowie Hibiscushecken.
Boote nachts draußen: rotes Licht unten, weißes Licht oben – und manchmal ein Flugzeug, das langsam von wahrscheinlich Catania Richtung Tunis fliegt.
Im Villagio turistico Portopalos der Wind, der wie ein immer dieselbe Kadenz spielender E-Baß klingt, allerdings nur, wenn die Metallrahmentür geschlossen ist, in deren Fugen er sich verfängt. Wird der Wind stärker, dann steigt der Ton in der Höhe.
Der Weißwein der Gegend hat Marsala-Konsistenz (bis 14 Vol.-%), sherry-ähnlich. Ob dies am alten spanischen Einfluß liegt?
In Höhe von Sciacca ein *Wallop* (Abschußplaz für Atomkopf-Trägerrakete).

Die Illusion als Antrieb aller durch den Menschen unternommenen Veränderungsunternehmen (Illusion als Motor menschlicher Vernunft).

Delphine als Gefolge der Aphrodite.
Pygmalion einbauen
Vampire rückbinden.
Hans Frank, Generalgouverneur von Polen, ein Gönner Gottfried Hellweyers.
April ist der Venusmonat! April=Aphrilis. In einem April trennt sich Irene von Fichte. Im Mai haben sie sich kennen gelernt: „Im Mai trugen die Menschen traditionell zu Ehren des neuen Gewandes der Erdmutter frisches Grün und liebten sich in den frisch gepflügten Feldern, um damit das Wachstum des Getreides zu fördern." Walker, 648. „In Gestalt des Maibaums wurde der Phallus in den Schoß der Erdmutter gepflanzt." Walker 649.
In einer Szene einbauen (wie Auerbach in den Wolpertinger): „Die Liebe liebt das Wandern/Gott hat sie so gemacht/Von einem zu dem andern/Feins Liebchen, gute Nacht."
„...nicht so genau sieht." Ein halbblinder Fichte
Den Höllenpalästen Namen geben. Der Fünfte heißt: Leere.
Kapitel XI: Gab es 1969 die Praline bereits? Ansonsten eine andere derartige Zeitung nennen.
Międzywodzie: „Zwischen den Wassern".

ZIBIONITI (oder Zibionitz) WODY steht an der Bunkeranlage neben der 102. FOTO AUF DEM 1. FILM.
In Międzyzdroje große Ferienblöcke; insgesamt wird der Ort hochgeputscht, aber es stehen auch noch aus sozialistischen Zeiten die häßlichsten Urlaubsblöcke dort.
„Cena“: Mahlzeit (wie ital.); dto. „Colazje“: kleinere, kalte Mahlzeit.
Bahnhof Wolin: DVORZEC KOLIJOWY. Schild. Weiß auf Blau.
Ankünfte: 5.22 – 9.48 – 11.21 – 14.56 – 16.59 – 19.13 – 21.18 – 22.26. Und: 4.38 – 5.43 – 9.04 – 14.32 – 15.57 – 17.38 – 19.35 – 23.14. Abfahrt nach Świnoujście: 0.04 – 5.43 – 7.20 – 9.04 – 14.32 – 15.38 – 17.38 – 19.35 – 23.14. Abfahrt nach Sczecin: 4.02 – 4.53 – 7.20 – 9.04 – 14.31 – 15.58 – 17.38 – 19.35 – 23.14
Farben in den Text integrieren.
Haff: [mhd. haf »Meer«], durch eine Nehrung vom offenen Meer weitgehend abgeschnürte ehem. Meeresbucht an Flachküsten, meist mit Süßwasserzufuhr, Lagune. Eine **Haffküste** ist z.B. die südl. Ostseeküste mit Kurischem, Frischem und Stettiner Haff.
Die Ausflugsfahrten ans Haff.
Wokliński Park Narodowy
siehe Skizze, kleines Notizbuch!: Die Gegend, in der die polnischen Szenen spielen. Siehe Landkarte Usedom/Wolin.
Störche. Auf den Schornsteinen liebkosen zwei Möwen, die Laute von sich geben wie Katzen.
Das Nebelhorn eines Schiffes. Abends in Międzywodzie auf dem integrierten Spiel- und Grillplatz: Den Leuten zusehen und schlechte Musik („Sex on the Beach“) bei einer leidlichen Zigarre hören, dazu ein Piwo. Es ist kalt. Heute war wieder ein schmerzvoller, schwieriger Tag. Der Arbeitsrausch hat nachgelassen, nachlassen müssen für die kleine Recherche-Reise. (…) Das Wort „Bitternis“ und daß all dies furchtbar sentimental ist. Wie krieg ich das bloß ohne Kitsch und Larmoyanz in den Roman?
Ost-Usedom setzt die Landschaft des Naturparks Wolin fort, allerdings ist es hier etwas flacher gegen die See. Wie Świnoujście ja auch bereits.
Im Internet → Werk Dora (Nordhausen) nachsehen.
„Aktion Paperclip“: NS-„Bereinigung“ der Papiere deutscher Elite-Wissenschaftler durch die USA Anfang 1946.
Aussichtspunkt Vidokovi im Nationalpark ab Bild 26. Das Bunkerchen am Aussichtspunkt (- Bild 30).
Aus dem Kluge alle Wörter zusammensuchen, die mit dem Meer zu tun haben. Die mit „flüssig“ zu tun haben. Und dann nach und nach in den Text einarbeiten.
Kliff: Wand einer Steilküste, die durch Abrasion (Abtragung) entstanden ist; kann an Felsen- und an Lockergesteinsküsten entstehen, wenn die Brandung in Wellenhöhe einen Hang unterhöhlt; **ein aktives Kliff wird ständig landeinwärts zurückverlegt (v.a. bei Stürmen).**

Aufnahmen auf der Recherche-Tour Polen:
1. Film: Waldrand und Meer hinter Międzyzdroje (nach Abfahrt Wolin): flaches, hügeliges Waldstück. Man kann von Międzywodzie aus gut über den Strand dahingehen (wenn Irene die Zeitung mit dem Delphin gesehen und sich geschnappt hat; wie sie außer Atem bei Fichte in den Stollen ankommt).

2. Film: Siehe Notiz 5 – Bahhof Wolin. Nebenan kleiner Garten. Vögel singen. Zwei alte Frauen, im heruntergekommenen Warteraum, schwatzen. Blaue Sitzbänke draußen, Holz mit Metallgestell. – Bahnhof Kamień Pomorski. Zug von hier fährt nach Wazny (5.40 – 6.55 – 8.00 – 10.35 – 12.10 – 13.15 – 15.30 – 17.31 – 19.30) oder Szcecin (18.19 – 21.38). – Punkt Vidokovi im Nationalpark ab Bild 26. Das Bunkerchen am Aussichtspunkt (- Bild 30).

Aufnahmen auf der Recherche-Tour Sizilien:
1. Film: Adrian, dann Catania
2. Film: Capo delle correnti
3. Film: Capo Passerò und Capo delle correnti
4. Film: Noch einmal Capo delle correnti und das gelbe Kliff an der Bernsteinküste; ein bißchen Noto (S. Giorgio), ein bißchen Lido di Noto, dann Portapalo Hafen und Ort außen (mit dem aufgelassenen Hotel, das wie eine englische Romantiker-Burg aussieht).

5) Brief (Email) des Meeresbiologen Thomas Orthmann (28.4.2002):

Sehr geehrter Herr Herbst,

lassen Sie Ihren Delphin ruhig in der Ostsee schwimmen. Wir kennen weltweit zahllose Beispiele für diese Form von Irrläufern.

Grundsätzlich stellen die Umweltparameter in der Ostsee kein Hindernis für das Vorkommen von Meeressäugern dar. So sind zum Beispiel Schweinswale und einige Robbenarten in der Ostsee heimisch und es gibt immer wieder verschiedenste Delphin- und Walarten, die einen Abstecher in dieses Binnenmeer unternehmen. Sie haben damit kein Problem, da sie als Meeressäuger eigentlich unabhängig von der Salinität (und in gewissem Rahmen auch von der Temperatur) des Wassers sind. "Eigentlich" deshalb, weil ihr eigener Organismus damit keine Probleme hat. Wohl aber der Organismus ihrer Beutetiere: Fische reagieren sehr empfindlich auf wechselnde Salzgehalte oder Temperaturschwankungen. Damit bestimmt die Beuteverteilung in den Meeren auch die Verbreitung der Top-Predatoren.

Beuteorganismen sind in der Regel auch verantwortlich für die Irrläufer. Es passiert nicht selten, dass Robben, Wale oder Delphine ihrer Beute (großen Fischschwärmen) über lange Strecken folgen. Und mit einem Male finden sie sich zum Beispiel in der Ostsee wieder. Dort kann es dann passieren, dass die Beutesituation sich sehr schnell erschöpft oder die Delphine in Regionen schwimmen, die eh wenig Beuteorganismen aufweisen. Dann stirbt ein Tier einfach durch Verhungern.

Manchmal ist es auch eine Kette von Ursachen, die zur Strandung oder zum Tod führen. Die Tiere sind in der fremden Region orientierungslos, schwimmen in Regionen ohne ausreichende Beute und verenden vor Erschöpfung. Als Strandungsursache können Sie für Ihren Delphin auch andere Gründe anführen.

Durch Verletzungen verursachte Infektionen belasten den Gesamtorganismus sowie das Immunsystem und führen zum Tod. Krankheiten können Wale und Delphine in ihrer Orientierung beeinflussen und lassen sie stranden. Es kann auch als Mysterium dargestellt werden, wie es in der Realität auch häufig der Fall ist. Bei vielen Strandungsereignissen kennen wir die Gründe nicht und können sie auch im Nachinein nicht ermitteln.

Um es zusammenzufassen: an einer Delphinstrandung vor Pobierowa ist nichts unmöglich bzw. abwegig. Und wenn Sie eine Delphinart mit Strandungsnachweis in der Ostsee haben wollen, dann nehmen Sie doch den »Gemeinen Delphin« (Delphinus delphis). Am 6. September des vergangenen Jahres wurde nämlich ein "Gemeiner Delphin" am Strand des Ostseebades Kühlungsborn/Mecklenburg-Vorpommern tot aufgefunden. Und eigentlich hat diese Art in der Ostsee überhaupt nichts verloren.

Ich hoffe, ich konnte Ihnen weiter helfen.

Herzliche Grüße,

Dr. Thomas Orthmann
Meeresbiologe & Journalist
Ozeane.de

6) Die polnische Landschaft der Handlung:

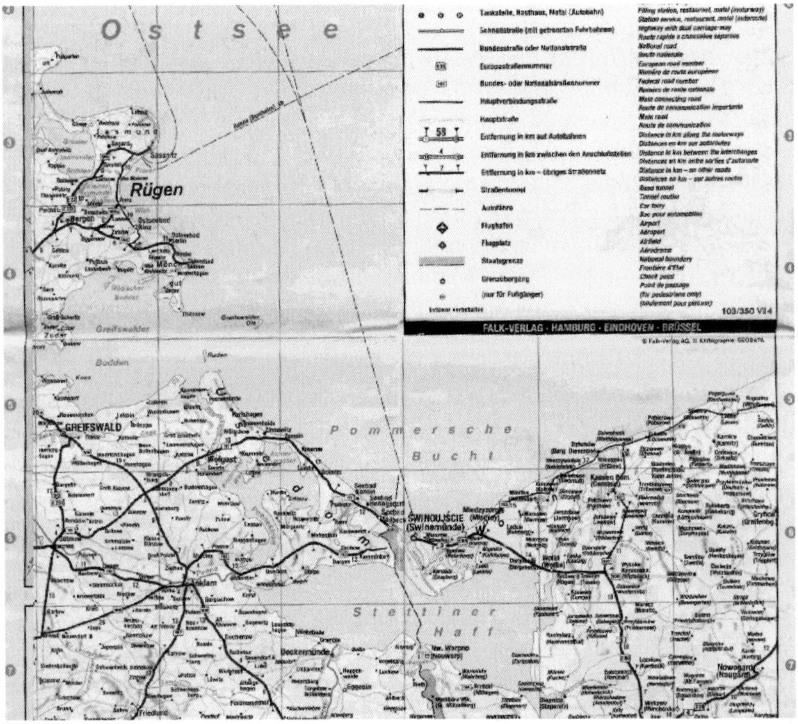

7) Die sizilianische Landschaft der Handlung:

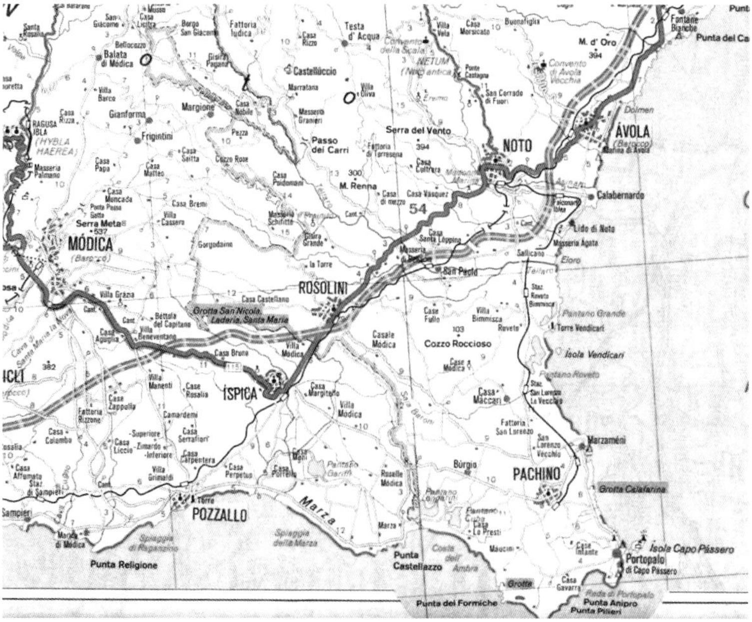

8) Kipling einbauen:

Lied der Welle

Welle wogte an dem Strand,
Griff nach eines Mädchens Hand,
Das in Abendsonnengluten
Heimwärts wandert durch die Fluten.

Zarte Brust und schlanker Fuß,
Wahrt euch vor des Schmeichlers Gruß:
»Höre, Kind, mein sanft Gebot!
Warte! Bleib! Ich bin der Tod ...«

»Drüben ruft der Liebe Glück,
Schmachtvoll wär's, ich blieb zurück.«
Dort im Fluß der helle Klang,
War's ein Fisch, der spielend sprang?

Schlanker Fuß und zartes Herz
Harrt der Fähre heimatwärts!
»Hör auf mich!« die Welle droht,
»Warte, Kind! Ich bin der Tod.«

»Liebster ruft, da muß ich eilen,
Schande träf' mich, wollt' ich weilen.«
Welle, Welle wogt und ringt,
Mächtig ihr den Leib umschlingt.

Töricht Herze, treue Hand,
Kleiner Fuß trat nie ans Land.
Welle wandert, Welle rot,
Wogt hinab und trägt den Tod.

Dt. von Dagobert von Mikusch

9) Fichtes Werk:

a) Die Höllenpaläste:

Palast	Character	Name
Erster Höllenpalast	Steinkomposition	Die Vampire
Zweiter Höllenpalast	Geklebte Zwangsarbeiterfotos, ausgeschnitten, einmontiert. Ölfarbe, Lehm, Sand, Asche	
Dritter Höllenpalast	Erster Stollen in den Kalkfels, Bunkerdurchbruch. Fichte stützt den Schacht mit dem Kunstwerk ab, was bedeutet, daß er Zement einbeziehen muß. Der Palast sieht wie eine Baustelle aus.	
Vierter Höllenpalast	Rinden, Lehm, Steine, Ölfarbe, Asche, Fotos. Das erste Mal weit in den Raum hineingreifend und mit dem Bunker unlösbar verbunden. Hier wird der Bunker selbst Teil des Kunstwerks. Fichte stellt einen erdgefüllten Sarg hinein, aus dem „kommunizierende Röhren" herausfassen.	
Fünfter Höllenpalast	Wie vor. Nun kommen die medizinischen Utensilien und medizinisches Equipment hinzu. Die Biomechanoiden werden Natur, drängen sich unübersehbar vor. Mit Irene verbunden, ohne Irene nicht vollständig.	Leere
Sechster Höllenpalast	Verbindet sich mit den vorherigen Höllenpalästen zu einem Gesamtkunstwerk. Die einzelnen Paläste sind von hier aus nicht mehr voneinander zu unterscheiden. Verbindet sich mit der Eingangstür des Bunkers.	

b) Fichtes übriges Werk (soweit im Roman erwähnt):

Name	Character	Entstehungszeit
Alma	Jugendbildnis seiner Anima	Um 1968/69
Notung	Waffenbilder/Acryl	Ca. 1977 Nachrüstungsverträge
Biomachanoiden	An Giger-Bilder angelehnt	vor 1982
Erinnerungen an Cas Concos	Schaufensterpuppen und Kinderschuhe in monumentalem Rahmen aus Baumrinde. Documenta-Installation	1982
Das geheime Leben der Pflanzen	Kiefer-Bild	1993
Sternkarten	Kiefer-Bilder	1994/95
Shaktis Vermächtnis		1997
Lilith	Kiefer-Bild (Flugzeug über Stadt)	1997
Für Julian I-IX	Zeichnungen, Kohle und Buntstift	1998
Verlockung I-IX	Nur Kohle. Nur das Lustzentrum	1999
Sternenkarte für Julian	Kürbiskerne, Sonnenblumenkerne, Lehm, Asche, Leim, Öl	2000
Die Harpyen	Fell, Späne, Klebstoff	2000
Die Ungeborenen	Kiefer-Bild: „Les no-nés"	2000
Irenes Tod	Metall, Rinde, Gips, Leim, Stein (unvollendet)	2000

Alban Nikolai Herbst. Fotos (3): Isolde Ohlbaum.

Bibliographie Alban Nikolai Herbst

Buchveröffentlichungen:

1981 Marlboro, Prosastücke, Postskriptum Hannover.
1983 Die Verwirrung des Gemüts, Roman, List München.
1986 Die blutige Trauer des Buchhalters Michael Dolfinger, Lamento/Roman, Herodot und Narziss & Ego, Göttingen und St. Gallen; NeuAusgabe Zweiter Hand: axel dielmann verlag Frankfurt am Main, 2000.
1986 Joachim Zilts Verirrungen, Erzählung, Narziss & Ego St. Gallen.
1993 Die Orgelpfeifen von Flandern, Novelle, axel dielmann verlag Frankfurt am Main (Taschenbuch: Deutscher Taschenbuch Verlag, München Dezember 2001).
1993 Wolpertinger oder Das Blau, Roman, axel dielmann verlag Frankfurt am Main, (Taschenbuch: Deutscher TaschenbuchVerlag, München 2000).
1995 Eine Sizilische Reise, Fantastischer Bericht, axel dielmann verlag Frankfurt am Main (Taschenbuch: New York in Catania, rororo Reinbek 1997).
1997 Der Arndt-Komplex, Novellen, Rowohlt Verlag Reinbek.

1998 Thetis. Anderswelt, Fantastischer Roman, Rowohlt Verlag Reinbek (Erster Band der Anderswelt-Trilogie).
2000 In New York, Manhattan Roman, Schöffling & Co, Frankfurt am Main.
2001 Buenos Aires. Anderswelt, Kybernetischer Roman, Berlin Verlag Berlin (Zweiter Band der Anderswelt-Trilogie).
2002 Inzest oder Die Entstehung der Welt, Der Anfang eines Romanes in Briefen, zus. mit Barbara Bongartz, Schreibheft Nr. 58, Köln.
2003 Meere. Roman, marebuchverlag Hamburg. **Letzte Fassung 2008**: Dielmann, Frankfurt am Main.
2004 Die Illusion ist das Fleisch auf den Dingen. Poetische Feautures, Elfenbein Verlag Berlin.
2005 Die Niedertracht der Musik. Dreizehn Erzählungen. Tisch 7 Verlag, Köln.
2007 Dem Nahsten Orient / Très Proche Orient. Liebesgedichte, deutsch/französisch. Übertragen von Raymond Prunier. Dielmann, Frankfurt am Main.
2008 Kybernetischer Realismus, Heidelberger Vorlesungen, Manutius Heidelberg.
2008 Aeolia/Stromboli, Gedichtzyklus, mit den Bildern von Harald R. Gratz, Kunstband, edition jesse Bielefeld.
2008 Der Engel Ordnungen, Gedichte, Dielmann, Frankfurt am Main.

Für 2009:
Das Bleibende Tier, Bamberger Elegien, Dielmann, Frankfurt am Main.
Argo.Anderswelt, Roman, Dielmann, Frankfurt am Main ((Dritter Band der Anderswelt-Trilogie).

Theater:

1983 Rühm, Ein Arrangement nach Gerhard Rühm, UA Kellertheater Frankfurt am Main.
1985 Dracula ist ein postmodern(d)er Sänger aus Deutschland, Eine Hörmontage für vier Literaten und einen Bassisten (unter Mitwirkung von Paulus Böhmer, Stefan Mümpfer, Uve Schmidt und Manfred Steinbrener), UA Druckhaus Steinheim Hanau.
1995 Undine, Komödie, Verlag der Autoren Frankfurt am Main.
1997 Nicht Sirius, Fantasiestück, Verlag der Autoren Frankfurt am Main.
1997 Goegg, Ein Bürgerliches Revolutionsspiel, Verlag der Autoren Frankfurt am Main (UA: Grimmelshausen Spielkreis Renchen; Regie: ANH).

Musik-Sprache-Arbeiten:

1999 „plötzlich wird vieles klar“, Minioper für 7 Gesangsstimmen und 4 Streicher von Caspar Johannes Walter (nach „Goegg“. UA: Éclat – Festival für Neue Musik Stuttgart 4. 2. 1999).
2000 „Städtebilder“ für Stimme, Klavier und Zuspielband auf Gedichte von ANH von Caspar Johannes Walter (UA: August 2000, EXPO Hannover).
2002 Weltwechsel, Hörstück I, Zeitstrahl, Hörstück II, Libretti: ANH, Musik: Caspar Johannes Walter (CD-Produktion des Hessischen Rundfunks).
2003 Libretto zu Leykams Turm von Robert HP Platz.
2003 Horizonte Architektur, Musik von Robert HP Platz. WDR (Regie: RHPP).
2004 Leere Mitte: Lilith, Robert HP Platz / ANH. (Éclat - Festival Theaterhaus Stuttgart, UA: 29.1.2005).
2007 Anderswo, Robert HP Platz/ANH, Ursendung: WDR Köln.

Funkarbeiten:

1996 Das Leda-Projekt, Hörspiel, Sender Freies Berlin (Regie: Martin Daske).

1996 Es wird uns nicht verziehen werden, umsonst gelebt zu haben, Eine D'Annunzio-Fantasie, Deutschlandfunk Köln (Regie: Thomas Zenke).

1996 Der Blaue Kammerherr, Eine Radio-Fantasie über Wolf v. Niebelschütz, DeutschlandRadio Berlin (Regie: Barbara Heizmann).

1996 Die Sprache der Trottoirs, Eine Passage, Sender Freies Berlin (Regie: Manfred Mixner).

1997 Der Fürst der Romane. Eine Radio-Unterhaltung über Anthony Burgess, DeutschlandRadio Berlin (Regie: Barbara Heizmann).

1997 Die Muschelerde der Träume, Eine Radio-Fantasie über Louis Aragon, Deutschlandfunk Köln (Regie:Thomas Zenke).

1999 Notturno: Nach Palermo!, O-Ton-Hörstück, Deutschlandfunk Köln (Regie: Sabine Küchler und Thomas Zenke).

2000 So ist es. Ist es so?, Eine Pirandello - Redoute, Deutschlandfunk Köln (Regie: Thomas Zenke).

2000 Das Ohr an der Straße oder Im Glanz und Elend der Stadt Bombay, O-Ton-Hörstück, Deutschlandfunk Köln (Regie: ANH).

2001 Der walisische Bocksberg oder Länder gibt es, vertrackte, Ein Hör- und KunstStück über John Cowper Powys, Deutschlandfunk Köln (Regie: ANH).

2002 Slothrop's Verschwinden oder Das war Thomas Pynchon. Eine Collage, Deutschlandfunk Köln/ Bayerischer Rundfunk/ Süddeutscher Rundfunk (Regie: ANH).

2002 Tokyos Lächeln, Entfernungen an eine ferne Stadt, Deutschlandfunk Köln (Regie: ANH).

2002 Imaginäre Ären oder Die unsichtbare Chronologie, Ein Hör- und paradiesisches Schmerzensspiel über José Lezama Lima und das amerikanische Barock, DeutschlandRadio Berlin (Regie: Beatrice Ackers).
2003 Die Illusion ist das Fleisch auf den Dingen, Eine Poetik für Kavita Janice Chohan, Deutschlandfunk Köln (Regie: ANH).
2003 Das gelbe Licht des Friedens, Gänge durch das alte Jerusalem, Ein Klangbild, Deutschlandfunk Köln (Regie: ANH).
2003 Delta-Plus und Grabeswelten, Science Fiction und Psychose, Eine Phantasie um Philip K. Dick, WDR Köln (Regie: Petra Feldhoff).
2003 Das widerliche Genie, Ein Haß-Stakkato über Louis-Ferdinand Céline, DRB (Regie: Klaus-Michael Klingsporn).
2004 Briefe aus Catania. Für Alexandra. Deutschlandfunk Köln (Regie: ANH).
2006 Das Wunder von San Michele. Fantasie mit Tönen um einen kleinen Palast. Für Adrian. Deutschlandfunk Köln (Regie: ANH).
2006 Leidenschaftlich ins Helle erzürnt oder Die vergessene Dichtung Carl Johannes Verbeens. SWR Baden-Baden (Regie: ANH).
2006 Pettersson-Requiem, HR (Regie: Bernd Leukert und ANH).
2008 Und also es geschah, Näherungen an Marianne Fritz, WDR Köln.

Herausgaben:

1985 bis 1989 Dschungelblätter, Zeitschrift für die deutschsprachige Kulturintelligenz, Verlag Volker Schmerse Göttingen.

Internet:

Webpräsenz: Herbst & Deters Fiktionäre. http://www.albannikolaiherbst.de
Seit September **2003:** Die Dschungel. Anderswelt. Das Literarische Weblog. http://albannikolaiherbst.twoday.net

Auszeichnungen:

1981 Niedersächsisches Nachwuchsstipendium für Literatur (für »Marlboro«).
1987 Casa Baldi, Olevano Romano.
1995 Grimmelshausen-Preis (für »Wolpertinger oder Das Blau«).
1998 Villa Massimo Rom.
1998 Ledig House Ghent/NY, USA.
1999 Phantastik-Preis (für »Thetis. Anderswelt«).
2000 *writer in residence* der Keio Universität Tokyo.
2006 Jahresaufenthalt der Villa Concordia, Bamberg.
2007 Heidelberger Poetik-Dozentur.

Die Autoren

Hans Richard Brittnacher, geb. 1951; lehrt am Institut für Deutsche Philologie der Freien Universität Berlin. Arbeitsschwerpunkte und Veröffentlichungen im Bereich der Intermedialität des Phantastischen, der Literaturgeschichte und der Alteritätsforschung, insbesondere zur Imago des Zigeuners.

S. 29: Der verspielte Untergang – Apokalypsen bei Alban Nikolai Herbst.

Jost Eickmeyer, geb. 1979; studierte bis 2005 Germanistik, Latein und Philosophie in Heidelberg; dort schreibt er derzeit eine germanistische Dissertation über die Lyrik deutscher Jesuiten des 17. Jahrhunderts.

S. 165: Gewaltsame Thalasso-Therapie – Literarische und mythische ›Überblendungen‹ in Alban Nikolai Herbsts Komödie »Undine«.

Renate Giacomuzzi, geb. 1958; promovierte Komparatistin; arbeitete viele Jahre am Institut für Germanistik der Nihon-Universität in Tokio; seit 2007 mit der wissenschaftlichen Durchführung des Projekts „Dilimag" (Erfassung, Beschreibung und Archivierung digitaler Literaturmagazine) am Innsbrucker Zeitungsarchiv des Instituts für Germanistik, Universität Innsbruck, beauftragt.

S. 137: Die Dschungel.Anderswelt und A. N. Herbsts »Poetologie des literarischen Bloggens«.

Alban Nikolai Herbst, geb. 1955 in Refrath, aufgewachsen am Chiemsee, in Braunschweig und in Bremen; Studium der Philosophie in Frankfurt am Main seit 1981; Schriftsteller seit 1981, von 1988 bis 1993 Series 3- und 7-Broker für Prudential Sec., seit 1993 erneut freier Schriftsteller. 1994 Zuzug nach Berlin. Mehrfach Auslandsaufenthalte, darunter Rom, Sizilien, New York, Indien, Tokio. Lebt seit 2000 mit seiner Familie wieder in Berlin. – Siehe auch *die horen*, Band 180/1995 (»Ein Ton«), 217/2005 (»›Dieser mächtige Raum‹ – Zu einer Poetik des Fantastischen«) + 219/2005 (»Nullgrund«).

S. 10: Das Wasser war zu Tag geworden / Werkzitate.
S. 22: Die Bücher untereinander.
S. 43: Apokalypse.
S. 66: Infosphäre.
S. 90: Achill.
S. 112: Städte.
S. 120: Beim Blättern im Notizbücherl.
S. 131: Realität und Fiktion.
S. 151: Die Dschungel.Anderswelt.
S. 181: Wasserfrauen.
S. 187: Menschenjäger (1992).
S. 205: Materialien zu »Meere«.
S. 217: Aktuelle Bibliographie Alban Nikolai Herbst.

Christoph Jürgensen, geb. 1972; Studium der Germanistik und Philosophie in Kiel; seit 2005 wissenschaftlicher Mitarbeiter an der Akademie der Wissenschaften zu Göttingen im Projekt »Europäische Jahrhundertwende« und seit 2006 Lehrbeauftragter an der Universität Göttingen.

S. 99: Unwirkliche Städte, unwirkliches Ich – Zum Verhältnis von Stadt und Individuum in Alban Nikolai Herbsts »Buenos Aires.Anderswelt«.

Wilhelm Kühlmann, geb. 1946; Studium der Germanistik, Latinistik und Philosophie in Freiburg und Hamburg; seit 1987 Prof. für Neuere Deutsche Literaturwissenschaft unter Berücksichtigung der Vergleichenden Literaturgeschichte an der Universität Heidelberg; Mitglied der Heidelberger Akademie der Wissenschaften seit 1997.

S. 184: Störungen des »perfektionierten Geistes« – Anmerkungen zu A. N. Herbsts »Der Arndt-Komplex«. Novellen (1997).

Die Autoren

Anton Moosbach, geb. 1969; Studium der Philosophie und Physik in Zürich; lebt in Zweisimmen (Bern). – Anton Moosbach möchte sich an dieser Stelle ausdrücklich gegen die Vereinnahmung seines Namens in einer frühen Erzählung von A. N. Herbst verwahrt sehen: mit dieser Figur habe er nichts, aber auch gar nichts gemein.
S. 11: Die Anderswelt als Rhizom (zus. mit Gregor Patorski).

Gregor Patorski, geb. 1975; Studium der Germanistik, allg. Geschichte und Publizistikwissenschaft in Zürich und Wien; Journalist; lebt in Zürich.
S. 11: Die Anderswelt als Rhizom (zus. mit Anton Moosbach).

Heinz-Peter Preußer, geb. 1962; Studium der Neueren deutschen Literatur, der Linguistik, der Theater- Film- und Fernsehwissenschaften an der Freien Universität Berlin; seit 2004 Juniorprofessor am Fachbereich 10, Sprach- und Literaturwissenschaften der Universität Bremen.
S. 73: Achilleus als Barde – Kybernetische Mythenkorrektur bei Alban Nikolai Herbst.

Ursula Reber, geb. 1972; Studium der Klassischen Philologie, Germanistik, Philosophie, Religionswissenschaft und Indologie an der Philipps-Universität-Marburg; seit 2003 Fellow am Wirth Inst. an der University of Alberta, Edmonton; seit Juli 2007 Projektleitung der Internetplattform »Kakanien revisited« für Mittelost- und Südosteuropa-Forschung.
S. 49: Avatarische Intensitäten – Affektive Landschaften in Alban Nikolai Herbsts »Anderswelt«-Romanen.

Ralf Schnell, geb. 1943; Studium der Germanistik, Publizistik, Theaterwissenschaft und Philosophie; seit 1997 Prof. für Germanistik / Neuere deutsche Literaturwissenschaft an der Universität Siegen; seit 2006 Rektor der Universität Siegen. – Stellte als verantwortlicher Herausgeber diesen *horen*-Band zusammen.
S. 5: Dschungel-Passagen – Zu diesem Band.
S. 195: Über die Wahrnehmung eines literarischen Kunstwerks – Rückblick auf einen verbotenen Roman: »Meere« von Alban Nikolai Herbst (2003).

Uwe Schütte, geb. 1967; Studium der Germanistik, Anglistik und Geschichte an der LMU München; MA & Promotion an der University of East Anglia / Norwich bei WG Sebald; lehrt seit 1999 an der Aston University, Birmingham; Reader in German.
S. 121: Erzählen für morgen – Zur poetologischen Genealogie des Kybernetischen Realismus bei Alban Nikolai Herbst.

* * *

Wir danken!

Ein besonderer Dank geht an Ror Wolf, dessen auf den Seiten 9 und 119 reproduzierte Collagen in Alban Nikolai Herbsts öffentlichem Arbeitsjournal mehrfach als Inspirationsquellen genannt werden; beide Bilder befinden sich als signierte Originale in Alban Nikolai Herbsts Besitz.

Das Motiv einer vom Meer überfluteten bürgerlichen Gegenwart findet sich in Ror Wolfs Collagenwerk häufig. Wir empfehlen dazu die im Verlag Anabas erschienenen Bände »Raoul Tranchirers Welt- und Wirklichkeitslehre aus dem Reich des Fleisches, der Erde, der Luft, des Wassers und der Gefühle« (1990) und »Raoul Tranchirers Mitteilungen an Ratlose« (1997).

*

ALBAN NIKOLAI HERBST
im axel dielmann – verlag Frankfurt am Main

Zweifellos verstrahlten die meterhohen, antennenhaften Blitzableiter auf den Hochhausblöcken die kummervolle Sequenz, die Ansgar nachzusummen versuchte. Er fand aber kaum die ersten Takte. Es war, als gelänge ihm nicht, einen Code zu entziffern, dessen Chiffren indessen er irgendwann kannte. Ungefähr so fing es an, 1993 in der Novelle »Die Orgelpfeifen von Flandern«. Dann kam es, ebenfalls 1993, meinem Verlagsgründungsjahr, mächtiger, nämlich mit dem 1000-seitigen Roman »Wolpertinger oder Das Blau«, etwa so: *Man weiß niemals, ob das, was man sich ausdenkt, nicht die Wirklichkeit ist.* Denn längst hatte die Reise begonnen, die dann zwei Jahre später »Eine Sizilische Reise« betitelt und im Untertitel verfeinert war zu »Fantastischer Bericht«: *Eine Welt hat sich aufgetan, die sich nicht schließen will.* Und auch das hat der werwölfische Rucksacktourist auf der Insel der vielen Kulturen erkannt: *Es lebt sich nicht in Museen, man muß, um atmen zu können, die Exponate profanieren. Menschen sind feucht, sie brauchen Stoffwechsel, Teilung, Verwesung, all das.* Auch Dolfinger in »Die blutige Trauer des Buchhalters Michael Dolfinger«, 1996 neu aufgelegt, hatte sich bereits radikal auf die Bodensätze und Höhenflüge unserer Existenz eingelassen: *doch als, Marianne, im Lauf des so gestreckten Tages alles durcheinanderzuwirbeln begann und mir schien, es seien meine sämtlichen Erfahrungen gleichzeitig zu sich gekommen und auf mich eingestürmt, da habe ich bemerken müssen, Herr Kommissar, daß sich die Gründe so leicht nicht finden lassen und abstellen um so weniger, für mich selbst nicht, nicht für euch, jedoch jetzt, im Bett halb aufgerichtet, an diesem Morgen, wußte ich das noch nicht, sondern sog Kraft, und ich beschloß, niemals mehr Angst zu haben …* Nach langer Pause in der Zusammenarbeit kam 2007 das erste Bändchen mit Gedichten von Herbst, »Dem Nahsten Orient / Très Proche Orient«: *Bist ein Schicksal bin ein Versprechen / Das nicht wissen kann, ob es sich hält.* Seinen großen Themen, etwa dem Meer, hält Alban Nikolai Herbst die Treue, und so erschien gerade, nach langem Verbot, der Roman »Meere.« erneut: *Künstlerisch tätig zu sein, bedeutet zu graben, Vampire auszugraben. Kunst ist Archäologie. Die gefährlichsten Vampire sind die ältesten Gründe.* Es folgen jetzt die Gedichte »Der Engel Ordnungen«: *Und niemand möchte, daß der Tag sich nicht in die Nacht legt / Niemand möchte, daß die Nacht sich nicht in den Tag legt / mit ihren wallenden Rändern* Und dann sehen wir weiter, mit den »Bamberger Elegien«, mit dem dritten Band der »Anderswelt-Trilogie« … **www.dielmann-verlag.de**

Kolophon

Ein weiterer Dank geht an das Deutsche Technikmuseum Berlin (www.dtmb.de), das uns den Abdruck des Nebelkammer-Schemas auf S. 68 gestattet hat. – Siehe dazu auch unser Bild auf S. 131.

*

Nicht zuletzt bedanken sich Herausgeber und Redaktion bei Alban Nikolai Herbst selbst für die Erlaubnis, auch in unveröffentlichte Arbeitsmaterialien – Typoskripte, Fotografien u.a. – freizügigst Einsicht nehmen und daraus publizieren zu dürfen.

*

Darüber hinaus – und das wiederum mit besonderem Nachdruck – bedanken wir uns für die generös gestiftete Rückendeckung, seinen erneuten mäzenatischen Beistand, bei Herrn Eddy Lübbert, der den *horen* aus den Mitteln der *E. L. Familienstiftung zur Förderung von Kunst und Kulturwerten (Bremerhaven / Hamburg)* ins Gelingen half. □

* * *

Verlag + Redaktion *die horen*

€ 10,50 (D)
Schreibheft
Zeitschrift für Literatur
Barbara Bongartz
Alban Nikolai Herbst
Inzest
oder
Die Entstehung der Welt
Roman in Briefen
Herausgegeben
und für das Publikum lesbar gemacht
von Norbert Wehr
58
Jubiläumsausgabe zum 25. Geburtstag

Félix Ventura handelt mit erfundenen Vergangenheiten. Seinen Kunden verkauft er Stammbäume, ein makelloses Vorleben und glückliche Erinnerungen. Ein Minister, ein ehemaliger Agent, ein geheimnisvoller Fremder und eine schöne Frau tauchen bei Ventura auf, und vor seinen Augen verwickeln sich ihre Geschichten, mit unerwarteten und außergewöhnlichen Konsequenzen für alle …

Independent Foreign Fiction Prize 2007

Aus dem Portugiesischen von Michael Kegler
184 Seiten, gebunden, ISBN 978-3-940666-04-8

Foto: Jorge Simão/4see photographers

José Eduardo Agualusa,
geboren 1960 in Huambo/Angola, studierte Agrarwissenschaft und Forstwirtschaft in Lissabon. 2006 gründete er den brasilianischen Verlag »Língua Geral«. Heute lebt er als Schriftsteller und Journalist in Portugal, Angola und Brasilien.

A1 Verlag www.a1-verlag.de

EDITION KÜNSTLERHAUS

Herausgegeben
von Michael Buselmeier

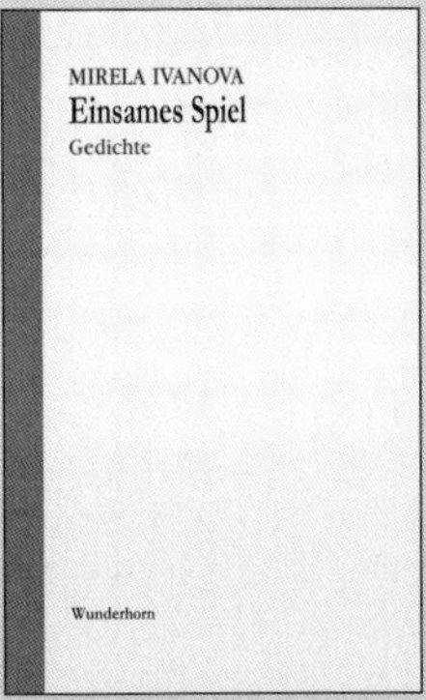

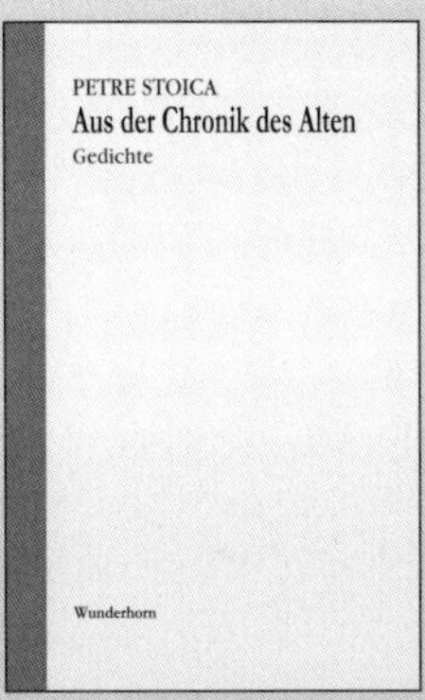

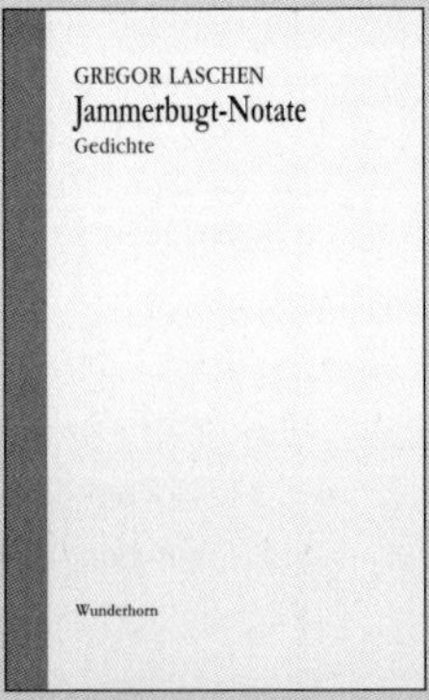

In Zusammenarbeit mit dem Künstlerhaus Edenkoben und dem Land Rheinland-Pfalz werden in der Reihe **Edition Künstlerhaus** jährlich zwei Titel herausgegeben: Gedichte oder Kurzprosa jeweils eines deutschen oder ausländischen Autors. Die Bände in bibliophiler Aufmachung haben einen Umfang von 48 bis 64 Seiten und kosten jeweils EUR 13,50. Alle vorgestellten Autoren haben eine Beziehung zum Künstlerhaus Edenkoben, als Vorlesende, Stipendiaten oder als Teilnehmer an der Übersetzer-Werkstatt »Poesie der Nachbarn«.

Bisher erschienen:

Hans Arnfrid Astel
Sternbilder
West-östliche Konstellationen

Hans Bender
Geschichten aus dem Kraichgau

Michael Braun
Der zertrümmerte Orpheus
Über Dichtung

Michael Donhauser
Venedig: Oktober
Halbe Sonette

Walter Helmut Fritz
Was einmal im Geist gelebt hat
Miniaturen

Ludwig Harig
Der Wiedergeborene
Reportagen

Rolf Haufs
Drei Leben und eine Sekunde
Ein Fall

Barbara Honigmann
Am Sonntag spielt der Rabbi Fußball
Kleine Prosa

Mirela Ivanova
Einsames Spiel
Gedichte – Aus dem Bulgarischen von Norbert Randow

Terje Johanssen
Die ertrunkene Stadt
Gedichte – Aus dem Norwegischen von Michael Buselmeier, Wolfgang Butt, Uwe Kolbe, Gregor Laschen, Brigitte Oleschinski und Johann P. Tammen

»Eine Fundgrube für Sammler & Entdecker!«

»Poesie Vis-à-vis«

Warten auf die Aale
– Zeitgenössische Literatur
aus dem Elsaß.
Herausgegeben von
Adrien Finck & Johann P. Tammen.
124 Seiten, 13,– Euro.
ISBN 978-3-89429-095-1.

Aus jenseitigen Dörfern
– Zeitgenössische sorbische Literatur.
Herausgegeben von
Kito Lorenc & Johann P. Tammen.
138 Seiten, 13,– Euro.
ISBN 978-3-89429-179-6.

Unverhoffte Himmel
– Zeitgenössische makedonische Poesie.
Herausgegeben von
Norbert Randow &
Johann P. Tammen.
172 Seiten, 18,– Euro.
ISBN 978-3-89701-987-6.

Zu beziehen über
»edition die horen«
im Wirtschaftsverlag NW
Verlag für neue Wissenschaft GmbH
Postfach 10 11 10
D-27511 Bremerhaven
Telefon 04 71/9 45 44 61
Telefax 04 71/9 45 44 88
e-mail: vertrieb@nw-verlag.de
Internet: www.die-horen.de

edition **die horen**

»Poesie der Nachbarn«

Herausgegeben von Gregor Laschen

Mein Gedicht ist mein Körper – Poesie aus Dänemark.
192 Seiten, 13,– Euro. ISBN 978-3-88314-914-4.

Inzwischen fallen die Reiche – Poesie aus Ungarn.
172 Seiten, 13,– Euro. ISBN 978-3-89429-036-6.

Ich bin der König aus Rauch – Poesie aus Spanien.
172 Seiten, 13,– Euro. ISBN 978-3-89429-121-4.

Ich hörte die Farbe blau – Poesie aus Island.
192 Seiten, 13,– Euro. ISBN 978-3-89429-180-X.

Eine Jacke aus Sand – Poesie aus den Niederlanden.
192 Seiten, 13,– Euro. ISBN 978-3-89429-290-3.

Hör den Weg der Erde – Poesie aus Bulgarien.
188 Seiten, 13,– Euro. ISBN 978-3-89429-490-6.

Die Mühle des Schlafs – Poesie aus Italien.
172 Seiten, 13,– Euro. ISBN 978-3-89429-930-4.

Der Finger Hölderlins – Poesie aus Frankreich.
186 Seiten, 13,– Euro. ISBN 978-3-89429-731-X.

Das erste Paradies – Poesie aus Norwegen.
185 Seiten, 13,– Euro. ISBN 978-3-89701-025-9.

Das Zweimaleins des Steins – Poesie aus Irland.
187 Seiten, 13,– Euro. ISBN 978-3-89701-198-0.

Die Freiheit der Kartoffelkeime – Poesie aus Estland.
175 Seiten, 13.– Euro. ISBN 978-3-89701-381-9.

Ich ist ein andrer ist bang – Poesie aus Rumänien.
190 Seiten, 13,– Euro. ISBN 978-3-89701-571-4.

Die Bogenform der Erinnerung – Poesie aus Portugal.
188 Seiten, 13,– Euro. ISBN 978-3-89701-729-6.

Die Heimkehr in den Kristall – Poesie aus Finnland.
185 Seiten, 13,– Euro. ISBN 978-3-89701-887-X.

Atmen lang von Babel her – Poesie aus Griechenland.
208 Seiten, 13,– Euro. ISBN 978-3-89701-985-X.

Königs Schiffe vor Eden – 15 Jahre Poesie der Nachbarn.
Eine Dokumentation.
180 Seiten, 18,– Euro. ISBN 978-3-89701-986-8.

nw

Unverhoffte Himmel / Zeitgenössische makedonische Poesie. Herausgegeben von Norbert Randow & Johann P. Tammen.
ISBN 978-3-89701-987-6.
172 Seiten, 18,-- Euro.

Ausgewählte Gedichte von Michail Rendžov, Radovan Pavlovski, Bogomil Gjuzel, Eftim Kletnikov, Simjon Simev, Katica Kjulavkova, Liljana Dirjan, Vera Čejkovska, Jordan Danilovski & Saša Gigov Giš. – Nachdichtungen von Annemarie Bostroem, Stefan Döring, Ulrike Draesner, Elke Erb, Kerstin Hensel, Uwe Herms, Gregor Laschen, Richard Pietraß, Brigitte Struzyk, Johann P. Tammen und Ernest Wichner. – Mit einem Vorwort von Norbert Randow und Bildern von Jovan Balov.

Königs Schiffe vor Eden – 15 Jahre »Poesie der Nachbarn – Dichter übersetzen Dichter« / Bilder und Reflexionen. Herausgegeben von Gregor Laschen.
ISBN 978-3-89701-986-8.
180 Seiten, 18,– Euro.

Eine Dokumentation. Mit Fotos von Ingo Wilhelm, Isolde Ohlbaum, Paul van Schie, Anita Schiffer-Fuchs u.v.a.m. – Mit einem Vorsatz von Gregor Laschen und poetologischen Texten vieler der in 15 Jahren am Projekt beteiligten Autoren. – »Diese zwischen den Literaturen vermittelnde Werkstatt hat sich wahrlich bewährt.«

Walter Hinck / FAZ

Atmen lang von Babel her / Poesie aus Griechenland. Herausgegeben von Gregor Laschen.
ISBN 978-3-89701-985-X.
208 Seiten, 13,-- Euro.

Gedichte von Katerina Angelaki-Rooke, Stratis Paschalis, Maria Kyrtzaki, Maria Topali, Mimis Souliotis und Charis Vlavianos – Nachdichtungen von Róža Domašcyna, Gerhard Falkner, Dorothea Grünzweig, Rolf Haufs, Gregor Laschen und Johann P. Tammen. – Mit einem Nachwort von Torsten Israel und neun Bildern von Hans Arp.

»POESIE DER NACHBARN – DICHTER ÜBERSETZEN DICHTER.«

Eine literarische Reihe ausgewählter Gedichte der europäischen Moderne.

Die bibliophile Quadratbuchreihe. Zweisprachig, illustriert, kommentiert und mit bio-bibliographischen Daten der beteiligten Dichter und Nachdichter.

»Poesie Vis-à-vis« – Blicke zum Nachbarn.

» Es ist eine Lust, in diesen Büchern zu lesen, die zweisprachig und in exzellenter Aufmachung einen wahren Vorschein spiegeln vom europäischen Traum der Gemeinsamkeiten. «

LUDWIG HARIG / SÜDDEUTSCHE ZEITUNG

» Mal wieder so ein Abend querdurch, so ein Wühl und Planschabend. Bücherbadetag. Allein die Alben der ›edition die horen‹, herausgegeben von Gregor Laschen: Zweisprachig natürlich ... Gott erhalt's! «

BENEDIKT ERENZ / DIE ZEIT